Claude Debussy Monsieur Croche

Claude Debussy

Monsieur Croche

Sämtliche Schriften und Interviews

Herausgegeben von François Lesure

Aus dem Französischen übertragen von Josef Häusler

Philipp Reclam jun. Stuttgart

Titel der französischen Originalausgabe:
Monsieur Croche et autres écrits

 Gesetzt in Korpus Garamond-Antiqua. Printed in Germany 1974. Herstellung: Reclam Stuttgart
Umschlag: Hanns Lohrer, Stuttgart
ISBN 3-15-010243-X

Vorwort zur deutschen Ausgabe

Monsieur Croche ist in Deutschland kein Unbekannter. Die Kunstanschauungen, die Claude Debussy diesem seinem zweiten Ich in den Mund legte und relativ zahlreiche Ausschnitte aus den Musikkritiken, die Debussy verfaßt hatte, waren in Heinrich Strobels Debussy-Monographie zu lesen, die zwar bereits 1940 in der Schweiz publiziert wurde, hierzulande aber erst nach dem Ende des Zweiten Weltkriegs im Buchhandel zu haben war. 1948 erschien in Potsdam unter dem Titel *Claude Debussy. Musik und Musiker* ein schmales Bändchen; es handelte sich um Debussys 1921 veröffentlichte Publikation *Monsieur Croche antidilettante* in der deutschen Übertragung von Hansjürgen Wille und Barbara Klau. Diesem bald vergriffenen Büchlein folgte rund ein Vierteljahrhundert später aus Leipzig eine neue Übersetzung von *Monsieur Croche antidilettante*, vermehrt um die Kritiken, die Debussy zwischen 1912 und 1914 für die Zeitschrift *S. I. M.* geschrieben hatte. Zeichnet sich die ältere Potsdamer Publikation durch hervorragende deutsche Sprachform aus, die sich freilich oft um ein paar Schritte zu weit vom Original entfernt und in der Mitteilung musikalischer Fakten häufig nicht stichhaltig ist, so steht es mit der Leipziger Ausgabe eher umgekehrt: Das Streben nach weitestgehender philologischer Treue führt an vielen Stellen zu einer stilistischen Trockenheit, die Claude Debussys Sache nun gewiß nicht war, wenn er auch mit der französischen Sprache nicht immer sehr sorgfältig verfuhr und damit seinen Übersetzern mancherlei Knacknüsse hinterließ. Indessen hat man in Leipzig den *Einsamen Gesprächen mit Monsieur Croche* einen sorgfältig bearbeiteten, inhaltsreichen Anmerkungs-Apparat mitgegeben, dem ich viele hilfreiche Informationen verdanke. Doch wie es sich mit den bisherigen Ausgaben in deutscher Sprache auch verhalte – keine bot den »ganzen« Monsieur Croche.

Das vorliegende Buch stützt sich auf den von François Lesure mit einem Vorwort und Anmerkungen herausgegebenen Band *Monsieur Croche et autres écrits*, der zum erstenmal alle erreichbaren musikschriftstellerischen Arbeiten Debussys in einer Publikation vereinigt. Selbstverständlich folgt die deutsche Übertragung in der Reihung der Artikel und Interviews der von François Lesure gegebenen Anlage. Die Prinzipien, die dieser Anordnung zugrundeliegen, hat François Lesure in seiner ebenfalls hier abgedruckten Einleitung zur französischen

sischen Ausgabe dargelegt. Hinzugefügt wurde in diesem Buch eine Übersicht über die Textbeziehungen zwischen den originalen Zeitungsartikeln Debussys und ihrer teils gekürzten, teils aus mehreren Erörterungen des gleichen Gegenstandes kompilierten Form in *Monsieur Croche antidilettante*. Diese Übersicht entstand in kollegialer Zusammenarbeit zwischen Übersetzer und Verlag. Was die Anmerkungen betrifft, so habe ich sie gegenüber der französischen Ausgabe sowohl reduziert als auch vermehrt; reduziert dort, wo sie mir für den deutschen Leser entbehrlich schienen, vermehrt, wo Lesure beim französischen Leser Kenntnisse voraussetzen konnte, die in Deutschland nicht unbedingt gegeben sind, oder wo mir eine Anmerkung aus anderen Gründen geboten schien.

Generell gehorcht die Übersetzung dem altbekannten Grundsatz »So getreu wie möglich, so frei wie nötig«. Bisweilen indes war selbstherrliche Entscheidung vonnöten, denn mitunter stellt Debussys Umgang mit der Sprache selbst den Franzosen vor Rätsel und Mehrdeutigkeiten. In solchen Fällen habe ich unter den mehrfachen Möglichkeiten die gewählt, die mit den Anschauungen Debussys am ehesten in Einklang stand. Für Ratschläge an solchen sprachlichen »Kreuzungspunkten« bin ich Pierre Boulez, Ernest Bour und Pierre Stoll zu Dank verpflichtet.

Was den Inhalt angeht, erweitert dieses Buch die schon bekannten Abhandlungen von *Monsieur Croche antidilettante* zur musikliterarischen Debussy-Gesamtausgabe. Mit vollem Recht wird jeder Leser und Benutzer sich im voraus fragen, ob und welche Bereicherungen er hiervon zu erwarten habe. Hat denn nicht Debussy, indem er bei der Zusammenstellung von *Monsieur Croche antidilettante* mit Hand anlegte, gewissermaßen ein letztes Wort gesprochen, die Quintessenz dessen, was er verbal für mitteilenswert hielt, selbst gezogen? Ja und nein. Denn so wenig es einen Zweifel darüber gibt, daß in dem 1921 erschienenen Sammelband gewissermaßen die »Hauptstücke« von Debussys musikschriftstellerischer Tätigkeit zusammengefaßt sind, so sicher ist es auf der anderen Seite, daß bestimmte Überzeugungen sich erst in der Gesamtausgabe in ganzer Schärfe auskristallisieren.

Ich möchte hier freilich dem Leser nicht das Vergnügen eigener Entdeckungen vorwegnehmen, dennoch sei auf den einen oder anderen Punkt andeutend hingewiesen.

Wie kritisch Debussy der Kunst Richard Wagners gegenüberstand, nachdem das ungestüme Wagner-Fieber seiner jungen Jahre abgeebbt war, weiß man seit langer Zeit. In welchem Maß er sich jedoch als

»musicien français« verstand – nicht nur in der Autorenbezeichnung der späten Sonaten – wird hier offenkundig: Debussy läßt buchstäblich keine Gelegenheit zu einem Seitenhieb auf das aus, was ihm an Deutschland und der deutschen Kunst seit Beethoven mißfällt: die gepanzerte symphonische Form, die ideelle Überfrachtung der Sprache, der akademische Tonsatz, und er wird nicht müde, solche Züge zu geißeln, wo immer er sie bei seinen Landsleuten findet. Aber Debussys Abwehrstellung richtet sich nicht allein gegen Deutschland, das »Ungeheuer unter der Maske der Freundlichkeit«, sondern mit ähnlicher Schärfe auch gegen den italienischen Verismus, der in der »gigantischen Fabrikhalle des Nichts« lärmt. Daß eine so kompromißlos verfochtene Haltung zu Ungerechtigkeiten, anfechtbaren Wertungen, auch zu Widersprüchen führen kann, zeigen Debussys Kritiken an mehr als einer Stelle. Mit Staunen liest man, es gebe bei Richard Strauss keinerlei Einfluß von Wagner; an anderem Ort äußert sich Bedauern darüber, daß Rameau »sich nicht naturalisieren lassen konnte«, weil er – so wäre zu ergänzen – wohl entschiedeneren Einfluß auf die Geschicke der französischen Musik genommen hätte, wäre er wie der Ritter Gluck aus fremdem Land und durch Protektion einer hochgestellten Ausländerin nach Frankreich gekommen. In merkwürdigem Gegensatz zu dem oftmals wiederholten Vorwurf, die Franzosen nähmen Fremdes zu bereitwillig auf und vergäßen darüber das Eigene, steht der Satz: »Wie schade, daß Mozart kein Franzose war, er wäre sonst öfter nachgeahmt worden.«

Nichts verkehrter freilich, als die Schriften Debussys nun auf solche Äußerungen hin zu durchforsten, gar die letzten Zeitungsartikel mit ihren überspitzten Formulierungen, niedergeschrieben in der »Halbekstase eines säbelrasselnden Patriotismus« (Boulez) zu verabsolutieren und voreilige oder einseitige Folgerungen daraus abzuleiten. An Debussy erweist sich, wie Denken und Kunstverständnis auch großer Komponisten vom sogenannten »Zeitgeist«, von national vorprogrammierten Blickpunkten her gesteuert werden können, und es lassen sich – um einen Parallelfall heranzuziehen – etwa im Kreis der »Wiener Schule« ohne sonderliche Mühe Äußerungen finden, die von nicht eben großer Aufgeschlossenheit gegenüber der musikalischen Produktion außerhalb des deutsch-österreichischen Kulturkreises zeugen.

Im übrigen wäre es falsch anzunehmen, Debussy habe alles Französische in Bausch und Bogen preisenswert gefunden. Im Gegenteil, es gibt innerhalb des musikalischen Schaffens seiner Zeit nur wenig, das er uneingeschränkt gelten läßt. Man darf sich da nicht täuschen: zwar formuliert er gelegentlich seine Ablehnung in kaum überbietbarer Deutlichkeit, zum Beispiel gegenüber der Oper *Les Barbares* von Saint-Saëns; öfter jedoch greift er zum Mittel des »double-talk«, indem er des rühmenden Herausstreichens so viel tut, daß die wahre Meinung dahinter wie im Negativbild aufscheint, oder er baut in die zustimmende Formulierung kleine, kaum merkliche Widerhaken, subtile, halbverborgene Stacheln ein. So bieten Debussys Besprechungen ein schillerndes und oszillierendes Spiel zwischen mahnendem Ernst, dem ganzen Spektrum von angedeuteter bis zu offener Ironie und unverhohlener Aggressivität; ein Spiel jedoch, dessen »Klangfarben« oft erst bei wiederholtem Lesen in all ihren Tönungen wahrnehmbar werden.

Gewiß, das alles war auch schon an der Lektüre von *Monsieur Croche antidilettante* zu erfahren, doch tritt es in der vollständigen Sammlung von Debussys Schriften noch deutlicher zutage. Und dies gilt auch für ein zweites: Die vollen und geteilten Zustimmungen, die halben und die ganzen Abneigungen werfen ein zusätzliches Licht auf das Schaffen des Komponisten Debussy, legen dar, worin dieses Schaffen sein Widerlager fand. Debussys musikkritisches Œuvre ist ein einziges Plädoyer für die Freiheit der Erfindung, des Satzes, der Form, eine einzige Absage an alle Schulfuchserei und Verknöcherung, an unreflektiert monotones Weiterführen von Schablonen, kurz: an jegliche Art von Akademismus. Als »Antidilettant« bezeichnet Monsieur Croche sich selbst in dem berühmten Nachtgespräch; gemeint ist »Anti-Akademiker«. »Die Musik«, schreibt Debussy, »ist eine geheimnisvolle Mathematik, deren Elemente am Unendlichen teilhaben. Sie lebt in der Bewegung der Wasser, im Wellenspiel wechselnder Winde; nichts ist musikalischer als ein Sonnenuntergang! Für den, der mit dem Herzen schaut und lauscht, ist das die beste Entwicklungslehre, geschrieben in jenes Buch, das von den Musikern nur wenig gelesen wird: das der Natur. Sie schauen in die Bücher der großen Meister und rühren dort mit frommer Ehrfurcht den alten Klangstaub auf. Gut so; aber die Kunst ist hier vielleicht nicht so nah!«

Anti-akademisch ist auch Debussys Art der Berichterstattung. »Man wird in dieser Spalte mehr wahr und ehrlich empfundene Eindrücke finden als Kritik« – dieser in seinem ersten Artikel abgegebenen Erklärung ist Debussy immer treu geblieben. Wäre ihm wie George Bernard Shaw von einem Verleger die Forderung gestellt worden, um Himmels willen nichts über »Bach in b-Moll« zu schreiben – er hätte sich diesem Wunsch ebenso gewachsen gezeigt wie der irische Schrift-

steller. So konsequent Debussy hierin blieb und so viel reizvolle Eigenart seine musikschriftstellerischen Arbeiten daraus empfangen: bisweilen erhebt sich doch ein leises Bedauern, daß er nicht mehr aufs musikalische Detail eingeht, sondern dort, wo er drauf und dran scheint, es zu tun, mit katzenhaft geschmeidiger Wendung wieder entschlüpft.
Aus der Devise »mehr wahr und ehrlich empfundene Eindrücke als Kritik« und aus der Tatsache, daß »Monsieur Croche von einer Orchesterpartitur sprach wie von einem Bild« gewinnt Debussy die Tugend der Anschaulichkeit. Ein Kabinettstück dieser Art ist die Beschreibung des *Till Eulenspiegel* von Richard Strauss; wer sie von *Monsieur Croche antidilettante* her kennt, wird in der Gesamtausgabe noch manches Neue entdecken, das ihn überrascht: »Wir befanden uns (bei einer Aufführung der Pastoralsymphonie von Beethoven) wirklich auf dem Lande, die Bäume hatten keine weißen Krawatten um, der Bach, an dessen Ufer sich die reinste, die deutscheste Idylle abspielte, war voller Frische, ums Haar hätte es nach Stall gerochen!«
Diese Andeutungen mögen genügen. Sie seien beschlossen mit einer jener Stellen, in denen Debussy sein künstlerisches Credo ausspricht und das Wesen seines ganzen Schaffens wie in einem Brennspiegel zusammenfaßt: »Die Schönheit eines Kunstwerks wird immer ein Geheimnis bleiben, das heißt, man wird nie bis ins letzte ergründen können, ›wie es gemacht ist‹. Erhalten wir uns um jeden Preis diese geheimnisvolle magische Kraft der Musik. Sie ist ihrem Wesen nach offener dafür als jede andere Kunst.«

Einleitung

Die Leser des Buches *Monsieur Croche antidilettante** hätten eigentlich allen Grund anzunehmen, daß sie ein Lehrbuch in der Hand hielten, das Debussy zu dem Zweck verfaßte, seine künstlerischen Ansichten niederzulegen. Denn weder ein Vorwort noch ein Herausgeber-Vermerk noch irgendwelche Daten am Schluß der insgesamt fünfundzwanzig Kapitel geben Auskunft darüber, daß es sich vielmehr um eine Sammlung von Musikkritiken handelt, um eine Auswahl von Artikeln, die kaum die Hälfte seines musikliterarischen Œuvres enthält. Noch vor Erscheinen des Buches bedauerten einige Freunde des Komponisten seine Eingriffe in die Zusammenstellung des Bandes: Die Veröffentlichung der originalen Artikel mit ihren jeweiligen Erscheinungsdaten, so fand der Musikschriftsteller Georges Jean-Aubry, gäbe »ein genaueres Bild seines Denkens während seiner verschiedenen Lebensstadien«. Unmittelbar nach der Herausgabe von *Monsieur Croche* äußerte der Kritiker Emile Vuillermoz den gleichen Vorbehalt: »Irgendein unbekannter, auf historische Genauigkeit bedachter Herausgeber hätte, mit derselben Arbeit betraut, vielleicht eine reichere und farbigere Zusammenstellung zuwege gebracht als es die ist, die wir der Initiative des Autors verdanken.«

Fünfzig Jahre danach kann es für einen Herausgeber keinen stichhaltigen Grund mehr geben, der ihn hinderte, die Gedankenwelt Debussys in all ihren Aspekten vor dem Leser auszubreiten. Die geschichtliche Stellung des Werks von Debussy ist von solcher Größe, die Studien, die dem Menschen Debussy gelten, liegen so weit zurück, daß eine Gesamtausgabe seiner Schriften schon seit langem dringend erforderlich scheint. Zu diesem Zweck freilich mußte die ursprüngliche Anordnung des *Monsieur Croche* aufgegeben werden. Indem ich die Artikel Debussys ohne alle Kürzungen und in strenger chronologischer Folge aneinander reihte, mußte ich den Verfasser selbst für Wiederholungen und mehrfach Gesagtes verantwortlich machen, mußte manche leichthin geschriebenen, im Stil etwas lässigen Äußerungen abdrucken, die ihre Entschuldigung in der Eile des Augenblicks finden und in einem Sammelband dieser Art kaum zu umgehen sind. Gegenüber *Monsieur*

* Claude Debussy. *Monsieur Croche antidilettante.* Paris 1921. Deutsche Ausgabe unter dem Titel: Claude Debussy. *Musik und Musiker.* Potsdam o. J. (1948).

Croche antidilettante indessen trat eine offensichtliche Bereicherung ein, denn viele Urteile Debussys, selbst über zweitrangige Komponisten und Kompositionen, tragen dazu bei, auf seine musikalischen Vorstellungen ein helleres Licht zu werfen.

Rufen wir uns kurz seine »Laufbahn« als Kritiker ins Gedächtnis. Debussys erster Artikel erschien in der *Revue blanche* vom 1. April 1901, einen Monat bevor der Operndirektor Albert Carré ihm schriftlich versprach, den *Pelléas* in der Opéra-Comique herauszubringen. Im Kreis der jungen Schriftsteller, die für die *Revue blanche* arbeiteten, fehlte es Debussy nicht an Freunden: Ferdinand Hérold, Léon Blum, Pierre Quillard und vor allem Pierre Louys, bei dem die Brüder Natanson, die Herausgeber der *Revue*, zu Gast waren, als Debussy Bruchstücke aus dem *Pelléas* auf dem Klavier spielte. Die Musikkritiken der *Revue blanche* hatten zuvor weder Kontinuität noch Originalität besessen: Der Musikschriftsteller Alfred Ernst, ein Wagnerianer, dann André Corneau, der Kritiker des *Matin* und des *Français*, waren dort zwischen 1892 und 1901 tätig gewesen. Debussys Eintritt in den Mitarbeiterkreis entsprach der Linie eines dynamischen und fortschrittlichen Blattes weit mehr.
Monsieur Croche trat erstmals in der Nummer vom 1. Juli 1901 auf. Wahrscheinlich erkannten nur wenige Leser sogleich das literarische Vorbild, das hier Pate gestanden hatte. Einer der ersten war jedenfalls Paul Valéry, denn er schrieb sofort an seinen Freund Pierre Louys: »Ich habe den Trost, meine Ex-Werke in Form von Musikkritik wiederzulesen. Ich gestehe Dir, daß ich so etwas nie vorausgeahnt hätte. Ich weiß nicht, ob Du das *Gespräch mit Monsieur Croche* gelesen hast, aber C. A. D. hat ganz gewiß den *Abend mit Monsieur Teste* gelesen. Ich habe das so amüsant gefunden, da ja Léonard selbst Musik machte (er war universell, das stimmt), daß ich bedauerte, nicht mehr geschrieben zu haben, um noch weiterhin Material für Transskriptionsübungen zu liefern. Sehr seltsam und im Grunde schmeichelhaft, nicht wahr?«[1]
Monsieur Croches Dasein blieb nur von kurzer Dauer, denn Debussys achter Bericht war gleichzeitig auch sein letzter für die *Revue blanche*. Ende Dezember 1901 entschloß er sich, diese Tätigkeit aufzugeben. Über die Gründe schrieb er an Félix Fénéon: »Ich glaube, die Übermüdung und meine Überreiztheit der letzten Monate sind schuld daran, daß ich mich nicht imstande sehe, irgend etwas rechtes zu schreiben. Ich habe es auf alle Arten versucht. Es ist einfach von unüberbietbarem

Stumpfsinn ...« Die Uraufführung der *Nocturnes*, dann die Vollendung des *Pelléas*, der endlich auf die Bühne gelangte, erklären diese Unlust zur Genüge.
Es ist schwer abzuschätzen, welchen Widerhall diese erste Artikelserie in Künstlerkreisen fand, die auf musikalischem Gebiet einen so freien Ton kaum gewohnt waren. Der »Sar« Péladan sah sich bemüßigt, von seiner Warte aus eine Mißbilligung auszusprechen; sie gibt einigen Aufschluß über die konservativen Reaktionen: »Ich habe in der *Revue blanche* blasphemische Äußerungen über Meisterwerke und Meister gelesen, und ich glaube nicht, daß Leuten ein Verdienst zukommt, die Heiliges in den Schmutz ziehen.«
Als Debussy gegen Ende des folgenden Jahres von Périvier und Ollendorf, den neuen Herausgebern des *Gil Blas* um seine Mitarbeit gebeten wurde, war er inzwischen für alle Musikfreunde in Paris zu einer bekannten Persönlichkeit geworden: der Komponist des *Pelléas*. Um dieselbe Zeit erhoffte sich Binet-Valmer, der Herausgeber der Monatsschrift *La Renaissance latine*, eine ähnliche Mitarbeit an seinem Blatt und kündigte sie sogar in der Ausgabe vom 15. Dezember an. Einerseits bestrebt, wieder eine musikliterarische Tribüne zu erhalten, andererseits in Sorge, seine Freiheit zu veräußern, scheint Debussy zu zögern. Der Kritiker Michel Dimitri Calvocoressi schaltet sich als Vermittler ein und erhält schließlich von ihm einen Text, die »Betrachtungen über die Musik im Freien«. Inzwischen wird der Herausgeber der *Renaissance latine* anderen Sinnes, wirft einen Blick in die Druckfahnen und erklärt: »Das ist idiotisch.« Diese Druckfahnen mit dem Vermerk »zu vernichten« sind erhalten geblieben. Der Text wurde einfach vom *Gil Blas* übernommen, an dem Debussy vom 12. Januar bis 28. Juni 1903 regelmäßig mitarbeitete. Opernabende, die Société nationale, die Lamoureux- und Colonne-Konzerte, die Schola cantorum, sogar zwei Reisen: die eine nach Brüssel zur Uraufführung der Oper *L'Etranger* von Vincent d'Indy, die andere nach London zu Wagners *Ring des Nibelungen*! Debussy behauptete, daß er in London sogar versucht habe, den Dirigenten Hans Richter zu interviewen. Es waren dies die Monate, da er auf seine Kritiker-Tätigkeit die meiste Zeit verwendete. Er scheint damals, von der Arbeit an den *Images* für Klavier abgesehen, nur wenig komponiert zu haben; auch sein Briefwechsel ist gering.
Indessen hat er keineswegs danach getrachtet, der gute, allen Formen der musikalischen Aktualität gegenüber gewissenhafte und aufmerksam bedachte Kritiker zu sein. Selbst wenn er William Chaumet und

Edmond Missa hört, verhält er sich zumindest burschikos, geht noch vor Ende des Konzerts ein Bier trinken, wendet sich mit feiner Ironie an seine »so fleißigen wie treuen Leser«. Hatte er nicht von vornherein darauf hingewiesen, daß er nur sehr wenig von »geheiligten« Werken sprechen würde? Für ein halbes Jahr indessen war es genug. Fast zehn Jahre verstrichen, in denen er auf journalistische Tätigkeit verzichtete, wenn man von vier kurzen Gelegenheitsartikeln zu Ehren von Künstlern absieht, die ihm teuer waren: Jules Massenet, Charles Gounod, Mary Garden und Jean-Philippe Rameau.

Einige seiner Freunde drängten ihn mehr oder weniger sanft, von neuem zur Feder zu greifen. Im April 1905 sucht Louis Laloy bei ihm Rat für den Titel einer neuen Musikzeitschrift und bittet gleichzeitig um seine Mitarbeit. »Räumen Sie mir«, gibt Debussy am 2. Mai zur Antwort, »ein Eckchen unter der Überschrift *Gespräche mit Monsieur Croche* ein. Das ist ein Mann, mit dem ich früher oft zusammengekommen bin; hoffen wir, daß ich ihn wiederfinde.« Der *Mercure musical* kündigt diese Kolumne eilends auf seinen Titelseiten an, aber Debussy ist mit dem Kurs der ersten Hefte nicht recht zufrieden und vermißt die ungetrübte Atmosphäre, die ihm an der *Revue blanche* oder am *Gil Blas* gefallen hatte. Die Nachbarschaft von Musikkritikern und Musikwissenschaftlern bereitet ihm Unbehagen: »Außer Ihnen«, schreibt er Laloy am 13. September 1905, »sind mir die Leute vom *Mercure musical* unheimlich, vor allem wissen sie so schrecklich gut Bescheid. Ich weiß wahrhaftig nicht, was der arme *Monsieur Croche* unter so vielen hochnäsigen Spezialisten anfangen soll. Ich habe gute Lust, Ihnen mit folgender Anzeige seinen Tod zu melden: Monsieur Croche, der Antidilettant, zu Recht angewidert von den musikalischen Sitten dieser Zeit, ist sanft entschlafen und in die allgemeine Gleichgültigkeit eingegangen. Es wird gebeten, von Blumen und Kranzspenden abzusehen und vor allem keine Musik zu machen ...« Laloy unternimmt einen neuen Vorstoß und holt sich eine zweite Absage, in der Desillusion über den Nutzen der Kritik mitschwingt: »Wenn man in unserer Zeit nicht mehr weiß, was man machen, und vor allem, was man sagen soll, probiert man es einfach mit dem Kunstkritiker! Gewiß gibt es einiges zu sagen, aber von wem? Für wen? Für Leute, die zwischen Beethoven und Maurice Ravel hin und her schwanken ...« (10. März 1906). Erst in der folgenden Juli-Nummer fügt Laloy sich darein, den Namen Debussy von der Mitarbeiterliste zu streichen.

Sechs Jahre danach, als der *Mercure* mit der Zeitschrift *S. I. M.* fusio-

niert und Emile Vuillermoz Chefredakteur wird, findet Debussy sich bereit, monatlich die Berichterstattung über die Colonne-Konzerte zu übernehmen, während Vincent d'Indy über die Lamoureux-Konzerte schreibt. Seine Mitarbeit dauert von November 1912 bis März 1914. Dem alten Freund Robert Godet teilt er die eigentlichen Gründe für seine Zusage mit: »Man muß ehrlich versuchen, die Dinge wieder an ihren Platz zu rücken, jene Maßstäbe wiederzufinden, die von willkürlichen Urteilen und launenhaften Interpretationen verfälscht wurden, welche zwischen einer Bachschen Fuge und dem *Lothringer Marsch* nicht mehr zu unterscheiden wissen« (18. Januar 1913). Wie stets um eine gute typographische Gestaltung besorgt, beglückwünscht er Vuillermoz zu der eleganten Aufmachung seiner Zeitschrift, legt ihm aber nahe, den »Herrn, der in lächerlichem Aufzug in der Küche Cello spielt« vom Umschlag zu entfernen (17. November 1912).
Andere Aufforderungen zur Mitarbeit hatte Debussy mehrfach abgelehnt: 1904 ein Angebot von Paul Flat für die *Revue bleue*, 1910 eines von René Doire für den *Courrier musical*: »Sie bitten mich«, schrieb er an Doire, »um ein paar Zeilen über Chopin! Um ehrlich zu sein: Ich sehe nicht, was sie in einer Zeitschrift sollten, die meiner Art der Musikbetrachtung so entgegengesetzt scheint. Ihre Abonnenten kämen in die Lage, nichts mehr zu verstehen!« Und am Vorabend seiner Rußlandreise, am 24. November 1913, an André Gide: »Die *Nouvelle revue française*, ihr liebenswürdiger Sekretär Jacques Rivière und Ihre eigene freundliche Bitte sind mir zu sympathisch, als daß ich unentschuldigt darüber hinweggehen könnte ... Wie Sie wissen, schreibe ich musikkritische Artikel für die Zeitschrift *S. I. M.* Bis jetzt haben sie hingereicht, die Zeit in Beschlag zu nehmen, die ich der ebenso bedeutenden wie unnützen Mühe widmen kann, meine Meinung mitzuteilen. Man müßte etwas finden, was neu und ungewöhnlich genug wäre, eine solche Doppelgleisigkeit zu rechtfertigen ...«
Während der ersten Zeit seiner Tätigkeit gab Debussy sich der Illusion hin, er könne eines Tages ausführlichere Studien statt bloßer Kritiken schreiben. Und als er sich eines schönen Abends mit seinem jungen Freund René Peter unterhielt, dachte er da nicht sogar an die Gründung einer Literaturzeitschrift mit so unesoterischen Mitarbeitern wie Jean Lorrain und Liane de Pougy? Andere Pläne scheint er ernsthafter verfolgt zu haben. Am 10. September 1893, zu einer Zeit, da er dem Publikum praktisch noch unbekannt war, kündigte die Zeitschrift *L'Idée libre* einen Artikel Debussys »Über die Nutzlosigkeit des Wagnerianismus« an. Die Ankündigung wurde in den folgenden Heften

bis zum Februar 1894 wiederholt. Obwohl sie in einem Blatt erschien, das nur eine geringe Leserschaft hatte, blieb sie in gewissen musikalischen Kreisen nicht unbeachtet. So schrieb Paul Dukas am 1. Oktober 1893 an Vincent d'Indy: »Ich habe keine Ahnung, worum es sich da handeln kann. Aber wenn der Artikel erscheint, werde ich ihn mir besorgen. Er könnte immerhin wohlbegründet sein, und man sagt ja mit Recht, daß Kinder und Narren die Wahrheit sprechen. Der Titel ist doch gut, nicht wahr? Man sieht ihm seinen Mann von weitem an.« Die Studie ist nicht erschienen, und es war bislang auch keine Spur von ihr zu finden. Möglich, daß Debussy nie eine Zeile davon geschrieben hat.

Elf Jahre später, unterm Datum vom 23. Januar 1904, weist eine Bemerkung von Pierre Louys in einem Brief an Debussy auf Absichten des Komponisten hin, ein größeres Werk zu schreiben, das seine künstlerischen Absichten darlegen sollte. Louys rät ihm, das Pamphlet *Les Pelléastres* von Jean Lorrain unbeantwortet zu lassen und fügt hinzu: »Antworte auf eine Musikkritik, wenn sie von Reyer oder d'Indy unterzeichnet ist. Aber diskutiere nicht mit einem Journalisten. Kein Künstler tut das. Selbst wenn Du noch Deine Kolumne im *Gil Blas* hättest, wäre ich nicht dafür, daß Du sie dazu benutztest. Deine beste Antwort wird Dein Buch sein. Es wird Deine Ideen in dem Kreis verbreiten, in dem ihnen daran liegen muß, bekannt zu werden, und es wird sie so durchsetzen, daß sich ins Absurde verstiege, wer Dir Absichten unterschöbe, die Du nie gehabt hast.«[2] Wir mögen zwar bedauern, daß aus diesem Plan nichts wurde, aber auch hier besaß Debussy die Klugheit, die kostbare Zeit, die er dieser Arbeit hätte opfern müssen, aufs Komponieren zu verwenden.

Die ersten Pläne zu einer Auswahl von Artikeln scheinen auf das Jahr 1906 zurückzugehen. Am 25. Dezember schreibt Debussy an Laloy: »Ich denke für die Zukunft an eine Anzahl von Anmerkungen, Meinungen usw., die mir der arme Monsieur Croche, der sich zu sterben entschloß, hinterlassen hat. Dieser Mann, feinfühlig vor allen anderen, war der Ansicht, daß ich die ›Gespräche‹, in denen das Nichts sich mit dem vagen Überhaupt-Nichts unterhielt, nicht auf vernünftige Weise weiterführen könne. Er stellt es also in mein Ermessen, diese Papiere zu veröffentlichen oder sie zu verbrennen. Wir werden zusammen sehen, was sich damit am besten machen läßt.« Ohne diese schwebenden Pläne zu kennen, hatte Robert Godet, ein anderer Freund Debussys, die gleiche Idee. Am 30. April 1909 antwortet ihm Debussy: »Es ist sehr freundlich von Ihnen, daß Sie meine alten Artikel wieder her-

ausbringen wollen, aber damit ist Laloy schon seit geraumer Zeit beschäftigt, und ich hätte Sie davon unterrichten sollen.«
Die Dinge zogen sich hin. Ende 1913 wurde das Manuskript dem Verleger Dorbon übergeben, der zu Anfang des folgenden Jahres bei Debussy um die Druckgenehmigung nachsuchte. Doch dieser hatte es offenbar mit dem Erscheinen des Buches nicht sonderlich eilig: Am 11. Februar bat er Laloy nochmals um eine kurze Zusammenkunft, um ihm bei der letzten Überarbeitung zu helfen. G. Jean-Aubry bestätigt übrigens, daß Debussy ihm »ziemlich kurz vor seinem Tod« diese Korrekturfahnen übergeben und er selbst einige Seiten mit eigenhändigen Korrekturen aufbewahrt habe. Man weiß, wie es weiterging. Der Krieg brach aus, während das Buch sich in Belgien im Druck befand. *Monsieur Croche antidilettante* erschien erst 1921 in der Sammlung »Bibliophiles fantaisistes«; die Auflage betrug 500 Exemplare.
Der Inhalt des Bandes war zum größten Teil der *Revue blanche* und dem *Gil Blas* entnommen. Einige Beiträge sind aus Bruchstücken von zwei oder drei Artikeln zusammengesetzt (zum Beispiel »Jules Massenet«, »Musik im Freien«, »Noch einmal: Monsieur Croche«)*. An den Originalen wurden nur wenige Überarbeitungen oder Korrekturen vorgenommen; auf einige von Bedeutung sei hingewiesen: Debussy hatte mit Lob gegenüber Camille Chevillard, dem Dirigenten der Uraufführungen von *Nocturnes* und *La Mer*, nicht gegeizt. Doch immer unzufriedener mit Chevillards Auffassung seiner Musik, streicht Debussy nun beispielsweise eine Passage, in der er ihn »unter die Größten« eingereiht hatte. Die Wertschätzung, die er in einigen Worten für die Oper *Thamara* von Bourgault-Ducoudray zu zeigen schien, fiel ohne Bedauern dem Rotstift zum Opfer. Aus entgegengesetzten Gründen wurden in der Besprechung des *Till Eulenspiegel* kritische Bemerkungen zur Orchesterbehandlung von Richard Strauss ausgemerzt. An anderer Stelle ist eine besonders scharfe Passage über die veristischen Opern ausgelassen oder der Name einer sich durch Unfähigkeit auszeichnenden Person durch das Wort »man« ersetzt. Doch kommen solche Änderungen nicht häufig vor.

Die Schmähschriften gegen Wagner, die abschätzigen Äußerungen zum Rompreis, die Parteinahmen gegen Gluck und für Rameau sind wohlbekannt. Aber in verschiedenen Beiträgen, die im vorliegenden Buch neben jene treten, welche durch *Monsieur Croche* berühmt wurden,

* Vgl. die Übersicht über die Textbeziehungen S. 284.

sieht sich Debussy in den Streit um zahlreiche weitere aktuelle Fragen verwickelt: die Verwaltung der nationalen Operntheater, die Wunderkinder (»Der Mozart von Saint-Maur«), Polemiken von musikalischer (der »Fall« Fanelli) oder halb musikwissenschaftlicher Art (der »Fall« Rust). Auch finden sich einige Bemerkungen zu der aufkommenden Filmmusik. Sogar zur Massenkultur hatte er eine überaus klare Meinung: »Eine zu allgemeine Verbreitung von Kunst führt nur zu größerer Mittelmäßigkeit« (15. März 1903).

Seine Ansicht über die Werke von Zeitgenossen ist kompromißlos, vor allem, wenn es um Saint-Saëns oder Alfred Bruneau geht. Manchmal, wie bei Ropartz und Bordes, streicht er die menschlichen oder beruflichen Qualitäten des Komponisten so offenkundig heraus, daß kein eingeweihter Leser über seine wirkliche Meinung im Unklaren bleiben konnte. Und im besonderen Fall von Vincent d'Indy, über den viel geschrieben wurde, gibt er sich fast genauso auffallend höflich, spricht von Rechtschaffenheit, Respekt oder dem »Ausdruck christlicher Nächstenliebe«. Ansonsten bekundet sich überall ein kaustischer, ironischer Geist, der selbst vor Nachrufen nicht Halt macht (siehe den auf Robert Planquette). Die Eigenart des Kritikers Debussy läßt weniger an »Monsieur Teste« oder Jules Laforgue, als vielmehr an Willy (Henry Gauthier-Villars) denken. Der leichte Ton, mit dem ernste Dinge abgehandelt werden, die geistige Wendigkeit, die ihn Schubert mit Paul Delmet vergleichen läßt oder Faurés Kunst mit dem von der Schulter herabgleitenden Trägerband von Marguerite Hasselmans in Verbindung bringt, wiegen weithin eine unbestreitbare stilistische Lässigkeit auf.

Die Lektüre des Ganzen hinterläßt den Eindruck äußerster Geschlossenheit und Gültigkeit, von einem Punkt freilich abgesehen: dem nationalistischen Geist, den er stets bekundet, wenn es um die musikalische Tradition seines Landes geht. Hat er die Werke seiner jungen Landsleute zu beurteilen, die er geradezu beschwört, wieder bei Rameau in die Lehre zu gehen, so weiß er kaum andere Modelle vorzuschlagen: Couperin, das Ballett *Namouna* von Edouard Lalo, ein bißchen Massenet und Offenbach – das stellt eine ziemlich enge nationale Tradition dar. Sein Nationalismus scheint eher prinzipieller Art zu sein, und wenn er 1915 schreibt: »Endlich allein ...«, so fragt man sich, ob er nicht vor allem mit sich selbst allein bleibt.

Der soeben genannte Artikel enthält überdies einen Satz, der besondere Aufmerksamkeit verdient; er steht am Schluß einer Aufzählung all der Verheerungen, welche nach Debussys Meinung die französische

Musik zu erleiden hatte: »Wir haben die Aufblähung des Orchesters erduldet, die malträtierten Formen, den großen Aufwand und die schreienden Farben ... und wir standen im Begriff, noch verdächtigere Naturalisierungs-Urkunden zu unterschreiben, als die Kanonen barsch das Wort an sich rissen!« Es ist kaum zweifelhaft, daß diese letzte Anspielung auf die Musik Schönbergs zielt, die er kannte, und der »gefährlich zuzuneigen« er Strawinsky vorwarf.

Eine Gruppe für sich bilden am Ende des Bandes die Gespräche und Interviews, die noch aufgefunden werden konnten. Es ist wohl zu unterscheiden zwischen schriftlichen Antworten auf Umfragen – sie sind in chronologischer Folge zwischen die anderen Artikel eingeschoben – und den Interviews, welche nach Stichwort-Aufzeichnungen von Journalisten redigiert wurden. Die Zeitungsleute klopften an die Tür des Komponisten erst, als die Aufführungen des *Pelléas* das Interesse der Öffentlichkeit auf ihn gelenkt hatten. Nicht weniger als zwanzig solcher Interviews – entstanden zwischen 1902 und 1914 – konnten ausfindig gemacht werden. Sie datieren zum Großteil nach 1910, dem Jahr, da Caillard und de Bérys ihr Pamphlet *Le Cas Debussy* veröffentlicht hatten, das den Komponisten sehr erregte und ihn die Notwendigkeit spüren ließ, mit dem Publikum in Kontakt zu bleiben.[3] Die Formulierungen, die ihm dabei in den Mund gelegt werden, weichen oft von dem unnachahmlichen Tonfall ab, der Debussy eigen war. Es wird daher nicht verwundern, daß er sie in bestimmten Fällen – zumindest teilweise – in Abrede stellte. Eines jener »goldenen Worte«, die sehr oft als typisch für seine Ästhetik ausgegeben werden – »Die Musik muß mit Bescheidenheit danach trachten, Vergnügen zu bereiten« –, steht in einem von Paul Landormy publizierten Interview, über das Debussy sich bei Laloy beklagt: »Es ist schon ungeheuerlich, wie schlecht dieser sogenannte Musiker kapiert.« Nach einem Gespräch über die veristische Schule Italiens schickt er der Zeitschrift *Comoedia* einen Brief, in dem er die Dinge wieder zurechtrückt. Mir scheint indessen, daß etliche in den Interviews ausgesprochene Urteile, selbst wenn sie leicht verbogen wurden, die in den Artikeln geäußerten Meinungen nutzbringend vervollständigen. Debussy nahm wohl die Möglichkeit solcher Mißverständnisse von vornherein als gegeben hin; hätte er sonst den Journalisten mehr als fünfzehnmal Rede und Antwort gestanden?
Zwei sehr kurze Interviews wurden nicht in den Band aufgenommen: das eine bezieht sich auf den Orden »Pour le mérite«, mit dem sowohl

Debussy wie Rodin auszuzeichnen Kaiser Wilhelm II. sich geweigert hatte (*Paris-Journal*, 2. Februar 1911): »Sagen Sie ruhig, daß ich nichts von Deutschland erwarte«, gab Debussy zur Antwort, »so wenig wie von allen offiziellen Stellen in meinem Land. Ich arbeite wie ein Pferd. Genügt das nicht für mein Gewissen?« Das andere Interview ist Teil einer von Henry Malherbe angestellten Rundfrage über »Die russische Musik und die französischen Komponisten« (*Excelsior*, 9. März 1911): »Die russische Musik«, läßt man ihn da sagen, »interessiert mich im höchsten Grad ... Vergangenes Jahr komponierte ein junger Mann eines seiner ersten Werke, ein Ballett, *Der Feuervogel*, das in Paris uraufgeführt wurde. Nun, dieses Frühwerk war eine Partitur von exquisiter Originalität.«[4]

Die Schriften von Claude Debussy verlangen an manchen Stellen nach Aufklärung und Aufschlüssen über vergessene oder unklar gewordene Ereignisse und Personen. Ich habe mich hier auf ein Minimum beschränkt und bin der Anhäufung kritischer Anmerkungen aus dem Wege gegangen. Debussy hatte nicht so sehr die Information des Lesers im Auge als die Absicht, ihn jenseits konventioneller Bahnen zu orientieren, ihn dazu anzuhalten, seine Routine-Urteile preiszugeben. Was die Übereinstimmungen mit dem älteren Band *Monsieur Croche antidilettante* betrifft, so wurde in allen Fällen darauf hingewiesen. Vielleicht trauert manch einer dieser Sammlung nach, die ihm ans Herz gewachsen ist. Ihre Einheit indessen beruhte auf einer Persönlichkeit, an deren Gewandung Debussy selbst sich nie ganz gewöhnt hatte, und es steht zu hoffen, daß die Gedankenwelt des Musikers hier vollständiger und wahrhaftiger in ihrer alltäglichen Erscheinung vor Augen tritt.

François Lesure

Feuilletons

»Faust« von Schumann – Ouvertüre »Le Roi Lear« von Augustin Savard – Dritter Akt »Siegfried« – Eine Symphonie von Georges-Martin Witkowski

Da man mich aufgefordert hat, in dieser Zeitschrift musikalische Ereignisse zu besprechen, erlaube ich mir, mich in wenigen Worten über die Art zu äußern, in der ich dies zu tun gedenke. Man wird demnach in dieser Spalte mehr wahr und ehrlich empfundene Eindrücke finden als Kritik; diese ähnelt zu oft glänzenden Variationen über das Thema: »Sie sind auf dem Holzweg, weil Sie es nicht machen wie ich«, oder: »Sie haben Talent, ich dagegen keines, das kann so nicht weitergehen...« Ich werde versuchen, in den Werken die vielfältigen Antriebe aufzudecken, aus denen sie entstanden sind, und das, was sie an innerem Leben besitzen; ist das nicht viel interessanter als das Spiel, sie auseinanderzunehmen wie eine kuriose Art von Taschenuhren?
Die Menschen haben ein schlechtes Gedächtnis dafür, daß man ihnen als Kinder verboten hat, den Hampelmännern den Bauch aufzuschneiden (was bereits ein Verrat am Geheimnis ist): Sie wollen immer noch ihre ästhetische Nase überall hineinstecken, wo es nur geht. Wenn sie auch keine Hampelmänner mehr aufschlitzen, so erklären sie doch das Geheimnis, zerlegen es und töten es kalten Herzens: Das ist bequemer und liefert Stoff zum Salbadern. Guter Gott, die einen entschuldigt ihr sattsam bekanntes Unverständnis, andere, weniger zartbesaitete Gemüter, tun es mit Vorbedacht: Man muß seine liebe kleine Mittelmäßigkeit doch verteidigen... Die zweite Sorte hat eine treue Anhängerschaft.
Ich werde sehr wenig von Werken sprechen, die durch Erfolg oder Tradition ihre Weihe erhalten haben; ein für allemal: Meyerbeer, Thalberg, Reyer sind allesamt Männer von Genie, und damit hat sich's. An Sonntagen, an denen es der Himmel gnädig meint, werde ich keine Musik anhören; ich bitte dafür im voraus um Entschuldigung...
Um zum Ende zu kommen: Man möge sich bitte an das Wort »Eindrücke« halten, an das auch ich mich halte, auf daß es mir die Freiheit lasse, meine Empfindungen vor jeder schmarotzerhaften Ästhetik zu bewahren.

Im Colonne-Konzert[5]*: »Faust« von Schumann*

Wir könnten diesen *Faust* einigen andern Faust-Werken gegenüberstellen, doch das führte nur zu allerlei bedauerlichen Anmerkungen, die niemand weiterbrächten, nicht einmal Goethe. Was Schumann anbelangt: Hat man jemals verstanden, daß er sein reines Genie von diesem eleganten und gefälligen Notar namens Mendelssohn beeinflussen lassen konnte? Gerade im *Faust* stolpert man häufig über Mendelssohn; da lobe ich mir schon Mendelssohn allein, weil man dann wenigstens weiß, woran man ist.

Im Lamoureux-Konzert[6]*: Ouvertüre »Le Roi Lear« von Augustin Savard, Uraufführung; »Siegfried«, dritter Akt*

Die Ouvertüre *Le Roi Lear* von Augustin Savard hat für meinen Geschmack ein bißchen zuviel Wagner-Tonfall: Becken niesen aus den Nasenlöchern der Flöten, eine echt wagnerische Unverschämtheit; das Thema des *Königs Lear* besitzt den majestätischen Anstrich, der nur in der Götterburg anzutreffen ist. Übrigens zeugt die Ouvertüre von schöner Musikalität, besonders in dem Abschnitt, wo sich die liebliche Gestalt der Cordelia abzeichnet; das Ende ist brüsk, absichtsvoll brüsk, möchte man sagen. Vielleicht gibt es Musik, die dieser Ouvertüre folgt? Das wäre wirklich zu wünschen.

Die Teilaufführungen, die Camille Chevillard vom *Ring* veranstaltet, sind unterschiedlich beurteilt worden. Ich möchte mir erlauben, sie von geläutertem Geschmack und vollendetem Takt zu finden. Die Leute, die eine sachverständige Miene aufsetzen, wenn sie von der Tetralogie sprechen, würden vielleicht eine Gesamtaufführung dieses musikalischen Adreßbuches nicht durchstehen. Außerdem besitzt Camille Chevillard eine fast einmalige Begabung fürs Orchestrale, und trägt damit wesentlich zur Belebung in der Schmiede bei, an deren Wänden die gleichen Tierfelle hängen, mit denen auch die Personen des *Siegfried* bekleidet sind; daß diese menschlichere Züge annehmen, verdanken sie der Phantasie, welche die wirkliche Ausstattung, die so wenig Sagenhaftes an sich hat, ersetzt.

Danken wir Camille Chevillard auch dafür, daß er sich von der Stierkämpfergestik freihält, die gewissen Dirigenten von internationalem Ruf zur zweiten Natur geworden ist. Sie wirken sehr störend, diese Gebärden, als sollten dem Englischhorn Banderillas an den Kopf ge-

steckt oder arme Posaunen mit Matadorengefuchtel in Schrecken versetzt werden. Herr Chevillard bescheidet sich damit, seinen Zuhörern die Gewißheit zu geben, daß er sehr viel versteht. Das ist sehr aufrichtig, und sehr schwer zu erreichen.
Was ich vergessen habe: Arthur de Greef hat bewundernswert ein Klavierkonzert von Saint-Saëns gespielt (ein Werk mit höheren Weihen).

In der Société nationale: Orchesterkonzert vom 16. März

Eine Symphonie von Georges-Martin Witkowski hat begeisterte Aufnahme gefunden. Mir scheint, daß seit Beethoven der Beweis für die Sinnlosigkeit der Symphonie erbracht wurde. Ohnehin ist sie bei Schumann und Mendelssohn nur mehr die achtenswerte Wiederholung der gleichen Formen mit schwächeren Kräften. Gleichwohl war die »Neunte« ein genialer Fingerzeig, ein großartiges Verlangen, die gewohnten Formen zu weiten, zu befreien und ihnen die harmonischen Dimensionen eines Freskos zu geben.*
Die wahre Lehre Beethovens lautet also nicht, an den alten Formen festzuhalten und gewissenhaft die Füße in seine frühen Fußstapfen zu setzen. Man muß durch die offenen Fenster auf den freien Himmel schauen können – doch mir will scheinen, als ob man sie nahezu für alle Zeiten verschlossen hielte; die paar genialen Glücksfälle auf diesem Gebiet sind nur eine kümmerliche Entschuldigung für die strebsamen und gekünstelten Übungsstücke, die man aus Gewohnheit Symphonien nennt.
Die junge russische Schule versuchte, der Symphonie neues Blut zuzuführen, indem sie Anleihen beim Gedankengut der »Volksmelodien« machte: Es gelang ihr, funkelnde Kleinode zu schmieden, aber entstand dabei nicht ein störendes Mißverhältnis zwischen dem Thema und dem, was man ihm an Entwicklungen aufbürdete? Bald jedoch verbreitete sich die Folkloremode über die ganze musikalische Welt; man kämmte selbst die kleinsten Provinzen durch, von Ost nach West,

* Man hat andererseits behauptet, daß Beethoven das Wort »zum Höhepunkt und zur Krönung seines Klanggebäudes« gemacht, und daß das Finale der »Neunten« das Musikdrama vorbereitet habe. Ist das nicht eine Auffassung, die auf Beethoven die Formel Wagners anwendet, und liegt nicht »die Krönung des Gebäudes« im Einsetzen des tausendstimmigen Chors, der die Musik als Herrscherin und alleinige Königin begrüßt?

man zog alten Bauern harmlose Liedchen aus dem Mund, die sich zu ihrem großen Schrecken in harmonischen Spitzenkleidern wiederfanden. Sie machen kleine, traurig verlegene Gesichter, aber gebieterische Kontrapunkte zwingen sie, ihre friedliche Herkunft zu vergessen.

Muß man daraus den Schluß ziehen, daß die Symphonie, trotz der vielen Umformungsversuche, der Vergangenheit angehört wegen all ihrer gradlinigen Eleganz, ihrer zeremoniellen Ordnung, ihres philosophischen und herausgeputzten Publikums? Hat man nicht einfach ihren alten, verblichenen Goldrahmen durch das aufdringliche Blech moderner Instrumentationen ersetzt?

Die Symphonie von Witkowski ist auf einem bretonischen Choral aufgebaut. Der erste Abschnitt gilt der gewohnten Aufstellung des »Themas«, mit dem der Komponist zu arbeiten gedenkt; dann beginnt die vorgeschriebene Verarbeitung; der zweite Teil ist so etwas wie eine Tenne, auf der leeres Stroh gedroschen wird; der dritte Teil heitert sich etwas auf und mündet in eine echt bretonische Fröhlichkeit, die von stark sentimentalen Wendungen durchsetzt ist; der bretonische Choral hat sich währenddessen zurückgehalten – was hier auch passender ist –, aber er kehrt wieder, und die Verarbeitung geht weiter, die Fachleute zeigen sichtliches Interesse, sie wischen sich die Stirn und das Publikum ruft nach dem Komponisten ... Trotzdem ist dies der geglückteste Teil. Witkowski spricht hier eine spontanere und überzeugendere Sprache. Zudem besitzt er eine unleugbare, untadelige Erfahrung, selbst in den Längen; er hört auf Stimmen, die gewiß »berufen« sind; nur hindern sie ihn, wie mir scheint, eine persönlichere Stimme zu vernehmen.

Danach bleibt mir nur noch, die *Dänischen Lieder* für Gesang und Orchester von Fritz Delius zu vermerken: sehr sanfte, sehr saubere Lieder, eine Musik, dazu geschaffen, Genesende in den Villen der Reichen in Schlaf zu wiegen. Ständig läßt sich eine Note müde auf einem Dreiklang nieder, wie eine vom Blick des Mondes ermattete Seerose auf dem Wasser, oder sitzt auf ihm fest wie ein kleiner, in Wolken eingeschlossener Ballon.

Alles in dieser Musik war ungreifbar! Fräulein Andray-Fairfax sang mit einer träumerischen und melancholisch distinguierten Stimme. Sie dachte sich, während die Musik dahinklagte, ein vergleichendes Blickspiel zwischen Publikum und Kronleuchter aus, das, ich muß es sagen, eindeutig zugunsten des Lüsters ausfiel. Dieses charmante Spiel schien die Zartheit der Melodien vor dem barbarischen Lärm des Beifalls abzuschirmen. Ist übrigens dieses instinktive, auf die Steinzeit zurückgehende Bedürfnis, die Hände ineinanderzuschlagen und Kriegsrufe auszustoßen, um höchste Begeisterung auszudrücken, nicht seltsam? Man sehe bitte keine kritische Absicht in dieser Bemerkung, auch nicht den Anspruch, einen Prozeß für höhere Humanität anstrengen zu wollen; ich mußte einfach diese »Eindrücke« zu einem Abschluß bringen.

La Revue blanche, 1. April 1901

»Kinderstube« von Mussorgski – Eine Klaviersonate von Paul Dukas – Symphoniekonzerte im Vaudeville-Theater

Am letzten Sonntag im März – es war der Palmsonntag – gingen die Sonntagskonzerte auf Wagner über. Ergebnis gleich null. Colonne bot gemischte Kost, Chevillard offerierte ein einziges Gericht, aber ein tetralogisches! Der Himmel rächte sich dafür und goß über die unglückseligen Musikliebhaber seinen ganzen Regenvorrat aus. Ist der, der im Himmel herrscht, nun ein Wagnerianer oder nicht, fragte... (Sie kennen ihn doch, nicht wahr?)

»Kinderstube«. Text und Musik von Modest Mussorgski

Hinter diesem Titel verbirgt sich eine Folge von sieben Liedern, von denen jedes eine Kinderszene nachzeichnet; das Ganze ist ein Meisterwerk. Mussorgski ist in Frankreich nur wenig bekannt; man kann das mit dem Hinweis entschuldigen – und der stimmt leider –, daß es ihm in Rußland nicht besser ergeht. Er wurde 1839 in Karewo (Zentralrußland) geboren, er starb 1881 in einem Bett des Nikolai-Militärkrankenhauses zu St. Petersburg. Man sieht an diesen beiden Daten, daß er wenig Zeit zu verlieren hatte, seinem Genius gerecht zu werden; er hat sie auch nicht verloren, und er wird in der Erinnerung derer, die ihn lieben oder lieben werden, unauslöschliche Spuren hinterlassen. Niemand hat so zart und tief das Beste in uns angerührt; seine absichtslose, von verknöcherten Formeln freie Kunst ist einzigartig und wird es bleiben. Nie hat eine so verfeinerte Sensibilität sich so einfach auszudrücken vermocht; es ist, als schaute man dem Tanz eines neugierigen Wilden zu, der bei jedem Schritt, den ihm sein Gefühl eingibt, die Musik entdeckt. Die Frage nach irgendeiner Form stellt sich nicht mehr, oder diese Form ist jedenfalls so vielschichtig, daß sie sich unmöglich mit den bestehenden, man könnte sagen: gesetzlich verordneten Formen in Einklang bringen läßt; das Ganze setzt sich zusammen aus kleinen, aufeinanderfolgenden Wendungen, die durch ein geheimnisvolles Band und die Gabe lichtvoller Hellsicht miteinander verbunden sind, und empfängt von daher seinen Halt. Manchmal klingen auch Empfindungen an voll dunkler Verhangenheit und bebender Unruhe, die das Herz vor Bangigkeit erschauern lassen. *Kinderstube* enthält das Gebet eines kleinen Mädchens vor dem

Einschlafen. Das Mienenspiel, die zarte Verwirrung einer Kinderseele sind darin eingefangen, und selbst die köstliche Art, in der die kleinen Mädchen erwachsen spielen, mit einer fiebernden Echtheit im Ton, die man nirgends sonst findet. Das *Wiegenlied der Puppe* scheint Wort für Wort erlauscht zu sein, aus einer wunderbaren Kraft der Aneignung heraus, aus der Fähigkeit, sich einfühlen zu können in das heimliche Wunderland der kindlichen Gedankenwelt. Der Schluß dieses Wiegenliedes ist so sanft einschläfernd, daß die kleine Erzählerin über ihren eigenen Geschichten einschlummert. Da ist auch der schreckliche kleine Junge auf dem Steckenpferd, der das Zimmer in ein Schlachtfeld verwandelt: Hier zerbricht er den armen wehrlosen Stühlen eine Lehne, dort ein Bein, und dabei geht es nicht ohne eigene Blessuren ab! Darauf Geschrei und Tränen, die ganze Freude ist dahin! Aber so gefährlich war es nicht ... ein Augenblick auf Mamas Schoß, ein Heile-heile-Segen-Kuß, und – schon beginnt die Schlacht von neuem, und wieder wissen die Stühle nicht, wohin sie sich verkriechen sollen.
Alle diese kleinen Dramen sind, das muß ich betonen, mit größter Einfachheit in Musik gesetzt. Mussorgski genügt ein einziger Akkord, der Herrn ... (ich habe vergessen, wie er heißt) armselig vorkäme, oder eine Modulation von solchem Instinkt, wie er Herrn ... (es ist der gleiche) unbekannt sein dürfte. Wir werden noch öfter von Mussorgski zu sprechen haben; er hat ein hohes Anrecht auf unsere Achtung. Marie Olénine sang seine Lieder kürzlich in einem Konzert der Société nationale auf eine Art, die auch Mussorgski zufriedengestellt hätte, wenn man mir diese Versicherung in seinem Namen gestatten will.[7]

Eine Klaviersonate von Paul Dukas

Paul Dukas hat soeben eine Klaviersonate veröffentlicht. Wenn diese Neuerscheinung auch den Lauf der Welt nicht stören kann, so ist sie dennoch ein Ereignis; sie legt ein seltsames Desinteresse an unserer Zeit an den Tag, in der die Musik immer stärker dazu neigt, sich sentimentalen oder tragischen Geschichten als Begleitung anzudienen; sie übernimmt dabei die etwas verdächtige Rolle des Marktschreiers vor einer Schaubude, in der das bare, finstere Nichts sich abmüht.
Die die Musik ernstlich lieben, kommen selten in die Jahrmarktsbuden; sie haben ein simples Piano und spielen immer wieder mit glühendem Herzen ihre Lieblingsstücke; dies berauscht ebenso sicher wie das »echte, stark und schnell wirkende Opium« und ist die Kunst, den

Augenblick des Glückes zu beschwören, ohne zu entnerven. Paul Dukas scheint an diese »Letzteren« gedacht zu haben, als er seine Sonate schrieb: Der herbe, in sich gekehrte Ausdruck und der strenge Zug in der Verkettung der Ideen verlangen ja eine tiefe innere Gemeinschaft mit dem Werk (dieser gebieterische Zug prägt fast alle Kompositionen von Dukas, sogar die Nebenwerke). Die Sonate ist das Ergebnis hingebender Geduld bei der Ausarbeitung der einzelnen Sätze, und es steht zu fürchten, daß sich dies in einer Konzertaufführung nicht leicht nachvollziehen läßt. Das nimmt ihr jedoch nichts von ihrer Schönheit, ihrem Traum. Wenn sich in dem Kopf, der diese Sonate schuf, die Eingebung der Phantasie mit konstruktivem Denken verband, so darf daraus nicht auf Kompliziertheit geschlossen werden, nichts wäre absurder als diese Annahme. Paul Dukas weiß, was die Musik in sich schließt; sie ist ja nicht nur Glanz und Wohlklang, die dem Ohr bis zur Entnervung schmeicheln: Eine recht leichtfertige Auffassung, unter deren Losung sich eine Menge Musik zusammenfindet, die man für verschieden hält, und die sich dabei gar nicht so sehr aneinander stößt. Für ihn ist sie ein unerschöpflicher Schatz an Formen, an möglichen Erinnerungen, die ihm erlauben, seine Ideen gemäß seiner erfinderischen Kraft zu schmeidigen. Er ist Herr seines Gefühls und weiß unnützen Aufwand zu meiden, deshalb verzichtet er auf jene parasitären Auswüchse, die an sich sehr schöne Dinge so oft entstellen. Wenn man den dritten Satz dieser Sonate genauer betrachtet, wird man gewahr, daß sich unter dem sehr pittoresken Äußeren eine Kraft verbirgt, die die rhythmische Phantasie mit der lautlosen Sicherheit einer stählernen Mechanik lenkt. Dieselbe Kraft beherrscht auch das Finale, wo sich die Kunst der emotionalen Gewichtsverteilung in ihrer ganzen Wirksamkeit entfaltet; man kann diese Emotion sogar »konstruktiv« nennen, weil sie eine Schönheit hervorbringt, die den vollkommenen Linien einer Architektur gleicht – Linien, welche mit den farbigen Lufträumen des Himmels verschmelzen und in umfassender und endgültiger Harmonie mit ihnen zusammenstimmen.

Ich habe es für nötig gehalten, dieses Werk etwas ausführlicher zu besprechen; man kennt zwar den Rang, den Paul Dukas in der gegenwärtigen Kunst einnimmt, doch dieses Werk erhebt sich durch das Signum seiner adeligen Hingabe weit über die gewohnten Spekulationen. Zum Schluß: Die Musik, wie Mussorgski sie fühlte und wie Dukas und einige andere sie verstehen, ist vielleicht die einzig gültige Rechtfertigung für den Titel, den diese Noten tragen.

Symphoniekonzerte im Vaudeville-Theater

In den letzten Wochen war ein großes Kommen deutscher Dirigenten. Das ist zwar nicht so gefährlich wie eine Epidemie, aber es bringt weit mehr Lärm mit sich, ein Dirigent muß ja mit neunzig multipliziert werden... Ich sage nichts dagegen, daß Weingartner oder Richard Strauss, daß der nervöse Mottl oder der große Richter die oft allzu roh beleidigte Schönheit der großen Meister wieder aufblühen lassen; aber man darf nicht übertreiben und Paris zu einem Trainingssaal machen. Wenn diese Herren wenigstens etwas Neues in ihren Programmen brächten, wäre das immerhin interessant, aber nichts davon, es ist der alte symphonische Bestand, den wir zu hören bekommen, und wir erleben die gewohnten Übungen über die verschiedenen Arten, die Symphonien von Beethoven zu dirigieren. Die einen nehmen das Tempo schneller, die anderen langsamer, und am meisten leidet der arme, große, alte Beethoven darunter. Gewichtige und informierte Männer erklären, dieser oder jener Dirigent habe das wahre Tempo – ein glänzender Stoff übrigens zur Konversation. Wo nehmen diese Leute nur ihre Sicherheit her? Unterhalten sie Verbindungen zum Jenseits? Diese Artigkeit von »drüben« würde mich gerade bei Beethoven sehr verwundern. Und wenn seine arme Seele sich je einmal in einen Konzertsaal verirrt, bleibt ihr nichts als die schnelle Flucht in jene Welt zurück, wo nur die Musik der Sphären tönt. Dann sagt der große Ahnherr Johann Sebastian Bach mit einer gewissen Strenge: »Mein kleiner Ludwig, ich sehe Ihrer verstörten Seele an, daß Sie sich wieder einmal an üblem Ort herumgetrieben haben«. Aber möglicherweise sprechen sie nie miteinander...

P. S. Ich habe am Karfreitag zuviel Musik gehört, als daß ich heute über all die verschiedenen Eindrücke berichten könnte. Camille Chevillard dirigierte die *Neunte Symphonie* auswendig (!) mit einer bewundernswerten Sicherheit. Wohlan, ihr deutschen Herren Dirigenten, ihr habt eure Reise nicht ganz umsonst gemacht...

La Revue blanche, 15. April 1901

Karfreitag – Die »Neunte Symphonie«

Karfreitag

An diesem Tag werden die Symphoniekonzerte »geistlich«; ich habe nie herausgefunden, warum, denn intelligenterweise spielt man dort ohnehin immer die gleichen Stücke.
Dieses Jahr zeigte Edouard Colonne »Geist«, indem er sein Programm mit einem Blumenstrauß von Virtuosen aller Arten zierte. Damit wurde einem vergönnt, sich des Abends von weltbürgerlichem Eifer erdrücken zu lassen; ich glaube sogar behaupten zu können, daß die eingefleischten Melomanen einiges unter jenen Nachbarn zu leiden hatten, die weit mehr auf instrumentale Pantomime denn auf künstlerische Gemütsbewegung aus waren.
Die Anziehungskraft des Virtuosen auf das Publikum scheint derjenigen zu gleichen, die der Zirkus auf die Massen ausübt. Man hofft ständig, daß sich etwas Aufregendes ereigne: Ysaye spielt Geige und nimmt dabei Colonne auf seine Schultern, oder Pugno packt als Schlußeffekt den Flügel mit den Zähnen ...
Eugène Ysaye spielte das Violinkonzert in G-Dur von Johann Sebastian Bach[9], wie es vielleicht nur ihm gegeben ist, ohne sich als Störenfried zu gebärden; er hat die Freiheit des Ausdrucks, den ungekünstelt schönen Klang, beides Gaben, die für die Interpretation dieser Musik unerläßlich sind.
Das kommt einem um so mehr zum Bewußtsein, als alles übrige an der Aufführung sich mühsam und schwerfällig dahinschleppte. Es ist, als wollte man Bach durch die Steifheit, mit der man ihn interpretiert, das Gewicht der Jahrhunderte aufbürden, das auf seinem Werk lastet. Dabei ist unter all den Konzerten, die Bach geschrieben hat, gerade dieses besonders bewundernswert; hier findet sich in fast makelloser Reinheit jene »musikalische Arabeske«, oder vielmehr jenes Prinzip des »Ornaments«, das die Grundlage jeder Art von Kunst bildet. (Das Wort »Ornament« hat hier nichts mit dem zu tun, was die musikalischen Lehrbücher darunter verstehen.)
Die frühen Meister, Palestrina, Vittoria, Orlando di Lasso usw. bedienten sich dieser göttlichen »Arabeske«. Sie fanden ihre Urgestalt im Gregorianischen Choral und stützten ihr zerbrechliches Geflecht durch widerstandsfähige Kontrapunkte. Bach nahm die Arabeske wieder auf und machte sie biegsamer, flüssiger. Die Schönheit konnte sich

trotz der strengen Ordnung, in die der große Meister sie stellte, mit dieser freien, unaufhörlich zu neuen Gestalten drängenden Phantasie bewegen, die uns noch heute in Erstaunen setzt.
Das Erregende an Bachs Musik ist nicht so sehr der Charakter der Melodie als vielmehr ihr Kurvenverlauf. Noch mehr wirkt die gleichlaufende Bewegung der Linien, ihr zufälliges Zusammentreffen, ihr einmütiges Zusammengehen, auf die Empfindung ein. Mit dieser ornamentalen Konzeption gewinnt die Musik die Sicherheit eines mechanischen Ablaufs, der den Hörer beeindruckt und mancherlei Vorstellungen in ihm auslöst.
Man darf aber nicht glauben, daß dies etwas Unnatürliches oder Künstliches sei. Es ist im Gegenteil unendlich viel »wahrer« als das armselige kleine Menschengeschrei, das im Musikdrama tönt. Vor allem bewahrt die Musik hier ihren ganzen Adel; sie gibt sich nicht dazu her, dem Bedürfnis nach Empfindelei entgegenzukommen, das jene Leute mit Vorliebe zur Schau stellen, von denen es heißt »sie lieben die Musik so sehr«; diese Musik hat höheren Stolz: Sie zwingt zu Respekt, wenn nicht gar zur Bewunderung.
Es läßt sich übrigens leicht beobachten, daß nie jemand Bach »pfeift«. Auf diesen Lippenruhm hat Wagner nicht verzichten müssen: Zur Stunde, da die Luxusgefangenen aus den musikalischen Arrestlokalen strömen, werden auf dem Boulevard beschwingt die *Winterstürme* oder das Eingangsmotiv aus den *Meistersingern* gepfiffen. Ich weiß wohl, viele sehen darin den höchsten Ruhm, den die Musik zu vergeben hat. Trotzdem darf man wohl anderer Meinung sein, ohne allzusehr als Sonderling zu gelten.
Ich muß allerdings sagen, daß diese ornamentale Konzeption völlig verloren ging: Die Zähmung der Musik zum Haustier ist geglückt. Nun denn! Das haben die Familien zuwege gebracht, die ihr Kind aus Verlegenheit – die glänzende Ingenieurslaufbahn ist ja dummerweise überfüllt – Musik studieren lassen: Macht wieder einen Mittelmäßigen mehr... Versucht aber bisweilen ein genialer Mensch, die schwere Fessel der Tradition zu sprengen, ist man mit Spott und Gelächter schnell bei der Hand; das arme Genie entschließt sich darauf, sehr jung zu sterben, und das ist auch das einzige, wozu man es nur allzu gerne ermuntert.
Doch kehren wir zu Eugène Ysaye zurück. Außer dem Bach-Violinkonzert spielte er die eigene Transkription einer Klavieretüde in Walzerform von Saint-Saëns. In diesem Stück ging Virtuosität vor Kunst – nach der Devise »Viel Virtuosität um nichts«, was ernsthafte

Leute augenscheinlich störte: Sie gewannen dem Werk wenig Geschmack ab. Es gibt Menschen, die keinen Spaß verstehen; warum sollte Saint-Saëns keinen Humor haben dürfen?
Des weiteren ließ Raoul Pugno ein Mozartkonzert hören, das für Klavier so gut geschrieben ist, daß man es gar nicht schlecht spielen kann. Pugno vollbrachte wie gewöhnlich eine Meisterleistung.
Dazwischen hatte Anton van Rooy, Mitglied des Bayreuther Ensembles, die Arie des Wolfram aus dem Sängerwettstreit (*Tannhäuser*, 2. Akt) mit soviel Charme gesungen, daß man die langweilige Anlage des Stücks fast vergessen konnte. Guter Gott, und sowas will ein »Wettbewerbsstück« sein! Man fängt nachgerade an, die Art von militärischem Allegro zu entschuldigen, mit dem Tannhäuser die würdevolle und pappige Redeweise des milden Wolfram zur Seite fegt, was besagten Wolfram nicht daran hindert, eine Viertelstunde später das Lied an den Abendstern anzustimmen... Er ist eben unverbesserlich, dieser Wolfram.
Außerdem sang Anton van Rooy drei Lieder von Franz Schubert. Es sind unschuldige Lieder ... so riecht es aus den Schubladen sanfter alter Jüngferchen in der Provinz ... welke Bänder ... vertrocknete Blumen ... Photographien für immer Dahingegangener – das wiederholt sich endlose Strophen lang, und beim dritten Lied fragt man sich, ob da nicht auch unser Landsmann Paul Delmet zur Ehre der Konzertsäle erhoben werden könnte? Um aber all das zu zeigen, was sein feiner Goldmund an unterschiedlichen Vibrationen vollbringe, sang van Rooy zum Abschluß »Wotans Abschied«, dessen pyrotechnische Wirkung ihr Publikum nie verfehlt; seine Stimme kämpfte voll Feuer gegen das Orchester an, ohne dabei ins Hintertreffen zu geraten, was ihm tumultuarischer Beifall ein für allemal bestätigte.

Die »Neunte Symphonie«

Man hat die *Neunte Symphonie* in einen Nebel von hohen Worten und schmückenden Beiworten gehüllt. Sie ist – neben dem berühmten »Lächeln der Mona Lisa«, dem mit seltsamer Beharrlichkeit das Etikett »geheimnisvoll« anhaftet – das Meisterwerk, über das am meisten Unsinn verbreitet wurde. Man muß sich nur wundern, daß es unter dem Wust von Geschreibe, den es hervorgerufen hat, nicht schon längst begraben liegt. Wagner schlug instrumentale Retuschen vor; andere planten, mit Hilfe von Lichtbildern den Inhalt zu erläutern. Schließlich machte man aus diesem so mächtigen und klaren Werk einen Popanz zur öffentlichen Verehrung. Angenommen, diese Symphonie würde wirklich ein Geheimnis in sich bergen, so ließe sich dieses vielleicht ergründen, aber wem nützte es? Beethoven war nicht für zwei Sous literarisch, zumindest nicht in dem Sinn, den das Wort heute hat. Er liebte die Musik mit hochgemutem Stolz; sie war für ihn jene Leidenschaft und Freude, die er in seinem persönlichen Leben so bitter entbehren mußte. Vielleicht hat man in der *Neunten Symphonie* einfach den zur Übersteigerung getriebenen Ausdruck eines musikalischen Stolzes zu sehen – und weiter nichts. Ein kleines Heft, in dem Beethoven mehr als zweihundert verschiedene Abwandlungen der Leitidee zum Finale dieser Symphonie skizzierte, zeigt, wie hartnäckig er suchte und wie reinmusikalisch sein Denken war, das ihn leitete (die Verse von Schiller haben dabei wirklich nur eine klangliche Bedeutung). Er wollte, daß diese Idee ihre eigenen virtuellen Entwicklungskräfte besäße, und wenn sie in sich von wundersamer Schönheit ist, so ist sie wundersam durch all das, womit sie seine Erwartung erfüllte. Es gibt kein glänzenderes Beispiel für die Dehnbarkeit einer Idee innerhalb der ihr gesetzten Form; jede Abwandlung bringt neue Freude, ohne daß der Eindruck von Anstrengung oder Wiederholung entstünde; es ist wie ein Wunder, wie das Aufblühen eines Baumes, dessen Knospen alle mit einem Mal aufbrechen. Nichts ist überflüssig in diesem architektonisch so weitgespannten Werk, nicht einmal das Andante, das neuere Ästhetik übergroßer Länge zeiht; bildet es nicht den sensibel gesetzten Ruhepunkt zwischen der rhythmischen Beharrlichkeit des Scherzos und der instrumentalen Sturzflut, mit der die Stimmen unwiderstehlich zum Glanz des Finales treiben? Im übrigen hatte dieser Beethoven bereits acht Symphonien geschrieben, und die Neun mußte für ihn eine fast schicksalhafte Bedeutung annehmen; in ihm lebte der Wille, über sich selbst hinauszuwachsen. Ich verstehe nicht, wie man bezweifeln kann, daß ihm dies gelungen ist. Eine überströmende Menschlichkeit sprengt die herkömmlichen Grenzen der Symphonie; sie bricht aus seiner freiheitstrunkenen Seele hervor, die sich in ironischer Schicksalsverkettung an den goldenen Gittern wundstieß, in denen die nicht nur wohltätige Freundschaft der Großen sie gefangenhielt. Beethoven mußte mit allen Fasern seines Wesens darunter leiden und glühend danach verlangen, daß in ihm die Humanität zum all-einigenden Ausdruck werde: daher dieser tausendstimmige Anruf seines Genius an die niedrigsten und ärmsten seiner Brüder. Ist er von ihnen gehört worden? Beunruhigende Frage.

Die »Neunte« wurde am Karfreitag von Camille Chevillard mit einem Verständnis dargeboten, das diesen Dirigenten in die Reihe der Größten stellt; sie fand sich allerdings in der Nachbarschaft etlicher Hauptwerke von Richard Wagner, die einen gewissen Hautgoût haben. Tannhäuser, Siegmund, Lohengrin verkündeten wieder einmal die Ansprüche des Leitmotivs! Die strenge und rechtmäßige Meisterschaft des alten Beethoven siegte mühelos über diese Prahlereien, die hochbezahlt sind und von niemand bestellt.

La Revue blanche, 1. Mai 1901

Opern

Alle Welt kennt, wenigstens dem Namen nach, unser Théâtre national de l'Opéra. Ich habe zu meinem Bedauern feststellen müssen, daß es sich in nichts geändert hat: Ein nicht »vorgewarnter« Passant hält es für einen Bahnhof; einmal eingetreten, glaubt er sich in ein türkisches Bad versetzt.

Man macht dort noch immer seltsame Geräusche; die Leute, die dafür bezahlt haben, nennen es Musik. Man muß ihnen nicht unbedingt glauben.

Weil es sich besonderer Gunst und einer staatlichen Subvention erfreut, kann dieses Theater spielen, was es will; aber das ist weit weniger wichtig als die mit viel Sorgfalt eingerichteten luxuriösen »Salonlogen«, die so heißen, weil man sich dorthin zurückziehen kann, ohne im geringsten von der Musik gestört zu werden: Es sind die letzten Salons, in denen man noch Konversation macht.

Damit will ich keineswegs die Fähigkeiten der Direktoren angreifen, denn ich bin überzeugt, daß hier selbst der beste gute Wille an der undurchdringlichen Mauer einer sturen Bürokratie scheitert, die jeden erhellenden Lichtstrahl am Eindringen hindert. Daran wird sich im übrigen nichts ändern, es sei denn durch eine Revolution, obwohl Revolutionäre nicht gerade solche Monumentalbauten im Sinn haben. Man könnte sich eine Feuersbrunst wünschen, aber die träfe in ihrem blinden Wüten mit Sicherheit die Unschuldigen.

Dennoch, wenn man den betriebsamen Leerlauf durchbräche, könnte man an dieser Stätte schöne Dinge machen. Müßten wir nicht längst den *Ring* als Ganzes kennen? Dann hätten wir uns dieser Pflicht entledigt, und die Bayreuth-Pilger könnten uns nicht länger mit ihren Berichten auf die Nerven gehen ... Die *Meistersinger* spielen ist gut, *Tristan und Isolde* noch besser (dort taucht aus den Wirbeln der Musik der zauberhafte Geist Chopins auf und zügelt die Leidenschaften).

Ungeachtet unserer Kritik wollen wir einmal überlegen, auf welche Weise die Opéra der Entwicklung der Opernmusik in Frankreich dient.

Man hat hier vieles von Ernest Reyer gespielt. Für den Erfolg scheinen mir seltsame Gründe maßgebend. Es gibt Leute, die betrachten die Landschaft mit dem Gleichmut von Wiederkäuern; dieselben Leute hören Musik mit Watte in den Ohren ...

Saint-Saëns schrieb Opern mit dem Herzen eines alten, verstockten

Symphonikers. Wird ihm die Zukunft gerade deswegen ihre Bewunderung erhalten?
Massenet ist, so scheint es, dem Fächerspiel seiner schönen Zuhörerinnen zum Opfer gefallen, die mit ihrem Fächeln so ausdauernd für seinen Ruhm stritten; er wollte mit aller Gewalt seinen Namen von diesen parfümierten Flügelschlägen freihalten, doch ebensogut hätte er versuchen können, einen Schmetterlingsschwarm zu zähmen. Vielleicht fehlte es ihm nur an Geduld, vielleicht auch verkannte er den Wert des »Schweigens«. Sein Einfluß auf die zeitgenössische Musik ist unbestreitbar, selbst wenn manche, die ihm viel verdanken, dies leugnen; sie verwahren sich scheinheilig dagegen ... es ist eine Schande!
Natürlich gibt es noch eine Menge anderer Opern, aber eine vollständige Aufzählung würde langweilig. Man könnte noch *Thamara* von Bourgault-Ducoudray nennen, über deren Schicksal, dem mäßigen Erfolg zum Trotz, wahrscheinlich noch nicht das letzte Wort gesprochen ist.[10]
Es gab auch viel stumpfsinniges Ballett, doch darunter befand sich immerhin so etwas wie ein Meisterwerk: *Namouna* von Edouard Lalo. Wer mag denn nur so taube Ohren gehabt haben, es derart tief in der Versenkung verschwinden zu lassen, daß kein Mensch mehr von ihm spricht; um die Musik ist es schade.
Nirgends ein wirklich neuer Versuch. Nichts als eine Art surrender Fabriklärm, ein beständig kreisender Leerlauf. Man könnte sagen, daß der Musik beim Eintritt in die Opéra eine Zwangsjacke angelegt wird; auch nimmt sie dort die mißverstandene Großartigkeit des Bauwerks an und mißt sich mit der berühmten »Großen Treppe«, die perspektivische Täuschung oder überreiche Detailfülle schließlich – zu eng erscheinen lassen.

Le Roi de Paris[11]

Eine Oper mehr auf der Liste ... Der Stoff behandelt ein historisches Sujet, den Meuchelmord am Herzog von Guise. Zunächst einmal ist dies keine der erfreulichsten Begebenheiten aus der französischen Geschichte, und es war wohl unnötig, sie uns, gesteigert durch Musik, in Erinnerung zu bringen. Außerdem kleidete man sich zu jener Zeit sehr unvorteilhaft: Die Männer scheinen plumpe Rettungsringe getragen zu haben und den Frauen saß die Taille an Stellen, wo der wohlbegründetste Wunsch sie am wenigsten erwartet. Wenn man wirklich

glaubt, der Oper eine geschichtliche Handlung geben zu müssen, warum wählt man dann nicht Episoden mit weniger anrüchigem politischen oder kriminellen Hintergrund? (Ich würde da gern auf die Zeit von Louis Philippe verweisen, ein noch unbeackertes, gleichwohl fruchtbares Feld.) Georges Hüe hat die Handlung in zuviel Musik gepackt: Sie hindert einen daran, den Text zu verstehen, der von Bouvard und Pécuchet, den unvergeßlichen geistigen Zwillingsbrüdern, inspiriert scheint.[12]
Es wäre äußerst unhöflich, Georges Hüe vorzuwerfen, daß er kein Meisterwerk geschaffen hat; im übrigen scheint es mir eine bedenkliche Geschichtsinterpretation, den etwas zwielichtigen Charakter von Henri III einem Tenor anzuvertrauen.

»L'Ouragan«, Musikdrama in vier Akten. Text von Emile Zola, Musik von Alfred Bruneau

Wagner hat uns verschiedene Rezepte hinterlassen, wie die Musik dem Theater dienstbar zu machen sei; eines Tages wird man ihre ganze Nutzlosigkeit einsehen. Daß er aus bestimmten Erwägungen heraus den »Leitmotivführer« für diejenigen geschaffen hat, die sich in einer Partitur nicht zurechtfinden, ist eine vortreffliche Idee; sie ermöglichte es ihm, auf diesem Weg noch schneller voranzukommen. Schwerer wiegt freilich, daß er uns an eine geradezu sklavische Abhängigkeit der Opernmusik von den Personen gewöhnt hat. Ich möchte versuchen, mich über diesen Punkt etwas ausführlicher zu erklären, weil mir hierin der Hauptgrund für die Verwirrung zu liegen scheint, die heute auf dem Gebiet der dramatischen Musik herrscht.
Die Musik besitzt einen Rhythmus, dessen geheime Kraft die Entwicklung lenkt; die Regungen der Seele folgen einem anderen, instinktiveren Rhythmus, der von vielfältigen Ereignissen abhängt. Aus dem Nebeneinander dieser beiden Rhythmen ergibt sich ein ständiger Konflikt. Das vollzieht sich jedoch nicht gleichzeitig: Entweder jagt die Musik hinter einer Person her und kommt dabei außer Atem, oder die Person setzt sich auf einer Note zur Ruhe und ermöglicht so der Musik, sie wieder einzuholen. Es gibt wunderbare Begegnungen zwischen den beiden Kräften, und Wagner kann das Verdienst für sich buchen, einige davon herbeigeführt zu haben, aber das war dem Zufall zu danken, der sehr viel öfter nur blind oder trügerisch ist. So könnte also die Anwendung der symphonischen Form auf eine dramatische

Handlung sehr wohl dazu führen, die Opernmusik zu töten statt ihr einen Dienst zu erweisen, wie es triumphierend verkündet wurde, als Wagner die unumschränkte Herrschaft über das Musikdrama antrat.
Das Drama von Emile Zola und Alfred Bruneau verwendet zahlreiche Symbole; ich muß sagen, ich verstehe dieses übertriebene Bedürfnis nach Symbolik nicht. Man scheint vergessen zu haben, daß das Schönste noch immer die Musik ist. Natürlich ruft das Symbol das Leitmotiv auf den Plan: Und auch hier ist die Musik wieder genötigt, sich gegen kleine, hartnäckige Motive zur Wehr zu setzen, die allem zum Trotz gehört sein wollen. In Summa: Zu behaupten, daß diese Akkordfolge dieses Gefühl, jene Phrase jene Person ausdrücke, heißt ein ziemlich unerwartetes anthropometrisches Spiel treiben.
Gibt es denn keine anderen Mittel? Das möchte ich Alfred Bruneau fragen, dessen Vorstellungskraft ich sehr viel zutraue. Unter all den Musikern behandelt er die Rezepte und Formeln mit wohltuender Geringschätzung; er bewegt sich im Reich der Harmonien unbekümmert um grammatikalische Tugend; er geht melodische Verbindungen ein, die einige Leute vorschnell als »monströs« abqualifizieren, während sie doch nur ungewohnt sind. Am geglücktesten scheint mir der dritte Akt: Die Musik ist hocherregt und packend und geht über die etwas flache Tragik der Handlung weit hinaus; diese Handlung hätte straffer sein dürfen und sich weniger in psychologischen Erörterungen über den Wert oder Unwert der Eifersucht ergehen sollen, an der zwei Personen dieses Aktes kranken. Die Musik indessen setzt sich rücksichtslos über die Worte hinweg, als wollte sie sagen: »Geht mir aus dem Weg, ihr seht doch, daß ich die Stärkere bin«; und damit kommt alles ins Lot. Für die Art, wie die Person der Lulu und das Symbol, das sie verkörpert, behandelt sind, habe ich weniger übrig. Hätte es da nicht des ganz Besonderen, Verwunderlichen bedurft, das aus dem Rahmen der übrigen Musik heraustritt? Ich empfinde dabei wohl Charme, nicht aber Tiefe, noch diesen Zwang zu immer neuem Klangdekor.
Es sieht so aus, als ob ich Vorbehalte machte, dabei ist es schwer, diesem Werk gegenüber welche zu machen: Man muß es annehmen oder verwerfen, man muß seine Fehler wie seine Vorzüge lieben, sonst ist es unausstehlich. Auf jeden Fall stammt es von einem Mann, der die Wahrheit auf dem Weg des Leidens sucht, was nicht alltäglich ist in einer Zeit, in der so viele sogenannte »Meister« nur den hundertsten Teil davon suchen, und dies innerhalb einer Tradition der Täuschung, die einer als Erbe hinterlassen hat, der größer ist als sie alle.

Über die Dichtung von Emile Zola zu sprechen, fühle ich mich nicht kompetent; es kam mir so vor, als ob sie an »Situationen« reicher wäre als an dichterischen Worten.

Ich sehe nicht ein, warum man Albert Carré, den Direktor der Opéra-Comique, einmal mehr als Wundertäter preisen sollte. Hat je einer daran gedacht, dem, der in den Himmeln regiert, zum gelungenen Sonnenuntergang eine Glückwunschbotschaft zu schicken?

Fräulein Delna war tragisch nach Wunsch, Fräulein Raunay war sehr schön, Fräulein Guiraudon war ein Paradiesvogel. Die Herren Bourbon, Dufrane und Maréchal vervollständigten das Ensemble.

La Revue blanche, 15. Mai 1901

Konzerte unter Nikisch – Musik im Freien

Am Sonntag, dem 19. Mai, schien die Sonne so übermütig und unwiderstehlich, daß sie jeder Neigung, irgendwelche Musik zu hören, spottete. Den Berliner Philharmonikern unter der Leitung von Arthur Nikisch kam dieses Wetter für ihr erstes Konzert zupaß. Ich hoffe, der liebe Gott verzeiht mir, daß ich meinen Vorsätzen untreu geworden bin; ich hoffe auch, daß andere, Glücklichere, dem grünen Gras die Ehre gegeben haben, das Er den Wurstpellen ebenso wie der naturgemäßen Abwicklung von Schäferstündchen zugedacht hat.
Alles, was Paris an berühmten und aufmerksamen Ohren zählt, war anwesend, vorab die extravaganten und teuren Damen. Dieses Publikum ist das beste vom besten für den, der es zu nehmen weiß; fast genügt eine elegante Haltung oder eine romantisch gedrehte Haarlocke, um Begeisterungsstürme zu ernten.
Arthur Nikisch hat beides, die Haltung und die Locke; glücklicherweise verbindet er damit auch ernstere Qualitäten. Außerdem ist sein Orchester wunderbar diszipliniert: Man hat es mit Leuten zu tun, die sich ausschließlich damit beschäftigen, ernsthaft Musik zu machen; sie sind ruhig und einfach, wie die Figuren auf einem alten Fresko ... etwas rührend Seltenes.
Nikisch ist ein unvergleichlicher Virtuose; es scheint sogar, daß er über der Virtuosität den guten Geschmack vergißt. In der *Tannhäuser*-Ouvertüre zum Beispiel zwingt er die Posaunen zu gefühlvollen Portamenti, wie sie höchstens der dicken, von Sentimentalität triefenden Dame aus dem Casino von Suresnes anstünden, und hebt die Hörner an Stellen hervor, an denen sie keiner besonderen Aufmerksamkeit bedürfen. Dies sind Effekte ohne ersichtlichen Grund, was bei einem so beschlagenen Musiker wie Nikisch wundernimmt. Zuvor hatte er seine ungewöhnlichen Gaben an *Till Eulenspiegels lustigen Streichen* von Richard Strauss bewiesen. Dieses Stück gleicht »einer Stunde neuer Musik bei den Verrückten«: Die Klarinetten vollführen wahnsinnige Sturzflüge, die Trompeten sind immer verstopft, und die Hörner, ihrem ständigen Niesreiz zuvorkommend, beeilen sich, ihnen artig »Wohl bekomm's!« zuzurufen; eine große Trommel scheint mit ihrem Bum-Bum den Auftritt von Clowns zu unterstreichen. Man hat gute Lust, lauthals rauszulachen oder todtraurig loszuheulen, und man wundert sich, daß noch alles an seinem gewohnten Platz ist, denn es wäre gar nicht so verwunderlich, wenn die Kontrabässe auf ihren

Bögen bliesen, die Posaunen ihre Schalltrichter mit imaginären Bögen strichen und Herr Nikisch sich auf den Knien einer Platzanweiserin niederließe. Das alles sagt nichts dagegen, daß das Stück geniale Züge besitzt, vor allem eine außerordentliche Sicherheit in der Orchesterbehandlung und eine unbändige Bewegung, die uns von Anfang bis Ende mitreißt und zwingt, alle Streiche des Helden mitzuerleben. Nikisch hat ihre tumultuöse Abfolge mit bewundernswerter Kaltblütigkeit dirigiert, und der Beifall, der ihm und seinem Orchester entgegenbrandete, war im höchsten Maße berechtigt.
An Verunstaltungen der c-Moll-Symphonie von Beethoven ist wohl nichts Neues mehr zu erfinden. Nikisch hat ihr einiges von ihrer verschütteten Schönheit wiedergegeben. Während der Aufführung der *Unvollendeten* von Schubert fiel ein Spatzenschwarm zu den Fenstern des Konzertsaals ein und vollführte ein Tschilpen und Piepsen, das nicht ohne Reiz war. Nikisch war so taktvoll und verlangte nicht, daß man diese respektlosen Musikschwärmer, die vermutlich trunken waren vom blauen Himmel, fortscheuche; vielleicht stellten sie auch nur eine unschuldige Kritik an dieser Symphonie dar, die sich nicht ein für allemal zu der Erkenntnis durchringen kann, daß sie unvollendet ist ...

Musik im Freien

> *Nun kommt die Zeit, da bebend in den Bäumen*
> *Sich Militärmusik gleich einem Weihrauchfaß verschwendet!*[13]

Baudelaire möge mir verzeihen ... Aber warum in aller Welt hat für den musikalischen Schmuck der Plätze und Anlagen allein die Militärmusik das Monopol? Ich träume gern von neuartigen Festen, bei denen die Schönheit der Natur weit stärker einbezogen wäre. Wie steht es mit der Militärmusik? Sie läßt den langen Tagesmarsch vergessen, man hört sie gerne auf der Straße. In ihr verdichtet sich die Vaterlandsliebe, die all die verschiedenen Herzen durchpulst. Sie weckt in dem kleinen Bäcker die gleichen Gefühle wie in dem alten Veteranen, der an Elsaß-Lothringen denkt, aber nie davon spricht! Es sei fern von mir, ihr dieses stolze Vorrecht zu bestreiten; aber unter Bäumen hört sich das an wie ein kindisch lärmendes Grammophon!
Für die Bäume bräuchte man ein riesiges Orchester, verstärkt durch Menschenstimmen (Nein! Keinen Gesangverein! Danke bestens ...).

Mir schwebt eine Musik vor, die eigens fürs »Freie« geschaffen wäre, eine Musik der großen Linienzüge, eine Musik der vokalen und instrumentalen Kühnheiten, die sich in der freien Luft entfalten und unbeschwert über den Wipfeln der Bäume schweben würden. Eine solche Harmonienfolge schiene im geschlossenen Konzertsaal befremdlich, hier aber könnte sie zu ihrer wahren Geltung kommen; und hier auch fände sich vielleicht das Mittel, all die kleinlichen, überspitzten Manien von Form und Klanglichkeit zu beseitigen, die der Musik so hemmend im Wege stehn. Hier könnte die Musik zu neuem Leben erwachen, könnte die herrliche Lehre der Freiheit erfahren, die im Erblühen der Bäume liegt. Was sie dabei an Reiz im Einzelnen verlöre, gewänne sie es nicht an Größe zurück? Wohlverstanden: Es kommt auf die Arbeit im »Großen« an, nicht auf die Arbeit im »Groben«. Übersteigerte Klangwirkungen zu wiederholen und das Echo damit zu langweilen, darum geht es nicht. Man muß vielmehr die großen Klangwirkungen dazu benutzen, den Traum von Harmonie weiterzuführen. Das Wehen der Lüfte, das Säuseln der Blätter, der Blumen Duft würden geheimnisvoll mit der Musik zusammenwirken; und sie, die Musik, könnte all diese Elemente so natürlich zur Einheit binden, daß es schiene, als hätte sie an jedem von ihnen teil ... Dann endlich würde man in Musik und Dichtung die Künste erkennen, die einzig im Raum sich bewegen ... Ich kann mich täuschen, aber mir will scheinen, als liege in dieser Idee ein Traum für künftige Generationen beschlossen. Was uns andere, uns arme Zeitgenossen angeht, muß ich fürchten, daß die Musik sich auch weiterhin ein wenig beengt und eingeschlossen fühlt.

*

Ich habe die große Freude, denen, die nicht alles hören können, mitzuteilen, daß die Sonate von Paul Dukas, über die ich letzthin sprach, beim Publikum überaus begeisterte Aufnahme fand[14]; das kann den Wert von Dukas zwar nicht erhöhen, aber es straft die Vorstellung Lügen, die man sich im allgemeinen vom Publikum macht.

Marie Olénine gab einen Mussorgski-Liederabend, der eine herrliche Begründung dafür war, diesen armen großen Mann noch mehr zu lieben. Und Frau Olénine ist äußerste Anerkennung für die geradezu verschwenderische musikalische Intelligenz zu zollen, die sie in diesem Konzert bekundete. Man kann sich wirklich keine genauere und getreuere Mitarbeiterin wünschen. Alles, was sie tat, war von einer

Richtigkeit, die schon leicht ans Wunder grenzte. (Das Publikum war »sehr gut«.)

Am 22. Mai hat man im Cirque d'Hiver unter der Leitung des neulich bereits erwähnten Arthur Nikisch den Geburtstag von Richard Wagner gefeiert. In der Zuhörerschaft regierte hartnäckige Begeisterung; Gott möge mir verzeihen, aber man hätte glauben können, alle diese Leute seien natürliche Nachkommen Ludwigs II. von Bayern. (Das Publikum war mittelmäßig.)

La Revue blanche, 1. Juni 1901

Gespräch mit Monsieur Croche

Der Abend war schön, und ich hatte mich entschlossen, nichts zu tun (sagen wir der Höflichkeit halber: Ich träumte). Es waren keineswegs jene wunderbaren Minuten, von denen man später gerührt und anmaßend sagt, sie seien zukunftweisend gewesen. Nein, es waren Augenblicke ohne allen Dünkel, Augenblicke, in denen man einfach »guten Willens« ist.
Ich träumte ... Klarheit gewinnen über sich? ... Angefangene Arbeiten fertigstellen? ... Fragezeichen, gesetzt von kindischem Hochmut, von dem Bedürfnis, koste es, was es wolle, mit einem Gedanken fertigzuwerden, den man schon zu lange mit sich herumgetragen hat; und all das verdeckt eigentlich nur schlecht den törichten Wahn der eigenen Überlegenheit. Die Überlegenheit anderen gegenüber hat noch nie große Anstrengung gekostet, wenn sich mit ihr nicht der schöne Wunsch verband, sich selber überlegen zu sein ... Allein das ist eine ganz besondere Kunst, und man muß ihr seine werte kleine Person zum Opfer bringen. Aber man steht es nur schwer durch, und obendrein ist es völlig unproduktiv. Nach einhelliger Anerkennung zu streben, bedeutet im übrigen vollkommen verlorene Zeit, weil man beständig Erklärungen abgeben und unermüdlich die Werbetrommel rühren muß; man kann sich damit das Anrecht verschaffen, zu der Handvoll großer Männer zu zählen, deren Namen abwechselnd bemüht werden, um flaue Kunstgespräche zu beleben. Ich will das nicht weiter ausführen, um niemand zu entmutigen.
Der Abend blieb auch weiterhin schön; aber, man hat es wohl schon bemerkt, ich mochte mich selber nicht recht leiden. Ich verlor mich und gab mich allgemeinen und äußerst verdrießlichen Gedanken hin.
In diesem Augenblick läutete es an meiner Tür, und ich machte die Bekanntschaft von Monsieur Croche. Sein Eintritt bei mir bestand aus einer Reihe von verständlichen oder auch unverständlichen Zwischenfällen, deren Aufzählung freilich das Interesse an diesem Bericht unnütz belasten würde.
Monsieur Croche hatte einen kleinen runzligen Kopf, und seine Gesichtszüge waren sichtlich darauf eingeübt, metaphysische Diskussionen gebührend zu unterstreichen. Man kann sich seine Physiognomie am besten vorstellen, wenn man an Bilder des Jockeys Tom Lane und des Monsieur Thiers denkt. Seine Haltung im allgemeinen gemahnte an ein neues Messer. Er sprach sehr leise, lachte nie, aber bisweilen

begleitete ein stummes Lächeln seine Rede, das bei der Nase begann und sein ganzes Gesicht kräuselte wie ein stilles Wasser, in das man einen Kiesel wirft. Das dauerte lang und war unerträglich.
Er reizte meine Neugier sogleich durch die besondere Art, wie er die Musik sah. Er sprach von einer Orchesterpartitur wie von einem Bild und verwendete dabei fast nie Fachausdrücke, sondern zeigte eine ungewöhnliche Wortwahl von einer matten und etwas abgebrauchten Eleganz, die den Klang alter Münzen an sich zu haben schien. Ich erinnere mich an den Vergleich, den er zwischen dem Orchester Beethovens und dem Wagners zog: Das eine stelle sich ihm als eine Schwarz-Weiß-Zeichnung dar mit einer Skala ausgesuchter Grautöne, das andere als eine Art bunten, fast gleichmäßig aufgetragenen Farbkitts, in dem – so sagte er – der Klang einer Geige von dem einer Posaune nicht mehr zu unterscheiden sei.
Da sein unerträgliches Lächeln besonders dann hervortrat, wenn er von Musik sprach, verfiel ich plötzlich darauf, ihn nach seinem Beruf zu fragen. Er antwortete mit einer Stimme, die jeden Versuch eines Einwands im Keim erstickte: »Antidilettant ...« und fuhr in monotonem und verbittertem Ton fort: »Haben Sie schon einmal die Feindseligkeit des Publikums im Konzertsaal bemerkt? Haben Sie sich je diese Gesichter angeschaut, grau von Langeweile, Gleichgültigkeit, ja Stumpfsinn? Niemals werden sie jene reinen Dramen miterleben, die sich im symphonischen Konflikt abspielen, wo man die Möglichkeit erahnt, zum Gipfel des Klanggebäudes emporzusteigen und dort die Luft der vollkommenen Schönheit zu atmen. Diese Leute, mein Herr, wirken immer wie mehr oder weniger gut erzogene Gäste: Sie erfüllen geduldig ihre langweilige Pflicht und harren nur deshalb aus, weil sie am Ausgang gesehen werden wollen; warum wären sie sonst gekommen? Sie müssen mir doch zugeben, daß es Dinge gibt, die einem für immer die Freude an der Musik vergällen können.« Als ich einwandte, daß ich schon sehr beachtliche Begeisterungsausbrüche erlebt, ja mich selber daran beteiligt hätte, gab er zur Antwort: »Sie stecken voller Irrtümer, und wenn Sie soviel Begeisterung gezeigt haben, geschah es mit dem geheimen Hintergedanken, daß man Ihnen eines Tages die gleiche Ehre erweisen möge! Sie sollten doch wissen, daß das echte Empfinden von Schönheit stumm macht. Wenn Sie das prachtvolle Schauspiel des Sonnenuntergangs betrachten, das sich Tag für Tag vollzieht, kommt es Ihnen da je in den Sinn, Beifall zu klatschen? Sie werden mir doch einräumen, daß hier etwas vor sich geht, das immerhin ein wenig mehr Überraschung bietet als eure kleinen Klangge-

schichten? Außerdem kommt ihr euch viel zu armselig vor, und eure Seele kann das gar nicht fassen. Aber vor einem sogenannten Kunstwerk fangt ihr euch wieder und habt euren klassischen Jargon zur Hand, mit dem ihr nur so um euch werft.« Ich wagte ihm nicht zu sagen, daß ich beinahe seiner Meinung sei, denn nichts hemmt ja ein Gespräch mehr als Zustimmung. Ich fragte ihn daher lieber, ob er selber Musik mache. Er hob brüsk den Kopf und sagte: »Mein Herr, ich mag die Spezialisten nicht. Sich spezialisieren heißt für mich: sein Weltbild einengen; man ähnelt dann jenen alten Gäulen, die früher Karussells mit hölzernen Pferden im Kreis herumzogen und unter den wohlbekannten Klängen des *Lothringer Marschs* starben! Immerhin kenne ich die gesamte Musik und bin nur deshalb stolz darauf, weil ich mich so gegen jede Art von Überraschung gefeit weiß. Zwei Takte geben mir den Schlüssel zu einer Symphonie oder zu jedem anderen musikalischen Werk.
Sehen Sie, einige große Männer bringen mit geradezu ›hartnäckigem Starrsinn‹ immer wieder Neues hervor; viele andere dagegen tun fortwährend und ebenso hartnäckig immer nur das, womit sie einmal Erfolg hatten: Ihre Geschicklichkeit läßt mich kalt. Man rühmt sie als Meister! Aber das ist nur eine höfliche Art, sie sich vom Hals zu schaffen, oder ihnen ihre allzu gleichförmigen Kunstgriffe nachzusehen. Auf jeden Fall versuche ich, die gängige Musik zu vergessen, weil sie mich daran hindert, jene zu hören, die ich noch nicht kenne oder erst ›morgen‹ kennen werde. Warum sich an das halten, was man nur zu gut kennt?«
Ich wies ihn auf die bekanntesten Zeitgenossen hin, aber da wurde er noch angriffslustiger als zuvor. »Sie haben die Neigung, Ereignisse überzubewerten, die beispielsweise zu Bachs Zeiten ganz natürlich gewesen sein dürften. Sie sprechen über die Sonate von Paul Dukas; wahrscheinlich gehört er zu Ihren Freunden und ist sogar Musikkritiker? Gründe genug, sich Schmeicheleien zu sagen. Immerhin ist Ihre Lobrede von anderen noch übertroffen worden: Pierre Lalo war in einem Feuilleton des *Temps*, das er ausschließlich dieser Sonate widmete, bereit, sie für die Sonaten von Schumann und Chopin dranzugeben. Gewiß, Chopins Nervosität wußte sich schlecht in die Geduld zu schicken, die man zur Ausführung einer Sonate braucht; er gab denn auch nur sehr weit fortgeschrittene ›Skizzen‹ davon. Man kann aber trotzdem sagen, daß er eine ganz persönliche Art fand, diese Form zu behandeln, ganz zu schweigen von der herrlichen Musikalität, die er dabei entwickelte. Er war ein Mann von großzügigen, sich oftmals

wandelnden Ideen, ohne daß er darum jene hundertprozentige Anerkennung gefordert hätte, die für etliche unserer Meister den höchsten Ruhm bedeutet.

Natürlich kann Pierre Lalo es nicht lassen, anläßlich der Sonate Ihres Freundes Dukas den großen Schatten Beethovens zu beschwören. An Dukas' Stelle empfände ich das als zweifelhaftes Kompliment! Die Beethoven-Sonaten sind für Klavier sehr schlecht gesetzt; sie sind – vor allem die späten – viel eher Transkriptionen von Orchesterwerken; oft fehlt einem eine dritte Hand: Beethoven hat sie sicherlich gehört, ich hoffe das wenigstens. Schumann und Chopin sollte man lieber in Ruhe lassen: Die beiden haben wirklich für das Klavier geschrieben, und wenn das Pierre Lalo auch nicht so wichtig erscheinen mag, so sollte er ihnen doch wenigstens dafür dankbar sein, daß sie die Vollkommenheit eines Dukas und verschiedener anderer vorbereitet haben.«

Monsieur Croche sprach diese letzten Worte mit einer geradezu eisigen Kälte, man hätte ihn packen oder zum Fenster hinauswerfen mögen. Aber mich interessierte das alles doch zu sehr, und deshalb ließ ich ihn fortfahren – nach einem langen Schweigen, während dessen der Rauch seiner Zigarre das einzig Lebendige an ihm schien; neugierig und wie gebannt schaute er der aufsteigenden blauen Rauchspirale nach. Es sah aus, als ob er seltsame Zerrbilder darin erblickte, vielleicht auch gewagte Systeme ... Sein Schweigen verwirrte und erschreckte mich ein wenig. »Die Musik«, begann er wieder, »ist eine Summe unterschiedlicher Kräfte. Man macht daraus ein spekulatives Geschwätz! Mir sind die paar Noten lieber, die ein ägyptischer Hirte auf seiner Flöte bläst – er ist eins mit der Landschaft und hört Harmonien, von denen sich eure Schulweisheit nichts träumen läßt ... Die Musiker hören nur die Musik, die von geschulten Händen geschrieben wurde, die der Natur eingeschriebene hören sie nie. Den Sonnenaufgang betrachten ist viel nützlicher, als die *Pastoralsymphonie* hören. Was nützt denn eure kaum verständliche Kunst? Solltet ihr nicht all die schmarotzerischen Kompliziertheiten ausmerzen, die an den raffinierten Mechanismus eines Geldschrankschlosses gemahnen? Ihr kommt nicht vom Fleck, weil ihr nichts als die Musik kennt und rohen, undurchsichtigen Gesetzen gehorcht. Man verbeugt sich vor euch mit hochtrabenden Worten, dabei seid ihr nichts als Schelme! Ein Mittelding zwischen Affe und Hausknecht.«

Ich wagte einzuwerfen, daß manche versucht hätten, teils in der Dichtkunst, teils in der Malerei (mit Mühe kratzte ich auch ein paar Musiker zusammen) den Staub der alten Traditionen abzuschütteln, mit dem einzigen Ergebnis freilich, daß man sie Symbolisten oder Impressionisten schalt, recht bequeme Worte übrigens, um Kollegen verächtlich zu machen. »Das sind Journalisten und Fachleute, die sie so nennen«, fuhr Monsieur Croche ohne Zögern fort, »das hat überhaupt nichts zu sagen. Eine große und schöne Idee, die noch im Werden ist, erscheint den Schwachköpfen stets lächerlich. Sie können sicher sein, daß diese Menschen, über die man lacht, die Hoffnung auf Schönheit eher erfüllen werden als jene Hammelherde, die fügsam zu dem Schlachthof trottet, den ein weises Schicksal ihr bestimmt.

Unverwechselbar bleiben, ohne Fehl ... Die Begeisterung der Umwelt macht mir einen Künstler verdächtig, so sehr fürchte ich, daß er später nur das Abbild dieser Umwelt wird.

Man muß die Zucht in der Freiheit suchen und nicht in den Formeln einer morschen Philosophie, die nur mehr für Schwächlinge taugt. Hören Sie auf keines Menschen Rat, sondern auf den Wind, der vorüberweht und uns die Geschichte der Welt erzählt.«

In diesem Augenblick schien Monsieur Croche durchsichtig zu werden; ich glaubte, in sein Innerstes zu sehen, und seine Worte klangen mir wie eine noch nie gehörte Musik. Ich kann ihren besonderen Tonfall nicht zutreffend wiedergeben; er sagte wohl ungefähr:

»Kennen Sie ein schöneres Gefühl, als wenn man das Geheimnis eines jahrhundertelang unerkannt gebliebenen Mannes durch Zufall entschlüsselt? Ein solcher Mann gewesen zu sein – das ist die einzig gültige Form des Ruhms.«

Der Tag brach an; Monsieur Croche war sichtlich müde geworden und verabschiedete sich. Ich begleitete ihn bis zur Treppe. Er dachte ebensowenig daran, mir die Hand zu geben, wie ich, mich zu bedanken. Lange noch hörte ich den Hall seiner Schritte, der von Stockwerk zu Stockwerk schwächer wurde. Ich wage nicht zu hoffen, daß ich ihn je wiedersehen werde.

P. S. Die Konzertgesellschaft des Conservatoire hatte kürzlich die Gelegenheit, André Messager als ihren Dirigenten zu verpflichten. Natürlich tat sie es nicht. Die Abonnenten dieses Musikinstituts für Schwachsinnige können in Ruhe weiterschlafen.

La Revue blanche, 1. Juli 1901

Über mancherlei Wahnvorstellungen und eine Oper

Ich hatte mich auf dem Lande verweilt, das voll von Herbstluft lag, und wo mich der Zauber der alten Wälder unwiderstehlich gefangen hielt. Aus dem goldenen Blätterfall, der das verklärte Sterben der Bäume feierte, aus dem leisen Angelusläuten, das die Felder zum Schlaf rief, stieg eine süße und eindringliche Stimme, die zu völligem Vergessen lockte. Die Sonne ging einsam unter, und kein Bauer dachte daran, im Vordergrund eine Pose für den Lithographen einzunehmen. Friedlich kehrten Mensch und Tier nach getaner Arbeit heim, dieser namenlosen Arbeit, deren besondere Schönheit darin liegt, daß sie weder Ermutigung braucht noch Mißfallen erregt ... So fern lagen sie, die Kunstgespräche, in denen die Namen großer Männer sich mitunter in »große Worte« verwandeln. Vergessen war das kleine, künstliche und doch so schlimme Premierenfieber; ich war allein und herrlich gleichgültig gegenüber allem. Vielleicht habe ich die Musik nie mehr geliebt als dann, wenn ich nicht von ihr reden hörte. Sie erstand vor mir in ihrer ganzen Schönheit und nicht mehr in kleinen, symphonischen oder musikdramatischen Bruchstücken, überhitzt und engbrüstig zugleich. Von Zeit zu Zeit dachte ich an Monsieur Croche. Er hat jene scharfumrissene und zugleich phantastische Erscheinung, die sich in jede Landschaft einfügt, ohne ihre klaren Linien zu stören. Doch mußte ich mich schließlich von diesem stillen Vergnügen losreißen und zurückkehren, denn auch mich trieb jener Wahn der Stadt, der es zuwege bringt, daß die Menschen sich lieber darin zerreiben lassen, als nicht an diesem »Getriebe« teilzunehmen, dessen schmerzgeprüftes und unbewußtes Räderwerk sie selber sind. In fahler Abenddämmerung ging ich den so eintönig-eleganten Boulevard Malesherbes entlang, als ich die hagere Silhouette von Monsieur Croche erblickte. Da ich seine Eigenheiten bereits kannte, schloß ich mich ihm ohne weitere Umstände an. Ein kurzer Seitenblick zeigte mir, daß es ihm recht war, und bald begann er zu sprechen, mit jener wie von ferne kommenden Stimme, deren asthmatischer Charakter durch die herbe Luft noch verstärkt wurde, und die selbst dem geringsten seiner Worte eine so merkwürdige Färbung gibt.

»Kennen Sie unter den Institutionen, deren Frankreich sich rühmt, eine lächerlichere als den Rompreis? Ich weiß, man hat das schon oft gesagt und noch öfter geschrieben – anscheinend ohne Wirkung, denn er besteht mit jener beklagenswerten Hartnäckigkeit weiter, die alle absurden Ideen an sich haben.« Ich wagte einzuwenden, daß diese

Einrichtung vermutlich deshalb so widerstandsfähig sei, weil sie für gewisse Kreise zu einer Art Aberglauben geworden wäre. Den Rompreis bekommen oder nicht bekommen bedeute bei ihnen soviel wie Talent haben oder kein Talent haben. Und wenn dieser Test auch nicht sehr zuverlässig sei, so sei er doch mindestens bequem und man habe damit für die öffentliche Meinung eine einfache Buchführung parat. Monsieur Croche pfiff durch die Zähne – aber, wie mir schien, mehr für sich. »Ach ja, Sie hatten selber den Rompreis ... Wohlgemerkt, mein Herr, ich bin sehr dafür, daß man jungen Leuten die Gelegenheit gibt, sorglos nach Italien oder sogar nach Deutschland zu fahren, aber warum beschränkt man diese Reise auf die beiden Länder? Und warum vor allem dieses unglückselige Diplom, das sie wie Mastochsen prämiiert?

Außerdem finde ich die akademische Trägheit doch überraschend naiv, mit der diese Institutsherren im voraus darüber entscheiden wollen, wer von all den jungen Leuten das Zeug zum Künstler hat. Was verstehen sie schon davon? Sind sie ihres Künstlertums selber so sicher? Woher nehmen sie also das Recht, Lenker eines so geheimnisvollen Schicksals zu sein? Mir scheint, sie täten besser daran, einfach Hälmchen zu ziehen; denn wer weiß, der Zufall kann manchmal so hellsichtig sein... Nein, man muß etwas anderes suchen. Nicht über Pflichtarbeiten zu Gericht sitzen, deren Form es unmöglich macht zu erkennen, ob diese jungen Leute ihr Handwerk als Musiker wirklich verstehen. Man gebe ihnen, wenn es denn unbedingt sein muß, ein Zeugnis über fortgeschrittene Studien, aber nicht eines über schöpferische Phantasie, denn das ist so sinnlos wie grotesk! Und wenn sie diese Formalität hinter sich haben, lasse man sie in Europa herumreisen, lasse sie sich selber einen Lehrmeister suchen, oder – wenn sie ihn finden – einen Mann, der das Herz auf dem rechten Fleck hat und ihnen beibringt, daß die Kunst sich nicht unbedingt auf staatlich subventionierte Denkmäler beschränkt!«

Monsieur Croche unterbrach sich und hustete erbärmlich, wobei er sich gleichsam bei seiner ausgegangenen Zigarre entschuldigte. »Wir streiten hier«, sagte er und deutete dabei auf seine Zigarre, »und sie geht aus und wirft mir damit ironisch meine Redseligkeit vor, am Ende wird sie mich noch unter ihrem Aschenhäuflein begraben. Das ist – geben Sie es zu – der Scheiterhaufen eines liebenswürdigen Pantheismus; es zeigt auf seine sanfte Weise an, daß wir uns nicht für unersetzlich halten dürfen und die Kurve unseres Lebens als höchst nutzbringende Lehre hinnehmen sollen ...«

Dann wandte er sich mir jäh zu: »Ich war am Sonntag im Lamoureux-Konzert, wo man Ihre Musik ausgepfiffen hat. Sie sollten den Leuten eigentlich dankbar sein, daß sie sich in ihrer Leidenschaft sogar die Mühe machten, auf Schlüsseln zu pfeifen, die ja im allgemeinen als Kampfinstrumente weniger tauglich sind und besser häuslichen Zwekken dienen. Eigentlich ist es viel effektvoller, zwischen den Fingern zu pfeifen wie die Metzgerburschen (man lernt ja nie aus...). Camille Chevillard, der Dirigent, bewies bei dieser Gelegenheit wieder einmal sein wunderbares und vielseitiges Musikverständnis. Die ›Neunte‹ schien er ganz für sich allein zu spielen, so entschieden trat er für sie ein: Das ist über alles Lob erhaben.«

Ich konnte nur zustimmen und fügte lediglich hinzu, daß ich mit meiner Musik ganz einfach das Beste geben wolle, das mir möglich sei. Logischerweise gehe sie das Risiko ein, denen zu mißfallen, die eine bestimmte Musik lieben und ihr trotz ihrer Runzeln oder ihrer Schminke eifersüchtig die Treue halten.

»Die Leute, von denen wir sprechen«, begann er wieder »haben keine Schuld. Klagen Sie eher die Künstler an, die das traurige Geschäft betreiben, das Publikum mit gewollter Lässigkeit zu bedienen und zu unterhalten. Das allein ist schon eine Sünde; dazu kommt noch, daß diese Künstler zwar eine Zeitlang zu kämpfen verstanden, doch nur so lang, bis sie ihren Platz auf dem Markt erobert hatten; ist der Absatz ihrer Produkte aber einmal gesichert, weichen sie flugs zurück, als ob sie das Publikum um Verzeihung bitten wollten dafür, daß es sich die Mühe gemacht hat, sie anzuerkennen. Sie kehren ihrer Jugend entschlossen den Rücken und verkommen im Erfolg; nie gelingt es ihnen, sich zu jenem Ruhm aufzuschwingen, der glücklicherweise denen vorbehalten bleibt, die ihr Leben der Suche nach einer unaufhörlich sich erneuernden Welt der Gefühle und Formen widmen und es in der frohen Gewißheit beschließen, ihre wahre Aufgabe erfüllt zu haben. Man könnte sagen, ihnen sei das Äußerste, das Höchste an Erfolg zuteil geworden, wenn sich das Wort ›Erfolg‹ neben dem Wort ›Ruhm‹ nicht abgeschmackt ausnähme.

Greifen wir zu einem Beispiel aus jüngster Zeit: Ich sehe mit Betrübnis, wie schwer es ist, einem Künstler den Respekt zu bewahren, der auch einmal voller Begeisterung war und nach dem reinen Ruhm strebte. Die Sentimentalität ist mir ein Greuel, mein Herr, aber ich denke nicht gern daran, daß dieser Künstler Camille Saint-Saëns heißt!« Ich gab nur zur Antwort: »Monsieur, ich habe *Les Barbares* gehört.« Er darauf mit einer Erregung, die ich von ihm nicht erwartet

hätte: »Wie kann man nur so in die Irre laufen? Saint-Saëns ist doch ein Mann, der die Musik in- und auswendig kennt wie kein anderer. Warum konnte er nur vergessen, wie nachdrücklich er sich zum stürmischen Genie Liszt und zu seinem Glauben an den alten Bach bekannt hatte? Warum diese krankhafte Sucht, Opern zu schreiben und von Louis Gallet zu Victorien Sardou abzusinken, und dabei den schandbaren Irrtum zu verbreiten, man müsse ›Theater machen‹, was doch nie mit ›Musik machen‹ zusammengeht?«
Ich versuchte so schüchterne Einwände wie: »Sind denn diese *Barbaren* so viel schlechter als andere Opern, von denen Sie nicht sprechen?« und: »Müssen wir deshalb vergessen, was Saint-Saëns einmal gewesen ist?« Doch Monsieur Croche schnitt mir barsch das Wort ab: »Diese Oper ist deshalb schlechter als die anderen, weil sie von Saint-Saëns ist. Er hätte um seinetwillen und noch mehr um der Musik willen niemals diese Schwarte schreiben dürfen, die von allem etwas bringt, sogar eine Farandole, deren archaischen Anstrich man gelobt hat: Sie ist ein angestaubter Nachhall jener *Straße von Kairo*, die der Schlager der Weltausstellung von 1889 war; als Archaismus ist sie zweifelhaft. Und in all dem steckt eine peinliche Effekthascherei, ausgelöst durch einen Text, der Ausdrücke im Vorstadtjargon enthält und Situationen, in denen die Musik von Natur aus lächerlich wirkt. Die Mimik der Sänger und der Inszenierungsstil, der alles wie in einer Sardinenbüchse zusammendrängt – eine Tradition, an der die Opéra geradezu eifersüchtig festhält – machen die Aufführung und jede künstlerische Hoffnung zunichte. Gibt es denn niemand, der Saint-Saëns so nahe steht, daß er ihm sagen könnte, er habe jetzt genug Musik gemacht und täte besser daran, seinem Forscherdrang zu folgen, auch wenn es spät ist?« Eine neue Zigarre stimmte Monsieur Croche freundlicher, und er sagte wie zum Abschied: »Entschuldigen Sie, mein Herr, aber die möchte ich mir nicht verderben lassen ...«
Da ich schon weit über meine Wohnung hinausgegangen war, kehrte ich um und dachte dabei über die streitbare Unparteilichkeit von Monsieur Croche nach. Alles in allem sprach aus ihr etwas von der Enttäuschung, die man gegenüber Leuten empfindet, welche man einmal sehr geliebt hat, und bei denen einem die geringste Veränderung wie ein Verrat vorkommt. Auch versuchte ich, mir Saint-Saëns am Premierenabend der *Barbaren* vorzustellen, wie er sich mitten in den Beifallstürmen und Hervorrufen an das Pfeifkonzert bei der Uraufführung seiner *Danse macabre* erinnert; ich möchte beinahe glauben, daß ihm diese Erinnerung nicht mißfallen hätte.

P. S. Der Verlag *La Revue blanche* hat eine elegant aufgemachte und genaue Übersetzung von Wagners Schrift über Beethoven herausgebracht. Die Wagnerianer werden darin eine erneute Gelegenheit finden, ihrem gewohnten Kult zu frönen. Die Anti-Wagnerianer werden sich in ihren Beweggründen bestärkt sehen, die Wagner übrigens selbst geliefert hat. Und das sagt eigentlich genug über die Nützlichkeit der Übersetzung von Henri Lasvignes – auf welcher Seite auch immer man stehe.

La Revue blanche, 15. November 1901

Von »Eve« zu »Grisélidis«

Ich möchte hier nicht versuchen, ein Bild von Jules Massenet zu zeichnen, sondern anhand seiner Musik einiges von dem umreißen, was er aufgrund seiner geistigen Haltung vorstellen wollte; die Anekdoten und Eigenheiten, aus denen sich das Leben eines Mannes zusammensetzt, müssen ja immer erst »postum« werden, bevor sie wirkliches Interesse finden.
Da wird sofort deutlich, daß für Massenet die Musik nie jene »allesumfassende Stimme« war, die Bach und Beethoven hörten; er machte vielmehr eine liebenswürdige Spezialität aus ihr.
Geht man die lange Liste seiner Werke durch, so sieht man, daß sein Weg – man könnte sagen: auf schicksalhaft-fatale Weise – durch eine gleichbleibende Grundidee bestimmt ist. Das läßt ihn in *Grisélidis*, seiner letzten Oper, einiges von den romantischen Abenteuern aus seinem Frühwerk *Eve* wieder aufgreifen. Zeigt sich darin nicht eine Art von geheimnisvollem und tyrannischem Schicksal, das die unablässige Neugier erklärt, mit der Massenet in seiner Musik Zeugnisse für die Beschreibung der weiblichen Seele zu geben sucht? Fast alle sind sie da, diese Frauengestalten, die schon zu so vielen Träumen verführten! Das Lächeln der Manon im Reifrock kehrt auf den Lippen der modernen Sappho wieder und rührt die Menschen ebenso zu Tränen! Der Dolch der Navarreserin wird eins mit der Pistole der Lotte aus dem *Werther*, die nicht weiß, was sie tut.[15]
Andererseits ist aber auch bekannt, von welchen nicht endenwollenden Schauern, Erregungen, Liebesausbrüchen diese Musik geschüttelt wird. Die Harmonien sind wie menschliche Arme, die Melodien wie Nacken, die von diesen Armen umschlungen werden; man neigt sich über Frauenstirnen, weil man um alles in der Welt wissen möchte, was sich hinter diesen Stirnen verbirgt. Die Philosophen und die Leute mit gesundem Menschenverstand behaupten zwar, es stecke nichts dahinter, aber das entkräftet eine gegenteilige Meinung keineswegs, wie das Beispiel Massenet (zumindest im Melodischen) beweist; auf diesem Gebiet nimmt er übrigens eine Sonderstellung innerhalb der zeitgenössischen Kunst ein, die man ihm insgeheim neidet, was darauf schließen läßt, daß dieser Platz nicht zu verachten ist.

Da ja Fortuna ein Weib ist, mußte sie Massenet sehr liebevoll behandeln, mußte ihm aber manchmal auch untreu werden; sie hat es an beidem nicht fehlen lassen. Es war ihm so viel Erfolg beschert, daß es eine Zeitlang zum guten Ton gehörte, Massenets melodische Eigenheiten zu kopieren, doch dann wandten sich diejenigen, die ihn so seelenruhig plagiiert hatten, mit einem Mal schroff von ihm ab.

Man warf ihm vor, er habe zu viel Sympathie für Mascagni und vergöttere Wagner zu wenig. Dieser Vorwurf ist ebenso falsch wie unzulässig. Massenet buhlte heldenmütig weiter um den Beifall seiner ständigen Verehrerinnen: Ich kann nicht verstehen, warum es besser sein sollte, alten weltbürgerlichen Wagnerianerinnen zu gefallen als jungen parfümierten Frauen, selbst wenn sie nicht besonders gut Klavier spielen! Ein für allemal, er hatte recht. Das einzige, was man ihm ernsthaft vorwerfen kann ist, daß er *Manon* manchmal untreu war. Er hatte da den Rahmen gefunden, der seinem Bedürfnis nach Flirt entsprach; warum mußte er dieses Bedürfnis auch in die Opéra hineintragen? In der Opéra »flirtet« man nicht, man schreit sehr laut unverständliche Worte, und wenn man Liebesschwüre wechselt, so geschieht das unterm Zuspruch der Posaunen: Logischerweise müssen die zarten Schwankungen eines Gefühls unter so viel unvermeidlichem Lärm verlorengehen.

Er hätte letztlich besser getan, seine Begabung für klare, helle Farben und flüsternde Melodien in Werken von gekonnter Leichtigkeit weiter zu schmeidigen; das hätte künstlerisches Suchen nicht ausgeschlossen, es wäre nur von zarterer Art gewesen. Es fehlt weiß Gott nicht an Musikern, die die Musik unter Trompetengetön auf ausgebreiteten Armen tragen. Wozu ihre Zahl unnütz vergrößern und diesen Geschmack für langweilige Musik weiter um sich greifen lassen, den uns die Neu-Wagnerianer bescheren, und der uns den Gefallen tun sollte, in sein Ursprungsland zurückzukehren?

Massenet könnte mit seinen einmaligen Gaben und seiner leichten Hand viel gegen diese beklagenswerte Entwicklung tun. »Es ist nicht immer gut, mit den Wölfen zu heulen« – diesen Rat, meine ich, hätte ihm auch die einfältigste unter seinen schönen Zuhörerinnen geben können.

Den Schluß dieser flüchtigen Bemerkungen könnte die Feststellung bilden, daß nicht jeder ein Shakespeare sein kann, daß man aber, ohne sich seines Wertes zu begeben, versuchen kann, ein Marivaux zu sein.

La Revue blanche, 1. Dezember 1901

Warum ich »Pelléas« geschrieben habe

Ich habe *Pelléas et Mélisande* 1893 kennengelernt. Trotz meiner Begeisterung beim ersten Lesen und vielleicht dem heimlichen Gedanken an eine mögliche Musik dazu, begann ich erst Ende des gleichen Jahres, mich ernsthaft damit zu beschäftigen.[16]

Warum ich »Pelléas« gewählt habe

Seit langem schon war es meine Absicht gewesen, Musik für das Theater zu schreiben, aber die Form, in der ich dies tun wollte, war so ungewöhnlich, daß ich nach verschiedenen Versuchen den Plan schon fast aufgegeben hatte. Frühere Erkundungsgänge im Bereich der Instrumentalmusik hatten bei mir eine Abneigung gegen die klassische Durchführungstechnik hervorgerufen, deren Schönheit rein technischer Art ist und außer den Mandarinen unserer Kaste keinen Menschen interessiert. Ich strebte für die Musik eine Freiheit an, die sie vielleicht mehr als jede andere Kunst in sich birgt, eine Freiheit, welche nicht mehr auf die mehr oder weniger getreue Wiedergabe der Natur eingeengt bleiben, sondern auf den geheimnisvollen Entsprechungen zwischen Natur und Phantasie beruhen sollte.

Nach einigen Jahren leidenschaftlicher Pilgerfahrten nach Bayreuth begann ich, an der Lösung Wagners zu zweifeln, oder vielmehr, es schien mir, daß sie nur für den Spezialfall des Wagnerschen Genies tauglich sei. Wagner war ein großer Sammler musikalischer Formeln, er faßte sie zu einer Gesamtformel zusammen, die als ursprüngliche Errungenschaft erschien, weil man sich in der Musik schlecht auskannte. Und ohne sein Genie leugnen zu wollen, läßt sich doch sagen, daß er für die Musik unserer Zeit den Schlußstein bildet, ähnlich wie Victor Hugo, der die gesamte frühere Dichtung in sein Schaffen einschmolz. Folglich sollte man seine Erkundungen *jenseits* von Wagner treiben und nicht in seinem Schlepptau.

Das *Pelléas*-Drama, das trotz seiner traumhaften Atmosphäre bei weitem mehr Menschlichkeit enthält als all die sogenannten »lebensechten Stoffe«, schien mir auf wunderbare Weise dem zu entsprechen, was ich wollte. Es herrscht hier eine zauberisch beschwörende Sprache, deren sensible Nuancen ihre Weiterführung in der Musik und im orchestralen Klangkolorit finden konnten. Auch habe ich versucht, einem Schönheitsgesetz zu gehorchen, das man seltsamerweise zu vergessen scheint, sobald es sich um Musik für das Theater handelt. Die Personen des *Pelléas*-Dramas versuchen ganz natürlich zu singen und nicht in einem willkürlichen Tonfall, der aus veralteten Traditionen stammt. Das hat mir den Vorwurf der Parteinahme für monotone Deklamation eingetragen, in der es nicht die geringste Melodik gebe. Zum ersten ist das falsch; zum zweiten lassen sich die Gefühle einer Person nicht unausgesetzt auf melodische Art ausdrücken; zum dritten muß die dramatische Melodie ganz anders beschaffen sein als die Melodie im allgemeinen. Die Leute, die im Theater Musik hören wollen, lassen sich mit jenen vergleichen, die um die Straßensänger herumstehen! Hier kann man sich für zwei Sous melodische Gemütsbewegungen verschaffen, es ist sogar eine weit größere Geduld im Zuhören festzustellen als bei vielen Abonnenten unserer subventionierten Theater, ja, man könnte von einer »Bereitschaft zum Verständnis« sprechen, die dem hochgestellten Publikum völlig abgeht

Es liegt schon eine einzigartige Ironie darin, daß das gleiche Publikum, das nach »Neuem« verlangt, jedesmal dann außer Fassung gerät und sich mokiert, wenn man versucht, es aus seinen Gewohnheiten und seinem eingefleischten Wohlbehagen herauszulocken. Das mag manchem unverständlich vorkommen, aber man darf nicht vergessen, daß ein Kunstwerk, ein Versuch zur Schönheit, auf viele Leute wie eine persönliche Beleidigung zu wirken scheint.

Ich maße mir nicht an, im *Pelléas* alles entdeckt zu haben, aber ich habe einen Weg zu bahnen versucht, auf dem andere folgen und den sie mit persönlichen Funden ausbauen können, die vielleicht die dramatische Musik von dem drückenden Zwang befreien, unter dem sie schon so lange lebt.

Eine erste Fassung von *Pelléas* war 1895 vollendet. Dann habe ich Umarbeitungen, Modifizierungen usw. vorgenommen, und das alles nahm fast zwölf Jahre meines Lebens in Anspruch.[1]

April 1902

Debussy verfaßte diese Notiz Anfang April 1902 auf Ersuchen von Georges Ricou, dem Generalsekretär der Opéra-Comique.

Der deutsche Einfluß auf die französische Musik

Der deutsche Einfluß hat unheilvolle Wirkung nur auf Geister, die sich knechten lassen, besser gesagt: die das Wort Einfluß im Sinn von »Nachahmung« verstehen. Im übrigen ist es schwierig, den Einfluß etwa von Goethes Faust II oder Bachs h-Moll-Messe genau zu umreißen; diese Werke werden immer Denkmäler der Schönheit bleiben, sie sind so einzigartig wie unnachahmlich; ihr Einfluß gleicht dem des Meeres oder dem des Himmels, in dessen Absicht es nicht liegt, deutsch, sondern universal zu sein.

Nehmen wir einen Fall aus jüngerer Zeit: Ist Wagner vielleicht ein Beispiel des Unterjochens? Die Musiker freilich können ihm ewig dankbar sein, daß er ein so bewundernswertes Zeugnis für die Sinnlosigkeit von Formeln hinterließ: den *Parsifal*, die geniale Widerlegung der Tetralogie.

Ein wenig großsprecherisch ausgedrückt, wie es ja zu ihm paßt, war Wagner ein schöner Sonnenuntergang, den man für eine Morgenröte hielt. Es wird immer Perioden der Nachahmung oder des Einflusses geben, deren Dauer nicht vorauszusehen ist, deren Nationalität noch weniger – eine schlichte Wahrheit und ein Entwicklungsgesetz dazu.

Für solche, die ausgetretene und stille Pfade lieben, sind diese Perioden nötig. Anderen wiederum geben sie die Möglichkeit, weiter voranzugehen – bis in jene Bereiche, wo man bisweilen so bitter um den Fund der Schönheit leidet. Also ist alles aufs beste eingerichtet; was übrig bleibt, sind kommerzielle Fragen, die sich leider nicht von den künstlerischen trennen lassen.

Mercure de France, Januar 1903[18]

Die Orientierung der Musik

Eine Rundfrage von Charles Joly in der ersten Ausgabe der Zeitschrift »Musica« hatte folgendes Thema: »Läßt sich voraussehen, wie die Musik von morgen beschaffen sein wird? Die bisherigen Wege scheinen nicht mehr gangbar. Aber wohin gehen wir?«

Fragen solcher Art werden meist von sehr ehrenwerten Leuten entschieden, die sich in der Musik kaum auskennen. Dies wiederum erlaubt ihnen, große Unparteilichkeit an den Tag zu legen. Aber das hat nichts zu sagen und bedeutet glücklicherweise auch keine »Orientierung«.

Was der französischen Musik am dringlichsten zu wünschen wäre, ist die Abschaffung des Studiums der Harmonielehre, wie man es an den Musikschulen betreibt: Eine pompösere und lächerlichere Art, Klänge zusammenzufügen, läßt sich nicht denken. Sie hat überdies den großen Fehler, den Tonsatz dergestalt über einen Leisten zu schlagen, daß bis auf wenige Ausnahmen alle Musiker in der gleichen Weise harmonisieren.

Glauben Sie mir, der alte Bach, der die gesamte Musik in sich faßt, scherte sich wenig um harmonische Formeln. Er zog ihnen das freie Spiel der klanglichen Kräfte vor, aus deren parallelen oder entgegengesetzten Kurvenverläufen jenes unerwartete Aufblühen hervorbricht, das mit unvergänglicher Schönheit noch das geringste seiner unzählbaren Werke schmückt.

Es war die Zeit, da die »anbetungswürdige Arabeske« in Blüte stand, und mit ihr die Musik an den Gesetzen der Schönheit teilhatte, die allem Leben und Weben der Natur einbeschrieben sind. Unsere Zeit dagegen wäre dann der Triumph des »furnierten Stils« – ich spreche jetzt allgemein, ohne das spezielle Genie einiger meiner Kollegen zu negieren.

Was die zeitgenössische Opernmusik angeht, so war sie auf dem Hintergrund etliches Italienischen von wagnerischer Metaphysik erfüllt – was nicht gerade für eine französische Orientierung zu sprechen scheint. Vielleicht findet sie zur Klarheit, zur Knappheit des Ausdrucks und der Form zurück (Grundeigenschaften des französischen Geistes). Wird man die weitverästelte Phantasie wiedererlangen, deren allein *diese* Kunst fähig ist, eine Phantasie, welche man unter dem Vorwand von Bestrebungen zu vergessen scheint, die im ersten Augenblick ganz den Eindruck erwecken, als sollte die Musik in kurzer Zeit erledigt werden?

Die Kunst ist die schönste aller Täuschungen. Und wenn man auch den Versuch macht, ihr das Leben in seiner Alltagskleidung einzuverleiben, so ist doch zu wünschen, daß sie eine Täuschung bleibt; es droht ihr sonst die Gefahr, zu einer reinen Sache der Zweckmäßigkeit zu werden, so grau und trist wie eine Fabrikhalle. Sucht nicht das Volk wie die Elite in der Kunst das Vergessen, was ebenfalls eine Form der Täuschung ist? Selbst das Lächeln der Mona Lisa hat wahrscheinlich nie existiert, sein Reiz indessen bleibt ewig. – Reißen wir also niemand aus seinen Illusionen, indem wir den Traum allzu nah an die Realität heranführen. Seien wir zufrieden mit tröstlicheren Abbildern, denn sie können einen Ausdruck von Schönheit enthalten, der nicht sterben wird.

Ich fürchte, dieser Brief trifft zu spät ein, als daß er Ihnen noch dienlich sein könnte; er gibt mir immerhin die Gelegenheit, Sie meiner herzlichen Anteilnahme an Ihrem Vorhaben zu versichern.

Musica, Oktober 1902[19]

»L'Etranger« von Vincent d'Indy

Théâtre royal de la Monnaie – »L'Etranger«, musikalische Handlung in zwei Akten. Dichtung und Musik von Vincent d'Indy (Uraufführung: 7. Januar 1903)

Vor nicht allzulanger Zeit schrieb ich für die *Revue blanche* einen musikkritischen Aufsatz, dem einige Erklärungen voraufgingen. Es stand da ungefähr folgendes:
»Man wird hier mehr wahr und ehrlich empfundene Eindrücke finden als Kritik; diese ähnelt zu oft glänzenden Variationen über das Thema: ›Sie sind auf dem Holzweg, weil Sie es nicht machen wie ich‹ oder ›Sie haben Talent, ich dagegen keines, das kann nicht länger so weitergehen ...‹ Ich werde versuchen, in den Werken die vielfältigen Antriebe aufzudecken, aus denen sie entstanden sind, und das, was sie an innerem Leben besitzen; ist das nicht viel interessanter als das Spiel, sie auseinanderzunehmen wie eine kuriose Art von Taschenuhren? – Man kann wohl sagen, daß eine merkwürdige Zwangsvorstellung die zeitgenössische Musikkritik dazu reizt, das Geheimnis oder ganz einfach die Gefühlsbewegung eines Werkes zu erklären, auseinanderzunehmen und kaltblütig zu ertöten. Die einen entschuldigt ihr sattsam bekanntes Unverständnis, andere, weniger zart besaitete Gemüter, tun dergleichen mit Vorbedacht. Das läuft ein wenig auf Thomas de Quinceys, des berühmten Opiumvergifteten, Essay hinaus: Der Mord als eine Schöne Kunst betrachtet. Ich werde sehr wenig von Werken sprechen, die durch Erfolg oder Tradition ihre Weihe erhalten haben; ein für allemal: Meyerbeer, Thalberg, Reyer sind allesamt Männer von Genie, und damit hat sich's.«
Die Götter und die Musik mögen mir verzeihen, aber ich habe meine Meinung kaum geändert, und in diesem Feuilleton, mit dem zu betrauen der *Gil Blas* mir die Ehre gab, möchte ich jene Art der Kritik fortzusetzen suchen, die Eindrücke wiedergibt, welche sich von ästhetischer Willkür so fern wie möglich halten.
L'Etranger ist das, was die Dogmatiker »eine hohe und reine Offenbarung der Kunst« nennen; meiner bescheidenen Meinung nach ist das Werk mehr. Es ist die Überwindung von gewiß reinen und stolzen Formeln, die aber die Kälte, Bläue, Feinheit und Härte eines stählernen Mechanismus hatten. Diese Musik war zwar sehr schön, aber sie wirkte wie eingezwängt; sie verblüffte mit einer derartigen Meister-

schaft, daß man kaum wagte, sich von ihr packen zu lassen – und das hätte sich auch nicht gehört.

Trotz aller gegenteiligen Behauptungen hat Wagner nie einen wirklich tiefen Einfluß auf d'Indy ausgeübt; das heroische Theatergehabe des einen paßte nicht mit der künstlerischen Redlichkeit des anderen zusammen. *Fervaal* steht zwar noch in der wagnerischen Tradition, aber gleichzeitig wehrt d'Indy sich dagegen: aufgrund eines künstlerischen Gewissens und einer Abneigung gegenüber der großsprecherischen Hysterie, an der Wagners Helden kranken.

Ich weiß wohl, man wird Vincent d'Indy vorwerfen, daß er sich freigemacht hat, daß er nichts mehr wissen will von der Faszination des »Rendez-vous der Themen« – der Freude alter Wagnerianer, die sich anhand spezieller Thementafeln im voraus informieren. Warum konnte er nicht auch noch völlig loskommen von dem Bedürfnis, alles zu erklären, alles zu unterstreichen, das mitunter die schönsten Szenen des *Etranger* unnötig belastet! Warum so viel Musik für die Randfigur des Zöllners? Ich verstehe zwar dessen Abneigung gegen die überströmende Menschlichkeit des Etranger, des Fremden, aber man könnte ihn sich doch weiß Gott komischer, wahrer vorstellen: als einen dieser konturlosen Menschen, die nichts anderes im Sinn haben als ihre kleine erbärmliche Haut.

Die dramatische Handlung des *Etranger* ist trotz ihrer Einfachheit nicht roh zusammengezimmert. Sie spielt in einem kleinen Fischerdorf am Meer. Dort hat sich vor kurzem ein Mann niedergelassen, den man den Fremden nennt, weil keiner seinen Namen kennt; er ist allen zuwider, denn er braucht niemand und spricht mit keinem; an seiner Mütze trägt er einen Smaragd, der ihm natürlich den Ruf eines Zauberers einträgt. Er versucht, hilfsbereit und gut zu sein; er gibt seinen Anteil am Fischfang denen, die mit leeren Netzen heimkamen, er bemüht sich, einen Unglücklichen zu befreien, den man ins Gefängnis schleppt – aber die Behörden und die Fischer lieben solche Heilige nicht.

Mit zwei einfachen melodischen Phrasen hat Vincent d'Indy die Persönlichkeit des Fremden klar umrissen. Er ist ein christlicher Held in direkter Nachfolge jener Märtyrer, die auf Erden den von Gott gestellten Auftrag der Nächstenliebe erfüllten. So ist der Fremde ein treuer Diener Gottes; es hat dem Herrn gefallen, ihn durch Frauenliebe in Versuchung zu führen und sein Herz ist schwach geworden, so daß nur der Tod ihn von der Schuld erlösen kann.

Nie sonst hat die moderne Musik zu einem Ausdruck von so tiefer

Frömmigkeit und christlicher Nächstenliebe gefunden. D'Indy hat die beiden Phrasen wirklich aus innerster Überzeugung so meisterhaft und unübertrefflich gestaltet; sie erhellen den tiefen Sinn des Dramas besser, als irgendein symphonischer Kommentar dies vermöchte.

Vita, ein junges Mädchen, wird von dem Geheimnis und der träumerischen Traurigkeit dieses Mannes angezogen. Ihre tiefe Liebe gehört dem Meer; ihm vertraut sie ihre Kümmernisse, ihre geheimen Wünsche an. Vita ist die Verlobte des schönen Zöllners André, der sich in einer vertraulichen Szene als reichlich egoistisch zu erkennen gibt. Er ist halt eine Beamtenseele, die nie verstehen wird, daß ein junges Mädchen auch von anderem träumen kann als von einem schönen Zöllner.

In einer Szene zwischen Vita und dem Fremden schürzt sich der Knoten. Vita gesteht ihre Liebe. Das Meer ist nicht mehr ihr Vertrauter, seit der Fremde im Dorf weilt. Dieser, zutiefst verwirrt, gibt sein schmerzliches Geheimnis preis: »Leb wohl, Vita, ich wünsche dir viel Glück ... Morgen gehe ich fort, denn ich liebe dich, ich liebe dich, ja ich liebe dich mit meiner ganzen Leidenschaft, und ... du hast es wohl gewußt.«

Vita ist jung, und Vita ist verlobt. Durch seine Liebesworte hat der Fremde jene Herzensreinheit verloren, die seine Stärke war. Denn die Erlösermission, die er auf sich genommen hat, fordert Enthaltsamkeit. Die Hingabe an alle verbietet die Hingabe an einen einzelnen. Es ist nicht immer ein Vergnügen, Wunder tun zu können. Doch schließlich ist der Fremde alt, und dieser rein menschliche Kummer mißfällt mir keineswegs an dem bewundernswerten Mann.

Weil er einen einzigen Augenblick lang seinen Auftrag vergessen hat, wird er sein Liebeswerk hinfort nicht weiterführen können. Er gibt Vita den Smaragd, der jetzt seine Wirkung verloren hat, und sagt ihr auf immer Lebewohl. Schluchzend wirft Vita den geweihten Smaragd, der ihr Unglück gebracht hat, in das unruhig werdende Meer, aus dem geheimnisvolle Stimmen aufsteigen. Das Meer schließt sich über dem Stein, seine Wellen wogen in wilder Freude, weil sie den Talisman wiederhaben, der sie einst gegen ihren Willen besänftigte. Ein Sturm kommt auf, ein Schiff ist in Not. Man kann sich wohl denken, daß die braven Fischer aus dem ersten Akt nicht wagen, ihm zu Hilfe zu kommen. André, der schöne Zöllner, nutzt die allgemeine Verwirrung, um Vita seine neuen Tressen zu zeigen und ihr ein Armband aus reinem Silber anzutragen. Dieser Zöllner treibt die Eigensucht entschieden zu weit, und Vita zeigt ihm durch ihr Schweigen, wie widerwärtig er ihr ist. Ohne sich im geringsten zu schämen, geht er fort. Der Fremde, herbeigerufen von der Gefahr, kehrt zurück, befiehlt ein Boot fertigzumachen und schickt sich an, allein hinauszufahren, weil niemand sich mit ihm opfern will. Vita stürzt vor, und mit einem der schönsten Schreie, den die Liebe jemals ausgestoßen hat, folgt sie dem Fremden. Sie besteigen das Boot und verschwinden in der tobenden See, die zu besänftigen sie nicht mehr die Macht haben. Ein alter Seemann beobachtet den Kampf. Plötzlich reißt das Seil, das sie mit dem Ufer verband. Der alte Seemann nimmt seine Mütze ab und spricht das De Profundis. Die beiden Seelen haben Ruhe im Tod gefunden, der allein sich ihrer Liebe erbarmte, die unter Menschen nicht möglich war.

Es steht jedem frei, in dieser Handlung unergründliche Symbole zu suchen. Ich sehe in ihr vor allem das Menschliche, das Vincent d'Indy nur deshalb in das Symbol gekleidet hat, weil er den ewigen Zwiespalt zwischen der Schönheit und der Gewöhnlichkeit der Menge in seiner ganzen Tiefe deutlich machen wollte.

Ohne mich bei technischen Fragen zu verweilen, möchte ich meine Hochachtung vor der heiteren Güte ausdrücken, die über diesem Werk liegt, vor dem deutlichen Bemühen, alles Komplizierte zu meiden, und vor der unerschrockenen Ruhe, mit der Vincent d'Indy über sich selbst hinauswächst.

Ich habe mich vorhin nur deshalb über ein Zuviel an Musik beklagt, weil es mir hie und da jenem vollkommenen Aufblühen im Weg zu stehen scheint, das so viele Stellen des *Etranger* mit unvergeßlicher Schönheit schmückt. Und schließlich ist dieses Werk eine bewundernswerte Lektion für alle, die an jene importierte brutale Ästhetik glauben, welche die Musik vor den Karren des Verismus spannt und unter seinen Rädern zermalmt.

Das Théâtre de la Monnaie und seine Direktoren haben sich selbst geehrt, indem sie den *Etranger* mit einer künstlerischen Sorgfalt herausbrachten, die allen Lobes würdig ist. Vielleicht hätte man sich eine noch straffere Inszenierung wünschen können. Auf jeden Fall muß man für eine Tat dankbar sein, die selbst in unserer Zeit Mut erfordert.

Auch für das gewissenhafte Verständnis, das Sylvain Dupuis und sein Orchester dem Komponisten entgegenbrachten, habe ich nur Lob. Herr Albert und Fräulein Friché leisteten ihren Beitrag zum Triumph, der dem Autor zuteil wurde. Auch alle übrigen zeigten rührenden Eifer, und ich finde, es besteht aller Grund, die Stadt Brüssel zu beglückwünschen.

Gil Blas, 12. Januar 1903

Betrachtungen über die Musik im Freien – Konzerte – Prinz Ludwig Ferdinand von Bayern

Es ist wahr, man hat in Frankreich für Drehorgeln nicht mehr viel übrig! Kaum noch wagen sie, bei den jährlichen Volksfesten des 14. Juli unter den Trikoloren oder in zweifelhaften Gegenden, die sich für das Geflüster von Gaunern besser eignen als für flüchtige Träumereien von Melomanen, die Melancholie ihrer heiseren Pfeifen herunterzuleiern.

Muß man das bedauern und daraus auf ein Absinken des musikalischen Niveaus in Frankreich schließen? Es steht mir ebensowenig zu, dies zu behaupten, wie irgend jemand dafür verantwortlich zu machen. Indessen scheint Herr Gavioli, der berühmte Drehorgelfabrikant, seinen Pflichten nicht ganz nachgekommen zu sein. Reicht es wirklich aus, wenn in den letzten Jahren die Zwischenaktmusik aus *Cavalleria Rusticana*, die *Valse Bleue* und etliche andere »Schlager« ins Repertoire aufgenommen wurden? Warum diese Beschränkung? Hätte er sich nicht das Popularitätsbedürfnis unserer bekanntesten Zeitgenossen zunutze machen können? Gibt es nicht in den Programmen unserer Sonntagskonzerte eine ganze Menge abgegriffener Musik, die auf der Drehorgel sicherlich eine reizende Wiederbelebung finden könnte, wenn – noch einmal – Herr Gavioli den Wünschen seiner Zeit gegenüber nicht so hoffnungslos gleichgültig wäre? Seien Sie modern, Monsieur, wir beschwören Sie! Überlassen Sie so vortreffliche Zauberinstrumente nicht nur Negerhäuptlingen. Nehmen Sie zur Kenntnis, daß der Schah von Persien eine elektrische Orgel besitzt, die das *Parsifal*-Vorspiel täuschend echt spielt. Wenn Sie freilich glauben, diese Aufführungen im Harem seien für Wagner besonders schmeichelhaft, so irren Sie sich! Trotz seiner Vorliebe für das Mysteriöse bedeutet das, wie Sie zugeben müssen, eine etwas zweifelhafte Ehre für ihn. Übrigens – hat er nicht selber mehrfach versichert, er würde nur in Frankreich verstanden? Kann man also hoffen, daß Sie endlich einsehen, was Sie zu tun haben? Pierre Gailhard hat nicht gezögert, den *Bajazzo* in der Opéra aufzuführen; zögern jetzt auch Sie nicht und stellen Sie Instrumente her, die den *Ring* spielen können.

Das scheinbare Leichthin dieser Bemerkungen hat seinen wahren Grund darin, daß man die Banalität der Dinge immer nur beklagt, aber nichts dagegen unternimmt. Denen, die diese Verteidigung der Drehorgel lächerlich finden, könnte ich erwidern, daß es hier keines-

wegs um das Vergnügen eines Liebhabers geht, sondern um den Versuch, etwas gegen die Mittelmäßigkeit des Massengeschmacks zu tun.
Ich will jetzt nicht den Stammgast der Konzertcafés und den Abonnenten der Lamoureux-Konzerte gegeneinander ausspielen, denn eines steht fest: Jeder von ihnen hat recht, wenn er das ihm angemessene Mittel zur Gemütsergötzung sucht. Doch gibt es auch noch andere Leute: Sie finden ihre Befriedigung nur bei »Musik im Freien«. So aber, wie diese heutzutage praktiziert wird, ist sie wohl die beste Anleitung zur Mittelmäßigkeit, die sich denken läßt.
Warum in aller Welt hat für den musikalischen Schmuck der Plätze und Anlagen allein die Militärmusik das Monopol? Ich weiß wohl, es gibt die Musik der Republikanischen Garde, aber die ist eine Prachtausgabe; sie ist fast ein Instrument der hohen Diplomatie.
Ich träume gern von neuartigen Festen, bei denen die Naturszenerie weit stärker einbezogen wäre. Wie steht es da mit der Militärmusik? Gewiß, sie läßt den langen Tagesmarsch vergessen, man hört sie auch gern auf der Straße. In ihr verdichtet sich die Liebe zum Vaterland, die all die verschiedenen Herzen durchströmt; sie weckt im beschaulichen Gemüt des kleinen Bäckers die gleichen Gefühle wie in dem Veteranen, der an Elsaß-Lothringen denkt, aber nie davon spricht. Sicher kommt keiner auf den Gedanken, ihr dieses stolze Privileg zu bestreiten, aber im Ernst: unter Bäumen lärmt das wie ein vielfach verstärktes Grammophon.
Man könnte sich ein riesiges Orchester vorstellen, das durch die Mitwirkung menschlicher Stimmen noch erweitert würde (keinen »Gesangverein«! Danke bestens). Und von daher die Möglichkeit einer Musik, die eigens fürs »Freie« geschaffen wäre, eine Musik der großen Linienzüge, der vokalen und instrumentalen Kühnheiten, die über den Wipfeln der Bäume im Licht der freien Luft spielten und schwebten. Eine solche Harmonienfolge schiene in der Abgeschlossenheit des Konzertsaals befremdlich, hier aber könnte sie zu ihrer wahren Geltung kommen. Hier auch fände sich vielleicht das Mittel, sich aus den kleinlichen Formmanien, den willkürlich festgelegten Klanglichkeiten zu lösen, die der Musik so hemmend im Wege stehn.
Wohlverstanden: Es kommt dabei nicht auf die Arbeit »im Groben« an, sondern im »Großen«; übersteigerte Klangwirkungen zu wiederholen und das Echo damit zu langweilen, darum geht es nicht. Man muß vielmehr die großen Klangwirkungen dazu benutzen, den Traum von Harmonie in der Seele der Menge zu vertiefen. Ein geheimnisvolles Ineinanderweben der wehenden Lüfte, des Säuselns der Blätter, des

Blumendufts vollzöge sich, und die Musik könnte alle diese Elemente zu einer so vollkommen natürlichen Einheit binden, daß es schiene, als hätte sie an jedem von ihnen teil. Und die guten, stillen Bäume würden die Pfeifen einer Weltorgel bilden; an ihren Ästen hingen Kinder zuhauf, denen man die hübschen Tanzlieder von einst beibrächte statt der albernen Schlager, die an ihre Stelle getreten sind und heute die Gärten und Städte verunzieren. Zugleich würde man den »Kontrapunkt« wieder entdecken, aus dem wir eine Arbeit der Mandarine gemacht haben, und den doch die alten Meister der französischen Renaissance einmal zum Lächeln zu bringen wußten.

Glauben Sie mir: Wenn das geschähe, würde ich dem Verschwinden der Drehorgeln keine Träne nachweinen; aber ich fürchte sehr, daß die Musik sich auch weiterhin ein wenig eingeschlossen fühlen muß...

*

Das veranlaßt mich, auf etwas respektlose Weise mein Bedauern darüber auszusprechen, daß ich vergangenen Sonntag keine Konzerte besucht habe. Dies um so mehr, als man dort reizende Stücke gespielt hat, von denen ich mit Freude die Orchestersuite aus *Namouna* nenne, diese wundervolle Ballettmusik, die eine musikfeindliche, aber von Pierre Gailhard geleitete Verwaltung ständig durch musikalische Importware ersetzt, in der sich Jahrmarkt und Spektakel vermischen.[20] Hier steckt der Bazillus des schlechten Geschmacks, den man – ich weiß nicht, um welche Leidenschaft zu befriedigen – der Musik einzuimpfen versucht.

Die *Namouna*-Suite erinnert mich daran, daß ich als sehr junger Mann eine der allzu seltenen Aufführungen dieses Balletts sah; ich zeigte geräuschvolle aber verzeihliche Begeisterung, und Monsieur Vaucorbeil, der damalige Operndirektor, ein sehr sanfter Mann, ließ mich stracks vor die Tür setzen. Ich trage ihm das nicht nach, aber von daher ist mir eine spezielle Anteilnahme geblieben, und nichts hat das freudige und warme Herzklopfen verringert, das mich überkommt, wenn ich gelegentlich dem Namen Lalo begegne.

Gestern gab es bei Colonne die letzte Aufführung von *Fausts Verdammung*! Doch beruhigen Sie sich, es wird bald leichter sein, die zahllosen Sterne am Himmel zu zählen als die letzten Aufführungen von *Fausts Verdammung*. Und ich finde das gar nicht so lächerlich! Im Chevillard-Konzert spielte man als Erstaufführung das Symphonische Vorspiel zum zweiten Akt des *Etranger*, jenes reinen Musikdramas von Vincent d'Indy. Ich habe bereits, etwas zu flüchtig allerdings, meine Hochachtung vor diesem Werk ausgedrückt, das – wie mir scheint – eine neue Ära in der so redlichen Kunst Vincent d'Indys einleitet. Hier atmet man leicht, fühlt sich befreit von der Sorge, die d'Indy seinen Freunden sonst bereitet hat: eine Musik bewundern zu sollen, in der die Meisterschaft der Satztechnik ein bißchen auf Kosten schöner Ideen geht. Doch mußte er folgerichtig zu der Erkenntnis gelangen, daß die Satztechnik, so bewundernswert sie auch sei, noch nie die Gemütsbewegung hat ersetzen können; daß das Handwerk nur dann Ausdruck von Schönheit wird, wenn man auf alle abstrakten Kombinations-Spielereien verzichtet.

Das Vorspiel fand die warmherzige Aufnahme, die es verdient hat. Ich für meinen bescheidenen Teil hatte nicht den gleichen starken Eindruck wie in Brüssel. Das Vorspiel hängt zu sehr von der Handlung dieses Dramas ab, die so gedrängt ist wie nur eine; seine theatralische Zweckbestimmung enthüllt sich bei einer Aufführung im Konzert. Das sind aus einem sehr schönen Buch herausgerissene Seiten, zu denen man den Schlüssel nicht mehr besitzt: zwar behalten sie ihre Schönheit, doch verlieren sie ihre eigentlich bezeichnenden Eigenschaften. Das soll keine Kritik sein.

Es gab auch die Uraufführung eines Klavierkonzerts von Léon Moreau. Die geteilte Aufnahme, die dieses Konzert fand, weist besser als jede Kritik auf den Weg hin, den Léon Moreau jetzt einschlagen muß. Das Stück besitzt liebenswürdige orchestrale Qualitäten, die aber ihren wirklichen Reiz nicht entfalten konnten; der Klavierpart schien ihrer geradezu spotten zu wollen. Im Gegensatz zu einem Teil des Publikums, das den guten Pariser Geist verraten hat, meine ich, daß ein so verstandenes Klavierkonzert gebieterisch und ein für allemal die Abschaffung des Klaviers fordert. Léon Moreau hat sicherlich das Zeug dazu, sich auf hübsche Weise zu revanchieren, und seine Freunde wünschen ihm das.

Dazwischen sang David-G. Henderson mit vornehm tremolierender Stimme ein Lied von Beethoven, das den verwelkten Namen *Adelaide* trägt. Ich nehme an, daß der alte Meister vergessen hat, dieses Lied ins Feuer zu werfen, und daß der Mißgriff dieser Ausgrabung aufs Konto allzu habgieriger Erben geht.[21] Nach einer glanzvollen Aufführung von *Roméo et Juliette* von Berlioz bin ich gegangen ... was mich auf immer daran hindern wird, über die Fortsetzung des Konzerts zu berichten.[22]

*

In *Le Temps* vom 15. Januar 1903 ist folgende Neuigkeit zu lesen: »Prinz Ludwig Ferdinand von Bayern hat dem Komitee für ein Wagnerdenkmal zu Berlin folgende Antwort zukommen lassen: ›Ich nehme mit größter Freude die Ehrenpräsidentschaft bei der Enthüllung des Wagnerdenkmals und bei dem Internationalen Musikkongreß an und danke Ihnen aufrichtig für diese Ehre, handelt es sich doch darum, den ersten und größten Komponisten Deutschlands zu ehren.‹«

Nun ja! Darauf braucht man nicht besonders stolz zu sein, und Prinz Ludwig Ferdinand von Bayern ist mit Sicherheit mehr Prinz als Musikforscher.[23] Ich will jetzt nicht auf der unmöglichen Geschichtskenntnis herumreiten, derzufolge Wagner der erste deutsche Komponist sei. Wie steht's mit Bach? War das ein Mann, der viele Kinder hatte? Und Beethoven? Der besaß einen so miesen Charakter, daß er nur deshalb taub wurde, damit er seine Zeitgenossen mit seinen letzten Quartetten besser langweilen könne. Über Mozart spricht man am besten gar nicht: Das war ein kleiner Lustmolch, der den *Don Giovanni* geschrieben hat, um den Deutschen damit auf die Nerven zu fallen. Aber zum Donnerwetter, jetzt kommt er, der wahre Ruhm Deutschlands, und er strahlt in so hellem Licht, daß man nur wenige Namen daneben halten kann!

Wagner hat der Musik nie gedient. Er hat nicht einmal Deutschland einen Dienst erwiesen, das gegenwärtig in einem tetralogischen Dunstkreis zerstritten liegt, wo die einen von den letzten Strahlen dieses Sonnenuntergangs geblendet herumtappen, indessen es die anderen heftig zu dem neo-beethovenschen Konzept zieht, das Brahms hinterlassen hat! Und wenn Wagner in einer Anwandlung hochmütigen Wahns ausrief: »Und jetzt habt ihr eine Kunst!«, so hätte er ebensogut sagen können: »Und jetzt überlasse ich euch das Nichts, seht zu, wie ihr herauskommt!«

Es geht hier nicht darum, das Genie Wagners zu diskutieren; es ist eine dynamische Kraft, deren Wirkungen um so gewisser eintraten, als sie durch die Hände von Taktstockmagiern dargeboten wurden, denen nichts und niemand zu widerstehen vermochte. Diese Impfung hinterließ in der Musik für lange Zeit eine Art Fieber, das sich als unheilbar erwies bei allen, die seine sumpfigen Dünste gierig aufsogen. Tyrannisch und eigenwillig zog Wagner die Musik wie eine störrische Stute erbarmungslos hinter seiner egoistischen Ruhmsucht her. Und vielleicht sind es die Angstschreie der Musik, die eine so gewaltige Wirkung auf die Gehirne der Zeitgenossen ausübten; anders läßt sich der

geheime Drang, den Geschmack am Frevelhaften zu befriedigen, nicht erklären, der leider bei den Bekanntesten* erwacht ist.
Man könnte schließlich Wagners Schaffen für ein recht überraschendes Bild heranziehen: Bach, das ist der Heilige Gral; Wagner wäre dann Klingsor, der den Gral zu zerstören trachtet und sich an dessen Stelle setzen möchte. Bach thront strahlend über der Musik, und in seiner Güte hat er gewollt, daß wir einstmals die jetzt noch unbekannten Worte der großen Lehre hören, die er der selbstlosen Musikliebe zum Nutzen hinterlassen hat. Wagner entschwindet ... verblaßt ... ein dunkler und beunruhigender Schatten.

Gil Blas, 19. Januar 1903

* Richard Strauss stellt allerdings einen Sonderfall in der musikalischen Geisteshaltung Deutschlands dar. Sein persönliches Konzept der Orchesterbehandlung: Ist es nicht eine Erweiterung Liszts? Sein Bedürfnis, das Gewebe seiner Symphonischen Dichtungen durch philosophische Devisen zu untermauern: Ist es nicht Berlioz verwandt? Auf jeden Fall: Keinerlei Einfluß von Wagner.

In der Opéra-Comique

»Titania«, Musikdrama in drei Akten. Text von Louis Gallet und André Corneau, Musik von Georges Hüe. Uraufführung

Wie schon der Titel anzeigt, spielt dieses Drama im Feenreich. Es handelt von einer der zahlreichen Liebesaffären der Feenkönigin Titania. Der Flirt nimmt ein übles Ende, weil Oberon, am Narrenseil herumgeführt und bis auf die Knochen blamiert (wenn ich mich so ausdrükken darf), fuchsteufelswild wird, den Donner, die kleine Flöte, die Blitze spielen läßt, was den armen Yann, einen Spötter und Eintagsliebhaber von Titania, aus dem Siebenten Himmel stürzt. Im Schnee sterbend, begreift er ein bißchen spät, daß man Feen nur als Kind und in Märchenbüchern lieben darf.

Der Erfolg war sehr lebhaft, und man spürte, wie befriedigt das Premierenpublikum darüber war, daß Georges Hüe ihm Vergnügen ohne allzu große Beunruhigung bot.

Jeanne Raunay gab sich herrisch und dennoch als reizende Frau. Die Herrn Maréchal, Allard, Delvoye zeigten sich wie gewohnt als vollendete Künstler. Marguerite Carré zeichnete delikat die etwas blasse Rolle der von Yann geopferten kleinen Freundin nach; das hatte tatsächlich etwas von der reinen Frische eines alten Freskos an sich. Fräulein de Craponne war so neckisch wie ein Kobold mit Engelsstimme. Und damit ... *Rule Titania.*

Gil Blas, 21. Januar 1903

Opéra-Comique – Konzerte

»Titania«, Musikdrama in drei Akten von Louis Gallet und André Corneau, Musik von Georges Hüe

In den letzten Nebeltagen mußte ich an London denken und an das wunderbare Stück *Ein Sommernachtstraum*, dessen wahrer und poetischerer Titel »Ein Johannisnachtstraum« hieß. Die Johannisnacht ist die kürzeste Nacht des Jahres, eine warme, vom Sternenglanz erfüllte Nacht, deren flüchtiger Zauber sich entfaltet zwischen nicht endenwollendem Sonnenuntergang und ungeduldig hervordrängender Morgenröte.

Traumnacht, die auszufüllen die Dauer eines Traumes reicht. Oberon, der Elfenkönig, rüstet zu seinen nächtlichen Festen; er ist auf feine Art eifersüchtig und findet dort Gelegenheit, die wenig standhafte Tugend Titanias auf die Probe zu stellen. Puck (oder der Gute Robin aus den altfranzösischen Liedern) hilft ihm dabei, Puck, der muntere nächtliche Herumtreiber, der Schalk und Schelm, der liebenswürdige Spaßmacher, den man sich dienstbar machen kann, wenn man ihn »lieber Kobold Puck« nennt.

Aber ich habe mich vor allem an einen Mann erinnert, der fast völlig vergessen ist – zumindest auf dem Theater. Ich sah ihn, wie er seinen von der Lebensglut verbrauchten Körper durch die Straßen Londons schleppte, auf dem Gesicht das Leuchten derer, denen etwas Schönes widerfahren ist. Er ging dahin, aufrecht gehalten einzig von dem fieberhaften Wunsch, vor seinem Tod noch jenes Werk zu hören, sein Vermächtnis, an das er sein letztes Herzblut gegeben hatte. Wie nur hatte er es fertiggebracht, daß auch dieses Werk noch etwas von jenem feurigen Schwung besaß, von jenen ritterlich romantischen Rhythmen, die sein junges Genie mit einem Schlag berühmt gemacht hatten? Niemand wird es je erfahren ... Das Werk war erfüllt von der träumerischen Melancholie, die dieser Zeit so sehr ans Herz gewachsen war, und nirgends lastete die unverdauliche deutsche Mondscheinromantik, in der sich fast alle seine Zeitgenossen badeten.

Vielleicht war dieser Mann der erste, der sich Gedanken machte über die Beziehung, die zwischen der unergründlichen Seele der Natur und der Menschenseele statthaben muß. Sicher ist, daß ihm der Gedanke kam, Sagen und Märchen zu verwenden, weil er in ihnen die natürliche Handlung erspürte, die sie der Musik bieten könnten. In der Tat hat einzig die Musik die Fähigkeit, nach ihrem Willen das Unwahrscheinliche zu beschwören, die Welt zwischen Tag und Traum, die heimlich webt in der geheimnisvollen Poesie der Nacht, im tausendfältigen unnennbaren Flüstern der Blätter, die das Mondlicht zärtlich kost.

Diesem Mann stand wahrlich alles zu Gebot, was die Musik an Mitteln kennt, um das Phantastische auszudrücken. Selbst unsere Zeit, die es in der Klangchemie so weit gebracht hat, ist nicht wesentlich über ihn hinausgekommen. Zwar kann man ihm eine Neigung zum Theatralischen und eine Vorliebe für Koloraturarien vorwerfen, aber da darf man nicht vergessen, daß er mit einer Sängerin verheiratet war. Wahrscheinlich hat er sie vergöttert. Das ist zwar ein gefühlsmäßiger, aber darum nicht ungewichtiger Grund; und das um so mehr, als das Bedürfnis des Ehemannes, aus anmutigen Sechzehnteln Bänder und Schleifen zu winden, ihn nicht daran hinderte, in vielen Fällen den Ton schöner und einfacher Menschlichkeit zu treffen, ohne alles unnötige Rankenwerk.

Dieser Mann (Sie haben ihn doch wohl erkannt?) war Carl Maria von Weber. Seine letzte Oper heißt *Oberon*, und ihre Uraufführung fand in London statt (Sie sehen, ich hatte treffliche Gründe, an diese Stadt zu denken).

Etliche Jahre zuvor hatte er in Berlin den *Freischütz* herausgebracht, danach *Euryanthe*. Mit diesen drei Werken ist er der Vater jener »romantischen Schule« geworden, der wir unseren Berlioz verdanken, der so verliebt war ins Romanhaft-Farbige, daß er bisweilen darüber die Musik vergaß; des weiteren Wagner, den Großunternehmer in Symbolen, und in jüngerer Zeit Richard Strauss mit seiner so seltsam romantisch angelegten Phantasie. Weber kann auf eine solche Nachkommenschaft stolz sein und sich mit dem Ruhm, den die Söhne seines Genies genießen, darüber hinwegtrösten, daß man von den hier genannten Werken gerade noch die Ouvertüren spielt ... Es würde Albert Carré, dem künstlerischen Leiter der Opéra-Comique, wohl anstehen, wenn er zumindest die Schönheiten des *Freischütz* wieder zum Leben erweckte, denn er allein wüßte sich auf die richtige Ausstattung und ihre märchenhafte Atmosphäre zu verstehen.

Leider ist Weber tot – die Toten schweigen und fordern nichts! Georges Hüe lebt glücklicherweise noch (von Louis Gallet will ich nicht sprechen; er ist tot, ohne auf dem Gebiet der Kunst so Ernstliches hinterlassen zu haben, daß man ihn als »Vater von irgendetwas« bezeichnen könnte). Dank Georges Hüe und André Corneau durften wir von neuem die Luft der Feenwelt atmen, den Lebensodem all derer, die große Kinder geblieben sind, und deren Seele mehr Neugier für das Unwirkliche bezeigt als für die Gegenwart. Außerdem – man mag sich noch soviel Mühe geben – werden die Abenteuer der Titania immer interessanter bleiben als die der *Casque d'or*[24]. Und wenn die Amouren der Feenkönigin auch recht ähnlichen Zwecken dienen wie die der kleinen Hure, so müssen wir doch zugeben, daß sie sich in einer freundlicheren Umgebung abspielen.

Ich glaube nicht, daß Weber, dem Georges Hüe notwendigerweise einigen Tribut zollt, ganz zufrieden gewesen wäre mit der Art und Weise, in der Hüe etliche Gestalten des Titania-Märchens wieder zum Leben erweckt; das gilt besonders für Oberon, der einerseits zu feierlich ist, andererseits – wenn er in einer großen Auseinandersetzung mit Titania über deren Verhalten in Rage gerät – einen Lärm entfacht, der den Zornesausbrüchen Wotans angemessener wäre als der Verachtung, die man von einem Geisterfürsten gegenüber einem armen Verseschmied erwarten sollte, den schließlich keine andere Schuld trifft als die, einem Trugbild gefolgt zu sein. Hätten Sie den Mut gehabt, ein so ehrliches Verlangen zu bestrafen? Ich nicht. Und fiel denn Oberon keine andere Strafe für den Wahn des armen Träumers ein? Mußte es der Tod sein, der gleichzeitig auch die kleine irdische Freundin des Dichters trifft, ein bescheidenes Menschenkind, das mit seiner sanften Klage den Gang der Handlung unnötig aufhält? Im übrigen hätte Weber sicherlich einiges Gewicht auf die Feen-Atmosphäre gelegt und die Gestalt der Titania in ein Klanggewand von wundersam-phantastischer Leichtigkeit gehüllt. Bei Georges Hüe ist sie fast zu menschlich, zumindest straft der Tonfall mitunter ihre Worte Lügen. Die überzeugendste Gestalt des Dramas ist eine Randfigur: ein alter Hirte, der im ersten Akt die Handlung sehr klar umreißt, und der sie auch beschließt mit einer Art Rezitativ von außerordentlich ergreifender, ins Leichentuch eintönig-sanften Schneefalls gehüllter Schwermut.

Diese Szene gibt einen Eindruck von hinsterbender Landschaft, so quälend traurig, so kalt, daß der billige Gag, sich den Mantel zu holen, fast zum wirklichen Ernst wird. Dieser alte Hirte hätte das wirklich einzige menschliche Wesen des Stückes sein müssen und alles andere hätte eine tröstliche Feerie bleiben und nicht versuchen sollen, dem Titel Musikdrama gar zu gerecht zu werden!

Georges Hüe kennt all die Praktiken, die den außerordentlich tüchtigen Musiker ausweisen. Er beherrscht die Klangchemie des Orchesters mit geschickter Hand. Warum aber trägt er – besonders wenn es um die Darstellung leichter und liebenswürdiger Dinge geht – die verdrießliche Haltung eines Mannes zur Schau, der Leute zu einem Fest geladen hat, auf dem alles fröhlich und gehobener Stimmung ist, der aber über diese Fröhlichkeit wie über etwas Unzulässiges erschrickt und sich entfernt, traurig enttäuscht über das, was er mit all seiner Sorgfalt heraufbeschworen hat? Ist das Leben vielleicht schuld daran, das Georges Hüe noch keine Gelegenheit gab, seine wahre Natur zu zeigen? Er besitzt ein sehr richtiges Gefühl für die Schwermut, ja sogar Tragik der alltäglichen Dinge und Menschen; ich nenne als Beweis nur die überraschende Art, in der er den hoffnungslosen Ausruf seines Helden gestaltet hat: »Der Tod ist die letzte Hoffnung für den, der seinen Traum nicht leben konnte«. Dieser Ausbruch drückt Schmerz so tief, so echt aus, daß er in wenigen Takten den Seelenzustand zu umreißen scheint, der Georges Hüe am angemessensten ist. Die Stelle läßt vermuten, daß er sich nur in der reinen Tragik ganz zu Hause fühlt. Das Leben und was damit zusammenhängt, ist nicht unbedingt ein Spaß. Nicht alle können einzig unter den Klängen des *Lothringer Marsches* leben, und im Dasein eines Künstlers gibt es Tage, an denen die Vorstellung, Kunst schaffen zu sollen, beileibe nicht als »reine Freude« erscheint.

Ich nehme mir nicht das Recht heraus, eine Nutzanwendung aus all diesen Überlegungen zu ziehen, ich möchte Georges Hüe nur aufrichtig wünschen, daß er zu dem bewundernswerten Musiker des Schmerzes werde, auf den – wie mir scheint – alles in seinem Werk hoffen läßt.

Ich bitte in aller Bescheidenheit um Entschuldigung, daß ich mich nicht in der Lage sah, den Gang der Handlung zu erzählen. Für einen Feuilletonisten, der diesen Namen verdient, ist das eine schwere Scharte; ich werde mich ehrlich bemühen, sie auszuwetzen und mich einem harten Training unterwerfen.

In einer früheren und etwas eiligen Rezension habe ich bereits von der vollendeten Leistung der Künstler gesprochen, die zum Erfolg der *Titania* beigetragen haben, und behielt mir vor, hier auf Albert Carré die verdienten und schuldigen Lobeshymnen zu singen. Die sichere und erfahrene Meisterschaft seiner Arbeit ist seit langer Zeit unbestritten.

Man hat behauptet, die Dekorationen von Herrn Jusseaume seien shakespeareisch, und ich werde dem nicht widersprechen. Nur: Meinen Sie nicht auch, daß der arme Shakespeare auf der Stelle verrückt geworden wäre, wenn er hätte sehen können, wie das auf einen Pfahl gesteckte Schild, das im Theater seiner Jugendzeit die schlichte Auf-

schrift »Wald« trug, sich allen Ernstes in einen jener Wälder verwandelt hat, die den Ruhm von Herrn Jusseaume begründet haben?
Nicht übergangen sei Alexandre Luigini, der untadelige Orchesterleiter; er sorgte mit seiner geschickten und sensiblen Stabführung für jenen rhythmischen Zusammenhalt, wie er zwischen den szenischen und orchestralen Verläufen unabdingbar ist.

Konzerte

Es gibt in Paris sechs Sonntagskonzerte[25], die sich aufgrund dieser Tatsache das Recht nehmen, an ein und demselben Tag stattzufinden. Das ist zwar überaus logisch, aber sehr unpraktisch für diejenigen, die nur zwei Ohren zum Hören und zwei Füße zum Gehen haben. Die Wahl fiel mir so schwer, daß ich nirgends hingegangen bin.
Das aber, seien Sie versichert, hat Camille Chevillard nicht daran gehindert, die »Neunte« auswendig zu dirigieren. Sie halten das vielleicht für einfach, aber ich möchte Ihnen doch nicht raten, es zu probieren. Im Colonne-Konzert hörte man die Uraufführung eines Konzertstücks für Harfe und Orchester von Gabriel Pierné. Dieser Versuch mußte Pierné bei seiner bekannten liebenswürdigen Empfindsamkeit gewiß Freude bereiten. Ich wage zu hoffen, daß das Konzert am nächsten Sonntag wiederholt wird. Zumindest wünsche ich Ihnen diese Gunst des Schicksals.
Im Zoologischen Garten wurde gesungen: *Les Vallons* (Gounod), die Arie aus *Guido et Ginevra* (Halévy), das Terzett aus *Wilhelm Tell* (Rossini). Ich hoffe, daß diese jungen, schon so ehrenhaft bekannt gewordenen Komponisten den Erfolg davontrugen, den sie für diese neuen und noch so unbekannten Werke verdienen! – Der Zoologische Garten ist einer der reizendsten Plätze für Sonntagskonzerte, denn er läßt Ihnen die Möglichkeit, falls Ihnen die Musik mißfällt, die allerliebsten Tierlein zu betrachten, die allesamt keine Musiker sind.

Gil Blas, 26. Januar 1903

In der Schola Cantorum

Aufführung der ersten zwei Akte aus »Castor und Pollux« von Jean-Philippe Rameau (1683–1764) unter der Leitung von Vincent d'Indy

Charles Bordes ist fast überall bekannt, und das aus gutem Grunde. Zunächst einmal ist er ein vollendeter Musiker im besten Sinn des Wortes; sodann besitzt er das glühende Herz jener Missionare von einst, deren Mut mit den Schwierigkeiten wuchs. Sicher ist es ungefährlicher, die Menge zu Palestrina zu bekehren als die Wilden zum Evangelium, aber hier wie dort trifft man auf die gleiche Böswilligkeit – nur die Art der Folter ist verschieden: Die einen skalpieren, die anderen gähnen!
Charles Bordes, der Kantor von Saint-Gervais in Paris, veranstaltete die Konzertreihe »Karwochen in Saint-Gervais«, die einen solchen Erfolg hatten, daß der hohe Klerus daran Anstoß nahm, weil er sehr zu Unrecht fürchtete, die Gläubigen könnten dadurch abgelenkt werden. (Der, der im Himmel regiert, hat jedoch nie ein Zeichen des Unwillens gegeben.)
So entschloß sich Bordes, unter dem Namen »Association des Chanteurs de Saint-Gervais« eine Gesellschaft zur Pflege alter Chormusik zu gründen. Von da an rührte er unablässig die Werbetrommel, und es gibt keine Stadt, in der diese Gesellschaft nicht rühmlich von sich reden gemacht hätte. Und wenn Bordes eines Tages mit ihr auf den Sirius oder den Aldebaran reiste, bräuchte sich niemand besonders darüber zu wundern.
Bordes hat auch die Gründung der Schola Cantorum angeregt, die anfänglich nur zur Wiederbelebung der Kirchenmusik bestimmt war, deren Wirkungskreis sich aber inzwischen derart ausgeweitet hat, daß sie zu einer Musikhochschule und damit zum Alptraum unseres nationalen Konservatoriums wurde. Hier lehrt Vincent d'Indy in einem Geist, den manche für dogmatisch infiziert halten; niemand verkennt jedoch, von welch hoher Warte aus und wie selbstlos er das tut.
Seit einigen Jahren hat diese Schule, allein mit ihren Studenten und unter Zuzug einiger außerordentlicher Künstler, die alte Musik in ihrer ganzen Schönheit wieder vor uns erstehen lassen, ganz zu schweigen von dem, was sie aus dem Schaffen noch unbekannter junger Komponisten zu Gehör brachte.
Wenn man so sieht, wie viele andere sich in unentschuldbaren Wieder-

holungen erschöpfen oder kläglich auf der Stelle treten, ist diese kleine Ecke von Paris nicht hoch genug einzuschätzen, in der nur die Liebe zur Musik regiert. Wie erfrischend ist doch der Eifer dieser jungen Leute anzusehen, mit dem sie ihr Innerstes brüderlich in den Dienst der Musik stellen und sich Mühe geben, dem Verlangen Vincent d'Indys nach künstlerischer Vollendung zu entsprechen! Er ermutigt sie dazu mit einem aufmunternden Lächeln, und mit der einfachen Gebärde des Taktschlags scheint er all diese jungen Herzen väterlich zu einen.

Zu den Konzerten der Schola Cantorum drängen sich die Aristokratie, die behäbige Bourgeoisie des linken Seine-Ufers, Künstler und schlichte Handwerker, und dieses Publikum hat seltsamerweise nichts von der Unbeteiligtheit an sich, der man an berühmteren Orten allzuoft begegnet. Man hat den Eindruck eines wirklich verstehenden Publikums. Hängt das nun mit der Beengtheit des Saales zusammen oder mit einem geheimnisvollen Einfluß von oben? Auf jeden Fall entsteht hier eine Gemeinde von Ausführenden und Hörern.

Ich sagte zu Beginn, wie sehr der Name Charles Bordes – und das zu Recht – bekannt geworden ist; mit Rameau verhält es sich leider nicht so... Für viele Leute ist Rameau der Komponist des berühmten Rigaudon aus *Dardanus*, und damit hat sich's. Hier haben wir wieder einmal ein Beispiel für jene besondere Neigung des französischen Volkes, ebenso leidenschaftlich Kunstformen wie Kleidermoden anzunehmen, die nicht auf dem eigenen Boden gewachsen sind.

Der Einfluß Glucks auf die französische Musik ist bekannt; ein Einfluß, der sich nur durch die Vermittlung der Prinzessin Marie Antoinette (einer Österreicherin) entfalten konnte – eine ziemlich ähnliche Geschichte wie bei Wagner, der die Pariser *Tannhäuser*-Aufführung dem geschickten Walten der Frau von Metternich (einer Österreicherin) verdankte. Allerdings wurzelt Glucks Genie tief im Schaffen von Rameau. *Castor und Pollux* enthält in gedrängter, skizzenhafter Form bereits das, was Gluck später ausgebaut hat; der Vergleich im einzelnen kann Anlaß geben zu der Behauptung, Gluck habe den Platz Rameaus auf der französischen Musikszene nur dadurch einnehmen können, daß er die schönen Schöpfungen Rameaus in sich aufnahm und zu den seinen machte. Warum ist bei uns die Gluck-Tradition so lebendig? Der pompösen und falschen Rezitativbehandlung wegen; und dazu kommt noch die schlechte Angewohnheit, die Handlung zu unterbrechen, wie es Orpheus, nachdem er Eurydike verloren hat, mit einer Arie tut, die einem so beklagenswerten Seelenzustand nur unvollkommen gerecht wird. Aber es ist Gluck! ... und man verneigt sich. Rameau hätte sich naturalisieren lassen sollen! Daß er es nicht konnte, ist sein Fehler!

Dennoch besaßen wir in seinem Werk eine rein französische Tradition, geformt aus empfindsamer und liebenswürdiger Zartheit, mit richtigen Akzenten, strenger Deklamation im Rezitativ, ohne diese Sucht nach deutscher Tiefe, ohne diese Neigung, alles mit dem Holzhammer zu unterstreichen und bis zur Bewußtlosigkeit zu erklären, was doch nichts anderes heißt als: »Ihr seid schon besondere Schwachköpfe, alle miteinander, ihr kapiert überhaupt nichts, wenn man euch nicht zuerst einmal zwingt, den Himmel für einen Dudelsack zu halten.« Es ist nur zu bedauern, daß die französische Musik sich allzulange in Bahnen bewegte, die sie fernhielten von jener Klarheit im Ausdruck, jener Genauigkeit und Gedrängtheit in der Form, die die besonderen und bezeichnenden Eigenschaften des französischen Geistes bilden. – Ich kenne recht gut die Theorie vom freien Austausch der Kunst und weiß auch, was er an beachtlichen Ergebnissen gezeitigt hat. Das ist aber keine Entschuldigung dafür, daß man die Tradition Rameaus, dessen Werk angefüllt ist mit Funden von fast einzigartigem Rang, so sehr vergessen konnte.

Doch zurück zu *Castor und Pollux.* Die Bühne zeigt die Grabstätte der Könige von Sparta. Nach der Ouvertüre, dem Klanggrund, der nötig ist, damit die Damen beim Niedersitzen die Seide ihrer Reifröcke reihum entfalten können, erheben sich die klagenden Stimmen eines Chors zu Ehren des toten Castor. Sogleich fühlt man sich umfangen von einer tragischen Atmosphäre, die dennoch menschlich bleibt, nichts spüren läßt von Helm und Peplos. Es sind einfach Menschen, die weinen wie Sie und ich. Dann tritt Telaira auf, die Geliebte des Castor, und man vernimmt die süßeste, ergreifendste Klage, die je einem liebenden Herzen entströmte. Pollux erscheint an der Spitze seiner Soldaten: Sie haben Castor gerächt. Der Chor, dann ein kriegerisches Ballett von wunderbar kraftvoller Bewegung, hie und da von schmetternden Trompetenstößen durchzogen, schließen den ersten Akt.

Der zweite Akt führt uns in den Vorhof des Jupitertempels, wo alles für das Opfer bereitet ist, und dieser Akt ist ein wahres Wunder; man müßte eigentlich jede Einzelheit schildern ... Zum Beispiel die Monolog-Arie des Pollux: »Natur und Liebe, die ihr mein Schicksal teilt.« Sie ist so persönlich im Tonfall, so neu im Aufbau, daß Raum und Zeit wie aufgehoben sind und Rameau uns als Zeitgenosse erscheint, dem wir am Ausgang des Saales bewundernd gratulieren können.

Das ist wirklich aufregend! In der folgenden Szene opfern Pollux und Telaira ihre große Liebe dem Willen der Götter; der Oberpriester des Jupiter tritt auf, Jupiter erscheint selbst, auf einem Strahlenkreis sitzend, das Urbild der Güte, voller Erbarmen mit dem menschlichen Schmerz von Pollux, dem armen Sterblichen, den er, der Herr der Götter, nach seinem Belieben vernichten könnte. Noch einmal: Man müßte jede Einzelheit schildern ...

Kommen wir zur letzten Szene des Aktes. Hebe tanzt an der Spitze der »Himmlischen Freuden«, die Blumengirlanden in Händen tragen, mit denen sie Pollux fesseln wollen. Jupiter selbst hat diese bezaubernde Szene angeordnet, um Pollux seinem Todessehnen zu entreißen. Niemals hat sanftes und friedvolles Wonnegefühl so vollkommenen Ausdruck gefunden; das hält sich in einem so lichtvollen, übernatürlichen Klima, daß Pollux seine ganze spartanische Kraft braucht, um sich von dieser Verlockung loszureißen und noch an Castor zu denken. (Ich selbst hatte ihn eine gute Weile vergessen.)

Zum Schluß muß man sagen, daß diese Musik eine feine Anmut bewahrt, ohne jemals in Affektiertheit noch in die Windungen geschraubter Grazie zu verfallen. Haben wir diese Anmut durch den Geschmack fürs Niedliche oder durch unsere Neigung für raffinierte Bosselarbeit ersetzt? Ich wage es nicht zu entscheiden. Danken wir also der Schola, Vincent d'Indy, Charles Bordes und den von ihnen ausgebildeten Künstlern für diese Wiederbelebung der Schönheit.

Man möge mir verzeihen, daß ich so viel über ein Thema geschrieben habe, dem es vielleicht an Aktualität mangelt; meine Entschuldigungsgründe sind zunächst Rameau, der die Mühe lohnte, sodann die Augenblicke wahrer Freude, die selten sind im Leben: Ich wollte sie nicht für mich allein behalten.

*

Die schöne *Freischütz*-Ouvertüre von Weber in leidenschaftlicher Wiedergabe, wie es sich gehört. Die Behandlung des Orchesterklangs in dieser Ouvertüre ist verblüffend, und die Wiederkehr des C-Dur (der Grundtonart) hat etwas Erregendes an sich, das einen immer wieder ebenso heftig wie neu anrührt. Dazu bleibt nichts zu sagen, das ist waschechter Stoff, der nicht verschießt.

Die Orchestersuite aus *Namouna* von Edouard Lalo kann man ohne Umschweife als ein Meisterwerk an Rhythmus und Farbe bezeichnen. – Danach zeigt die Szene im Vordergrund ein Klavier und eine Dame, im Hintergrund Camille Chevillard und das Orchester; der Kampf beginnt. Bald hat das Orchester die Oberhand, bald das Klavier. Nach 25 Minuten endet der Kampf unentschieden, denn Fräulein Fanny Davies spielt sehr gut Klavier... Das Ganze ist eine Phantasie für Klavier und Orchester von René Lenormand. – Der Abend schloß mit der *Neunten Symphonie* von Beethoven. Sie nehmen doch nicht an, daß ich Sie beleidigen und an Ihrer Bewunderung für diese Symphonie zweifeln möchte. Camille Chevillard dirigierte sie mit unnachahmlicher Sicherheit.

Todesfälle: Augusta Holmès, Robert Planquette

Augusta Holmès ist vergangene Woche plötzlich verschieden. Die Musikwelt hat Grund zu aufrichtiger Trauer. Sie war sehr schön und besaß wahrscheinlich alles, was man braucht, um glücklich zu sein, doch sie verschrieb sich der Musik, obwohl das mit Sicherheit Kränkungen und namenloses Leid bedeutet.
Sie war so sehr Wagnerianerin, daß sie den Titanen beinahe geheiratet hätte – Gründe, warum die Heirat nicht zustandekam, sind unbekannt; trotzdem blieb sie eine große Wagnerverehrerin, ohne indessen für den Charme Massenets unempfänglich zu sein.[26] Sie hinterläßt zahlreiche Lieder, die von schöner Sensibilität und starker Musikalität zeugen. Eine Oper, *La Montagne noire*, blieb erfolglos; aber das ist ohne Bedeutung und läßt unvergessen, was man ihr an liebenswürdiger und kraftvoller Musik verdankt.
Da ich hier gerade von Augusta Holmès spreche, denke ich an ein Interview in *Le Petit Bleu*, worin Victorien de Joncières behauptet, ich hätte Wagner wie einen langweiligen Schwätzer und ihn selbst wie einen alten Graubart behandelt.
Zunächst einmal ist das ungenau, und außerdem widerspricht es meiner gewohnten Höflichkeit älteren Leuten gegenüber. Monsieur de Joncières möge mir glauben, daß es mir unmöglich wäre, auf Wagner eine Bezeichnung anzuwenden, die so genau auf seine fast allzu getreuen Epigonen paßt. Dies allerdings kann Victorien de Joncières nur bedauern, und mit mehr Berechtigung als ich.
Robert Planquette habe ich weder je gesehen noch kennengelernt und seine Operette *Les Cloches de Corneville* nur auf russisch gehört.

Gil Blas, 2. Februar 1903

Felix von Weingartner – Wiederaufnahme von »La Traviata« in der Opéra-Comique

Vergangenen Sonntag war das Wetter unwiderstehlich schön. Die Sonne probierte ihre ersten Strahlen aus und schien jeder Anwandlung zum Hören von Musik zu spotten. Es war ein Wetter, das die Schwalben zur Rückkehr hätte verlocken können, wenn ich so sagen darf. Und just an diesem Tag dirigierte Felix von Weingartner das Orchester der Lamoureux-Konzerte. Es ist halt nichts vollkommen.

Alles, was Paris an illustren Ohren aufzubieten hat, war da: die extravagante und teure Damenwelt, die jungen verkrampften Akademiker, die alten gebeugten Herren ... Es ist das Beste vom guten Publikum für den, der es zu nehmen weiß, und Weingartner versteht seit langem, sich seine Begeisterung zu sichern. Als erstes dirigierte er die *Pastoralsymphonie* mit der Sorgfalt eines Gärtners, der peinlich genau jede Raupe abliest. Man hat den Eindruck einer wie mit dem Pinsel lackierten Landschaft, wo die sanft geschwungenen Hügel aus Plüsch bestehen, das Meter zu zehn Francs, und die Bäume mit der Brennschere gekräuselt sind.

Die Volkstümlichkeit der *Pastoralsymphonie* beruht auf einem ziemlich weitverbreiteten Mißverständnis der Menschen gegenüber der Natur. Sehen Sie sich die Szene am Bach an: Es ist ein Bach, aus dem allem Anschein nach Kühe trinken (jedenfalls veranlassen mich die Fagottstimmen, das zu glauben), ganz zu schweigen von der Nachtigall im Wald und dem Schweizer Kuckuck, die beide besser in die Kunst von Jacques de Vaucanson passen als in eine Natur, die diesen Namen verdient. All das ist sinnlose Nachahmerei oder rein willkürliche Auslegung.

Um wieviel tiefer drücken doch andere Partiturseiten des alten Meisters die Schönheit einer Landschaft aus, ganz einfach weil es keine direkte Nachbildung mehr gibt, sondern gefühlsmäßige Übertragung des »Unsichtbaren« in der Natur. Faßt man das Geheimnis eines Waldes, indem man die Höhe seiner Bäume mißt? Regt nicht vielmehr seine unergründliche Tiefe die gestaltende Phantasie an?

In dieser Symphonie ist Beethoven übrigens Kind seiner Zeit, die die Natur nur aus Büchern kannte. Das zeigt sich im »Gewitter«, einem Teil dieser Symphonie, wo der Schrecken der Menschen und Dinge sich mit dem Faltenwurf eines romantischen Mantels drapiert, während ein Theaterdonner rollt.

Es wäre abwegig zu glauben, ich wolle es an Respekt vor Beethoven fehlen lassen, nur: Ein Musiker seines Genies konnte sich gründlicher irren als andere... Kein Mensch ist gehalten, nur Meisterwerke zu schreiben, und wenn man die *Pastorale* als solches bezeichnet, so hat das Wort für die anderen Beethoven-Symphonien nicht mehr genug Kraft. Nichts anderes will ich sagen.
Danach dirigierte Weingartner eine Orchesterphantasie von Camille Chevillard, bei der eine überaus sorgfältige Orchesterbehandlung im Dienst einer sehr persönlichen Entwicklung der Ideen steht. Ein Herr, der die Musik auf seine Weise liebt, hat diese Phantasie auf einem erbosten Schlüssel ausgepfiffen. Das ist äußerst ungeschickt. Konnte man denn genau wissen, ob dieser Herr Weingartners Dirigierkunst kritisierte oder die Musik des Komponisten? Ein Schlüssel ist nun einmal kein Kampfinstrument, sondern ein häusliches Gerät. Monsieur Croche bevorzugte da die elegante Art der kleinen Metzgerburschen, durch die Finger zu pfeifen; das macht auch mehr Lärm. Ob der oben genannte Herr noch jung genug ist, diese Kunst zu lernen?
Von den drei Liedern Weingartners, die Jeanne Raunay mit feinem Vortrag sang, hatte eigentlich nur das dritte recht hübsche Abwechslung zu bieten. Der Reichtum des orchestralen Rahmens ist ihnen gewiß abträglich, weil er einen Einfallsmangel fühlbar werden läßt, der bei Weingartner erstaunt. Das ist alles mörderisch lang und bewegt sich in Tonarten, in denen es zu regnen scheint.
Weingartner setzte sich wieder ins günstigste Licht, indem er Liszts *Mazeppa* wundervoll dirigierte. Diese Symphonische Dichtung steckt voll von Mängeln schlimmster Sorte. Sie ist manchmal sogar ausgesprochen billig, und dennoch nimmt einen dieser unaufhörliche Sturm der Leidenschaft am Ende so gefangen, daß man alles sehr gut findet, ohne noch lange zu überlegen, warum. (Beim Weggehen kann man dann eine gelangweilte Miene aufsetzen, das macht sich immer gut! Die reine Verstellung, glauben Sie mir.) Die unleugbare Schönheit des Werkes von Liszt kommt, meine ich, daher, daß er die Musik mit einer Ausschließlichkeit liebte, die jedes andere Gefühl verdrängte. Wenn er manchmal so weit geht, sie zu duzen und zärtlich auf seine Knie zu ziehen, so wiegt das immerhin die steife Haltung derer auf, die so tun, als ob sie ihr zum erstenmal vorgestellt würden. Das ist sicher sehr schicklich, aber es fehlt das Fieber. Das Fieber und das exhibitionistische Gebaren, wie sie Liszts Genie oft überkommen, sind jedenfalls besser als die Vortrefflichkeit, selbst wenn sie in weißen Handschuhen einhergeht.

Der äußeren Erscheinung nach macht Weingartner auf den ersten Blick den Eindruck eines neuen Messers. Seine Bewegungen sind von einer Eleganz, als wären sie mit dem Lineal gezogen; dann plötzlich geben seine Arme Zeichen von einer Härte, die die Posaunen zum Brüllen bringt und die Becken in Raserei versetzt. Das ist sehr eindrucksvoll und gemahnt an Hexenmeisterkünste; das Publikum weiß nicht mehr wohin mit seiner Begeisterung.

*

Die Opéra-Comique hat Verdis *La Traviata* eine triumphale Wiederaufnahme bereitet. Die Tatsache dieser Reprise selber wäre nicht so bemerkenswert, käme ihr nicht eine höhere Bedeutung zu. Sie rückt nämlich bestimmte Dinge an ihren Platz, insbesondere jenen Verismus, der aus Italien (wohin er ruhig wieder zurückkehren mag) zu uns gekommen ist, und von dem man behauptet, er habe die französische Musik beeinflussen können. Zumindest sagt man dies in den Cafés und belebt damit von Kenntnis ungetrübte Diskussionen um die sogenannten »lateinischen Völker«.
In *La Traviata* kommen Gestaltungsmittel vor, die der jungen italienischen Musik ans Herz gewachsen sind: Das unermüdlich dacapo verlangte Zwischenspiel, die Arie, bei der man zum Taschentuch greift usw.
Ist Ihnen nicht auch schon dieser seltsame Drang nach französischen Stoffen aufgefallen, die allgemeinen und nachhaltigen Erfolg hatten? Da ist zunächst Verdi zu nennen, der die *Kameliendame* vertonte; in jüngerer Zeit setzten Puccini und Leoncavallo nahezu gleichzeitig *Das Leben der Bohème* in Musik.[27] Es steht mir nicht zu, über den literarischen Wert dieser beiden Bücher zu urteilen, aber sie repräsentieren eine besondere Epoche des französischen Gefühlslebens und konnten auf jeden Fall der musikalischen Einkleidung entraten. Verdi geht zumindest freimütig und offen vor; man bewegt sich als Hörer von Arie zu Cavatine und empfindet einige Befriedigung auf dieser Reise, weil sich da und dort echte Leidenschaft zeigt. Das erhebt nie Anspruch auf Tiefgang. Alles ist vordergründig, und trotz der traurigen Begebenheiten scheint ständig die Sonne. Die ästhetische Grundlage dieser Kunst ist sicher falsch, denn man faßt das Leben nicht in Liedern, aber es gibt bei Verdi eine heldenmütige Art der Lebenslüge, die vielleicht schöner ist als der Versuch zur Wirklichkeit, den die junge italienische Schule unternimmt. Puccini, Leoncavallo streben nach der Charakter-

studie, ja sogar nach einer Sorte von Brutal-Psychologie, die in Wahrheit auf die bloße Platitüde hinausläuft.

Die beiden *Bohème*-Opern bieten schlagende Beispiele dafür. In der einen hat die Sentimentalität einer traurigen, aber nicht sonderlich wichtigen Begebenheit das spezielle Näseln neapolitanischer Canzonen. In der anderen versucht Puccini zwar die Atmosphäre Pariser Straßen und Pariser Lebensart einzufangen, aber das tönt trotz allem italienisch. Ich maße mir nicht an, ihm vorzuwerfen, daß er Italiener ist, aber warum zum Teufel hat er sich *Das Leben der Bohème* ausgewählt?

Bei Mascagni und seiner weltberühmten *Cavalleria Rusticana* haben wir es wieder mit einer Alltagsgeschichte zu tun, der das Gewicht einer Deklamation aufgebürdet wird, die den lebensechten Ton zu treffen sucht und es nur bis zum Taschenspielertrick bringt. Das ist zum Aufregen langweilig!

In Frankreich war es Mode, nach Stoffen von ähnlichem Geist zu fahnden wie die Italiener, obwohl man nur zu oft die Erfahrung hatte machen können, daß ein schönes Buch zu einem schlechten Stück geraten mag, woraus dann leicht die Schlußfolgerung gezogen wurde, es gebe eben fürs Musikdrama keine besseren Lösungen.

Um auf den sogenannten italienischen Einfluß zurückzukommen, so beschränkt er sich auf diese Tendenzen, und noch ist er auch nur teilweise vorhanden. Ob das französische Publikum an italienischen Geschichten Gefallen finden kann, steht freilich auf einem anderen Blatt, und hier wird man sehen ..., wir werden zu kämpfen haben. Es gibt Männer und Werke, die diesen belämmernden Fragen eine nachdrückliche Antwort erteilen, und zwar durch jene schöne geistige Aktivität, die sich nur in Frankreich findet. Sie gilt es unter allen Umständen zu unterstützen. So viel Bemühung, die Musik aus den Gespinsten der Täuschung, der Lüge zu befreien und sie zu ihrer ursprünglichen Schönheit zurückzuführen, dürfen nicht in dieser Fabrikhalle des Nichts verkommen, die da Verismus heißt.

Wir beglückwünschen Albert Carré dazu, daß er den etwas welken Charme der *Traviata* mit einer ingeniös eleganten Inszenierung aufgefrischt hat, und André Messager, daß er an diesem Abend den feurigen und leidenschaftlichen Schwung besaß, der für diese Musik so nötig ist; er hat die Lüge vergessen lassen, und das ist schon eine Leistung.

Mary Garden war das Ereignis des Abends, denn ihre Interpretation der Violetta schob alle gewohnten Überlieferungen zur Seite. Ihre kristallene Stimme von so zarter Zerbrechlichkeit schien tatsächlich brechen zu müssen und belebte sich dann wieder auf fast übernatürliche Weise. Alles Leid eines aufgeopferten Herzens lag in dieser Stimme, und ein solches Kunstverständnis geht weit über das hinaus, was in den Noten steht.

Die Herren Beyle, Fugère und alle übrigen Beteiligten verdienen uneingeschränktes Lob.

Gil Blas, 16. Februar 1903

Offener Brief – In der Société nationale – Ein Lamoureux-Konzert

Offener Brief an Herrn Christoph Willibald Ritter von Gluck

Mein Herr,

schreibe ich Ihnen oder beschwöre ich Ihren Geist? Mein Brief wird Sie wahrscheinlich nicht erreichen, und ich bezweifle, daß Sie bereit sind, die Gefilde der Seligen zu verlassen und sich mit mir über die Schicksale einer Kunst zu unterhalten, in der Sie sich genugsam hervorgetan haben, um wünschen zu dürfen, daß man Sie aus den Diskussionen heraushalte, die diese Kunst unaufhörlich bewegen. Am besten wird es sein, ich bediene mich abwechselnd des Schreibens und der Beschwörung, indem ich Ihnen ein imaginäres Leben verleihe, was gewisse Freiheiten erlaubt. Entschuldigen Sie bitte die mangelnde Bewunderung für Ihr Werk; ich werde es darüber nicht an dem nötigen Respekt fehlen lassen, der einem so berühmten Mann wie Ihnen zusteht.
Im Ganzen genommen waren Sie ein höfischer Musiker. Königliche Hände wendeten die Seiten Ihrer Manuskripte, und man gewährte Ihnen die Gunst eines falschen Lächelns. Man plagte Sie wohl ein wenig mit einem gewissen Piccini, der mehr als sechzig Opern geschrieben hat. Sie unterlagen darin einem allgemeinen Gesetz, das die Quantität vor die Qualität setzt, und das den Italienern zugesteht, den musikalischen Markt jederzeit zu beherrschen. (Der erwähnte Piccini ist so gründlich vergessen, daß er für sein Comeback in der Opéra-Comique den Namen Puccini annehmen mußte.) Im übrigen dürften Ihnen die Streitgespräche zwischen feingebildeten Abbés und dogmatischen Enzyklopädisten ziemlich mittelmäßig vorgekommen sein; die einen wie die anderen sprachen von Musik mit der gleichen Unbedarftheit, die Ihnen auch in unserer heutigen Welt wiederbegegnen würde. Und wenn Sie auch Unabhängigkeit bewiesen, indem Sie die Uraufführung der *Iphigenie in Aulis* ohne Perücke, mit der Nachtmütze auf dem Kopf, dirigierten, so war Ihnen doch noch wichtiger, Ihrem König, Ihrer Königin zu gefallen. Aber sehen Sie, von diesem hohen Umgang ist eine fast gleichförmig pomphafte Haltung auf Ihre Musik übergegangen: Wenn man sich dort liebt, dann nur mit würdevollem Anstand, und selbst das Leid macht zuvor artig einen Diener... Ob es feiner ist, König Ludwig XVI. zu gefallen als der Gesellschaft der

Dritten Republik ist eine Frage, die ich, da Sie tot sind, nicht mit Ja beantworten kann.
Ihre Kunst bestand hauptsächlich aus Pomp und Zeremonie. Die gewöhnlichen Sterblichen nahmen an ihr nur von ferne teil. Sie sahen dem Einzug der anderen (der Glücklichen, der Zufriedenen) zu. Sie, Herr Ritter, stellten gewissermaßen für sie die Mauer dar, hinter der sich etwas vollzog.
Das alles, mein lieber Herr Ritter, hat sich gewandelt; wir stellen soziale Ansprüche und wollen das Herz der Menge rühren. Es ist dadurch nicht leichter geworden, und wir haben auch keinen Grund zu besonderem Stolz! (Sie können sich nicht vorstellen, wie schwer wir uns tun, eine Volksoper zu schaffen.)
Trotz der aufwendigen Züge hat Ihre Kunst einen großen Einfluß auf die französische Musik ausgeübt. Man begegnet Ihnen vor allem bei Spontini, Lesueur, Méhul usw.; bei Ihnen steht die Wiege der wagnerischen Formeln, und das ist unerträglich (Sie werden gleich sehen, warum). Unter uns gesagt, Ihre Prosodie ist sehr schlecht; zumindest machen Sie aus der französischen Sprache eine Sprache der Akzentuierung, dabei ist sie eine Sprache der Nuancierung (ich weiß, Sie sind Deutscher). Rameau, der Ihr Genie bilden half, gab Beispiele für feine und kräftige Deklamation, aus denen Sie mehr Nutzen hätten ziehen sollen – ich spreche nicht vom Musiker Rameau, um Sie nicht zu kränken.* Ihr Verdienst ist es auch, die Handlung über die Musik gestellt zu haben, aber ist das so bewundernswert? Da ziehe ich Ihnen doch Mozart vor, der Sie völlig vergißt, der brave Mann, und allein die Musik im Sinne hat. Um diese Vorherrschaft der Handlung über die Musik ins Werk zu setzen, haben Sie griechische Stoffe aufgegriffen, was den Leuten die Möglichkeit gab, den hochtrabendsten Unsinn über die angeblichen Beziehungen zwischen Ihrer Musik und der griechischen Kunst von sich zu geben.
Rameau war unendlich viel griechischer als Sie (geraten Sie jetzt nicht in Zorn, ich lasse Sie bald wieder in Frieden). Mehr noch, Rameau war Lyriker und das lag uns in jeder Hinsicht näher; wir hätten Lyriker bleiben und nicht ein Jahrhundert lang warten sollen, es wieder zu werden.
Ihrer Bekanntschaft verdankt die französische Musik das ziemlich unverhoffte Glück, in die Arme Wagners gefallen zu sein. Ich wiege mich

* Versuchen Sie bitte, sich weitere Auskünfte darüber aus dem *Gil Blas* vom 2. Februar 1903 zu verschaffen.

gern in der Vorstellung, daß das ohne Sie nicht nur nicht geschehen wäre, sondern daß die französische Musik auch nicht so oft Leute nach dem Weg gefragt hätte, die nur zu sehr daran interessiert waren, sie in die Irre gehen zu lassen.

Und schließlich sind Ihnen die verschiedenen und falschen Deutungen des Wortes »klassisch« zustatten gekommen; daß Sie jenes dumpfe dramatische Gesumse erfunden haben, unter dem man jegliche Musik ersticken kann, reicht nicht hin, um bei Ihnen die Bezeichnung »Klassiker« zu rechtfertigen. Rameau darf diesen Titel mit größerem Recht beanspruchen.

Rose Carons wegen ist es allerdings zu bedauern, daß Sie tot sind. Sie hat aus Ihrer Iphigenie[28] eine Gestalt gemacht, deren Reinheit unendlich viel griechischer war, als Sie es sich vorgestellt haben. Keine Haltung, keine Geste, die nicht von vollkommener Schönheit wäre. Alles, was Sie an innerer Gemütsbewegung in diese Rolle nicht hineingelegt haben, ist von ihr neu erfunden worden. Jeder ihrer Schritte schien von Musik erfüllt. Wenn Sie hätten sehen können, wie sie sich im dritten Akt vor der Opferhandlung neben dem heiligen Baum niedersetzte, Sie hätten geweint, soviel trostloser Schmerz lag in dieser einfachen Geste.

Und wenn Sie am Ende Ihrer Oper die sanfte Iphigenie dem treuen Pylades vermählen, vermag Frau Caron ihr Antlitz so aufleuchten zu lassen, daß man die Alltagsbanalität dieses Ausgangs vergißt und nur noch die violette Farbe ihrer Augen bewundert, die, wie Sie ja wissen, all denen besonders teuer ist, die verschwommen von griechischer Schönheit träumen.

Durch diese Frau vergeistigt sich Ihre Musik, man kann sie nicht mehr in eine bestimmte Epoche einordnen, denn, wie durch ein Geschenk des Himmels, das an das Überleben der alten Götter glauben läßt, ist Frau Caron diese tragische Seele gegeben, die den schwarzen Schleier der Vergangenheit lüftet und die alten Stätten zu neuem Leben erweckt, wo der Kult der Schönheit sich harmonisch mit dem der Kunst verband.

An Jean-Emile Cossira hätte Ihnen der Zauber seiner Stimme gefallen und an Hector Dufrane die überzeugende Art, wie er die Wutanfälle des Orest herausbrüllte. Dem skythischen Tanz im ersten Akt, der sowohl etwas vom russischen Muschik als auch von den ausgelassenen Sprüngen einer Fuhrknechtsrotte an sich hatte, konnte ich nicht viel abgewinnen. Ihre kriegerischen Tänze, erlauben Sie, daß ich Ihnen das sage, sind schwer auszuführen, weil die Musik wie der Rhythmus nur

ungenaue Hinweise geben. Seien Sie aber versichert, daß Albert Carré sonst überall den angemessenen Rahmen getroffen hat.
Womit ich die Ehre habe, mein Herr Ritter, mich zu verabschieden als Ihr sehr ergebener Diener.

In der Société nationale

Vergangenen Samstag gab die Société nationale ihr 308. Konzert. Wenn man sich vergegenwärtigt, daß diese Gesellschaft 1871 gegründet wurde, kann man sich einen Begriff von der Anzahl der Werke machen, die dort zu Gehör gekommen sind. Die meisten Komponisten, die wir verehren und die voraussichtlich auch noch unsere Enkel lieben werden, sind hier zum erstenmal aufgeführt worden. Man entdeckt da immer etwas Interessantes; so hörte man am Sonntag Teile einer Orgelsymphonie von Louis Vierne, in der sich eine sehr edle und großzügige Musikalität mit ingeniösen Entdeckungen auf dem Gebiet des Orgelklangs verbindet. Der alte Bach, unser aller Vater, wäre mit Louis Vierne zufrieden gewesen. Es folgten ein interessantes Trio von Pierre Coindreau, sodann bezaubernde Lieder von René de Castéra, an die sich Lieder von Henri Duparc anschlossen, über die es nichts zu sagen gibt, weil sie vollkommen sind. Unter dem Titel *Quelques danses* begegnete man wieder einmal der so eigenartigen Musik von Ernest Chausson. Man muß alle diese Tänze gern haben, doch gilt meine besondere Vorliebe der *Sarabande*. Warum nur muß die Gemütsbewegung, die sie in mir auslöst, sich zu dem schmerzlichen Bewußtsein steigern, daß er nicht mehr unter uns ist, daß wir die entgegenkommende und verläßliche Güte seines Lächelns nie mehr sehen werden?
Nach einem amüsanten Scherzo von Alexander Borodin schloß das Konzert mit dem schönen Orgelfinale von César Franck.[29]

Im Lamoureux-Konzert

Hauptanziehungspunkt dieses Konzerts war die Uraufführung der Symphonie über einen bretonischen Choral von Guy Ropartz.
Bei dieser Gelegenheit möchte ich mich gegen eine Sitte verwahren, der man jedesmal dann begegnet, wenn eine moderne Symphonie gespielt wird: Die Hörer bekommen eine thematische Analyse von vier Seiten mit Text und zahlreichen Notenbeispielen in die Hand gedrückt. Man

bringt die kunstgerechte Behandlung eines Themas oder den konstruktiven Aufbau einer Symphonie dem Verständnis von Herrn Jedermann nahe. Nichts hindert den musikalisch auch nur etwas begabten Hörer daran, daß er, nach Hause gekommen, von dem sträflichen Wunsch gepackt wird, seine kleine Privat-Symphonie zu schreiben und diese noch taufrisch oder tintenfeucht zu Herrn Chevillard zu tragen. Das bedeutet die greulichste Aufmunterung zum Symphonien-Schreiben. Außerdem halte ich es für gefährlich, Laien in die Geheimnisse der musikalischen Alchimie einzuweihen. Die einen, darüber sollte man sich klar sein, betrachten besagte thematische Analyse mit mißtrauischer Unruhe, als wäre sie ein Sprengkörper, die anderen mit immer neuem Staunen; Vernünftigere fächeln sich damit einen angenehmen »kleinen Nordwind« zu oder stecken sie einfach in die Tasche, und dies ist die wahre »Moral von der Geschicht«.

Die Musik hat Guy Ropartz viel zu verdanken. Man kennt sein Wirken in Nancy, wo er das Konservatorium leitet. Rückhaltlos und mit unermüdlicher Begeisterung tritt er dort für die Verbreitung guter Musik ein. Die Symphonie über einen bretonischen Choral zeigt viele Eigenschaften, die Guy Ropartz als einen energischen und großmütigen Mann ausweisen. Warum nur scheint er hier mitunter gehemmt, ja fast wie gelähmt? Hängt das mit einer Art Bann zusammen, den das Wort »Symphonie« auf die heutigen Komponisten ausübt, und der die Bemühung um die Form die Oberhand gewinnen läßt über die Freiheit der Ideen?

Mit der Abwechslung von raschen und langsamen Abschnitten hat Guy Ropartz zwar versucht, den schweren Marmorblock, den eine Symphonie darstellt, zu gliedern, aber dies gefährdete sofort die Geschlossenheit der Komposition, bei der der letzte Teil den Platz des ersten einnehmen könnte und umgekehrt, weil sie sich durch nichts deutlich genug voneinander abheben.

Ich muß gestehen, daß die Worte »über einen bretonischen Choral« meine Phantasie in eine andere Richtung gelenkt haben, als Guy Ropartz sie einschlug: Ich sah vor mir die Bretagne, dieses Land mit seinen kraftvollen Schroffheiten, ich sah sein Meer von einem nirgends sonst so schönen herben Grün, und der bretonische Choral war seine fromme und wilde Seele, er mußte unwandelbar bleiben wie eine alte Kathedrale. Und was gibt man mir? Einen kleinen Reiseführer, anhand dessen ich den waghalsigen Eskapaden dieses Chorals folgen soll. Aber zum Teufel, was schert mich die symphonische Form! Ich weiß recht gut, was für eine wundervolle Sache Guy Ropartz hätte machen können. Warum nur hat er sich verleiten lassen, eine Symphonie aus diesem bretonischen Choral herauszupressen, der ihm doch nichts getan hat, und den er als echter Bretone doch persönlich lieben muß. Er möge mir verzeihen, wenn es so aussieht, als wolle ich ihn schulmeistern, ihn, dessen Beispiel für diejenigen, die sich der Musik verschreiben, wegweisend ist.

Nach der Symphonie von Ropartz erschien Mozarts Es-Dur-Symphonie wie ein leichtes, lichtdurchflossenes Gespinst, wie eine fröhlich lachende Kindergruppe im Sonnenschein. Der Rest des Konzerts bestand aus Werken, bei deren Wiedergabe Camille Chevillard das ihm ohnehin gebührende Lob noch übertraf.

Gil Blas, 23. Februar 1903

Volkstheater – Siegfried Wagner im Lamoureux-Konzert

Schon seit einiger Zeit macht man sich verschiedenenorts Gedanken, wie im Volk die Freude an der Kunst im allgemeinen und an der Musik im besonderen zu fördern sei. In das Geschichtsbuch dieser Bestrebungen würde ich das Konservatorium der Mimi Pinson aufnehmen, wo Gustave Charpentier die Theorien, die seinem jugendlichen Geist besonders am Herzen liegen, in die Tat umsetzt.[30] Er weckt in jungen Mädchen das Verlangen nach Freiheit, nach Freiheit in der Kunst wie im Leben. Bis dahin hatte ihr Schönheitssinn sich im Norden mit Paul Delmet, im Süden mit Pierre Decourcelle begnügt. Jetzt kennen sie immerhin die Namen Gluck und Alfred Bruneau; ihre hübschen feinen Finger, die so geschickt mit Bändern umzugehen wissen, streiche(l)n die chromatische Harfe von Gustave Lyon. Sie werden sicher reizende junge Frauen statt impertinenter Kleinbürgerinnen, die sie sonst geworden wären.

Und damit schwindet der Ruhm der *Noces de Jeannette*, »Jeannettes Hochzeit«, und *Die weiße Dame* wird auch nicht mehr lange von ihm zehren.

Ritter, die ihr falsch und grausam
Schmiedet manchen Frevlerplan ...

ihr braucht euch nicht mehr die Mühe zu machen, auf die alte Dame aufzupassen. (Ich spreche nicht von Romanzen, in denen »Mignon um ihr fernes Vaterland trauert«, oder solchen, die von anderen jungen Geschöpfen handeln, nicht von »welken Sträußen«, die da ruhen in dem klarsten, dem reinsten deiner Seen, o Norwegen!)

Wir haben auch das »Wandertheater« von Catulle Mendès (übrigens eine reizende Idee), dann das von Adrien Bernheim so warm empfohlene Unternehmen »Dreißig Jahre Theater«, das den würdigen Ernst der Comédie Française in die unterschiedlichsten Gegenden trägt.[31]

Was meine bescheidene Person angeht, so habe auch ich mich an den Bemühungen beteiligt, die Kunst ins Volk zu tragen, doch muß ich gestehen, daß sich daran die trübsten Erinnerungen knüpfen. Im allgemeinen haben diejenigen, die solche Versuche unternehmen, bei allem guten Willen etwas Herablassendes an sich, und die einfachen Leute spüren sehr wohl das Gezwungene und Gesuchte daran. Gewiß, sie sind immer bereit, zu lachen oder zu weinen, wie der Anlaß es will. Frei heraus kommt es trotzdem nicht! Ein instinktives, unbestimmtes

Neidgefühl erhebt sich gegenüber dieser Vision von Pracht, von Luxus, die da für einen Augenblick in ihr ärmliches Dasein bricht: Die Frauen begutachten die Toiletten mit einem falschen Lachen, die Männer vergleichen, fühlen sich unbehaglich ... und träumen von unerreichbaren Festen. Andere trauern ihren zehn Sous nach, und alle kehren traurig zu ihrer Suppe zurück, die an diesem Abend mißraten ist – sie schmeckt ein wenig nach dem Salz der Tränen, glauben Sie mir!

Ich sehe wohl die Berechtigung dieses sozialen Eifers und dieser prophetischen Begeisterung. Nichts ist auch aufregender, als mit einem Ei und zwei Glas Wasser pro Tag den kleinen Buddha zu spielen und den Rest den Armen zu überlassen; nichts aufregender, als die weltenschöpferischen und pantheistischen Träumereien endlos wiederzukäuen, den ganzen Salat von der »ursprünglichen Natur«, der wollüstigen Einswerdung des Ichs mit dem Nicht-Ich, die in den Kult der Allseele mündet ... Das ist alles sehr hübsch, das macht sich gut in der Unterhaltung; leider ist es nicht für zwei Sous praktisch, es kann sogar gefährliche Folgen haben.

Sicherlich ist es richtig, dem Volk das Theater zu öffnen, nur muß man sich darüber klar werden, was man spielt. Das beste wäre vielleicht, man würde die alten Zirkusspiele der römischen Kaiser wieder aufleben lassen. Wir haben ja den Zoologischen Garten, der es sich zur Ehre rechnen würde, seine besten Veteranen auszuleihen; die alten Löwen, die beim Anblick der ewigen jungen Landesverteidiger und der täglichen Kindermädchen vor Langeweile gähnen, fänden gleich wieder zu ihrer natürlichen Wildheit zurück. Ob es wohl schwieriger wäre, etliche Kunstliebhaber aufzutreiben, die sich aus lauter Begeisterung fressen ließen? Schließlich, kann man's wissen? Wenn man einen Preis aussetzte ...

Doch lassen wir das und kehren wir zum Volkstheater zurück. Man bildet sich ein, alle Wünsche erfüllt zu haben, wenn man entweder Stücke aus dem alten Repertoire spielen läßt, oder bejahrte Dramen, die in romantischem Wust ersticken. Ein löbliches Unterfangen ist das nicht. Was man finden müßte, so meine ich, wäre eine Kunstform, die sowohl ihrem Geist wie ihrer Ausstattung nach der großen Menge entgegenkäme. Ich maße mir nicht an, hier das einzig Wahre vorzuschlagen; aber wie wäre es, wenn man sich der alten Griechen erinnerte? Begegnet man nicht bei Euripides, Sophokles, Aischylos den großen menschlichen Regungen, in so einfachen Linien, mit so natürlichen tragischen Wirkungen, daß auch die Unempfänglicheren und Ungebilde-

ten sie verstehen könnten? (Um sich davon zu überzeugen, braucht man sich nur die Aufführung des *Agamemnon* von Aischylos in der wunderbaren Übersetzung von Paul Claudel vorzustellen.)
Stünde dies alles dem Volk nicht viel näher als die psychologischen oder mondänen Finessen des zeitgenössischen Repertoires? Sollen die Leute ihre häuslichen Sorgen vergessen, so darf man keine allzu sublimen Mittel wählen; will man sie dem Alltagsleben entreißen, ist es nicht gut, wenn man ihnen zu wirklichkeitsnahe Abbilder vor Augen führt, so getreu diese auch immer sein mögen.
Damit komme ich auf die Volksoper zu sprechen, das neue Anliegen, dessen Verwirklichung die größten Schwierigkeiten bereitet. Zur Not kann man aus dem Stegreif spielen; das alte Théâtre Libre war ein überzeugendes Beispiel dafür.[32] Aber noch gibt es kein Suggestivmittel, das den erstbesten Straßenpassanten dazu veranlassen könnte, den Kontrabaß zu spielen. Eine Kleinigkeit, sollte man meinen, aber wie enorm wichtig ist sie doch in Wirklichkeit! Für ein Opernhaus braucht man ein Orchester, aber wo hernehmen? Man braucht Sänger, Choristen usw. Und was soll gespielt werden? Werke aus der Mottenkiste, wie nebenan, etwa die alte *Jüdin* oder die verstaubte *Stumme von Portici*?
Nun gut, wenn man im Augenblick zu einer Reise in utopische Gefilde kein rechtes Zutrauen hat, gäbe es einen Ausweg, der alles lösen könnte: Man lege Volkstheater und Volksoper zusammen und greife, wie ich oben schon sagte, auf die Theaterform der alten Griechen zurück. Entdecken wir die Tragödie wieder, erweitern wir ihre primitive musikalische Ausstattung durch die unbegrenzten Möglichkeiten des modernen Orchesters und eines Chors von unzähligen Stimmen; vergessen wir auch nicht, was sich für die Gesamtwirkung aus Pantomime und Tanz herausholen ließe, wenn man nur das Spiel so durchsichtig und deutlich machte, daß auch die Menge es verstünde. Man fände wertvolle Hinweise dafür in den Tanzspielen der javanischen Fürsten, wo der unwiderstehliche Zauber der Pantomime, dieser Sprache ohne Worte, fast ans Absolute grenzt, weil sie sich aus Handlungen und nicht aus Formeln entwickelt. Gerade darin liegt die Misere unseres Theaters, daß wir es einzig auf verstandesmäßig faßbare Elemente zu beschränken suchten.
Das wäre so schön, daß man alles andere unerträglich fände... Paris würde endlich der Ort, wo die Wallfahrer der Schönheit, die Völker der ganzen Welt, zusammenströmten. – Haben wir also den Mut zur Großzügigkeit. Keine kleinen Unternehmen, die auf unredlichen

Spekulationen beruhen. Allerdings reicht keines der vorhandenen Theater aus; es wird also unbedingt nötig, ein neues zu bauen, und Stadtverwaltung und Staat müssen sich wenigstens hier einmal zu verständigen suchen.
Vor allem darf es kein Theater sein, wo Gold unangenehm in die Augen sticht. Ein heller, heiterer Raum, der allen gastlich offensteht. (Ich brauche wohl nicht auf die Notwendigkeit von Freiplätzen hinzuweisen.) Notfalls muß man ein Darlehen aufnehmen. Nie hätte eine Unternehmung höheren und nationaleren Zwecken gedient.
Außerdem gibt es ein Gesetz der Schönheit, das wir keinesfalls außer acht lassen dürfen. Trotz der Anstrengungen einiger weniger scheinen wir dem Vergessen dieses Gesetzes zuzutreiben, denn die Mittelmäßigkeit, dieses tausendköpfige Ungeheuer, hat nur allzuviele treue Anhänger in der modernen Gesellschaft. Deshalb müssen sich die Gutwilligen in der Diaspora zu einem gemeinsamen Anlauf von unwiderstehlicher Stoßkraft zusammenfinden und unbarmherzig die Buden niederbrennen, in denen die Marktschreier des finsteren »Nichts« ihre Ware lauthals anpreisen.

*

Siegfried Wagner trägt heiteren Sinnes das schwere Erbe des Ruhms, das ihm sein Vater hinterlassen hat. Ja, er scheint es nicht einmal gewahr zu werden, so viel ruhige Sicherheit geht von seiner trockenen und pedantischen Art aus. Seine Ähnlichkeit mit dem Vater ist groß, doch fehlt der Nachbildung die geniale Prägung des Originals. In seiner Jugend war er wohl zum Architekten bestimmt. Ob die Architektur freilich viel verloren hat, als er sich der Musik zuwandte, wird nie zu erfahren sein. Doch kann man denn sagen, daß die Musik dabei viel gewonnen hat? Sicher zeugt es von großer Verehrung, wenn der Sohn das fortführen will, was der Vater begonnen hat. Nur, ganz so einfach, wie einen Strumpfladen übernehmen, ist das nicht. Es geht nicht darum, daß Siegfried verkennte, welche unüberschreitbaren Grenzen ihm das Werk seines Vaters zieht; daß er sich aber darüber hinwegsetzt, verrät eine Gemütslage, in der sich die kindlichste Eitelkeit mit dem Wunsch vermengt, ein teures Andenken durch eine Arbeit zu ehren, die den Charakter der Widmung trägt.
Auf der anderen Seite war es nicht leicht, dem Zauberbann Bayreuths zu entfliehen und der Versuchung zu widerstehen, den Becher des alten Magiers bis auf den Grund zu leeren; unglücklicherweise ist von

dem Zaubertrank nur der Bodensatz übrig geblieben, und der schmeckt nach Essig. Diese Gedanken gingen mir durch den Sinn, während ich Bruchstücke aus dem *Herzog Wildfang* hörte, einer musikalischen Komödie in drei Akten von Siegfried Wagner. Achtbare Musik, nicht mehr; so etwas wie die Hausaufgabe eines Schülers, der bei Richard Wagner studiert hat, aus dem sich aber der Lehrer nicht viel machte.

Während Siegfried Wagner das *Siegfried-Idyll* dirigierte, was er übrigens sehr gut macht, hätte er vielleicht auf die mahnende Stimme der mütterlichen Liebe hören sollen, die leise aus dem Werk aufklingt. Sie riet ihm, frei und fröhlich ins Leben hinauszugehen, sich von der Sorge und dem trügerischen Verlangen nach Ruhm abzuwenden. Sie raunte seinen Namen und umgab ihn mit einem Glanz, der nie hätte zu verlöschen brauchen. Warum verlangte es ihn nach neuen Erleuchtungen, die zweifelhaft bleiben und ihm doch nur den Titel »Sohn von Richard Wagner« einbringen werden, den einzig beneidenswerten, wie ich meine?

Doch die Seele eines anderen Menschen ist wie ein dunkler Wald, in dem man sich behutsam vortasten muß. Siegfried Wagner wird bestimmt gewichtigere Gründe haben als die, mit denen ich ihn hier zu deuten suche. Als Orchesterleiter schien er mir nicht auf der Höhe dessen, was Deutschland sonst für gewöhnlich ins Ausland schickt. So ist zum Beispiel Weingartner universeller, einfühlsamer und Nikisch dekorativer. Warum denn so viel Pingeligkeit bei der Aufführung der A-Dur-Symphonie von Beethoven? Das schmälert ihre Bedeutung nur, macht sie sogar ein wenig lächerlich.

Nächsten Montag werde ich über die *Seligpreisungen* von César Franck berichten, die gestern im Colonne-Konzert, und zwar in einem sehr merkwürdigen Gebäude an der Place de l'Opéra, aufgeführt wurden.

Gil Blas, 2. März 1903

Über die Pariser Opéra und ihre Beziehungen zur Musik – In der Société nationale

Seit einigen Jahren ist Pierre Gailhard Direktor jener Baulichkeit, von der ich vergangenen Montag am Schluß des Feuilletons sprach. Dieser Schlußsatz war Anlaß, mir die schwärzesten Absichten zu unterschieben. Wenn es unglücklicherweise irgendeinem ironischen Anarchisten eingefallen wäre, das Opernhaus in die Luft zu sprengen, so hätte man mich zumindest als geistigen Urheber dieser eindrucksvollen, wenn auch brutalen Tat angesehen. Doch fern sei mir dieser Ruch von Verbrechen und dieser hinterhältige Anschlag auf eine unserer nationalen Institutionen. Allein – man macht in der Oper Musik, und ein Musiker hat doch wohl das Recht, sich darüber seine Gedanken zu machen ... Das ist sogar seine Pflicht. Ich habe es nicht nötig, so hoffe ich, meine völlige Uneigennützigkeit und meine strikte Ablehnung jedweder Einflußnahme zu versichern.
Die Opéra hat lange Zeit den ehrenvollen Titel »erste Opernbühne der Welt« geführt. Zu viel fehlt ihr heute, als daß sie diesen Namen noch verdiente. Ich möchte hier den Gründen dafür nachgehen – ohne mich zu ereifern, ohne Partei zu nehmen. Sehen wir uns zunächst einmal die Leitung an, die Pierre Gailhard gegenwärtig innehat: Wir finden da schwere Versäumnisse, zu denen noch ein schon sträflich naiver Mangel an überlegter Planung hinzukommt. Diese Direktion überläßt sich lieber dem schlimmen Zufall als einem mehr oder weniger erklärten Publikumsgeschmack. Ein Beispiel unter anderen ist der Import des *Bajazzo*. In Wahrheit verdient der Welterfolg dieses Werkes eine solche Weihe nicht, denn er hat etwas oberflächliche Ursachen, die sich den Teufel um künstlerische Erwägungen scheren. Solche direktoriale Einfälle bestärken die geringschätzige Meinung, die die Fremden mit Freude nach Hause tragen, und das ist kein beneidenswertes Ergebnis, was auch immer Herr Gailhard darüber denken mag. Ich möchte mich hier nicht bei den »Wiederaufnahmen« vergessener Opern aufhalten, weil man nie weiß, was sich hinter diesen Wiederbelebungsversuchen an Geheimdiplomatie und verwaltungstechnischen Zwängen verbirgt. Aber, ein für allemal, unsere Opéra müßte ein Theatermodell, eine Musterbühne sein, und nicht ein Ort, wo der aufwendige Luxus die Armseligkeit des Gebotenen nicht zu kaschieren vermag. Denn das mondäne Schauspiel der schönen Damenwelt, die seidenraschelnd die berühmte Treppe hin-

unterwallt, kann mit Sicherheit keinen Ersatz für die Musik bieten.

Und woran liegt es, daß sich Gailhard von Künstlern wie den Herren Alvarez und Renaud trennt? Ich möchte gewiß nicht an künstlerische Parteilichkeit glauben, wenn es sich aber um reine Affären handelt, will mir so etwas extravagant erscheinen; um so mehr, als Gailhard Abende wie neulich hätte vermeiden können, an denen die Unzufriedenheit des Publikums sich unmißverständlich Luft machte, so unerträglich wurde durch die Gegenwart eines großen Künstlers die Mittelmäßigkeit dessen, was ihn umgab.

Im ganzen genommen wird an der Opéra sehr wenig gearbeitet, und ich weiß aus sicherer Quelle, daß man dort Werke mit jungen, also unerfahrenen Kräften wieder aufnimmt, ohne sich der Mühe zu unterziehen, das Orchester mit Proben zu behelligen. Was dieses Orchester betrifft, so ist die seltsame Beobachtung zu machen, daß seine Musiker (fast alle diese Herren sind angesehene Professoren) reine Schwimmfest-Aufführungen veranstalten, bei denen sich Unsicherheit mit dem ärgerlichsten Schlendrian paart.

Mit all dem greife ich keineswegs Herrn Gailhard persönlich an, weil ich zutiefst davon überzeugt bin, daß hier selbst der beste gute Wille an der undurchdringlichen Mauer der Bürokratie zerschellt, die verknöchert und starrköpfig vor sich hinaltert und sich sicher weiß vor Versuchen, den betriebsamen Leerlauf aufzurütteln.

Das Übel, an dem unsere Opéra krankt, hat tiefere Gründe: Sie liegen am Prinzip der Leitung, dem dieses Theater untersteht. Man machte es sich leicht, fiele man nun lediglich über Pierre Gailhard her, denn ich glaube nicht, daß die früheren Direktoren über Vorwürfe erhaben gewesen sind. Es geht einfach nicht an, einem einzigen Mann so zahlreiche Verantwortlichkeiten zu übertragen, er kann sie nicht bewältigen. Müßte er dazu nicht die Kräfte des Herkules, die Wendigkeit des Odysseus, den künstlerischen Genius Apolls in sich vereinigen? Sie sehen wohl, daß dies unmöglich ist, es sei denn, Herr Gailhard würde Gott selber, und das käme wiederum den Choristen sehr ungelegen. Drängen wir ihm also keine so schwierige Rolle auf, billigen wir ihm lieber irdischere Wünsche zu.

Seien Sie versichert, daß er die Absicht hat, *L'Etranger* zu spielen, diese schöne Oper von Vincent d'Indy. Der beträchtliche Erfolg des Werkes in Brüssel sichert ihn gegen Überraschungen ab, und zudem hätte er der französischen Musik einen großen Dienst erwiesen. Er wird die *Armida* von Gluck wiederaufführen, da sie nun einmal ein anerkanntes Meisterwerk ist, und, auf so schönem Wege fortschreitend, wird er etwas für unseren großen Rameau tun: Die so frischen, so kühnen Schönheiten von *Castor und Pollux* oder die so französische Anmut der *Indes Galantes* werden dank seiner Bemühungen wiedererstehen. Er denkt sicher auch an *Boris Godunow* von Mussorgski oder an andere Opern der neuen russischen Schule, von der Frankreich nur die symphonischen Werke kennt. Doch, wie gesagt: Es wird an der Opéra sehr wenig gearbeitet, und Pierre Gailhard tut sich schon schwer genug damit, *La Statue* von Ernest Reyer wieder auf den Spielplan zu setzen.

Warum könnte die Opéra nicht von einer Gruppe von Leuten geleitet werden, die zu reich sind, als daß sie nur gute Geschäfte im Sinn hätten, die ganz im Gegenteil ihren Stolz darein setzten, mit dem vielen Geld schöne Dinge zu machen? (Das wäre nur eine Frage des Taktes und der geschickten Hand.)

Ferner bräuchte die Opéra einen vollkommen freien und unabhängigen Musikdirektor, dessen erste Aufgabe es wäre, sich in Fragen der Kunstentwicklung auf dem laufenden zu halten, sodann, im Vorhinein ein Programm sorgfältig ausgesuchter Werke der Vergangenheit aufzustellen. – Warum verpflichtet man nicht, wenn Wagner-Opern gespielt werden, Hans Richter als Dirigenten? (Ein Vorschlag unter vielen anderen.) Dies bildete einen besonderen Anziehungspunkt für das Publikum und böte die sichere Gewähr für eine gute Aufführung. Ich will hier kein Klagelied anstimmen – was ich vorschlage, ist eigentlich nichts Neues, es gleicht etwa dem Prinzip von Covent Garden, wo die Vorstellungen in jeder Hinsicht vollkommen sind. Es ist bedauerlich, daß man es an unserer Opéra nicht besser machen kann oder nicht wenigstens ebenso gut. Selbst wenn es eine Geldfrage sein sollte, bin ich nicht bereit, mehr Verständnis dafür aufzubringen.

Man müßte vor allem ungeheuer gut Musik machen und sollte das Publikum nicht mit gewollter Lässigkeit unterhalten. Leider liegt die Schuld für diese Lässigkeit bei einigen Künstlern selbst. Sie haben zwar eine Zeitlang gekämpft, doch nur so lang, bis sie ihren Platz auf dem musikalischen Markt erobert hatten; ist der Absatz ihrer Produkte aber einmal gesichert, weichen sie flugs zurück, als ob sie das Publikum um Verzeihung bitten wollten dafür, daß es sich die Mühe gemacht hat, sie anzuerkennen. Sie kehren ihrer Jugend entschlossen den Rücken und ruhen sich auf ihren Lorbeeren aus; nie gelingt es ihnen, sich zu jenem Ruhm emporzuschwingen, der glücklicherweise denen vorbehalten bleibt, die ihr Leben der Suche nach einer unaufhörlich sich erneuernden Welt der Gefühle und Formen widmen und es in der frohen Zuversicht beschließen, ihre wahre Aufgabe erfüllt zu haben. Man könnte sagen, ihnen sei das Äußerste, das Höchste an Erfolg beschieden, wenn sich das Wort »Erfolg« neben dem Wort »Ruhm« nicht abgeschmackt ausnähme. Ich bilde mir nicht ein und erwarte auch nicht, daß die Opéra diesen Letzteren jemals zu Hilfe kommen könnte, aber sie sollte wenigstens nicht ausschließlich die Ersteren aushalten. Und ich wollte zeigen, daß die Fehler nicht nur auf einer Seite liegen. Wenn Pierre Gailhard seinen Teil daran hat, so darf darüber nicht vergessen werden, daß man ihn im Hause selbst und an höherer Stelle darin unterstützt. Ein trauriges Fazit, das mich allmählich an die Nutzlosigkeit alles Redens glauben läßt.

In der Société nationale

Vergangenen Samstag gab die Société nationale eines ihrer jährlichen Orchesterkonzerte. Sieht man die Menge, die sich dort drängt, so fragt man sich mit gelindem Schrecken, ob denn diese ganze Menschheit die Musik wirklich liebt? Schon im nächsten Augenblick muß man diese Frage bejahen, so groß ist die Begeisterung: Die Leute applaudieren stürmisch, rufen nach dem Komponisten ... (als wäre man in Italien). Sagen Sie nicht, diese Gebräuche seien lächerlich, sie sind vielmehr liebenswürdig und voll herzlicher Ermunterung für all die jungen Leute, die sich rüsten, »in eine Karriere einzutreten, sobald die Älteren das Feld geräumt haben werden«. Das besagte kleine Fest begann mit einer Symphonie von Paul de Wailly. Diese im allgemeinen viersätzige Form hatte bei Wailly nur drei Sätze. Ich vermißte die bei ihm sonst gewohnte Feinheit der Ideen und fand nur Robustheit und atemloses Ungestüm. Nicht, daß es an ernsthaften Qualitäten gefehlt hätte, aber ich bin sicher, der Begriff »Symphonie« besitzt ein so schweres Gewicht, daß es denjenigen einschüchtert, der so verwegen ist, hier verantwortungsbewußt handeln zu wollen ... Danach hörten wir eine Ballade für Klavier und Orchester von Gabriel Fauré, dem Meister des Anmutigen. Sie war fast so hübsch wie Frau Marguerite Hasselmans, die Pianistin, die mit charmanter Bewegung einen Träger hochzog, der bei jeder schnelleren Tonleiter verrutschte. Ich weiß nicht, warum sich bei mir eine Gedankenverbindung eingestellt hat zwischen dem Charme dieser Geste und der Musik von Fauré. Vielleicht liegt es daran, daß man das graziös flüchtige Linienspiel von Faurés Musik

mit der Gebärde einer hübschen Frau vergleichen kann, ohne einer von beiden zu nahe zu treten ...
Alle Welt hat die »Scheffers«, die sogenannten Könige des Teppichs, bei ihren ikarischen Spielen bestaunt. Diese Spiele bestanden aus allen nur denkbaren Arten, auf den Rücken des Partners zu steigen, gewandt über ihn hinwegzusetzen, ihn in eine Art Kugelblitz zu verwandeln, der von Chimärenschultern abprallt usw. Die Variationen für Klavier und Orchester über ein äolisches Thema von Rhené Baton erinnerten mich an diese Spiele; sie waren ihnen zum Verwechseln ähnlich. Das äolische Thema hüpft hin und her, springt hoch, vervielfältigt sich, spinnt sich durch die Variationen hindurch. Schließlich ist nichts mehr von ihm zu hören, doch plötzlich taucht es wieder auf, zum Erstaunen der Anwesenden, und am Ende findet man es an der Garderobe in seiner Manteltasche wieder ... Was nicht hindert, daß diese Variationen gründlichstes Metier verraten. Rhené Baton versteht es bereits meisterhaft, sein Publikum aufzurütteln, er wird es sehr weit bringen. – Außerdem habe ich ein Symphonisches Präludium von Jean Huré im Gedächtnis behalten, ein Werk von ungewöhnlich solidem Formenbau und blendender Orchestrierung; sodann den *Chant des âmes de la forêt*, den »Gesang der Waldgeister«, von Paul Ladmirault, dessen zarte und träumerische Musikalität, die es beinahe ängstlich meidet, sich klar auszudrücken, einer wahren Künstlernatur entspringt. Doch sollte Paul Ladmirault eines bedenken: In einer Zeit, wo man es so eilig hat, daß das Automobil erfunden werden mußte, stehen Träumer nicht sehr hoch im Kurs. Man mag sich über ihn lustig machen, aber ich bin sicher, daß er so weiterfahren wird, und ich wünsche es ihm von ganzem Herzen. – Doch danach haben mich die Hitze der Begeisterung und des Saales außer Gefecht gesetzt; ich floh in den kühlenden Schatten eines Bockbiers, ohne weiteres abzuwarten ...[33]
Vergangene Woche ist Albert Cahen gestorben. Er war Schüler von César Franck, und das bedeutet, daß er eine tiefe Neigung zur Musik gefaßt hatte. Er liebte sie so sehr, daß er sie zu seinem Lebensinhalt machte. Cahen hinterließ ein beträchtliches Œuvre, aus dem *La Femme de Claude* besonders zu nennen ist; leider haben die Geschicke dieses Werkes nicht die Mühe wettgemacht, die er darauf verwendete. Dergleichen stimmt melancholisch und zeigt wieder einmal, welch kalte Schöne die Musik denen gegenüber sein kann, die sie vielleicht am meisten geliebt haben.

Gil Blas, 9. März 1903

Die Erziehung des heutigen Publikums zur Kunst

Die Erziehung des Publikums zur Kunst scheint mir die vergeblichste Sache der Welt zu sein!
Vom rein musikalischen Gesichtspunkt aus ist sie unmöglich, wo nicht gar schädlich!
Viel zu viele Leute gehen gedankenlos mit der Kunst um. Wie läßt sich wirksam verhindern, daß jeder x-beliebige Kunstunterricht nimmt im Glauben, dann sofort in den Stand gesetzt zu sein, Kunst zu produzieren? Ich befürchte, daß eine zu allgemeine Verbreitung von Kunst nur zu größerer Mittelmäßigkeit führt. Sind die schönen Blütezeiten der Renaissance von der unwissenden Umwelt, vor deren Augen sie sich entfalteten, je erspürt und mitempfunden worden?
Und war die Musik – ob sie nun im kirchlichen oder höfischen Dienst entstand – darum weniger schön?
In Wahrheit läßt sich die Liebe zur Kunst nicht dadurch erwerben, daß man die Kunst erklärt.

Rundfrage von *La Plume*, 15. März 1903

Im Colonne-Konzert: Camille Saint-Saëns, Alfred Bachelet – Im Lamoureux-Konzert

Monsieur Croche, ein alter Bekannter von mir, hatte die Angewohnheit, jedesmal, wenn er von Saint-Saëns sprach, tief den Hut zu ziehen und mit leicht asthmatischer Stimme zu sagen: »Saint-Saëns ist ein Mann, der die Musik in- und auswendig kennt wie kein anderer«. Darauf zündete er sich eine abscheuliche kleine Zigarre an, schwärzer als ein junger Rabe, und fuhr fort:

»Dieses Wissen um die Musik hat ihn übrigens daran gehindert, die Musik seinen persönlichen Wünschen allzu dienstbar zu machen. Er hat uns vor allem das stürmische Genie Liszts nahegebracht; und zum alten Bach bekannte er sich zu einer Zeit, da dieser Glaubensakt noch eine mutige Tat war. Lassen wir uns also nichts vormachen: Saint-Saëns ist der erklärte Musiker der Tradition. Von daher rühren seine Trockenheit und seine übertriebene Unterordnung; nirgends nahm er sich die Freiheit, weiter zu gehen als jene, die er sich zu Meistern erkoren hatte. Dies läßt sich vortrefflich an den Variationen für zwei Klaviere über ein Thema von Beethoven ablesen. Er ist so getreu in das Gewand seines Vorbilds geschlüpft, daß man nur an Beethoven denkt ... Es zeigt sich da ein uneigennütziger Respekt, für den ich kein treffenderes Beispiel kenne. Dieser Respekt vor der Form ließ ihn Symphonien schreiben, die Musterbeispiele logischer Entwicklung sind, und man muß sich fragen, wie er sich dazu versteigen konnte, an der Oper Gefallen zu finden und von Louis Gallet zu Victorien Sardou abzusinken, dabei auch noch den schandbaren Irrtum zu verbreiten, man müsse ›Theater machen‹, was doch nie mit ›Musik machen‹ zusammengeht. Gott hat in seiner Großzügigkeit eine Unmenge Opernmacher auf die Erde gesetzt; es war nicht nötig, daß Saint-Saëns ihre Zahl noch vermehrte. Sein Beispiel konnte die anderen bei ihrem traurigen Geschäft nur ermutigen, und das ist schade. Warum merkte er auch nicht, daß er damit schlagartig die Achtung all der jungen Leute verlor, die in ihrem Verlangen nach neuen Wegen, nach Wegen der Freiheit und der reinen Luft, fest auf ihn bauten?«

Monsieur Croche unterbrach sich und hustete erbärmlich, wobei er sich gleichsam bei seiner Zigarre entschuldigte, die über dem langen Redestrom ausgegangen war. Er fuhr scharf fort:

»Die Sentimentalität ist mir ein Greuel, mein Herr! Aber ich denke nur ungern daran, daß der Komponist der *Barbaren* Camille Saint-Saëns heißt.« Ich versuchte so schüchterne Einwände wie: »Sind denn diese *Barbaren* soviel schlechter als andere Opern, von denen Sie nicht reden, und müssen wir deshalb für immer vergessen, was Saint-Saëns einmal gewesen ist?« Aber Monsieur Croche schnitt mir brüsk das Wort ab und sprach mit ungerührter Kälte weiter: »Diese Oper ist ein übles Beispiel, weil es von so hoher Warte kommt. Saint-Saëns war es sich und mehr noch der Musik schuldig, keinen ›zusammengelesenen Plunder‹ dieser Art zu schreiben, in dem Formen vorkommen, die seinem Wesen widersprechen. Es gibt darin sogar eine Farandole, einen provençalischen Tanz, deren archaisierender Anstrich mit jener ignoranten Kaltblütigkeit gelobt wurde, die nur der hohen Musikkritik eigen ist. Dabei bringt sie höchstens einen matten Nachklang der Weltausstellung von 1889. Gibt es denn niemand, der Saint-Saëns so nahesteht, daß er ihm sagen könnte, er habe jetzt genug Opern geschrieben und täte besser, seinem Forscherdrang zu folgen, wenn es auch spät sei? Die Besinnung auf neue Horizonte könnte ihn zu einer Musik mit weniger Effekthascherei inspirieren. Im übrigen: Auch wer ihn nicht kennt, kommt zu dem Eindruck, daß er das Publikum nicht mag. Der menschenscheue Drang, bei jeder seiner Premieren quasi das Meer zwischen sich und das Publikum zu legen, ist ein untrügliches Zeichen dafür; er kauft sich sogar, wenn er sich zu Konzessionen hatte breitschlagen lassen, mit ebenso charmanter wie melancholischer Ironie wieder frei.«

Monsieur Croches nörgelnde Parteilichkeit ließ etwas nach beim Gedanken an die *Danse macabre*; er erinnerte sich vergnügt an das Pfeifkonzert, mit dem die Uraufführung bedacht worden war. Ich spürte, daß er Saint-Saëns einmal sehr geliebt hatte, und daß sein Ärger nur von der Wandlung herrührte, die mit Saint-Saëns geschehen war und ihm wie ein Verrat vorkam. Doch nun war Monsieur Croche mit einer neuen Zigarre vollauf beschäftigt und sagte gleichsam zum Abschied: »Entschuldigen Sie, mein Herr, aber ich möchte mir diese da nicht verderben lassen ...« Ich habe zu sagen vergessen, daß Monsieur Croche nicht gern zu lang über Musik sprach, und daß er Wert darauf legte, Antidilettant zu sein.

Parysatis ist eine Bühnenmusik zu dem gleichnamigen Drama von Jane Dieulafoy, dessen Uraufführung im August 1892 im Amphitheater von Béziers stattfand. Ich bedauere es lebhaft, daß ich dieser Aufführung nicht beiwohnen konnte, da mich die Frage der Musik im

Freien sehr beschäftigt und ich in ihr eine der schönsten Gelegenheiten für einen Komponisten sehe, alle Mächte der Musik zusammenzuschließen. Als natürliche Ausstattung die Schönheit des Himmels zu besitzen, den Sonnenuntergang, das tägliche Himmelsschauspiel, in Tönen ausdrücken zu können, sind bewegende Vorhaben für jene, die die dynamischen Kräfte fühlen, welche Kunst und Natur aneinanderbinden. Was ich mir von der Musik im Freien erhoffe, habe ich in diesen Spalten bereits gesagt; ich vermag nicht zu beurteilen, ob die Bühnenmusik zu *Parysatis* in ihrem ursprünglichen Rahmen besser zur Geltung kam als im geschlossenen Konzertsaal.

Es wollte mir scheinen, als mühe sie sich eher um Charme denn um Größe, und wenn man bei Saint-Saëns auch mit einer sicheren Meisterschaft in der Stimmbehandlung rechnen darf, so habe ich doch die einfachen Linien vermißt, die ich erwartete. Besser gesagt: Ich habe sehr gut gesetzte Chöre gehört, aber ich habe weder die Erregung noch die Begeisterung einer Menge gespürt ... Im Ganzen ist diese Musik hübsch im Konzertsaal, was sie nicht sein dürfte, da sie für die Freiluftbühne geschrieben ist. Ich würde mich gern aus diesem schrecklichen Dilemma ziehen, doch eine vielleicht unerbittliche Logik verwehrt es mir. (Wäre sie nicht unerbittlich, verlöre sie jeden Anspruch auf den Namen Logik.)

Eine Szene aus *Parysatis*: »Die Nachtigall und die Rose«, eine Art melodisches Rezitativ für Sopran, bei der die Singstimme in Akkordbrechungen verläuft, ist ein Spiel, an dem man seinen Spaß haben kann ob der Schwierigkeiten, die die Sängerin zu bewältigen hat. Auch die Ballett-Atmosphäre des folgenden Stücks, wo Harfen das Rauschen der Quellen imitieren und junge Priesterinnen in tauiger Frische dem Wasser entsteigen, ist etwas, das den Kunstfreund entzückt. Ich hätte beinahe ein Lied mit Chor auf einen fast spanischen Rhythmus vergessen, der einen sehr merkwürdigen archäologischen Fund bedeutet; die Verwendung der Trommel indessen habe ich weniger gut verstanden. Trotz des kriegerischen Eifers, für den die alten Perser bekannt sind, wußte ich nicht, daß sie dieses Schlag- und Schrittmacherinstrument verwendet haben. Davon abgesehen hat die Musik von *Parysatis* ihren Ursprung eher bei Händel als bei wirklich alten Traditionen, und ich weiß, daß Saint-Saëns sich über diese Nachbarschaft im klaren ist. Die Frage der Freiluftmusik scheint mir in diesem Werk nicht gelöst; das Feld bleibt offen für weitere Anwärter, an denen es nicht fehlen wird. Fräulein Korsoff, die es mit jeder Nachtigall aufnehmen kann, und die Herren Rousellière und Guillamat mit ihren liebenswert vornehmen Stimmen zeichneten für Aufführung und Erfolg von *Parysatis* verantwortlich.

Alfred Bachelet erhielt 1890 den Rompreis; seither hat man sehr wenig von seiner Musik gehört, was nicht unbedingt sein Fehler sein muß, sondern eher bei den Machthabern des Konzertbetriebs liegt. Hier die schon sattsam bekannten Klagen und Beschwerden von neuem vorzubringen, nähme viel Platz in Anspruch und würde doch nicht verhindern, daß es so weitergeht mit dieser belämmernden Uneinsichtigkeit, die ständig auf die falschen Pferde setzt und die ungereimtesten Ideen auszeichnet. So mußte die Symphonische Dichtung *L'Amour des Ondines*, die man gestern zum erstenmal hörte, eine Zeitlang ein Schubladendasein führen. Bachelet hat sie wieder und wieder überarbeitet, und wenn sie dabei ihren Zauber auch nicht verloren hat, so merkt man ihr doch die alten und neuen Einflüsse an: Die Orchestrierung ist aus Formeln einer ganz modernen Chemie gebaut, die Musik steht noch unter der Herrschaft Wagners. Stimmen singen manchmal aufgeregte Klarinettenpartien; es wäre mir lieber gewesen, sie hätten es ohne Text getan (die Worte stammen von Jean Rameau). Undinen sprechen nicht, gerade das unterscheidet sie von ihren sterblichen Schwestern. Alfred Bachelet, der den Traum zu lieben scheint, wie es vornehmen Seelen zukommt, hätte den Eindruck des Übernatürlichen dadurch verstärken können. Der Mittelteil dieser Symphonischen Dichtung ist am besten geglückt. Es gibt da eine Stimmung, die mit einem sehr seltenen Gespür für nächtliche Laute festgehalten ist: Unterm tastenden Finger des Mondlichts durchrieseln zitternde Schauer das Laub. Das soll nicht heißen, daß das übrige weniger wert sei; die Gesamthaltung des Werkes ist voll edler Vornehmheit, doch diese Vornehmheit hat eine gespreizte und gezierte Einfärbung, so, als ob sich einer Orchideen an sein Nachthemd steckte. Trotzdem kann Bachelet schon jetzt unter denen Platz nehmen, die der Musik feinfühlende Diener sind; darüber hinaus schreckt er instinktiv vor billigen Effekten zurück, was ihm die Sympathie der echten Künstler sichert. *Parysatis* und *L'Amour des Ondines* sind, jedes auf seine Weise, dem Publikum etwas schuldig geblieben. Wenn Alfred Bachelet das Alter von Saint-Saëns erreicht hat, wird er wissen, wie man zu Erfolg kommt. Möge er sich mit der freundlichen Aufnahme zufriedengeben, die er fand, und erst später die Pflichten des Ruhms kennen lernen.

Dazwischen ließ sich Leopold Auer, Hofsolist Seiner Majestät des Zaren von Rußland, hören. Er hat sein enormes Talent darauf ver-

wendet, ein Konzert von Brahms und eine melancholische Serenade von Tschaikowski zu spielen. Diese beiden Werke halten das Monopol der Langeweile, und wenn ich für einen Augenblick der Kaiser von Rußland wäre, würde ich Herrn Auer die sofortige Verbannung nach Sibirien androhen, falls er fortführe, seine Virtuosität an solche unverdaulichen Brocken zu verschwenden.
Anläßlich dieses Konzerts sei mir erlaubt, Edouard Colonne, dessen Konzertreihe vergangenen Sonntag ihr dreißigjähriges Bestehen feierte, meine Hochachtung zu bezeigen. Wie immer man es betrachte: Dies ist eine Laufbahn der Gewissenhaftigkeit und der unerschütterlichen Hingabe an die Musik, die ausreichenden Grund gibt zu der allgemeinen Begeisterung, der ich mich sehr gern anschließe.

Im Lamoureux-Konzert

Dieses Konzert begann unerklärlicherweise mit der Ouvertüre zu *Sigurd* von Ernest Reyer. Ich nehme an, daß Camille Chevillard dies tat, um die Überlegenheit seines Orchesters gegenüber dem der Opéra zu demonstrieren. Wenn das stimmt, ist die Probe gelungen, aber dadurch wird die Ouvertüre zu *Sigurd* nicht besser. Chevillard hat uns jedoch entschädigt und uns eine glänzende Aufführung der Symphonie *Antar* von Rimski-Korsakow geboten. Nie kam die Schönheit dieser Symphonie hinreißender zur Geltung. Sie ist übrigens ein echtes Meisterwerk; Rimski-Korsakow erneuert hier die Form der Symphonie, indem er sie zum Teufel jagt. Der Zauber der Themen und der blendende Glanz von Orchestrierung und Rhythmus lassen sich mit Worten nicht schildern. Ich möchte den sehen, der für die Gewalt dieser Musik unempfänglich ist; man vergißt das Dasein, den Nachbarn neben sich, die schickliche Haltung, man möchte laut jubeln vor Freude. Nur schwer entschließt man sich, das übliche lächerliche Geräusch mit den Händen zu machen, denn das reicht gewiß nicht hin, einem Manne zu danken, der uns Minuten reinen Glücks geschenkt hat.
Danach spielte Teresa Carreño das Klavierkonzert von Edvard Grieg. Ist Ihnen schon aufgefallen, wie unerträglich die Nordländer werden, wenn sie Südländer sein wollen? Das Finale dieses Konzerts, das an Leoncavallos Manier erinnert, bietet dafür ein erstaunliches Beispiel. Das Klavier »dudelt daher«, wenn ich so sagen darf, als wär's ein italienischer Straßenmusikant, und das Orchester sekundiert ihm mit

wilder und ausschweifender Farbigkeit, so daß man glauben könnte, man käme nicht ohne einen ordentlichen Sonnenstich davon. Aber Teresa Carreño hat viel Talent, mehr als Grieg, der das Recht, Norweger zu sein, ein wenig mißbraucht.

Gil Blas, 16. März 1903

Théâtre national de l'Opéra-Comique – Uraufführung von »Muguette«, Komische Oper in vier Akten nach einer Novelle von Onida. Text von Michel Carré und Georges Hartmann, Musik von Edmond Missa

Wenn Untertitel noch in Mode wären, so könnte man die gestern Abend uraufgeführte Komische Oper »Muguette oder Nehmen Sie sich in acht vor der Malerei« nennen. Die Handlung spielt um 1820 in Flandern und Paris. Der französische Maler Lyonel sucht ein ideales Modell und findet es in einer kleinen, sanftäugigen Flämin namens Muguette. Beide verlieben sich ineinander; derlei kommt zu oft vor, als daß man sich noch wundern könnte, auch darüber nicht, daß im letzten Akt Muguette ihren Lyonel wiederfindet und ihn mit Hilfe eines alten Hausierers heiratet, ganz nach dem Handlungsgerüst, das einst den Erfolg der Komischen Oper ausmachte.
Musik und Text dieses Werkes rufen Zeiten herauf, die man für immer unter alten Brüsseler Spitzen begraben glaubte. Rührung steigt auf, wie wenn einem die vergilbte Photographie der eigenen Urgroßmutter in die Hände kommt. Die jungen Mädchen, die man wie unmündige Kinder behandelt (falls es das überhaupt noch gibt), werden ihr helles Vergnügen daran finden. Von einer Zigeunerin abgesehen, die sich nicht schämt, eine Zigarette zu rauchen, ist das Ganze im wesentlichen ein Stück fürs traute Heim. Es gibt da ergreifende Episoden, etwa ein Ave Maria, von Muguette und vier kleinen Mädchen gesungen, ein Antwerpener Glockenspiel, geziemend melancholische Walzer. Hier kann man nur die Waffen strecken. Michel Carré und Edmond Missa sind Männer von Herz, die nicht die Absicht haben, den Blick auf die Vergangenheit im geringsten zu trüben.
Glauben Sie nur ja nicht, daß sie unrecht daran taten, der überaus große Erfolg von *Muguette* beweist es. Mary Thiéry verleiht der Titelrolle das bezaubernde Fluidum ihrer Stimme und Jeanne Passama spielt mit großer Überlegenheit die Milchhändlerin Line Krebs; ich bin sofort bereit, ihr treuer Kunde zu werden. Die Damen de Craponne, Pierron, Costès und Perret füllen die Nebenrollen anmutig aus.
Lucien Muratore ist elegant, was jedoch seiner hübschen Stimme nicht im Wege steht. Lucien Fugère hat die Rolle des alten Hausierers, des Schutzengels der Liebenden, auf malerische Wirkung angelegt. Mit den Herren Cazeneuve, Mesmaecker, Imbert und Viguié verhält es

sich wie im Puppentheater: Sie drehen sich dreimal um und gehen dann ab. Die Bühnenbilder, die Kostüme, die Inszenierung sind im Geschmack der Opéra-Comique gehalten. Alexandre Luigini dirigiert das Orchester mit bewährter Erfahrung. Ich hoffe, niemand vergessen zu haben. Und wenn *Muguette* nicht das Schicksal von *Mignon*, ihrer Ahnherrin in der Komischen Oper, teilt, so deshalb, weil wir entschieden keinen Respekt mehr vor den ungebrochenen Traditionen unseres alten Frankreich besitzen.

Gil Blas, 19. März 1903

Nachtrag zu »Muguette« – Im Lamoureux-Konzert

Vergangenen Samstag, den 21. März, war Frühlingsanfang. Dieses Ereignis scheint in keiner Beziehung zur Musik zu stehen, und man hält im allgemeinen dafür, daß diese Jahreszeit nur dazu da ist, die Pappeln mit kleinen Knospen zu schmücken, die wie elektrische Glühbirnchen aussehen, oder es den jungen Frauen zu vergönnen, ihren Adamsapfel wieder zu zeigen! Das ist ein schwerer Irrtum. Der Frühling, dieser Regisseur des Sommers, veranlaßt die offizielle Musik, ihre Koffer zu packen. Für die Sonntagskonzerte bleiben nur noch wenige Sonntage übrig; sie schicken sich an, in die mit Casinos übersäten Küstenorte überzuwechseln. Folglich hoffe ich, daß Sie es nicht versäumt haben, gestern noch bei Colonne das zu hören, was man etwas einengend einen Wagnertenor nennt, obgleich er jede Musik bewundernswert singt. Ich meine Ernest van Dyck. Er vereinigt eine untadelige Beherrschung der stimmlichen Mittel mit seltenem Verständnis für das, was er singt, Eigenschaften, die kaum je in einem Sänger zusammentreffen. Man spielte in diesem Konzert wieder *Parysatis* von Saint-Saëns, außerdem *Adonis* von Théodore Dubois unter des Komponisten Leitung, ein Werk, bei dem der graue Ernst dieses Meisters sich noch zu heidnischer Anmut mausern muß, wenn ich ihm wenigstens den Titel abnehmen soll. Ich hätte große Lust, Ihnen des langen und breiten von all diesen Herrlichkeiten zu berichten, aber man hat mich nicht dazu eingeladen; ich weiß noch nicht warum, und habe im übrigen nicht vor, mein Leben lang darüber traurig zu sein.
Um nicht aus der Übung zu kommen und um die Rückkehr des Frühlings zu feiern, hat die Opéra die *Hugenotten* wieder auf den Spielplan gesetzt. Das Zusammentreffen dieser beiden Ereignisse ist sicher nur einem witzigen Zufall zu danken; irgendeinen »Frühling« können die *Hugenotten* nicht für sich in Anspruch nehmen. Man schlägt sie zu den täglichen kleinen Widrigkeiten, als da sind: Epidemien, ein Kurssturz von 3 %, Arbeiten an der Metro usw. Nur, die *Hugenotten* hören zu wollen, scheint mir ein Fall für sich zu sein. Die Oper ist eine der langweiligsten, die es gibt, für die Zuhörer sowohl wie für die Ausführenden. Dies ist Musik als Kraftakt, der durch das Massaker an den armen Protestanten bestimmt nicht entschuldbarer wird. Und dann, wie angenehm muß das für jene sein, die im Saal sitzen (die Protestanten nämlich), denn es gibt doch sicher noch einige.
Übrigens behaupte ich, Meyerbeers Genie zum Trotz, daß Flinten-

schüsse keine lobenswerten Orchestereffekte abgeben. Doch lassen wir das, es könnte sonst jemand auf den Gedanken kommen, die *Jüdin* aus der Versenkung zu holen – der nur zu wohlverdienten (wenn ich das sagen darf) – wofern nicht gar eine Oper über die Auswanderung der Kongregationalisten auftauchte. Vielleicht ist derlei unvermeidlich. Wie sagte doch der charmante magenkranke Carlyle: »Ohne das Schlechte gäbe es das Gute nicht, und der Sieg wird erst durch die Schlacht möglich.«

Nachtrag zu »Muguette«

Einige meiner fleißigen und treuen Leser (ich bitte die anderen untertänigst um Vergebung) haben mir geschrieben und mir vorgeworfen, ich hätte mit meiner Meinung über die Musik von Edmond Missa hinter dem Berg gehalten. Sie haben sogar zu verstehen gegeben, daß es so aussähe, als scheute ich mich, darüber zu sprechen. Das trifft den Sachverhalt nur ungenau. Allein, Edmond Missa war mir ein netter und zuverlässiger Kommilitone, und wenn er auch nicht die Musik macht, die ich liebe, so heißt das noch lange nicht, daß ich ihm den Mut dazu nehmen darf.[34] Außerdem trifft das, was ich bemängle, nicht nur speziell auf ihn zu: das Hinterherhinken in Formen, deren Anwendung sträflich ist, weil sie keine Originalität besitzen noch je besessen haben. Die anderen sind nur schlauer und würzen die uralten Ideen mit der »Jugendstil«-Soße auf. Mit ein wenig Glück und viel Mogelei geht das durch, man ist geheiligter Meister und niemand findet etwas dabei. Darin eben liegt das Übel unserer Zeit, in der die Kunst allen Zwecken dienen kann, vorausgesetzt, daß man sie sich selbst entfremdet (das heißt, keine Kunst mehr macht). Der hohe Respekt, den man vor ihr haben müßte, hat sich bei vielen Leuten in ein lächerliches Maskenspiel verkehrt; denken Sie nur an jene, die dieses heuchlerische Gebaren dazu benutzen, Karriere zu machen.

Edmond Missa singt seine zarte und bescheidene Weise; seiner sensiblen Seele widerstrebt es, mit den Wölfen zu heulen, alltägliche Geschichten in üppige Dramen voller erhabener Raserei umzusetzen. Ich halte ihn für aufrichtig und loyal, eine Eigenschaft, die Achtung verdient, auch wenn sie nichts mit der Musik zu tun hat, Achtung bei allem Bedauern, daß er die ihm eigene Gefälligkeit und Leichtigkeit nicht auf Werke verwendet, die ihm mehr liegen. Ich will nicht sagen, daß es der Operette an Begabungen fehlt, doch meine ich, Edmond Missa würde sich dort sehr rasch einen beneidenswerten Platz erobern.

Im Lamoureux-Konzert

In diesem Konzert gab es zwei sehr ärgerliche Augenblicke. Der eine war die *Reformationssymphonie* von diesem eleganten und gefälligen Notar namens Mendelssohn. Die Symphonie wurde für das Fest vom 25. Juni 1830 geschrieben, mit dem der 300. Jahrestag der Augsburger Konfession gefeiert werden sollte. Vielleicht gibt es distinguierte Leute, deren Herzen bei diesem Datum höher schlagen? Ich muß gestehen, daß das meine jedenfalls undurchlässig ist für die Vaseline, mit der die drei Sätze dieser Symphonie eingefettet sind. Das fragliche Fest hat übrigens wegen der politischen Wirren des Jahres 1830 dann doch nicht stattgefunden, und die Symphonie von Mendelssohn blieb in des Meisters Schublade liegen. Wäre sie doch dort geblieben, mitsamt Deinem berühmten Choral, o Luther!

Der zweite, noch ärgerlichere Augenblick war das Klavierkonzert von Emil Sauer. Dieser Mann, der eigentlich gar nicht bissig aussieht, geht mit dem Konzert erbarmungslos um. Mit einem diabolischen Kunstkniff scheint das Stück enden zu wollen, doch dann fängt es von neuem an mit kleinen, verrückten, ganz und gar nicht fröhlichen Dingen, und läßt von Zeit zu Zeit einen infernalischen Walzer aufklingen, bei dem Sauer seine Taschenspielerhände in einer Weise schleudert, daß die melomanischen Spinnen an der Decke in Unruhe geraten. Wohlgemerkt, er spielt ausgezeichnet Klavier und weist sich als unumschränkter Beherrscher der Tonleitern aus, aber warum nur glaubt er, Konzerte schreiben zu sollen? Hat er ein Gelübde getan? Oder ist das einfach so seine Art?

Das Hauptstück des Abends war *Penthesilea* von Alfred Bruneau, eine Symphonische Dichtung mit Gesang auf Worte von Catulle Mendès. Ein echter Bruneau, mit all seiner Begabung für Deklamation und Orchesterkolorit. Doch scheinen ihm hier »Naturalismen« weniger wichtig gewesen zu sein als in seinen Musikdramen. Auf der anderen Seite weiß ich, wie weit er es gerade auf diesem Gebiet gebracht hat, und wie sehr man ihn dafür achten muß, daß er seinen ganzen künstlerischen Eifer daran setzte, dieser Neigung mit der Lebhaftigkeit seiner Phantasie und Gestaltungskraft zu dienen. Und da scheue ich mich ein wenig, meine Bewunderung für diese Symphonische Dichtung zu bekennen und zu sagen, daß mir fast scheinen will, Alfred Bruneau fühle sich hier wohler als in den Dramen, die Emile Zola für ihn geschrieben hat. Nicht, daß es diesen Dramen an schönen Partien von echter Ursprünglichkeit fehlte, wie etwa im dritten Akt von *L'Ouragan*, »Der

Orkan«, wo die Musik an die antike Tragödie heranreicht, indem sie den ganzen Schrecken ausdrückt, der die Personen erfaßt, und den die andere Person auslöst, das Meer, das entfesselt daherrollt und aufheult. Oder gewisse Partien in *Le Rêve*, »Der Traum«, die von so starker Zärtlichkeit erfüllt sind, und noch vieles andere, woran ich mich erinnere, ohne es jetzt genau angeben zu können.

Indessen ist die Musik, so scheint mir, nicht dazu geschaffen, scheu in den Traum zu flüchten; sie gewinnt aber noch weniger, wenn sie sich von der Alltäglichkeit des Lebens einfangen läßt. Sie, deren eigentliches Wesen auf das Geheimnis gegründet ist, erschöpft sich im Wiedergeben allzu menschlichen Jammers. Nichts ist geheimnisvoller als eine vollkommene Konsonanz. Aber trotz alter und neuer Theorien weiß man durchaus nicht sicher, ob dieser Klang wirklich vollkommen ist, und warum ein anderer den Makel der Unvollkommenheit oder Dissonanz an sich hat. – Auf jeden Fall muß sich die Musik so schnell wie möglich von den kleinlichen Zopfigkeiten freimachen, mit denen die Konservatorien sie in Fesseln zu legen suchen. Ich glaube aber nicht, daß man diese Befreiung durch eine allzustarke Hereinnahme von echter Lebensnähe vorantreibt. Die Musik hat ihr eigenes Leben, das sie immer hindern wird, sich dem eindeutigen Inhalt zu unterwerfen; sie spricht all das aus, was mit Worten nicht auszudrücken ist, folglich wertet man sie ab, wenn man sie zu sehr festlegt.

Die beunruhigende Frage lautet immer wieder: Soll die Musik dienen oder herrschen? Es freut mich, feststellen zu können, daß Alfred Bruneau in *Penthesilea* der Musik die herrschende Rolle zugewiesen hat. Er tat recht daran, denn gerade dies macht uns die an Musikalität so reichen Orchesterepisoden wert, welche die »weißen« Stellen im Text von Catulle Mendès mit leidenschaftlicher Empfindung ausfüllen. So unter anderem jene Episode, die der Verszeile »Nach dem Kreuzen der Klingen erfreutest du dich an festlichem Mahle« voraufgeht, und wo die Musik einen Ausdruck scheuen Kosens annimmt. Dann kehrt die gellende und kriegerische Fanfare wieder, die Penthesilea ihrem Verhängnis entgegenführt, besänftigt sich ersterbend, vom Blut Penthesileas getränkt, die, »dem schönen Sieger einen Blick zuwerfend, in welchem mehr Liebe liegt als Haß«, in jener heroischen Schönheit stirbt, die allein die Musik ohne Einschränkung auszudrücken vermag. Diese Symphonische Dichtung ist eine Ehre für die französische Musik; wir sind Camille Chevillard zu Dank verpflichtet, daß er das erkannt hat und mit hinreißender Bewegung und leidenschaftlichem Feuer musizieren ließ, und danken auch Félia Litvine, daß sie eine so vorzügliche Interpretation bot. Félia Litvine hatte zuvor eine *Freischütz*-Arie gesungen, mit einer Stimme allerdings, auf der der eigene Reichtum zu lasten schien. Aber noch einmal: In *Penthesilea* und in *Isoldes Liebestod* war sie groß und vollendet.

Außerdem wurde die *Danse macabre* von Saint-Saëns gespielt. Hier bin ich einer Meinung mit meinem alten Freund Monsieur Croche, der das Werk nie ohne innere Bewegung anhört, die, soweit er zurückblikken kann, nichts von ihrer Stärke eingebüßt hat. Rhythmus und Klangfarben bewahren eine überraschende Frische und Lebendigkeit, und Saint-Saëns wird mir nicht gram sein, wenn ich zu sagen wage, daß er hier die Hoffnung auf einen großen Komponisten weckte. Der nämliche Monsieur Croche meint auch, daß ... Aber das ist ein alter Narr, der die Musik auf eine ebenso unverzeihliche wie unduldsame Weise liebt.

Gil Blas, 23. März 1903

Der Mozart von Saint-Maur – In der Société nationale – Richard Strauss – Im Colonne-Konzert

Der Mozart von Saint-Maur

Der *Petit Bleu* berichtete letzthin von einem Wunderkind, das er etwas voreilig »den neuen Mozart« nannte. Pierre Chagnon, besagter Wunderknabe, ist 1893 geboren, jetzt also beinahe elfjährig[35], ein Alter, in dem Mozart eine, zugegeben sehr einfache, Oper geschrieben hat – aber immerhin können das trotzdem nicht alle Kinder (Gott sei Dank!). Bis jetzt begnügt sich der junge Pierre Chagnon noch mit dem Bild Mozarts, dem eines von George Sand zur Seite steht (was soll dieser photographische Flirt, der nur den armen großen Chopin ärgern muß?) und mit der Komposition eines *O Salutaris*, das nach den Worten von Vater Chagnon »mit großem Erfolg in der Kirche von Saint-Maur aufgeführt wurde«.
Dennoch kann die Existenz eines Wunderkinds keinen Franzosen gleichgültig lassen. Im großen und ganzen war dieses »Produkt« den beiden rivalisierenden Nationen vorbehalten, und es mag tröstlich stimmen, daß wir in diesem Punkt wieder in der Vorhand sind; wenn uns dies auch keineswegs unsere beiden verlorenen Provinzen ersetzen kann, so ist es doch wenigstens etwas. Und dann ist unsere Zeit entweder zu lasch oder zu übersteigert. Wir fallen von extremer Kompliziertheit in entschiedenste Nichtigkeit und Plattheit, wir wollen um jeden Preis einen Lehrmeister* haben (was vielleicht völlig sinnlos ist, aber sicher sehr bequem). Schließlich haben wir kein großes Zutrauen zu uns selbst, denn wir suchen unsere Richtlinien bei unseren Nachbarn! Es wäre notwendig, ja sogar unerläßlich, daß ein junges Genie hier eine Wende schaffte und unser entschwundenes Selbstvertrauen wieder aufrichtete. Ich wünsche dem jungen Pierre Chagnon, daß er derjenige sei, der uns den Weg weisen wird, aber ich wünschte ihm schon jetzt weniger Popularität. Ich will nicht wissen, wie der Redakteur von *Le Petit Bleu* zu der Entdeckung des kleinen Chagnon kam, aber es ist beunruhigend, diese ganze Geschäftigkeit um einen so jungen Kopf zu sehen, der dadurch verwirrt wird und seine Bestim-

* Die Leute mit Talent sind zwar zahlreich, die ohne Talent jedoch nicht zu zählen, was beiden Teilen die Wahl eines »großen Mannes« – eines begehrten Luxusobjektes – schwermacht.

mung zu künftigem Ruhm um zu leicht errungener Erfolge willen vergessen kann.
Im Genie, das einem Menschen zufällt, liegt viel Unbekanntes beschlossen, und so etwas wie ein furchtsames Zurückschrecken, sich als solches zu bekennen; man sollte das nicht vergessen, auf daß man nicht die furchterregende Gottheit beleidige, die uns mit dem Stirnzeichen der Erwählten schmückt, oder einfacher gesagt »derer, die nicht sind wie alle anderen«. – Vater Chagnon beklagt sich übrigens, daß sein Sohn kein gutes Klavier besitze und nicht mehr als einmal in der Woche auf das Konservatorium gehen könne! Diese beiden Unannehmlichkeiten sind leicht zu beseitigen: Er soll seinen Sohn überhaupt nicht auf das Konservatorium schicken, und soll das Geld von seinen Reisen für den Kauf eines besseren Klaviers verwenden, dann wird er das Nützliche mit dem Angenehmen verbinden. (Habe ich mich verständlich genug ausgedrückt?)

In der Société nationale

Vergangenen Montag gab die Société nationale im Pleyelsaal ein Konzert, in dem Edouard Risler, einer der besten Pianisten unserer Zeit, und Jeanne Raunay die Hauptpersonen waren. Risler spielte zusammen mit Herrn Pénable d. J. die Hornsonate von Beethoven. Das ist die Kindheit des Horns und der Sonate gleichermaßen. Und dann, wenn Sie wüßten, »wie traurig das Horn in der Tiefe des Pleyelsaals tönt«![36]
Es folgte eine Klaviersuite von Gustave Samazeuilh, ein Werk, dem man den guten Willen anmerkt, das mir aber zu wenig »Flaschenlagerung« zu haben scheint! Ich will damit sagen, daß es etwas unreif ist und Herr Samazeuilh es zu früh unter die Leute gebracht hat. Es weist einen starken Einfluß von Vincent d'Indy auf, und da ein solcher Meister mehr als empfehlenswert ist, läßt das für weitere Werke von Gustave Samazeuilh recht viel erhoffen.
Jeanne Raunay sang mit tiefer Empfindung den Liederzyklus, den Ernest Chausson nach den *Serres chaudes* von Maeterlinck geschrieben hat. Diese Lieder sind kleine Dramen voll leidenschaftlicher Hintergründigkeit, und die Musik von Chausson gibt dies wieder, ohne sie schwerblütig zu machen; ja, man wünschte sich sogar, daß er dem inneren Gefühl, das aus seiner sehr persönlichen musikalischen Interpretation herauszuspüren ist, mehr Raum gegeben hätte.

Den Schluß bildeten die Variationen über ein Thema von Rameau, in denen Paul Dukas einmal mehr seine hohe satztechnische Meisterschaft bewies. Es gibt da Stellen, wo selbst Rameau nicht imstande gewesen wäre, sein Thema unter soviel Girlanden und Verzierungen wiederzufinden. Doch denke ich mir, daß Dukas einfach ein kleines Ratespiel veranstalten wollte. Er löste der Rätsel eine beachtliche Zahl; im übrigen sollte man in diesen »Variationen« sein Augenmerk ausschließlich auf die Eigenart ihres Linienspiels richten. Und um ganz ehrlich zu sein: Mir ist Dukas ohne Rameau lieber.
Edouard Risler zeigte in den so unterschiedlichen Werken eine reinweg bewundernswerte Variabilität und Sicherheit seiner pianistischen Mittel.

Richard Strauss

Richard Strauss, der in diesen Tagen das Orchester der Lamoureux-Konzerte dirigierte, hat nicht das mindeste mit der *Schönen blauen Donau* zu tun: Er wurde 1864 in München geboren, wo sein Vater königlicher Kammermusiker war. Im gegenwärtigen Deutschland ist er so gut wie der einzige Komponist von wirklicher Eigenständigkeit. Er hat gleichzeitig etwas von Liszt und von unserem Berlioz: von Liszt, weil er mit bemerkenswerter Virtuosität »auf dem Orchester zu spielen« versteht, von Berlioz, weil er seine Musik literarisch zu untermauern sucht. Die Titel seiner Symphonischen Dichtungen *Don Quixote, Also sprach Zarathustra, Till Eulenspiegels lustige Streiche* zeigen das deutlich an. Gerade bei *Till Eulenspiegel* läßt man sich kaum träumen, was alles die Musik an Begebenheiten zu erzählen weiß, und was das Orchester an Entsprechungen zu den tollen Textbildern aufzubieten hat. Da vollführen Klarinetten wahnsinnige Sturzflüge, die Trompeten sind immer verstopft, die Hörner, ihrem ständigen Niesreiz zuvorkommend, beeilen sich, ihnen artig »Wohl bekomms!« zuzurufen; die große Trommel macht bum-bum, als ob sie den Auftritt von Clowns unterstreichen wolle, während eine Ratsche das Ganze mit ihrem Jahrmarkslärm übertönt. Natürlich ist die Kunst von Richard Strauss nicht immer von einer so betonten Phantastik, aber er denkt gewissermaßen in farbigen Bildern und scheint die Linienzüge seiner Ideen mit dem Orchester nachzuzeichnen. Das ist ein nicht alltägliches und selten angewandtes Verfahren; außerdem gelingt es ihm dabei, die musikalische Entwicklung auf eine ganz persönliche

Weise zu gestalten. Dies ist nicht mehr die strenge und architektonische Art eines Bach oder Beethoven, wohl aber die Entwicklung von rhythmischem Kolorit. Er stellt die entferntesten Tonarten völlig ungerührt übereinander und kümmert sich nicht darum, ob sie die Ohren »beleidigen« könnten, sondern verlangt von ihnen Lebendigkeit und nichts als Lebendigkeit.

All diese Eigentümlichkeiten sind im *Heldenleben*, einer Symphonischen Dichtung, die Strauss zum zweitenmal in Paris dirigierte, auf ihren Gipfelpunkt getrieben. Mag man sich auch für gewisse gedankliche Ausgangspunkte, die das Banale streifen oder eine übertriebene Italianità bekunden, nicht erwärmen, so ist man doch sehr bald von der wunderbaren orchestralen Vielfalt gefangen, dann aber auch von der rasenden Bewegung, die einen mitreißt, solange Strauss es will. Man hat nicht mehr die Kraft, seine Empfindung zu überprüfen, man merkt nicht einmal, daß diese Symphonische Dichtung das Maß an Geduld überschreitet, das man solchen Stücken üblicherweise entgegenbringt.

Noch einmal, das ist ein Bilderbuch, das ist sogar Kino ... Aber man muß doch sagen, daß der Mann, der mit einer so beharrlichen Zielstrebigkeit ein Werk wie dieses geschaffen hat, sehr nahe am Genie ist.

Strauss hatte das Konzert mit *Aus Italien*, einer Symphonischen Phantasie in vier Teilen eröffnet (einem Jugendwerk, glaube ich), in dem bereits seine künftige Unabhängigkeit zum Durchbruch kommt. Die thematischen Entwicklungen schienen mir hier ein wenig langatmig und konventionell, doch ist der dritte Teil, »Am Strande von Sorrent«, recht hübsch in seiner Farbigkeit. Es folgte eine Liebesszene aus *Feuersnot*, seiner jüngsten Oper. So aus ihrem Rahmen gelöst, verliert diese Szene viel; und dann blieb der Zusammenhang völlig undurchsichtig, da das Programm keinerlei Hinweis enthielt. Eine solche Episode, die das Orchester in einen reißenden Wildbach verwandelte, erschien mir als Liebesszene denn doch zu furchterregend! Wahrscheinlich ist in der Oper dieser Sturzbach gerechtfertigt. Hier böte sich vielleicht für die Opernhäuser eine Gelegenheit, etwas Neues zu bringen; denn ich denke doch nicht, daß man uns etwas zu lehren glaubt, indem man die modernen Opern des jungen Italien spielt? Diese sind meistenteils geschickte oder grobe Plagiate der französischen Kunst, wofern es sich nicht umgekehrt verhält. Ich habe über dieses Mißverständnis schon gesprochen, und es wäre kindisch, noch weiter darauf herumzureiten.

Richard Strauss hat weder eine Haartolle noch zeigt er die Gestik eines

Epileptikers. Er ist hochgewachsen und besitzt die freie und bestimmte Haltung jener großen Forscher, die mit einem Lächeln auf den Lippen die Gebiete wilder Völkerschaften durchziehen. Muß man womöglich etwas von dieser Haltung haben, um das zivilisierte Publikum aufrütteln zu können? Seine Stirn ist ganz die eines Musikers, während die Augen und das Mienenspiel die eines »Übermenschen« sind, um ein Wort von jenem aufzugreifen, der sein Lehrmeister an Energie und Tatkraft gewesen sein muß: Nietzsche ... Von ihm muß er auch seine herrliche Verachtung gegenüber einfältigen Gefühlsduseleien übernommen haben, von ihm mag sein Wunsch geweckt worden sein, daß die Musik nicht ewig fortfahre, unsere Nächte – mehr schlecht als recht – zu erhellen, sondern daß sie die Sonne ersetze. In der Musik von Richard Strauss ist Sonne, ich kann es Ihnen versichern. Doch war festzustellen, daß ein Großteil des Publikums diese Art Sonne nicht liebt, denn selbst berühmte Dilettanti[37] gaben unmißverständliche Zeichen von Ungeduld zu erkennen. Was übrigens nicht verhinderte, daß Strauss mit Ovationen geradezu überschüttet wurde. Ich kann nur wiederholen, es gibt kein Mittel, der sieghaften Übermacht dieses Mannes zu widerstehen!

Im Colonne-Konzert

Ein sehr schönes Konzert, bei dem die französische Musik sich mit der polnischen verbrüderte (Es lebe Polen, mein Herr!). Selbstverständlich berichte ich Ihnen nicht über die französische Musik. Sie war vertreten durch Lalo, Massenet, Bruneau – Namen, die mich weiterer Worte entheben. Was die polnische Musik angeht, habe ich bis jetzt keinen sehr klaren Durchblick. Sigismund Stojowski hat einen von Paderewski gestifteten Preis für seine Symphonie in d-Moll erhalten (bei der einen nicht das Gelüste anwandelt, seine polnischen Mitbewerber kennenzulernen). Man teilt uns mit, daß sie als sehr wichtige Produktion gerühmt und anerkannt worden ist[38]. Nun gut, werde ich mich an diese Beurteilung halten, die mir das Programmheft liefert. Bei der *Steppe* von Sigismund Noskowski will ich gern zugeben, daß das Stück Bewegung hat und daß in ihm Kosaken auf Pferden einherjagen und wilde Schreie ausstoßen! Adelaide Bolska singt sehr schön und Emil Mlynarski, der polnische Dirigent, schwitzt, wie sich's gehört, seinen Hemdkragen durch.

Gil Blas, 30. März 1903

Richard Wagner – Zum hundertjährigen Bestehen der Französischen Akademie in Rom – Konzerte

»Parsifal« und die Société des Grandes Auditions de France

Ich habe kein Glück ... Jetzt, wo ich endlich das Vergnügen gehabt hätte, Ihnen über Wagner zu berichten, fand mich die Société des Grandes Auditions de France nicht für würdig, an der Aufführung des *Parsifal* teilzunehmen, die sie soeben im Nouveau Théâtre unter der Leitung von Alfred Cortot veranstaltet hat[39]. Cortot ist der französische Orchesterchef, der am meisten von dem Gebärdenspiel übernommen hat, das bei den deutschen Dirigenten so üblich ist. Er besitzt die Locke von Nikisch (der übrigens Ungar ist), und diese Locke fesselt ungemein, weil sie bei der geringsten Nuance in leidenschaftliche Bewegung gerät. An sanften Stellen fällt sie melancholisch und ermattet herunter, so daß Cortot keine Sichtverbindung mehr zum Orchester hat. Doch an kriegerischen Stellen richtet sie sich wieder stolz empor und Cortot rückt dem Orchester auf den Leib, sticht mit dem Taktstock drohend zu wie die »Banderilleros«, wenn sie den Stier reizen wollen ... (Die Orchestermusiker besitzen die Kaltblütigkeit von Eskimos, sie haben schon ganz andere Dirigenten erlebt.) Wie Weingartner beugt er sich liebevoll zu den ersten Geigen hinab und flüstert ihnen vertrauliche Mitteilungen zu, wendet sich an die Posaunen und tadelt sie mit einer beredten Geste, die zu sagen scheint: »Los, Kinder, mehr Kraft! Versucht einmal, ganz Posaunen zu sein!«, und die folgsamen Posaunisten verschlingen pflichtschuldigst ihre Mundstücke.
Gerechterweise muß man hinzufügen, daß Cortot seinen Wagner in- und auswendig kennt, und daß er ein vortrefflicher Musiker ist. Er ist jung, seine Liebe zur Musik selbstlos; Gründe genug, ihm seine eher dekorativen als sinnvollen Dirigierbewegungen nachzusehen.
Um auf die Société des Grandes Auditions zurückzukommen: Hat sie mir den *Parsifal* vorenthalten, weil sie mich für meinen Bildersturm auf Wagner bestrafen wollte? Fürchtete sie, daß ich mich aufsässig gebärden oder gar eine Bombe werfen würde? Ich weiß es nicht, aber es kommt mir fast so vor, als ob diese Art von Aufführungen jenen vorbehalten seien, die einen Adelstitel tragen, oder deren hohe gesellschaftliche Stellung sie ausweist, diesen kleinen Festlichkeiten beizuwohnen ... mit vornehmer Gleichgültigkeit gegenüber dem, was dort gespielt wird. Der im Programm verbürgte glanzvolle Name entbin-

det davon, irgendwelche Kenntnisse zu haben; man kann beflissen dem letzten Klatsch lauschen oder die so anmutige Nackenlinie betrachten, die Frauen an sich haben, wenn sie der Musik nicht zuhören. Doch die Société des Grandes Auditions sehe sich vor! Sie wird die Musik Wagners in einen Salon verwandeln, den letzten Salon, in dem geplaudert wird. Im Grunde genommen ist ja gerade dies die aufreizende Seite der wagnerischen Kunst, die anfangs ihren Getreuen kostspielige, von mysteriösen Andachtsübungen begleitete Pilgerfahrten abverlangte. Ich weiß wohl, daß die »Kunst-Religion« eine der Lieblingsideen Wagners war, und daß er damit recht hatte, weil er mit dieser Formel die Phantasie des Publikums um so besser sich selbst entfremden und an ihn fesseln konnte; doch hat dies eine schlimme Wendung genommen, weil daraus eine Art »Luxus-Religion« entstanden ist, die zwangsläufig viele Leute ausschloß, deren Reichtum mehr im guten Willen als in klingender Münze bestand ... Falls die Société des Grandes Auditions an dieser Tradition der Exklusivität festhält, wird sie meines Erachtens bei der »Mondän-Kunst« landen (ein abscheuliches Wort). Wenn Wagner guter Laune war, behauptete er gern, er würde nirgends so gut verstanden wie in Frankreich. Dachte er dabei an Aufführungen nur für Aristokraten? Ich glaube nicht. (König Ludwig II. von Bayern reizte ihn schon genug mit willkürlicher Etikette; seine stolze Empfindlichkeit fühlte zu genau, daß der wahre Ruhm nur vom Volke kommen kann und nicht von einem mehr oder weniger erlesenen und vornehmen Publikum.)

So steht zu fürchten, daß diese Aufführungen, deren erklärtes Ziel die Verbreitung von Wagners Kunst ist, lediglich dazu führen, sie den Massen und deren Gunst zu entfremden, sie auf tückisch-schleichende Weise aus der Mode zu bringen. Ich will nicht sagen, daß diese Veranstaltungen ihr ein totales Ende bereiten werden, denn sie wird nie völlig sterben. Sie wird in Mißkredit geraten, wird die grausame Hand der Zeit spüren, die sich auf alles Schöne legt; dennoch werden schöne Ruinen übrig bleiben, in deren Schatten unsere Enkel von der dahingegangenen Größe eines Mannes träumen, dem es nur an etwas mehr Menschlichkeit gefehlt hat, um ein ganz Großer zu sein.

Im *Parsifal*, dem letzten Kraftakt eines Genies, vor dem man sich verbeugen muß, versuchte Wagner, der Musik weniger Zwang anzutun; hier atmet sie freier. Da ist nicht mehr dieses nerventötende, atemlose Keuchen, um der krankhaften Leidenschaft eines Tristan auf der Spur zu bleiben, den tierisch-wilden Schreien einer Isolde sich anzugleichen; da ist auch nicht mehr der großsprecherische Kommentar zu den Unmenschlichkeiten Wotans. Nirgends erreicht die Musik Wagners eine so heitere Schönheit wie im Vorspiel zum dritten Akt des *Parsifal* und im ganzen »Karfreitagszauber«, obgleich sich selbst hier die persönliche Auffassung Wagners von der menschlichen Natur im Verhalten bestimmter Personen des Dramas kundtut: Schauen Sie nur auf Amfortas, den traurigen Gralsritter, der klagt wie eine kleine Modistin und greint wie ein Kind ... Zum Donnerwetter! Wenn man Gralsritter und Königssohn ist, stößt man sich die Lanze in den Leib und trägt nicht drei Akte lang seine selbstverschuldete Wunde auf melancholischen Kantilenen spazieren. Und Kundry? Die alte Höllenrose hat zwar der Wagnerliteratur viel Stoff geliefert, doch muß ich gestehen, daß ich für diese sentimentale Straßendirne wenig Sympathie aufbringe. Den schönsten Charakter in *Parsifal* hat Klingsor (ein ehemaliger Gralsritter, der wegen allzu persönlicher Ansichten über die Keuschheit vom heiligen Ort verbannt wurde). Er ist wunderbar in seinem grollenden Haß; er weiß, was die Menschen wert sind und prüft die Standhaftigkeit ihrer Keuschheitsgelübde auf den Waagschalen der Verachtung. Woraus man mühelos schließen kann, daß dieser durchtriebene Magier, dieser alte rückfällige Halunke, nicht nur die einzige »menschliche«, sondern auch die einzige »moralische« Person dieses Musikdramas ist, in dem die falschesten moralischen und religiösen Ideen verkündet werden; Ideen, deren heldenhafter und unerfahrener Ritter der junge Parsifal ist.

Mit einem Wort, in diesem christlichen Drama will sich niemand opfern (obwohl das Opfer eine der schönsten christlichen Tugenden ist), und wenn Parsifal seinen Wunderspeer wiederfindet, so dank der alten Kundry, dem eigentlichen Opfer in dieser Geschichte. Sie ist sogar ein doppeltes Opfer, das den Teufelskünsten Klingsors wie der frommen Wehleidigkeit des Gralsritters dargebracht wird. Die Atmosphäre ist gewiß religiös, aber warum gibt es bei den Knabenstimmen an manchen Stellen so verdächtige Schnörkel? (Denken Sie einen Augenblick an die kindliche Reinheit, die ein Palestrina in sie hineingelegt hätte.)

Alles, was ich hier sagte, bezieht sich nur auf den Dichter, den man in Wagner zu bewundern pflegt, und betrifft in keiner Weise den musikalischen Teil des *Parsifal*, der überall von erlesener Schönheit ist. Man hört da Orchesterklänge, die einmalig sind und ungeahnt, edel und voller Kraft. Das ist eines der schönsten Klangdenkmäler, die zum unvergänglichen Ruhm der Musik errichtet worden sind.

Ich konnte Ihnen trotz der Société des Grandes Auditions so ausführlich von *Parsifal* sprechen, weil ich mir die Erinnerung an meine Reise nach Bayreuth im Jahr 1889 bewahrt habe... Wäre doch die Treue der Erinnerung imstande, mir die entgangene Aufführung zu ersetzen! 1889! Zauberhafte Zeit, da ich noch ein fanatischer Wagnerverehrer war. Warum bin ich es nicht mehr? Doch entschuldigen Sie – aber das ist eine andere Geschichte.

Zum hundertjährigen Bestehen der Französischen Akademie in Rom

Man gedenkt demnächst der Stiftung des Rompreises und begeht das hundertjährige Bestehen der Französischen Akademie in Rom. Es wird einen Wettbewerb unter der Schirmherrschaft Ihrer Majestäten des Königs und der Königin von Italien geben, und man plant verbilligte Reisezüge, damit sich die Preisträger bei diesem hübschen Fest treffen und auch ihre Familienangehörigen mitnehmen können. Wetten, daß alte, längst vergessene Preisträger auftauchen? Man wird sie nicht mehr erkennen und das wird traurig sein wie alles andere auch. Ich möchte wünschen, daß dieses Fest zu einer besseren Verpflegung der heutigen Rompreisträger führe. Zu meiner Zeit kam sie nahe an die Vergiftung heran. Nun sind aber Verdauungsstörungen kein unumgänglicher Beitrag zur Ästhetik eines Künstlers ... Diese Klage wäre zwar nicht die einzige, aber man kann sich unmöglich einer so respektablen Hundertjährigen gegenüber unehrerbietig verhalten.

Konzerte

Das Interesse am letzten Colonne-Konzert hat durch die Mitwirkung von Marie Bréma eine merkliche Belebung erfahren; ihre außerordentlichen Fähigkeiten als Künstlerin waren bereits von früher her bekannt. Wenn es auch unvergeßlich bleibt, wie herrlich Lucienne Bréval die stolze Gestalt der Brünnhilde mit der Schönheit ihrer Stimme und der Harmonie ihrer Gebärden zum Leben erweckte, so muß man doch sagen, daß Marie Bréma das Finale des dritten Aktes aus *Walküre* mit großer gestalterischer Sicherheit vortrug. Auch die Schubertlieder sang sie wunderschön. Warum nur glaubte sie, ihren Erfolg mit Amherst Webber teilen zu sollen, der sich einen berühmten Namen in falscher Orthographie anmaßt? Nun denn, von besagtem Herrn Webber sang Marie Bréma das Lied *La Première*, das um einiges unter den hübschen *Petits Pavés* unseres Landsmanns Delmet steht. Die Sängerin tat sehr unrecht daran, dieses kleine Scherzlied zu wiederholen; das Publikum hielt mit seiner Meinung nicht hinterm Berg und sorgte dafür, daß diese *Première* ein für allemal eine Dernière war.

Das Konzert enthielt des weiteren die Sinfonie d-Moll von César Franck. Dieses Werk hatte in Herrn Colonne einen Interpreten, der seinen großen und, wie Sie wissen, zahllosen Schönheiten gerecht wurde. Victorin de Joncières' *Toussaint*, »Allerheiligen«, und Gabriel Piernés *Nuit de Noël*, »Christnacht«, fanden geteilte Aufnahme; die einen waren mehr für *Allerheiligen*, weil es so schön traurig ist, die anderen für *Christnacht*, weil da Soldaten vorkommen und Flintenschüsse abgefeuert werden. Was soll ich da machen? Persönlich neige ich mehr zur *Christnacht*.

*

Das letzte Lamoureux-Konzert. Camille Chevillard wollte seinen Getreuen die Erinnerung an das leidenschaftliche Feuer mitgeben, mit dem er *Antar* dirigiert, und an das sorgsame Feingefühl, das er der C-Dur-Symphonie von Mozart angedeihen läßt. Übrigens verträgt sich die zarte Anmut Mozarts sehr wohl mit dem orientalischen Reichtum von *Antar*. – Die *Impressions d'Italie* von Gustave Charpentier sind eine wollüstige Schwelgerei in Farben und Rhythmen. Charpentier träumt auf eine andere Weise als Richard Strauss, der ebenfalls Impressionen aus Italien mitbrachte. Was jedoch die Darstellung neapolitanischen Straßenlebens betrifft, braucht Charpentier keinen Vergleich zu scheuen.

Gil Blas, 6. April 1903

Geistliche Konzerte – »Die Seligpreisungen« von César Franck

Man weiß: Aufgrund der Bevorzugung, die die Musik von der Kirche erfährt (deren Tochter sie ein wenig ist), braucht sie keine Fasten zu halten! ... Die Karfreitagskonzerte schwelgen in Musik und nennen sich nur »Geistliche Konzerte«, um die empfindlichen Ohren allzu religiöser Leute zu besänftigen. Wenn Edouard Colonne auf sein Programm die *Seligpreisungen* von César Franck setzt, die man noch ohne Gewissensbisse anhören kann, so antwortet ihm Camille Chevillard ungerührt mit *Rheingold* von Richard Wagner, das weder »Karwochen-« noch »Fastenmusik« ist: zweieinhalb Stunden Musik bei den alten Göttern, »Wasserflirt« der Rheintöchter mit Zwerg Alberich. Es handelt sich um die soviel Leidenschaften aufrührende Geschichte vom Raub des Rings, in der sich Wotan, der Götterbeherrscher, aufführt wie ein Held von Ponson du Terrail, der Tausendundeine Nacht gelesen hat. Und das glänzt ... und gleißt ... und lärmt. Riesen gibt es, die zwei Meter fünfzig groß sind und Zwerge, die nur fünfzig Zentimeter messen (so will es das Herkommen). Am Schluß entschreiten die Götter auf einem dienstfertigen Regenbogen gen Walhall (was sicher hübscher ist als in einem Fahrstuhl, doch der ist teurer!). Wir haben ja schließlich ein modernes Ausstattungsstück vor uns, mit allem Drum und Dran; selbst die unerläßliche heiter-buffoneske Gestalt fehlt nicht, verkörpert hier im ränkeschmiedenden Angeber Loge, der später (in der *Walküre*) die ungezähmte Tugend Brünnhildens mit einer Flammenlohe umgibt. (Finden Sie nicht, daß dadurch die schmachvolle Leidensgeschichte vom Kreuzestod Jesu Christi etwas entmachtet wird?)

Unglücklicherweise wird dieses Ausstattungsstück bei Chevillard ohne den dazugehörenden Rahmen geboten, und so sieht man einen ehrsamen Herrn in schwarzem Anzug das drohende Schwert Wotans in Gestalt einer bescheidenen Partitur schwingen... Ein störender und wenig dekorativer Anblick.

Sie werden die Magie des Orchesters ins Feld führen. Aber genügt das einem Wagnerianer? Ich wage schüchtern auf den Film als Mittel zur optischen Belebung hinzuweisen; in einem neuen Stück im Boulevardtheater Ambigu konnte man sehen, wie der Film den Gemütsaufruhr gewaltig zu steigern vermochte. Man muß zeitgemäß sein; es steht uns nicht zu, Wagner die expressive Ingeniosität dieser Entdeckung vorzu-

enthalten, aus der die Music Halls – aus ungleich niedrigerem Anlaß – ein erstaunliches Kapital schlagen.
Noch einmal, *Rheingold* im Konzertsaal, das bedeutet zweieinhalb Stunden, in denen man hin- und hergerissen wird zwischen dem natürlichen Verlangen davonzulaufen und dem Bedürfnis einzuschlafen, dabei den Nachbarn höflich bittend, er möge einen beim vorletzten Takt wecken, damit man applaudieren kann, wie es sich der tatkräftigen Meisterschaft Chevillards gegenüber gehört. Ganz ohne Ironie, dies ist die Lage vieler hochgestellter Personen: Sie halten mit mehr oder weniger vornehmer Langeweile aus, und wenn sie den Saal nicht verlassen, so deshalb, weil man sie hinterher sehen soll, redegewaltig und wohlinformiert. Warum wären sie sonst gekommen?

*

Die Seligpreisungen von César Franck sind – zumindest im Konzertsaal – dem *Rheingold* insofern überlegen, weil sie keiner Ausstattung bedürfen; das ist immer nur Musik, und dazu immer die gleiche schöne Musik. César Franck war ein Mensch ohne Arg, dem es genügte, eine schöne Harmonie gefunden zu haben, um einen ganzen Tag lang glücklich zu sein. Und wenn man sich den Text der *Seligpreisungen* etwas näher anschaut, findet man dort eine Fülle von Bildern und Gemeinplätzen, die selbst den Kühnsten in die Flucht schlagen. Es bedurfte des unverdorbenen und ruhigen Geistes von César Franck, um durch all das hindurchgehen zu können mit einem Lächeln auf den Lippen, dem gütigen Lächeln eines Apostels, der das Evangelium verkündet und sagt: »Laßt nur ... Gott kennt die Seinen schon.« Trotzdem erhält man einen zwiespältigen Eindruck, wenn man die so persönlich geprägte Melodieführung von César Franck zu Versen hört, die selbst die übelste Reimschmiederei noch in den Schatten stellen. Man hat übrigens viel vom Genie Francks gesprochen, ohne je zu sagen, was das Einzigartige daran ist: die Naivität nämlich. Dieser unglückliche und verkannte Mann besaß ein Kindergemüt, so unbeirrbar gut, daß er ohne jede Bitternis die Bosheit der Menschen und den Widersinn allen Geschehens mitansehen konnte.
Daher schrieb er auch diese zu leicht wiegenden dramatischen Chöre, diese Entwicklungen in ermüdendem, beharrlichem Grau in Grau, die manchmal die Schönheit der *Seligpreisungen* beeinträchtigen; er schrieb sie mit vertrauender Arglosigkeit, der gleichen bewundernswerten Arglosigkeit, mit der er der Musik gegenübertritt, vor ihr niederkniet und ein Gebet murmelt, das menschlichste Gebet, das je aus

einer sterblichen Seele drang. Nie wittert er Böses, nie argwöhnt er, daß er langweilen könnte. Keine Spur von der handgreiflichen List, mit der Wagner die Aufmerksamkeit des Publikums, das vor allzu unentwegter Übersinnlichkeit in Ermattung fällt, durch eine gefühlsmäßige oder orchestrale Pirouette wieder anzufachen weiß.

César Franck steht in immerwährender Andacht vor der Musik, daran ist nicht zu rütteln. Keine Macht der Welt könnte ihn dazu bewegen, eine musikalische Periode abzubrechen, die er für richtig und notwendig hält; man muß sie durchstehen, so lang sie auch sei. Das ist das Zeichen einer Selbstlosigkeit, die wie in Träumen geht, und die sich jeden Schluchzer versagt, den sie nicht zuvor auf seine Ehrlichkeit hin geprüft hat.

Darin ist César Franck den großen Meistern verwandt, für die die Töne rein klanglich eine festumrissene Bedeutung haben. So verwenden sie sie auch und verlangen nichts von ihnen, was sie nicht geben können. Und das ist der ganze Unterschied zwischen der schönen und besonderen, der unkeuschen und verführerischen Kunst Wagners und jener César Francks, der der Musik dient und kaum Ruhm von ihr begehrt. Was er sich vom Leben leiht, erstattet er der Kunst zurück, mit einer Bescheidenheit, die bis zur Selbstverleugnung geht. Wenn Wagner beim Leben borgt, dann ist das eine Zwangsanleihe; er setzt ihm den Fuß in den Nacken und zwingt es, den Namen Wagner so laut zu schreien, daß selbst die Trompeten der Göttin Fama übertönt werden.

Ich hätte das Bild von César Franck gern noch genauer umrissen, damit jeder Leser eine deutliche Erinnerung daran bewahre. Es ist nur recht und billig, trotz der drängenden Tagesgeschäfte, über große Musiker nachzudenken und vor allem auch andere zum Nachdenken anzuregen. Ich habe den Karfreitag zum Anlaß genommen, einem der größten zu huldigen, weil ich glaube, daß diese Huldigung dem Opfergedanken entspricht, der an diesem heiligen Tag den Gedanken an die Größe dieses Mannes wachruft.

Alles in allem spielt man weiß Gott nicht die Musik, die dem Karfreitag gemäß wäre. Ich will hier die Ästhetik der »Geistlichen Konzerte« nicht angreifen, aber ich hielte es für möglich, daß man aus der religiösen Besonderheit dieses Tages Nutzen ziehen und eine etwas andere Note in diese Konzerte bringen könnte. Ja, ich wage zu behaupten, daß es Meisterwerke der »Fastenmusik« gibt, welche dem armen Magen guttäten, der etwas mitgenommen ist von der üblichen Speisung, wo sich der scharfgewürzte Pfefferkuchen mit der faden Gurke mischt.

Wenn die beiden Passionen von Bach und die *Missa solemnis* von Beethoven zu viel Mitwirkende und zu viel Probenarbeit erfordern, so gibt es im Schaffen von Meistern zweiten Ranges noch immer Dinge, die es verdienten, einer ungerechten Vergessenheit entrissen zu werden. Manche Tote sind wirklich zu bescheiden und warten allzulange auf die traurige Wiedergutmachung, die der posthume Ruhm bedeutet.

Den Schleier des Todes zu lüften, bedarf es gewissenhafter Hände, doch im allgemeinen werden diese Ausgrabungen von ungeschickten oder verdächtigen Händen vorgenommen, die, einem gemeinen und geheimen Egoismus folgend, die armen Totenblumen wieder dem Vergessen anheimgeben. Offen gesagt: Das ruhmbeladene Denkmal, das Johann Sebastian Bach heißt, verstellt uns Händel; seine Oratorien, die zahlreich sind wie Sand am Meer, werden übersehen. Gewiß enthalten auch sie mehr Kieselsteine als Perlen, trotzdem könnte man mit einiger Geduld und Liebe Geschmack an ihnen finden.

Ein anderer Meister, der nun wirklich ganz vergessen ist, Alessandro Scarlatti, der Begründer der Neapolitanischen Schule, verblüfft geradezu durch die Vielzahl und Mannigfaltigkeit seiner Werke. Man glaubt zu träumen, wenn man liest, daß der 1659 Geborene um 1715 bereits mehr als 106 Opern geschrieben hatte, die anderen Werke einmal gar nicht mitgezählt. Gott, was muß dieser Mann begabt gewesen sein, und wo hat er nur die Zeit zum Leben hergenommen? Wir kennen von ihm eine *Johannespassion*, ein kleines Meisterwerk an schlichter Anmut, in dem die Chöre die Farbe satten Goldes haben, das so lieblich die Madonnengesichter auf zeitgenössischen Fresken umspielt. Das ist viel weniger ermüdend anzuhören als das *Rheingold*, und das besänftigende Gefühl, das von ihm ausgeht, hat etwas wohltuend Tröstliches. Ich weiß nicht, wie dieser Mann die Zeit fand, einen Sohn zu haben und aus ihm einen ausgezeichneten Clavecinisten zu machen. Er ist unter dem Namen Domenico Scarlatti noch heute geschätzt.

Es gibt noch andere ... Keine Angst, ich habe nicht vor, einen musikgeschichtlichen Beitrag zu schreiben. Ich wollte nur darauf hinweisen, daß man vielleicht unrecht tut, immer dieselben Stücke zu spielen, was sehr ehrenwerte Leute zu dem Glauben verleiten könnte, die Musik sei erst gestern entstanden, während sie doch eine große Vergangenheit besitzt, deren Asche man schüren sollte: denn sie birgt jene unauslöschliche Flamme, der unsere Gegenwart immer einen Teil ihres Glanzes verdanken wird.

*

Die Zeitungen bringen heute morgen eine Neuigkeit, welche diejenigen entzücken wird, denen nicht das Glück zuteil wurde, Jean de Reszke in der Opéra zu hören.
Jean de Reszke hat in der Rue de la Faisanderie 53 ein eigenes Theater eröffnet. Er läßt dort *Fiorella* spielen, eine Oper von Victorien Sardou und Pierre-Barthélémy Gheusi, Musik von Amherst Webber. Webber ist jener junge Komponist, von dem Marie Bréma in einem der letzten Colonne-Konzerte ein Lied sang. Man erinnert sich vielleicht, daß ich, sogar in diesem Blatt, über den Bratapfelempfang berichtet habe, den das Publikum ihm bereitete. Nun hoffe ich nur, daß Herr Webber, der sich vielleicht im engen Rahmen eines Liedes nicht wohl fühlte, sich in der Oper wieder fangen möge (ich wünsche es ihm von Herzen), und gleichzeitig, daß Herr de Reszke in *Fiorella* seine Stimme wiedergewinne, die ihm für die Partie des Sigurd abhanden gekommen war (wir wünschen es ihm alle, nicht wahr?)

Gil Blas, 13. April 1903[40]

Edvard Grieg

Edvard Grieg ist jener skandinavische Komponist, der sich während der Dreyfus-Affäre so unfreundlich gegenüber Frankreich verhalten hat. In einem Antwortbrief auf eine Einladung von Edouard Colonne, sein Orchester zu dirigieren, erklärte Grieg schroff, er wolle seinen Fuß nicht mehr in ein Land setzen, das sich so schlecht auf die Freiheit verstehe ...
Frankreich mußte also auf Grieg verzichten, doch scheint Grieg nicht auf Frankreich verzichten zu können, denn heute will er gerne vergessen und vergeben und hierherkommen, um dieses französische Orchester zu dirigieren, dem seinerzeit seine ganze skandinavische Verachtung galt ... Im übrigen liegt die Affäre Dreyfus in den letzten Zügen und Grieg ist fast sechzig Jahre alt! Ein Alter, in dem der Zorn sich notwendigerweise legt und einer milden Altersweisheit Platz macht, die den Lauf der Ereignisse aus der Warte des Zuschauers betrachtet, der ihre unwiderstehliche Gewalt gewogen und beurteilt hat. Und dann ... auch wenn man Skandinavier ist, so ist man darum nicht weniger Mensch ... Und es ist schwer, sich der Begeisterung zu entziehen, die Paris den Fremden so artig entgegenbringt, unter denen manch einer keinen so klangvollen Namen besitzt wie Edvard Grieg.
Einen Augenblick lang habe ich geglaubt, Ihnen von Griegs Musik nur ein paar farbige Impressionen geben zu können! Zunächst einmal hatte sich die Zahl der Norweger, die gewöhnlich die Colonne-Konzerte besuchen, verdreifacht; noch nie waren so viele rote Haare und ausgefallene Hüte zu sehen gewesen. (Die Mode scheint in Christiania etwas nachzuhinken.) Und dann begann das Konzert sozusagen mit einer Doppelaufführung: einmal mit einer Ouvertüre, die den Titel *Im Herbst* führt, zum andern damit, daß ein eher diensteifriger als musikbeflissener Polizeikommissar eine Gruppe von Griegbewunderern samt ihrer Begeisterung an die frische Luft des Seineufers setzte. Befürchtete man etwa Zusammenstöße?
Es ist nicht meine Sache, darüber zu befinden. Edvard Grieg jedenfalls mußte sich kurze Zeit lang gar wenig schmeichelhafte Worte gefallen lassen, und ich konnte das Stück nicht hören, weil ich vollauf beschäftigt war, mit der temperamentvollen und gestrengen Obrigkeit zu verhandeln.
Endlich war es soweit! Ich konnte Grieg sehen ... Von vorn sieht er aus wie ein bedeutender Photograph, von hinten ähnelt er mit seiner

Haartracht den Sonnenblumen, die die Papageien so gern haben, und die die Gärten der kleinen Provinzbahnhöfe zieren. Trotz seines Alters ist er lebhaft und flink und dirigiert das Orchester mit einer nervösen Genauigkeit, die unruhig wirkt; er unterstreicht alle Nuancen und verteilt die emotionalen Akzente mit nicht nachlassender Sorgfalt.

Nach der Ouvertüre kamen drei Lieder, gesungen von Ellen Gulbranson (einem Mitglied des Bayreuther Ensembles). Über die beiden ersten Lieder gibt es nichts Besonderes zu sagen: Das ist Grieg auf dem Weg über Schumann. Das dritte, *Der Schwan*, ist raffinierter (übrigens ein berühmtes Salonstück). Eine instrumentale Zubereitung, bei der das Parfum der Harfen sich mit dem Zitronenduft der Oboen mischt, das Ganze im Saft des Streicherklangs badend und von Pausen unterbrochen, in denen dem ergriffenen Publikum ein Seufzen entrinnt, bietet die sichere Gewähr für eine Wiederholung. Eine Art Chanson, sehr sanfte, sehr weiße Musik, dazu geschaffen, Genesende in den Villen der Reichen in Schlaf zu wiegen. Ständig läßt sich eine Note müde auf einem Dreiklang nieder wie eine vom Blick des Mondes ermattete Seerose auf dem Wasser, oder sitzt auf ihm fest wie ein kleiner, in Wolken eingeschlossener Ballon.[41] Diese Musik hat etwas so Ungreifbares an sich, daß man ihr nicht zu widerstehen vermag: Sie wurde begeistert dacapo verlangt, dank dieser alten französischen Empfänglichkeit, auf die man immer setzen kann. Ellen Gulbranson sang die drei Lieder mit bald leichter, bald träumerischer Stimme, als ob sie die kühle und verhaltene Melancholie der Fjorde widerspiegele, die Norwegens reinster Zauber sind.

Doch dann brechen Bravorufe los ... Damen setzen schnell ihr Lächeln auf ... da ist Pugno mit den schönen Händen!

Sie wissen doch, wo Raoul Pugno ist, ist auch das Klavierkonzert von Grieg nicht weit. Er spielt es tatsächlich, und niemand weiß aus ihm soviel Wirkung herauszuholen wie er. Mit unwahrscheinlichem Geschick überspielt er die faulen und hohlen Stellen; man vergißt darüber, daß das Konzert, das mit Schumann beginnt und mit einer des »Excelsior« würdigen Apotheose endet, keine sehr persönliche Handschrift aufweist. Die Art der Klavierbehandlung ist durchaus traditionell, und ich habe nie verstanden, warum diese kriegerischen Trompetenstöße dazwischenschießen müssen, die gewöhnlich ein kleines »cantabile« ankündigen, bei dem man in Ohnmacht fällt. (O ihr arglosen Trompeten, wie werdet ihr mißbraucht!) Pugno war wie immer wundervoll. Man muß ihn gesehen haben, wie er wiederkam und das

rasende Publikum grüßte, in der linken, so ehrenvoll ermatteten Hand ein Taschentuch, mit dem er sanft abwehrenden Einspruch erhob gegen das wahrlich unmenschliche Ansinnen einer Wiederholung.
Wie melodiös sind doch die beiden *Elegischen Melodien* für Streichorchester! Man spürt, vor allem bei der zweiten, den Einfluß von Massenet (ohne jedoch die nahezu wollüstige Gemütswallung, die dessen Musik auszeichnet, so daß man eine fast verbotene Neigung zu ihr faßt). Bei Grieg dehnt sich das ein wenig wie die Lakritze, die in den kleinen Jahrmarktsbuden feilgeboten wird, und die scheinbar erst dann den richtigen Absatz findet, wenn sie an den Händen des Verkäufers kleben bleibt. Diese beiden Melodien bringen die Formeln und Wendungen wieder, mit denen Grieg einst sein Glück gemacht hat: Eine kleine, anspruchslose Phrase hebt an und geht ihren Weg so vor sich hin; auf diesem Weg begegnet sie harmonischen Blumen und putzt damit ihre etwas naive Schönheit auf. Das Ganze schwingt sich eine Oktave höher, wobei die obligatorischen Dämpfer nicht fehlen dürfen, steigt wieder herab und endet, mit sorgfältig gestalteten Ausweichungen, in einem ersterbenden Ritardando. Man fällt schon wieder in Ohnmacht ... und hat den wunderlich angenehmen Geschmack eines in Fruchteis gehüllten Himbeerbonbons im Mund.
Das Beste des ganzen Nachmittags war die *Peer Gynt-Suite*, die Grieg zu dem gleichnamigen Drama von Ibsen geschrieben hat. Die musikalischen Gedanken besitzen einen eigenen Zauber, die Rhythmen sind geschickt gesetzt, der Ausdruck ist viel echter norwegisch. Auch die Orchestrierung ist ausgewogener, an die Stelle allzu leichter Effekte treten ingeniöse Einfälle. Das im Zeichen Griegs stehende Konzert schloß unbegreiflicherweise mit dem Finale aus der *Götterdämmerung*, gesungen von Ellen Gulbranson; wie ich's auch drehe und wende, ich finde keinen Grund, diesen Monolithen deutscher Kunst neben Griegs norwegische Melancholie zu stellen ... ich bin vorher gegangen. Auf Petits Fours setzt man kein Roastbeef.
Doch um auf Grieg zurückzukommen und ihm, wie es sich gehört, das Schlußwort zu widmen: Es ist bedauerlich, daß sein Pariser Aufenthalt uns nichts Neues über seine Kunst gelehrt hat; er bleibt ein feinsinniger Musiker, wenn er sich an die Volksmusik seines Landes hält, obwohl er daraus bei weitem nicht den Nutzen zieht wie Balakirew und Rimski-Korsakow aus der russischen Folklore. Davon abgesehen ist er nichts weiter als ein geschickter Komponist, der mehr die Wirkung im Auge hat als die wahre Kunst. Griegs eigentlicher Anreger war wohl ein junger Mann seiner Generation: Richard Nordraak, der

mit 24 Jahren starb. Sein Tod ist doppelt beklagenswert, weil er Norwegen um eine Hoffnung ärmer gemacht hat und Grieg um den Einfluß eines Freundes brachte, der ihn sicher davon abgehalten hätte, falsche Wege einzuschlagen. Auf der anderen Seite will Grieg ähnlich wie der Baumeister Solness (in einem der letzten Dramen Ibsens) »den Menschenkindern ein Haus bauen, in dem sie sich heimisch und glücklich fühlen ...«.
Leider habe ich in dem, was wir gestern von Grieg zu hören bekamen, keine Spur von diesem schönen Wunschbild entdecken können. Doch kennen wir seine jüngsten Werke noch nicht. Vielleicht sind sie die »glücklichen Heimstätten«, von denen Ibsen spricht. Jedenfalls hat Grieg uns nicht die Freude gemacht, dort eintreten zu dürfen! Der triumphale Empfang, der ihm gestern zuteil wurde, mag ihn für die Mühe entschädigen, nach Frankreich gekommen zu sein. Unser lebhaftester Wunsch ist es, er möge uns in Zukunft für würdig erachten, uns in seiner Musik, wenn nicht zu Hause, so doch glücklich zu fühlen.

*

Endlich! Der amerikanische Musikkönig weilt in unseren Mauern! Mit andern Worten, John Philip Sousa »and his band« werden uns eine ganze Woche lang die Schönheiten der amerikanischen Musik vors Gemüte führen, auf eine Art, die sich in den besten Gesellschaften sehen lassen kann.[42] Es muß einem wahrlich eine außergewöhnliche Begabung zu Gebote stehen, um diese Musik dirigieren zu können. So zum Beispiel vollführt Sousa beim Taktschlagen kreisförmige Bewegungen, durchmengt mit beiden Händen einen imaginären Salat, wischt unsichtbaren Staub ab und fängt einen Schmetterling, der einer Kontrabaßtuba entschlüpft ist.
Solange die amerikanische Musik nur sagenhafte »Cakewalks« rhythmisiert, scheint mir dies für den Augenblick ihre einzige Überlegenheit zu sein ... und hier ist Sousa unbestritten König.

Gil Blas, 20. April 1903

Eine Renaissance der Opera buffa – Wiederaufnahme des »Werther« in der Opéra-Comique

Ich nehme den jungen Ruhm von Claude Terrasse zum Anlaß, an Jacques Offenbach zu erinnern, einen Musiker, dessen eigenwilliges Genie aus einer Mischung von transzendentaler Ironie und einer merkwürdigen Abneigung gegenüber der »hohen« Musik bestand. Zu der Zeit, als er zu komponieren begann, hatte das musikalische Frankreich nur Ohren für Meyerbeer. Aufgrund seiner ironischen Veranlagung besaß Offenbach vielleicht als einziger ein Gespür für das Falsche und Schwülstige in dieser Musik, vor allem entdeckte er den verborgenen Schatz an Komik, der in ihr steckte, und den er weidlich ausschlachtete, man weiß mit welchem Erfolg. Von dieser Komik hatte bisher niemand etwas gemerkt, so selbstverständlich war es, in Meyerbeer den Repräsentanten der hohen Kunst zu sehen, in der es nichts zu lachen gab. Dabei findet sich die rhythmische Stückelung und der komische Effekt der unablässigen Wiederholung einzelner Textworte bei Meyerbeer im Überfluß. Man nehme nur den Chor der Calvinisten aus den *Hugenotten*, der die kriegerischen Tugenden des Herrn de Coligny rühmt und wo wilde, schollernde Bässe ständig aus vollem Hals »Vivat dem Vater Coligny« rufen, vergleiche ihn mit der Auftrittsarie des Paris im dritten Akt der *Schönen Helena*, und man wird überraschende Entsprechungen feststellen.

Warum spricht man im einen Fall von großer Musik, im anderen nur von komischer? Das ist eine der unbegreiflichen Klassifizierungen, für die mir allein der Zufall verantwortlich scheint. Wem zum Beispiel ist es je aufgefallen, daß im vierten Akt der *Hugenotten*, beim Duett zwischen Valentine und Marcel, Valentine die Stimme des »guten Marcel« wiedererkennt, die sie nie zuvor gehört hatte ... eine geradezu erstaunliche Telepathie ist hier am Werk!

Es war übrigens die Zeit, wo man rein alles in Musik setzen konnte, vorausgesetzt, daß der Inhalt ernst und ernst gemeint war, und die Beispiele für unfreiwillige Komik, die nicht allein Meyerbeer in die Schuhe zu schieben sind, ließen sich beliebig vermehren. Doch lassen wir das, es könnte sonst jemand entmutigt werden. Jedenfalls hätte Offenbach niemals *Robert den Teufel* geschrieben, zum einen, weil er die besten Libretti gewohnt war, zum andern, weil er sich nicht bereit gefunden hätte, für soviel Langeweile seinen Namen herzugeben. Noch einmal: Dieser Teufelskerl legte eine seltsame Geringschätzung für die »hohe« Musik an den Tag, die sich deutlich zeigt, wenn er bei der majestätischen Feierlichkeit eines Gluck Anleihen macht und sie schonungslos in ein Zerrbild verwandelt. Die Musik, die keinen Spaß versteht, rächte sich grausam: Sie versagte dem einzigen Werk, in dem Offenbach versuchte, ernst zu sein, den Erfolg. Ich meine *Hoffmanns Erzählungen*. (Die alten Götter haben noch immer Mittel zur Hand, auch ohne Tempel und Donnergewalt ihren Unmut kundzutun.)

Da ist Claude Terrasse respektvoller. Er erlaubt sich nie, der großen Musik die Zunge herauszustrecken. Ich finde ihn manchmal sogar etwas förmlich. Geht er nicht sogar soweit, Rücksicht auf die altmodischen Formen der früheren Komischen Oper zu nehmen, wie zum Beispiel in dem übrigens recht hübschen Ständchen, das den dritten Akt seines jüngsten Werkes *Le Sire de Vergy* einleitet, in welchem er, oft mit Erfolg, jene Wiederbelebung der Opera buffa versucht, über die ich hier sprechen möchte?

Ehrlich gesagt: Ich bin zwar unerfahren auf diesem Gebiet, doch meine ich, die buffoneske Musik sollte ihre komische Wirkung nur aus sich selbst gewinnen. Ich wage sogar zu behaupten, daß das genau so schwer ist wie den *Parsifal* zu schreiben (um zum Vergleich ein Werk anzuführen, in dem es wirklich nichts zu lachen gibt). Und darin ist Offenbach manchmal geradezu sublim. Man nehme etwa den Text des Chors aus den *Banditen*: »Hört! Hört! Die Stiefel trappen!«; Sie werden mir zugeben, daß diese Worte nicht unbedingt zum Lachen reizen, aber die Musik bringt es fertig, daß Sie Tränen lachen. Es gibt bei Offenbach aber auch eine »anrüchige« Seite (entschuldigen Sie bitte die drastische Wortwahl), deren spezielle Wirkung wohl bekannt ist. Claude Terrasse hat Lob dafür verdient, daß er selbst in den heikelsten Situationen guten musikalischen Geschmack zu wahren weiß; aber geht das nicht auf Kosten des Lachens, der buffonesken Phantasie, die man von ihm erwartet, und der er die Flügel beschneidet aus Furcht, wie Hervé als kompositorischer Rappelkopf verschrien zu werden?

Offenbach orchestrierte mit peinlicher Genauigkeit, Terrasse orchestriert mit gewiegter Feinheit; auch hier möchte ich mir erlauben, ihm zu sagen, daß in gewissen unverhofften Klangverbindungen ein ungehobener Schatz an Situationskomik verborgen liegt. Terrasse weiß das sicher besser als ich, und die Autohupe, die die Rückkehr der Kreuzfahrer aus dem Heiligen Land ankündigt, ist ein unbestreitbarer Einfall. Nur singen diese Teufel von Kreuzritter ein Lied, das ich mir in einem lahmeren, ja sogar hinkenden Rhythmus gewünscht hätte, um, wie es sich gehörte, die Schrecknisse eines Krieges zu geißeln, den der

sehr phantasiebegabte Sire de Vergy darstellt, als wär's eine Art »Sauftour des Adels« im mittelalterlichen Paris. Das soll keine Kritik bedeuten, zu der ich kein Recht habe, denn *Le Sire de Vergy* ist in mehr als einer Hinsicht ein amüsantes Werk.
Die Herren Gaston de Caillavet, Robert de Flers und Claude Terrasse sind in ihrem Versuch zur Opera buffa zu ermutigen, und sei's auch nur, um die andere Oper zu entmutigen, die weder eine Buffa noch eine Oper ist, sondern eine Art Mikrobe, deren unselige Verheerungen man energisch bekämpfen muß. Ein Volk, das nicht mehr zu lachen versteht, ist auch nicht mehr begeisterungsfähig. Wir wollen nicht zum schlechten musikalischen Geschmack des Zweiten Kaiserreichs zurückkehren, unserer Dritten Republik aber wäre zu wünschen, daß sie diese Atmosphäre der Mittelmäßigkeit abschüttle, die, wenn wir nicht auf der Hut sind, bei der unmoralischsten Sache der Welt endet, der Langeweile.
Der reine Zufall hat in diesem Feuilleton die Namen *Sire de Vergy* und *Werther* zusammengebracht. Es gibt keine Beziehung zwischen den beiden Werken, es sei denn die, daß im einen aus ebensoviel Gründen geweint wie im andern gelacht wird. Ich habe bisher nur en passant von der einhelligen Begeisterung gesprochen, auf die die Wiederaufnahme des *Werther* mit vollem Recht gestoßen ist, denn nirgends sonst hat Massenet so das Liebenswerte seiner Begabung gezeigt, die ihn zum musikalischen Geschichtsschreiber der weiblichen Seele macht.
Ich für meinen Teil gestehe, daß ich im *Werther* gerade diese weibliche Seite bevorzuge und vor allem die Figur der Sophie liebe; ihr Charme überstrahlt das ganze Stück, dessen dramatischer Verlauf sich auf die ärgerlichste Weise zuspitzt. Denn was wollen Sie, es wird mir immer schwerfallen, einen Menschen glaubhaft zu finden, der sich soeben allen Ernstes eine Kugel in den Kopf gejagt hat und mit seinen Herzensergießungen fortfährt, statt seine Seele Gott zu empfehlen; sagen Sie doch selbst, daß er keine Zeit mehr zu verlieren hat ... Und dann verstärkt sich ja durch den Anblick dieses traurigen Endes die innere Anteilnahme auch nicht, im Gegenteil, man ist fast versucht, bei diesem Todeskampf ständig auf die Uhr zu schauen (ganz einfach, weil er so unglaubwürdig ist) ...
Und dennoch! Welch zart verhaltene Gefühlsbewegung bei der nächtlichen Heimkehr von Lotte und Werther im ersten Akt! Warum nur muß sich soviel Zartheit plötzlich in Posaunengebrüll und Paukenerregung verkehren? Ich habe keine Erklärung dafür, ich kann es nur

bedauern. Aber Massenet trifft mitunter der Vorwurf, uns aus Träumen, deren Zauber er so geschickt zu weben begann, mit einem Lärm herauszureißen, der lediglich dem Publikum anzeigen soll, daß geklatscht werden kann. Ich wage ihm die Zusicherung zu geben, daß das Publikum auch ohne diese grobe Ermunterung applaudieren würde.

»Andererseits weiß man aber auch, von welchen nicht endenwollenden Schauern, Erregungen, Liebesausbrüchen diese Musik geschüttelt wird, als wollten sie ewig währen. Die Harmonien sind hier wie menschliche Arme, die Melodien wie Nacken, um die sich diese Arme schlingen; man neigt sich über Frauenstirnen, weil man um alles in der Welt ergründen möchte, was hinter diesen Stirnen vorgeht... Die Philosophen und die Leute mit gesundem Menschenverstand behaupten zwar, es stecke nichts dahinter, aber das entkräftet die gegenteilige Meinung keineswegs, wie das Beispiel Massenets – zumindest im Melodischen – beweist. Auf diesem Gebiet nimmt er übrigens eine Sonderstellung in der zeitgenössischen Kunst ein, die man ihm insgeheim neidet, was darauf schließen läßt, daß dieser Platz nicht zu verachten ist...«

Diese 1901 geschriebenen Sätze können unverändert stehen bleiben. Und Fortuna, die ja ein Weib ist, mußte Massenet sehr liebevoll behandeln, ihm manchmal aber auch untreu werden; sie hat es an beidem nicht fehlen lassen. Es war ihm soviel Erfolg beschert, daß es eine Zeitlang zum guten Ton gehörte, sich melodisch à la Massenet zu kleiden; dann aber wandten sich gerade diejenigen schroff von ihm ab, die ihn so seelenruhig plagiiert hatten (was sehr schäbig ist).

Massenet durfte erleben, daß er recht behielt und daß seine schönen Zuhörerinnen von einst ihm, der männlichen Mißgunst zum Trotz, noch immer die gleiche Zuneigung entgegenbrachten. Fanden sie in dieser Musik nicht jene Augenblicke wieder, wo sie in Schönheit erglühten, weil sie wundersam bewegt worden waren? Glauben Sie mir, das vergißt sich nicht. Und die Liebe zur Musik von Massenet ist eine Tradition, die die Frauen noch lange von Generation zu Generation weitergeben werden. Das kann hinreichend sein für den Ruhm eines Mannes.

Gil Blas, 27. April 1903

Briefe aus London

29. April 1903

Lieber Herr Direktor,
Reisen, das heißt ein wenig sterben, sagt der Dichter! Etwas weniger poetisch ausgedrückt bedeutet es eine vorübergehende Einbuße des gewohnten »Ichs«, denn nichts läßt einen die Einsamkeit empfindlicher fühlen als ein Kurzbesuch in einem Land, dessen Sprache man nur schlecht versteht. (»Meine goldene Kehle spricht nicht alle Sprachen«, leider!) Man ist dort gewissermaßen ein Namenloser und fängt trotz der ausgesuchten Höflichkeit des englischen »policeman« an, die kernige Sprache eines französischen Schutzmannes zu vermissen.
Warum haben wir nicht die Seele der Zugvögel, deren Vaterland mit den Jahreszeiten wechselt? Es braucht wahrlich mehr Formalitäten, die Reise mit der Eisenbahn als die Reise ins Unendliche anzutreten. Die Vögel nehmen auch nicht so eine Art »moralische Heimstatt« mit, wie wir sie aus unseren Vorlieben und Eigenheiten errichten, und in deren Namen wir gar streng über Sitten urteilen, die naturgemäß in fremden Ländern anders sind.
Dies ist das zweite Mal, daß ich nach London komme, und meine Briefe erheben keineswegs den Anspruch, England zu entdecken. Entschuldigen Sie, wenn sie Ihnen zu banal oder zu persönlich erscheinen; es ist schwierig, den einen Fehler zu meiden, ohne sogleich in den anderen zu verfallen. Im übrigen: Haben nicht schon die hervorragendsten »Essayisten« alles über London geschrieben, über seine rußige Luft, seine flinken Einspänner, die »cabs«, über den dünkelhaft schlechten Geschmack seiner Denkmäler?
Trotzdem möchte ich einer Behauptung entgegentreten, die gestützt wird von der hohen Autorität Taines, und die seine Schüler, um ihre eigene Aktivität zu unterstreichen, zum Überfluß noch in alle Winde tragen: es gäbe keine Müßiggänger in London!
Welch ein Irrtum, Mylord! Was sind die Philosophen doch oft für schrecklich große Kinder! Gut, in der City gibt es keine Müßiggänger. Sie ist ausschließlich den Geschäften vorbehalten, die mit einer Fixigkeit abgewickelt werden, die man in Paris nicht kennt. Hier kann man wirklich nicht bummeln gehen, ohne Gefahr zu laufen, sich mitsamt seinen Träumen unter den Rädern eines dieser zahllosen kleinen, bunten Omnibusse zu sehen, die pausenlos die Stadt durchqueren. Aber überall sonst flaniert man, Gott sei Dank! Nur bummelt der Engländer gesetzt, er sieht aus, als hätte er eine Mission zu erfüllen, und die

phantasiebegabte Haltung der Liebhaber unserer Boulevardbänke geht ihm völlig ab.
Das rührt wohl von dem dauernden Hang zur »respectability« her, der von Joseph Chamberlain bis hinunter zum beschwipsten Zeitungsverkäufer reicht – so daß jeden Engländer beim Gedanken an seine Großartigkeit und moralische Charakterstärke ein Gefühl des Stolzes überkommt und er kühlen Bluts die unheilvollsten internationalen Verwicklungen betrachtet. »Ein Schelm, der Schlechtes dabei denkt...« Und die peinlichen Gegnerschaften von Waterloo und dem Grand Prix beim Pferderennen lassen wir am besten ruhen.
Ich schreibe Ihnen diese Zeilen von einem Fenster aus, das den Blick auf eine trübe Themse freigibt, die weiter oben recht hübsch sein soll, wie man mir versichert (leider kann ich nicht hingehen). Mir gegenüber liest ein alter Herr eine dieser dicken englischen Zeitungen. Ich kenne ihn nicht und auch er wird mich wohl nie kennen lernen ... vielleicht ist er Abonnent des *Gil Blas* (um sich dafür zu entschädigen). So viele Rätsel, selbst unser Paul Bourget könnte sie nicht lösen ... ich habe darüber fast vergessen, daß ich hierhergereist bin, um eine »Kunstreportage« zu machen. Morgen werde ich Ihnen über die Herrlichkeiten der *Ring*-Aufführungen unter der musikalischen Leitung von Herrn Doktor Hans Richter berichten.

30. April 1903

Ich weiß nicht so recht, worauf sich die Überlegenheit der Angelsachsen gründet, aber unter anderem haben sie Covent Garden. Das Besondere an diesem Theater ist, daß die Musik sich in ihm wohlfühlt. Man hat sich dort auch viel weniger um eine aufwendige Ausstattung als um tadellose Akustik bemüht; das Orchester ist groß und arbeitet außerordentlich konzentriert. Im übrigen leitet André Messager die künstlerischen Belange mit vollendetem und sicherem Geschmack, was niemand zu erstaunen scheint. Sie sehen, wie überlegt hier alles ist: Man fand, daß ein Musiker der rechte Mann für ein Musiktheater wäre! Wirklich, diese Leute sind toll oder vielleicht auch alte Praktiker! Ich werde mich jedenfalls hüten, Vergleiche anzustellen, sie würden allzu augenfällig die Unzulänglichkeit unserer Mittel offenbaren, und unser Nationalstolz könnte einen empfindlichen Stoß erleiden... Lassen wir die Fama nur keine falschen Trompetentöne zum Ruhme unserer Opéra blasen, oder setzen wir wenigstens Dämpfer ein.

Ich habe die Aufführungen von *Rheingold* und *Walküre* gesehen – eine größere Vollkommenheit scheint mir nicht mehr erreichbar. Wenn sich auch an den Bühnenbildern oder an gewissen Lichteffekten etwas aussetzen läßt, so ist doch der künstlerischen Sorgfalt, die hier bis ins Kleinste obwaltet, alle Hochachtung zu zollen.

Hans Richter dirigierte 1876 in Bayreuth die Uraufführung des *Rings*. Zu jener Zeit waren seine Haare und sein Bart noch leuchtend blond; inzwischen trägt er eine Glatze, aber die Augen hinter seinen goldgerandeten Brillengläsern haben einen wunderbaren Glanz bewahrt, Augen eines Propheten, der er in Wahrheit auch ist und immer sein wird. Nicht mehr freilich für die Belange der Wagnerischen Kultstätte, seit Frau Cosima den Entschluß gefaßt hat, ihren ebenso achtbaren wie mittelmäßigen Sohn Siegfried an seine Stelle zu setzen.

Vom Standpunkt der häuslichen Ökonomie aus war diese Entscheidung zwar gerechtfertigt, im Hinblick auf Wagners Ruhm ist sie sehr zu bedauern. Ein Mann wie er braucht Männer wie Richter, Levy, Mottl. Sie haben teil an dem wunderbaren Geschick, das ihn im richtigen Augenblick einem König begegnen ließ. Von Liszt ganz zu schweigen, den er bedenkenlos ausnützte, und der sich nie wehrte, sondern höchstens ein nachsichtiges und gütiges Lächeln dafür hatte.

In Wagner war etwas von einem Wundertäter, und diese unumschränkte Macht entschuldigt in gewissem Sinn seine maßlose Eitelkeit.

Wenn Richter sonst einem Propheten gleicht – sobald er das Orchester dirigiert, ist er geradezu der liebe Gott (und dabei dürfen Sie sicher sein, daß der liebe Gott dieses Abenteuer nur wagen würde, wenn er sich zuvor eingehenden Rat bei Richter geholt hätte).

Während seine mit einem kleinen Stab bewaffnete rechte Hand ganz unauffällig für rhythmische Präzision sorgt, vervielfältigt sich seine linke und gibt jedem an, was er zu tun hat. Diese wellenförmig wogende und vielseitige Hand ist von einer unwahrscheinlichen Geschmeidigkeit. Und wenn man dann glaubt, es gebe wirklich kein Mittel mehr, den Klangreichtum noch zu steigern, hebt Richter auf einmal beide Arme, und das Orchester stürzt sich mit so hinreißendem Schwung in die Musik, daß selbst die verstockteste Gleichgültigkeit wie Spreu verfliegt. Und trotzdem bleibt dieses Gestenspiel zurückhaltend, es fällt weder unangenehm ins Auge, noch drängt es sich zwischen die Musik und das Publikum.

Ich habe vergeblich versucht, diesen wunderbaren Mann zu sprechen. Er ist ein Weiser, der dem Interview geflissentlich ausweicht. Aber ich habe ihn ein Weilchen beobachten können, wie er die Szene mit Fafner, dem armen Drachen, durchnahm, an dem Siegfried, der kleine Heldenprotz, sogleich die Trefflichkeit seines Schwertes erproben wird. Man kann mir sicher nachfühlen, wie bewegt ich war, als ich den gewissenhaften alten Mann, über ein Klavier gebeugt, die Arbeit eines namenlosen Korrepetitors verrichten sah. Darf man einen so prächtigen Mann stören, um ihm unter leichtfertigem Vorwand Bekenntnisse zu entlocken? Wäre dies nicht genau so ungehörig, wie wenn man ihm mit dem vermessenen Vorschlag käme, sich schnell einen Zahn ziehen zu lassen?

Sie können sich leicht denken, daß man die deutschen Theater »abgesahnt« hat, um Sänger zu finden, die einer solchen Aufführung würdig wären; man müßte sie eigentlich alle aufzählen. Ich will für heute nur Ernest van Dyck herausgreifen, der für den Loge im *Rheingold* die ironische Phantastik, und für den Siegmund in der *Walküre* den leidenschaftlichen Lyrismus besaß, außerdem Julius Lieban, der die Partie des Zwerges Mime wunderbar sang, wenn man ihm auch die Niedertracht und die Tücke nicht abnahm. Diese beiden Männer sind große Künstler. Über Fräulein Zimmermann konnte man fast Rose Caron vergessen, die der Gestalt der Sieglinde einen so beklemmenden Charme verliehen hatte. Und die drei Rheintöchter – ich wünschte einfach, Sie hätten sie hören können.

Das englische Publikum ist mit geradezu leidenschaftlicher Aufmerksamkeit bei der Sache. Wenn Langeweile aufkommt, so verrät sie sich niemals. Man kann allerdings auch in aller Ruhe schlafen, denn der Saal bleibt während der einzelnen Akte dunkel. Es wird nur an den Aktschlüssen applaudiert, was einer vornehmlich wagnerischen Tradition entspricht; und der Doktor Richter geht zufrieden davon, ohne sich um die Ovationen zu kümmern, vielleicht, weil er Lust auf ein erquickendes Glas Bier hat.

In einem weiteren Brief werde ich Ihnen meinen Eindruck von der kindlichen Zauberposse schildern, die sich im *Ring* abspielt; noch stehen mir *Siegfried* und *Götterdämmerung* bevor.[43]

Gil Blas, 5. Mai 1903

Hector Berlioz und Raoul Gunsbourg

Berlioz war nie vom Glück gesegnet. Er litt unter der Unzulänglichkeit der Orchester und dem mangelnden Verständnis seiner Zeit. Heute unternimmt es der findige Kopf Raoul Gunsbourg, unterstützt von der Société des Grandes Auditions Musicales de France, mit einer szenischen Version von *Fausts Verdammung* den postumen Ruhm von Berlioz zu »retuschieren« und zu vermehren.

Ohne parteiisch zu sein, kann man gegen diese Bearbeitung zumindest einwenden, daß ihre Ästhetik auf anfechtbaren Grundlagen steht, da Berlioz tot ist und keine genauen Angaben über die Zweckbestimmung des Werkes hinterlassen hat. Im übrigen meine ich, wenn man in die Schuhe eines Toten schlüpft, ohne darum gebeten worden zu sein, so setzt man sich wohl absichtlich über das Gefühl der Ehrfurcht hinweg, das wir im allgemeinen den Toten entgegenbringen. Aber, noch einmal, das unerschütterliche Vertrauen, das Gunsbourg zu seinem Talent hat, erlaubt es ihm natürlich, Berlioz wie einen Bruder zu behandeln und Weisungen auszuführen, die ihm wahrscheinlich aus dem Jenseits zugekommen sind.

Damit bestätigt Gunsbourg die bedauerliche Gepflogenheit, daß Meisterwerke eine ungezählte Nachkommenschaft an Kommentatoren, Bearbeitern und Verfälschern auf den Plan rufen, die ihren vermeintlichen Auftrag darin sehen, diese armen Werke in einen nebligen Schwall von Worten und hochtönenden Ausdrücken einzuhüllen.

Es geht nicht nur Berlioz so, leider! Wir kennen das berühmte »Lächeln der Mona Lisa«, das mit seltsamer Zählebigkeit für alle Zeiten als »geheimnisvoll« abgestempelt ist. Die *Neunte Symphonie* von Beethoven erfuhr so übermenschliche Deutungen, daß dieses starke und klare Werk lange zum Schreckgespenst für das Publikum wurde. Auch das gesamte Werk Wagners bedurfte einiger Festigkeit, um dem übertriebenen Ansturm seiner Kompilatoren standzuhalten.

Alle diese Praktiken ergeben eine Art Spezialliteratur und schaffen sogar einen regelrechten Beruf, der unbeschränkte Möglichkeiten bietet, vorausgesetzt, man hält sich daran, immer nur von anderen und nie von sich selbst zu sprechen, was bisweilen ein gefährliches Unterfangen sein kann. In gewisser Hinsicht ist eine solche Haltung sogar zu loben, andererseits hat man in ihr vielleicht auch nur ein Unvermögen zu sehen, das je nach Geschicklichkeit mehr oder weniger offenkundig wird.

Bis jetzt war Berlioz diesem Überfall entgangen. Einzig Adolphe Jullien hat in einem ausgezeichnet mit Dokumenten belegten Buch über den Kreuzweg dieses Mannes berichtet und Henri Fantin-Latour spann lithographische Träume nach dieser Musik. Gerade die Maler fühlten sich wegen seiner Vorliebe für das Farbige und Erzählende unmittelbar zu Berlioz hingezogen, man kann sogar allen Ernstes sagen, daß er immer der bevorzugte Komponist all jener war, die keine großen Musikkenntnisse besaßen. Die Leute vom Fach entsetzen sich noch heute über seine harmonischen Kühnheiten (sie nennen sie sogar »Ungeschicklichkeiten«) und über seine Unbekümmertheit gegenüber der Form. Sind dies die Gründe, warum er nahezu keinen Einfluß auf die moderne Musik ausübt, und warum er gewissermaßen ein Vereinzelter blieb? In Frankreich könnte man höchstens bei Gustave Charpentier gewisse Spuren eines solchen Einflusses entdecken, und auch da nur im Äußerlichen, Dekorativen, weil Charpentiers Kunst sehr persönlich geprägt ist von der Forderung, die er im Innersten an die Musik stellt.

Ich meine auch, daß Berlioz kein eigentlicher Theatermusiker war. So enthält seine zweiteilige tragische Oper *Die Trojaner* zwar wirkliche Schönheiten, aber Proportionsfehler machen ihre Aufführung schwierig und bringen eine fast monotone, um nicht zu sagen langweilige Wirkung hervor. Im übrigen gestaltet Berlioz hier nicht aus eigener Erfindung. Er erinnert sich an Gluck, den er leidenschaftlich liebte, und an Meyerbeer, den er aufrichtig haßte. Nein, in den *Trojanern* darf man Berlioz nicht suchen; man findet ihn in der reinen symphonischen Musik oder auch in der *Kindheit Jesu*, die vielleicht sein Hauptwerk ist, wobei man allerdings die *Symphonie fantastique* und die Musik zu *Romeo und Julia* nicht vergessen darf.

Aber Raoul Gunsbourg war gewieft und sagte: »Mein lieber Berlioz, davon verstehen Sie nichts! Wenn Sie keinen Erfolg auf dem Theater hatten, so liegt das daran, daß ich Ihnen mit meiner Erfahrung nicht unter die Arme greifen konnte. Nun sind Sie tot, und wir werden das alles in Ordnung bringen können. Moment mal, haben Sie nicht die dramatische Legende *Fausts Verdammung* geschrieben? Nicht übel, sage ich, aber zu wenig Leben darin. Was glauben Sie, wie sollen die Leute Gefallen an Ihrem ›Ungarischen Marsch‹ finden, wenn im Hintergrund der Bühne nicht auch wirklich Soldaten marschieren? Und der ›Sylphentanz‹ – nun, das ist zwar hübsche Musik, aber Sie wollen mir doch nicht weismachen, daß ein simples Symphonieorchester den Charme einer Tänzerin ersetzen könnte. Dann diese ›Höllenfahrt‹, sie macht schaudern, mein Lieber! Aber Sie werden sehen, bei mir wird sie voller Angst und Entsetzen sein. Ich leite den Lauf der Flüsse um, damit ich richtige Wasserfälle auf die Bühne bringen kann, ich lasse in Strömen Blut fließen, das ich mir aus den Schlachthöfen besorge, die Pferde von Faust und Mephisto sollen über echte Leichen hinwegtraben. Zum Glück können Sie keine Einwände mehr machen. Sie waren zu Lebzeiten ein so schwieriger Mann, daß Ihre Anwesenheit alles verderben könnte.«

Nachdem er so gesprochen, machte sich Raoul Gunsbourg ans Werk und arbeitete hingebungsvoll. Während er so *Fausts Verdammung* durchpflügte, kam er einmal mehr zu der Überzeugung, daß dieser »verflixte Berlioz« überhaupt nichts von der Sache verstanden hatte. »Vielzuviel Musik«, brummte er, »und wie eingängig das ist!« Aber »es fehlt der rote Faden, ich brauche Rezitative. Trotzdem schade, daß er tot ist! Tut mir leid, wir werden uns eben anders behelfen müssen . . .« Und Herr Gunsbourg setzte sich schlank über Berlioz hinweg, ließ Rezitative schreiben und stellte die Szenenfolge um. Alles, oder doch fast alles, nahm er zum Anlaß für Ballette und Massenszenen, und heraus kam ein Werk, in dem die Tricks der Zauberposse sich mit Vergnügungen mischen, wie sie die Folies-Bergère bereithalten.

Guter Gott! In Monte Carlo mochte das angehen. Man reist nicht unbedingt dorthin, um Kunstwerke zu hören, und die Musik ist da so etwas wie eine hübsche Nachmittagsunterhaltung. Die galanten Glücksritter, die sie als angenehme Zugabe betrachten, nehmen es nicht so genau, und die reizenden jungen Damen aus aller Welt sehen in der Musik nur ein diskretes und hilfreiches Zubehör zu ihrem Lächeln.

Paris hätte wahrlich Besseres gebraucht. Doch es schaltete sich die Société des Grandes Auditions ein, deren sattsam bekanntem Eklektizismus kein Opfer zuviel ist. Diesmal, will mir scheinen, hat sie den einfachsten guten Geschmack geopfert. Ihr Wunsch, Frankreich Anschauungsunterricht in großer Musik zu vermitteln, ließ sie diesmal weiter gehen, als erlaubt. Wie man sieht, können sich Leute von Welt eher irren als andere, da sie in der Materie nicht zu Hause sind. Im übrigen hat man wunderbare Sänger verpflichtet, zum Beispiel Maurice Renaud, der vielleicht der einzige Künstler ist, welcher den Mephisto so, wie ihn sich Herr Gunsbourg in seiner Begeisterung vorgestellt hat, erträglich macht, weil er Taktgefühl und persönlichen Geschmack mitbringt. Albert Alvarez und Emma Calvé sind zu berühmt, um nicht – selbst in *Fausts Verdammung* – vollkommen zu sein. Trotzdem, was für Marionettenrollen müssen sie hier übernehmen, weiß Gott![44]

Doch gibt es zwei, die sich von der Behandlung nicht erholen können. Zunächst Faust. Was wollen Sie, er hat zwar wieder Edouard Colonne angetroffen, aber er wundert sich, daß er die Takte, in denen er normalerweise nichts zu tun hatte, nun mit pantomimischen Gesten ausfüllen soll, hinter deren Sinn er vergeblich zu kommen sucht. Dann die Musik: Auch sie sträubt sich; sie fühlt sich manchmal überflüssig, ja völlig fehl am Platz. Sie ist so wenig Theatermusik, die Arme, daß sie sich ihres Klanges schämt und ihres Ungeschicks gegenüber der szenischen Entwicklung, die Raoul Gunsbourg ihr aufgezwungen hat.
Von nun an kann Herr Gunsbourg ruhig schlafen. In den Gärten von Monte Carlo wird seine Büste der von Berlioz gegenüberstehen. Sie paßt sogar viel besser dorthin, und Berlioz hat weiß Gott keinen Grund, sich über diese Nachbarschaft zu beklagen.

Gil Blas, 8. Mai 1903

»Henri VIII« von Camille Saint-Saëns

Théâtre national de l'Opéra – »Henri VIII«, Oper in fünf Aufzügen, Text von L. Détroyat und Armand Silvestre, Musik von Camille Saint-Saëns

Der Wiederaufnahme von *Henri VIII* an der Opéra meinen respektvollen Gruß.

Vielleicht ist dies die letzte historische Oper, die zur Aufführung kommt. Das wäre mindestens zu wünschen, zumal es schwierig scheint, in diesem Genre erfolgreicher zu sein als Meyerbeer. Damit will ich nicht sagen, daß Saint-Saëns *Henri VIII* besser nicht geschrieben hätte. Was ihm jedoch abgeht, ist die geschmacklose Aufgedonnertheit, die Meyerbeers Genie kennzeichnet. Er ist mehr Musiker als Theatermann; er greift nur im äußersten Fall zu den leichten Effekten, zu der diese Theaterform ermächtigt. Überdies bringt er eine Aufrichtigkeit mit, die Meyerbeer, dieser (1791 in Berlin) geborene Schlaufuchs, nie besaß. Und glauben Sie mir, wenn Heinrich VIII. allzu süße Cavatinen singt, so deshalb, weil Saint-Saëns es wirklich so gewollt und gemeint hat. Wir wissen doch alle, daß selbst der blutrünstigste Tiger auf eine Art miauen kann, die jedes Kinderherz erweicht. Diese allzu süßen Cavatinen entspringen also, wo es um die wohlbekannte Grausamkeit Heinrichs VIII. geht, einer gewissenhaften historischen Genauigkeit.

Man hielt Saint-Saëns entgegen, daß er zwar in der dramatischen Musik Konzessionsbereitschaft zeige, nicht jedoch in der symphonischen Musik, die, wie man feststellte, einen anderen Weg einschlug, als man gerne gesehen hätte. Dabei scheint man zu vergessen, daß Saint-Saëns' Starrsinn wider den Strich gebürstet ist... Wenn andere sich hartnäckig in den Kopf setzen, alles niederzureißen, so will er mit gleicher Zähigkeit alles bewahren. Seine Meister haben ihm Formen hinterlassen, die er gut findet, und vor denen er einen zu natürlichen Respekt besitzt, als daß er etwas daran ändern wollte. Ich sehe keinen Grund, ihm deswegen Vorwürfe zu machen, ich sehe darin sogar ein Zeichen künstlerischer Hellsicht, die in unserer Zeit ziemlich selten ist, wo man viele Dinge von Rang ummodelt, ohne etwas Nennenswerteres auf die Beine zu stellen. – Bewußte Anstrengung ist ein unwiderleglicher Beweis für künstlerische Ehrenhaftigkeit. (La Fontaine hat darüber eine Fabel geschrieben.)

Die Wiederaufnahme von *Henri VIII* wurde dank der ausgezeichneten Aufführung ein großer Erfolg. Der Glanz schmückender Beiwörter verblaßt vor Lucienne Bréval; daß sie »außergewöhnlich schön« sei oder »herrlich gesungen« habe, besagt gar nichts. Wie heißt es doch bei unserem alten Hamlet: »Worte! Worte! Worte!« Unter anderem besitzt sie eine bewundernswerte musikalische Sensibilität, ein untrügliches Gefühl für die erforderliche Geste, was beides sie im letzten Akt den angemessenen Tonfall und die richtige Gebärde finden ließ. Frau Heglon hätte die Anne Boleyn nicht besser verkörpern können. Sie hat die schmerzliche Melancholie dafür ... Niemand kann so herzzerreißend über einer Note sterben wie sie (es ist nebenbei bemerkt eine arme kleine Note, die sich dessen überhaupt nicht versieht!). Auch vermag niemand eine Persönlichkeit in sich geschlossener nachzuzeichnen als Jean-François Delmas; dazu kommt noch diese glanzvolle metallische Stimme, die man an ihm kennt, der man jedoch nicht die Zartheit eines Madrigals zugetraut hätte. Wirklich, das ist große Kunst. – Das übrige war anständiges Mittelmaß. Es ist Brauch an unserer Opéra, in Premieren besonderen Glanz zu entfalten.

Gil Blas, 19. Mai 1903

Der Rompreis aus musikalischer Sicht

Man kann den Rompreis von verschiedenen Positionen her betrachten. Zunächst einmal kann man die Einrichtung dumm finden, was sich etwa in folgender Frage äußert: »Nun, mein Herr, wollen Sie mir vielleicht verraten, warum man die Musiker nach Rom schickt?« Worauf man antwortet, daß diese Institution für gewisse Kreise geradezu einen Fetisch bedeutet. Den Rompreis bekommen oder nicht bekommen, heißt soviel wie Talent haben oder kein Talent haben. Und wenn dieser Test auch nicht unfehlbar ist, so gibt er doch ein bequemes Mittel ab, das in der öffentlichen Meinung für eine einfache Buchführung sorgt.
Doch dann weiß man plötzlich wieder nicht mehr, woran man ist, wenn man feststellen muß, daß Camille Saint-Saëns, das offizielle Haupt der jungen französischen Schule, den Rompreis nicht bekam, so wenig wie Vincent d'Indy, der erkorene Führer einer anderen, noch jüngeren Gruppe. Von der persönlichen Bedeutung der beiden Männer jetzt einmal abgesehen, so sind beide gleich »repräsentativ«. Sie wären sogar mehr als alle anderen dieser Auszeichnung würdig gewesen, weshalb ihr Ausschluß von der Liste der »Erkorenen« den Verdacht nahelegen könnte, daß es bei dieser Entscheidung nicht mit rechten Dingen zugegangen sei.
Ehrlich gesagt, befinde ich mich in schlechter Ausgangsposition für eine Kritik an dieser Stiftung. Ich erwecke den Eindruck, als verachte ich einen Teller, aus dem ich wie viele andere Rompreisträger aß, und verschmähe den Mittagstisch, an den ich mich in der Villa Medici setzte – wenn man eine Einrichtung überhaupt so nennen kann, die einem Restaurant gleicht, in dem man uns für 1.25 Francs den Magen für den Rest unseres Lebens zugrunde richtete. (Ich erinnere mich noch immer mit gelindem Schauder an eine Speise, die den klingenden Namen »Roba dolce« führte, und an deren sauer gewordener Sahne ein versteckter Petroleumgeschmack haftete, der unseren jungen Stolz als Rompreisträger recht melancholisch umschattete.) Doch lassen wir diese rein materiellen Betrachtungen; sie sind der jungen Leute vielleicht nicht würdig, die sich viel zu sehr für die Kunst begeistern, als daß sie der elementaren Hygiene gedächten. Es gibt gewichtigere Gründe, über diese Institution zu reden; man hat sie vielerorts, sogar in der Abgeordnetenkammer, zur Sprache gebracht, und bis jetzt ist nicht viel dabei herausgekommen.

Wohlgemerkt, ich bin sehr dafür, daß man jungen Leuten die Gelegenheit gibt, sorglos nach Italien und Deutschland zu fahren. Aber warum beschränkt man die Reise auf diese beiden Länder? Warum vor allem dieses unglückselige Diplom, das sie wie Mastochsen prämiiert? Zudem ist die akademische Trägheit, mit der diese Institutsherren im voraus darüber entscheiden wollen, wer von all den jungen Leuten das Zeug zum Künstler hat, geradezu rührend in ihrer vertrauensseligen Ahnungslosigkeit. Was verstehen sie schon davon? Woher nehmen sie das Selbstvertrauen, Lenker eines so ungewissen Schicksals sein zu wollen?

Die Musik ist eine geheimnisvolle Mathematik, deren Elemente am Unendlichen teilhaben. Sie lebt in der Bewegung der Wasser, im Wellenspiel wechselnder Winde; nichts ist musikalischer als ein Sonnenuntergang! Für den, der mit dem Herzen schaut und lauscht, ist das die beste Entwicklungslehre, geschrieben in jenes Buch, das von den Musikern nur wenig gelesen wird: das der Natur. Sie schauen in die Bücher der großen Meister und rühren dort mit frommer Ehrfurcht den alten Klangstaub auf. Gut so; aber die Kunst ist hier vielleicht nicht so nah!

*

Doch zurück zum Rompreis. Man entscheidet den Wettbewerb aufgrund einer sogenannten »Kantate«, einer Zwitterform, die auf ungeschickte Weise an der Oper partizipiert, und zwar an deren banalsten Zügen, oder an der »Chorsymphonie«, einer echten Institutserfindung, als deren Urheber sich zu erklären ich niemand raten möchte. Es scheint mir unmöglich, auf eine solche Arbeit hin zu beurteilen, ob diese jungen Leute ihr Handwerk verstehen. Im übrigen weiß man doch, wie die Dinge laufen. Einige Monate vor dem Wettbewerb trainiert man die Teilnehmer auf der »Kantatenrennbahn« (wie ein Pferd auf den Grand Prix), man sucht in den früher prämiierten Kantaten nach der preiswürdigen Formel, und schon ist das Rennen gelaufen, zur großen Freude der Eltern und aller Anwesenden; die Umarmung von Théodore Dubois wird gratis mitgeliefert. Ich vertrete weder eine vorgefaßte noch eine unsinnige Meinung, wenn ich behaupte, daß das beinahe der ganze Nutzen ist, den der Rompreis abwirft.

Wenn man unbedingt einen Titel vergeben will, so könnte man es bei einem »Zeugnis für fortgeschrittene Studien« bewenden lassen. Aber nicht dieses »Zeugnis für Phantasiebegabung«, ein vergebliches, groteskes und völlig unsicheres Unterfangen. Das kann sogar gefährlich werden, denn die mit dem Rompreis verbundene öffentliche Förderung beschert uns viel schlechte Musik, und die ängstlich auf die Zukunft ihrer Kinder bedachten Familien sehen darin eine Ermutigung – vor allem, seit die Ingenieurslaufbahn so überfüllt ist. Und dazu hat diese Sorte von Überkultur noch den schweren Nachteil, daß sie die jungen Leute von der absoluten Musik wegführt; diese verdammte »Kantate« bringt sie zu früh auf den Geschmack am Theater (das in vielen Fällen nur eine gesteigerte und erweiterte Form dieser Kantate ist). Kaum aus Rom zurückgekehrt, machen sie Jagd auf ein Libretto und haben nur den einen Gedanken im Kopf, so schnell wie möglich in die Fußstapfen der Älteren zu treten. Renan (oder war es Barrès?) hat einmal gesagt, es sei eine Anmaßung und ein Schaden obendrein, wenn man vor dem vierzigsten Lebensjahr schreibe. Diese Meinung sollte man geradewegs auf die Opernmusik übertragen, in der man es, von genialen Ausnahmen abgesehen, vor diesem Alter zu keiner wirklichen Bedeutung bringt.

Man beklagt sich über die geringe Zahl an Symphonien, die Frankreich gegenüber anderen Ländern aufzuweisen habe; ist dafür nicht vielleicht der Rompreis mit verantwortlich? Wenn ich für Statistiken etwas übrig hätte, fiele mir der Beweis nicht schwer, daß die gesamte, oder fast die gesamte symphonische Musik keinen offiziellen Stempel trägt. Und trägt sie ihn einmal, dann kommt nicht immer das heraus, was man erwartet hat. Ich könnte da ein illustres Beispiel nennen: Massenet! Hat er nicht unlängst sein Debut in der symphonischen Musik gegeben, als er im Konservatorium ein Klavierkonzert aufführen ließ? Man hat ihn etwas despektierlich auf *Manon* verwiesen! Dabei war dieses Konzert wahrscheinlich nicht schlechter als irgendeines, nur: Erziehung und Neigung entfremdeten Massenet der absoluten Musik; er konnte hier nicht mehr mit der sieghaften Gewißheit Erfolge einheimsen, wie er es im Musiktheater gewöhnt ist.

Und die Kammermusik? Davon haben Mozart, Beethoven, Schumann usw. eine Menge geschrieben. Gott sei Dank, denn das moderne Repertoire läßt sich in einem Atemzug aufzählen. Auf ihm lastet das Gewicht der Vergangenheit. Nicht, daß es kein Meisterwerk enthielte; aber es fehlt an der nötigen Ermunterung dazu. Ich spreche nicht von der Sonate im allgemeinen, noch von der Klaviersonate im besonderen; solche Erwägungen sind nicht aktuell. Aber auch hier haben wir kaum etwas aufzuweisen, was unsere Zeit repräsentieren könnte, eine einzige Klaviersonate ausgenommen: die von Paul Dukas. Die Größe

ihrer geistigen Spannweite stellt sie unmittelbar hinter die Sonaten von Beethoven. Dies war ein bedeutendes Ereignis, das zu hohen Erwartungen Anlaß gab.
Es soll jedoch nicht verschwiegen werden, daß diese Musikgattung eine besondere Alchimie erfordert, der man seine geliebte kleine Bequemlichkeit zum Opfer bringen muß. Das ist schwer durchzuhalten und bringt absolut nichts ein. Adieu, ihr lieben Autorenrechte, adieu, du schmeichelnder direktorialer Händedruck! Man gilt nur noch als eine Art gelehrter Sonderling, und die Kollegen betrachten einen mit der verächtlichen Herablassung der Erfolgreichen.

*

Doch lassen Sie uns zum Rompreis zurückkehren. Gehen wir für einen Augenblick von dem »Zeugnis für fortgeschrittene Studien« aus, welches nach Absolvierung des Studiums bescheinigen würde, daß man in der Musik beschlagen ist und alle ihre Formen beherrscht. Schicken wir sodann die jungen Titulanten durch ganz Europa, damit sie sich einen Meister wählen oder, wenn sie ihn finden können, einen Mann, der das Herz auf dem rechten Fleck hat und ihnen beibringt, daß die Kunst sich nicht unbedingt auf staatlich subventionierte Denkmäler beschränkt, daß man sie in all ihren Gesichten, Ungereimtheiten und Schwierigkeiten lieben muß, und sie nie zum Sprungbrett für eine Stellung machen darf. Bemühen wir uns, die schönen Traditionen von ehemals wieder heraufzuführen, in denen die Künstler stolz auf ihre Meister waren und einander brüderlich zur Seite standen, denn wenn sie für die Kunst zu Felde zogen, geschah das nicht mit der Gefühlsrohheit, die die modernen Zeiten kennzeichnet.
Trotz allem denke ich nicht ohne Rührung an das anmutige Landschaftsbild, zu dem sich die Baumgruppen der Villa Medici zusammenfügen, und das sich weitet bis hin zu den zartvioletten umbrischen Bergen. Die »Loggia«, die reinen, schönen Marmorlinien ihrer Architektur – auch sie vermögen unendliche Träume zu wecken. Ich bin der Meinung, daß man in diesem Rahmen mit wenig Unkosten eine Universität errichten könnte, wie sie der Stolz von Oxford ist. Es hätte auch nichts geschadet, wenn die materiellen Verhältnisse denen Oxfords angeglichen worden wären; die in der Villa Medici sind in jeder Hinsicht mäßig und für Frankreich kein Ruhmesblatt. Dabei wäre dieses Ambiente vielleicht sogar schöner als das von Oxford und könnte nicht weniger bedeutende Vergangenheit bieten. Hätte diese

Villa Medici, die Rom mit ihrer stolzen Schönheit beherrscht, nicht ein Zentrum der pulsierenden geistigen Kräfte aller Künste sein müssen, die dort zusammentreffen, so daß man vertrauensvoll und mit jugendlicher Begeisterung hingekommen wäre? Traurigerweise ist sie für viele ein Ort, wo man seine Zeit halt so hinbringt. An die Stelle der »Exerzitien«, der geistigen Übungen, treten »Einsendungen«, deren Qualität keineswegs davon überzeugt, daß viel gearbeitet wird.
Und dies ist die betrübliche Schlußfolgerung; sie beweist besser als alle Kritik, wie nutzlos dieser Rompreis ist, nutzlos mindestens für die Geschicke der Kunst, in der sich die Schönheit einer Epoche bekundet.

Musica, Mai 1903

Eindrücke vom »Ring des Nibelungen« in London

Man kann sich nur schwer die Verfassung vorstellen, in der sich selbst das robusteste Hirn beim Anhören der vier *Ring*-Abende befindet. Die Leitmotive tanzen da eine Quadrille, bei der sich als kurioses Paar das Leitmotiv des »Siegfriedhorns« und das der »Wotanslanze« gegenüberstehen, während wiederum das »Fluch«-Motiv sich lästige Kavaliere vom Hals hält.

Das ist mehr als eine Zudringlichkeit – das ist vollständige Inbeschlagnahme. Sie sind nicht mehr Herr Ihrer selbst, sie sind nur noch ein handelndes, wandelndes Leitmotiv in den Gefilden der *Ring*-Szenerie.

Keine der gewohnten Umgangsformen soll uns künftig hindern, Sie anders als mit Walkürenrufen anzureden! »Hojotoho!... Hejaha!... Hojohei!...« Wie lustig ist das doch! Hojohei!... Und der Zeitungsverkäufer wird rufen: Hojaho!

Oh, Mylord, wie unerträglich werden doch diese Leute in Helm und Tierfellen am vierten Abend! Stellen Sie sich vor, daß sie nie ohne Begleitung ihres verdammten Leitmotivs erscheinen; manche singen es sogar! Sie gleichen gelinden Narren, die Ihnen eine Visitenkarte überreichen und gleichzeitig den Text wie ein Gedicht deklamieren! Ein Effekt, der schon lästig genug ist, auch noch doppelt angewendet. Und wo bleibt da die psychologische Rolle des Orchesters, das uns vier Abende lang unzählige Kommentare zu der Geschichte des verlorenen und wiedergefundenen Ringes gibt, der von Hand zu Hand wandert wie beim Pfänderspiel? Ganz davon zu schweigen, daß ihm das mühsame Geschäft obliegt, eine Stütze zu bilden für die Verständnislosigkeit Wotans gegenüber allem, was um ihn her geschieht! Denn dieser Herr der Götter ist zweifellos der dümmste von allen. Er verbringt seine Zeit damit, daß er sich unablässig eine Geschichte erzählen läßt, die selbst der mickrigste unter den Zwergen, die in den Eisenwerken des Nibelungen verkommen, kapieren würde; er aber kann nur seine Lanze schwingen, oder Flammen hervorzaubern, oder nicht wieder gutzumachende Torheiten begehen, die alles in Frage stellen! Sie könnten einwenden, daß dies nötig ist, um vier Abende zu füllen... »Eine gigantische Leistung«, versichern die eingefleischten Wagnerianer. Die übermenschliche Anstrengung eines hochmütigen Ehrgeizes, der zugleich die Qualität und die Quantität will, eine Anstrengung, die leider von der deutschen Sucht entwertet wird, in einem fort auf den-

selben intellektuellen Nagel zu klopfen, aus Furcht, man könnte nicht verstanden werden – was natürlich eine Fracht von überflüssigen Wiederholungen mit sich bringt.
Die Personen des *Rings* waten in einem geradezu bodenlosen Meer von Hochmut. Sie geben sich nicht die geringste Mühe, ihre Taten zu rechtfertigen. Sie kommen und gehen und töten auf eine Weise, die aller Wahrscheinlichkeit Hohn spricht. In der *Götterdämmerung* rächt Hagen seinen Vater, den ränkischen Zwerg Alberich, und tötet Siegfried, ohne daß eines dieser »Bärenfelle«, die dem feigen Mord zuschauen, Hagen daran hinderte. Bei Gott, sind das vollendete Rohlinge... Im gleichen Drama läßt sich Brünnhilde, die starke Jungfrau, von Hagen und Gunther wie eine kleine unschuldige Erstkommunikantin hinters Licht führen. Dazu braucht man wahrhaftig nicht Tochter eines Gottes zu sein! Zuvor hatte sie Siegfried geliebt, diesen kampfeswütigen Helden, der so stolz ist auf seinen schönen Panzer; er ist so etwas wie ihr Bruder (Wotans schlechter Lebenswandel hat alle Personen des *Rings* mehr oder weniger zu Brüdern und Schwestern gemacht). Mußte sie sich dann rächen und kleinlichen Verrat an ihm üben? Ist der Verlust ihrer göttlichen Natur eine Entschuldigung dafür, sich wie ein betrogenes kleines Mädchen zu benehmen? Mit göttlicher Inkonsequenz erklärt sie etwas später, wenn es um die Beisetzung Siegfrieds geht, daß nur sie würdig sei, über den Toten zu verfügen und die notwendigen Verrichtungen zu tun; die armseligen »Bärenfelle« hätten doch nie etwas von dem hohen Geistesflug dieses jungen Helden verstanden, dem es nur ein wenig an Welterfahrenheit gefehlt habe, beschäftigt wie er war mit Drachentöten und Vogellauschen. Als ob sie nicht selber die Verantwortung trüge für diesen Mord und seine bedauerlichen Folgen. Hojotoho! ... bravo ... Hojohei! So ist es recht.
Wie ich Ihnen sagte, hat der *Ring* etwas von einer kindlichen Zauberposse an sich. Und wenn es auch keineswegs lächerlich ist, daß Drachen singen, Vögel nützliche Ratschläge erteilen, daß ein Bär, ein Pferd, zwei Raben, dazu noch zwei schwarze Widder (fast hätte ich sie vergessen) auf eine charmante Weise in die Handlung eingreifen, so geht es doch bei dieser Mischung aus wilder Menschlichkeit und göttlicher Unmenschlichkeit nicht ohne Verwirrung ab. Vielleicht sollte man den Mut haben, ganz in die Welt der Unwirklichkeit einzutauchen und sich nicht beirren zu lassen von den hineindrängenden Anwandlungen menschlicher Schwäche, die die Helden des *Rings* nur verkleinern können. Zum Teufel auch! Seid Götter, seid Zauberwesen – aber

gebt uns keine konventionellen und unnützen menschlichen Belehrungen.

Dies ist übrigens eine Kritik am Drama, die mich eigentlich wenig angeht. Ich spreche Ihnen viel lieber von den leuchtenden Schönheiten des *Rings* ... Nach Minuten der Langeweile, in denen man wirklich nicht mehr weiß, woran man sich halten soll, an die Musik oder an das Drama, kommen plötzlich unvergeßlich schöne Stellen, vor denen jede Kritik verstummt. Sie sind ebenso unwiderstehlich wie das Meer. Manchmal dauern sie kaum eine Minute, oft länger. Ich will Ihnen nicht mit einer Aufzählung dieser Schönheiten auf die Nerven gehen, es könnte ja sein, daß sie nicht nach Ihrem Geschmack sind. Im übrigen gibt es genug, um alle Gelüste zu befriedigen.

Abschließend gesagt: Man kritisiert nicht ein so bedeutendes Werk wie den *Ring*. Dies ist ein Monument, dessen Architektur sich im Unendlichen verliert; vor seiner gewaltigen Ausdehnung scheitert der legitime Wunsch, seine Proportionen überschauen zu können, und unbewußt hat man den Eindruck, daß das ungeheure Gebäude einstürzen würde, wenn man auch nur den kleinsten Stein herauslöste – ähnlich der Schlußkatastrophe in der *Götterdämmerung*, die eine ganze Menschheit verschlingt, während droben auf dem Olymp die Götter den vergeblichen Anstrengungen der modernen Prometheen mit unwandelbarem Lächeln zusehen. (Ich liebe diesen letzten Vergleich nicht besonders, aber sinngemäß auf Wagner angewandt mag er sehr treffend sein.)

In den beiden letzten Dramen des *Rings* steigerte sich die Vollkommenheit der Aufführung noch. Frau Lafler-Burckard sang die Brünnhilde mit schöner und kräftiger Stimme, wobei ihre Arme die Vortrefflichkeit der »Sandow-Methode« bestätigten. Louise Kirkby-Lunn bot eine unvergleichliche Waltraute; sie bringt soviel überzeugendes Feuer mit, daß das endlose Duett zwischen ihr und Brünnhilde fast erträglich wurde.

Fritz Krauss ist ein junger und herrlicher Siegfried; er besitzt zum Überfluß auch noch eine verwegene Stimme und unwiderstehliche Muskeln. Herr Lieban, von dem ich bereits gesprochen habe, gestaltete einen Mime, bei dem sich die Kunst des Sängers mit der des Schauspielers zu so vollkommenem und seltenem Gleichmaß zusammenfand, daß man nicht weiß, was man mehr bewundern soll.

Richter war mehr Richter denn je ... Mit einem Wort, er war der Hauptakteur, der die Schönheit dieser Aufführungen trug; es gibt wohl niemand, der ihm nicht die höchste Anerkennung zollte. »Im

Himmel droben, seiner letzten Wohnstatt«[45] kann Wagner wohl zufrieden sein. Ich würde mich über die Maßen wundern, wenn ich feststellen müßte, daß man in Bayreuth genauso begeistert ist. Auf jeden Fall sollte man Richter und Messager ein Sträußchen Edelweiß schikken.

Um mich für mein braves Ausharren während der *Ring*-Aufführungen zu belohnen, bin ich an einem freien Abend ins »Empire« gegangen, das etwa unseren »Folies-Bergère« entspricht, mit einem erlesenen, noch dazu sehr englischen Luxus. Der musikalische Gott dieses Ortes ist Léopold de Wenzel, dessen zündende Walzer ganz Paris kennt, wie auch seine Kunst, den Tanzenden in eine gehobene, gelöste Stimmung zu versetzen.

Während ein Ballett dieses Meisters getanzt wurde, bei dem – wie mir schien – das gesteigerte Lebensgefühl nur allzu oft dem Aufmarsch streng geordneter Pommerischer Regimenter weichen mußte, malte ich mir die Ballett-Atmosphäre nach meinen Vorstellungen aus. Die Handlung sollte nie anders umrissen werden als in jener Schrift, deren geheimnisvolle und liebreizende Zeichen in der geflügelten Grazie des Beines einer Tänzerin liegen, welcher eine rhythmische Spannung ihres ganzen Körpers bald die Köstlichkeit einer Blume, bald die Zärtlichkeit einer Frau verleiht.

Das ungeduldige oder heftige Trippeln kleiner Füße kann über Liebe oder Haß mehr aussagen als die entsprechenden Gesten, mit denen man solche Gefühle gewöhnlich ausdrückt. Dieser Unwirklichkeit füge man die träumerische Unbestimmtheit einer Dekoration hinzu, die mehr aus wechselndem Licht als aus klaren Linien und Umrissen besteht. Die Ausstattung soll sich an der Musik orientieren; sie sei die herrschende und ordnende Kraft, und in ihr soll das leise Beben und Wippen der Tüllkleider wie durch Zauber in ähnlich knisternden, bebenden Klängen nachhallen. Doch Pardon ... das Ballett ist längst zu Ende. Inzwischen zieht ein Taschenspieler aus einem Zylinder die brüderlich vereinten Flaggen Englands und Frankreichs hervor. Auch fiel mir eine junge Frau auf, die im Sprechen sang oder im Singen sprach, ich vermochte das nicht so genau zu unterscheiden. Eine charmante Kunst fürwahr; wir können sie auch in Paris an Personen beobachten, die vom Singen wie vom Sprechen gleich wenig halten.

Das Orchester des »Empire« könnte genauso gut den *Ring* spielen wie die Musik von Léopold de Wenzel. Mit dieser Feststellung zu Ehren Englands beende ich diesen Brief im Zug, der mich nach Paris zurückbringt. Im Augenblick gleicht die Normandie mit ihrem köstlichen weißen Flor aus blühenden Apfelbäumen einem japanischen Farbholzschnitt ... eine Feststellung, die, wenn man so will, ganz zu Ehren Frankreichs spricht.

Gil Blas, 1. Juni 1903

»La Petite Maison« von William Chaumet

Théâtre national de l'Opéra-Comique – »La Petite Maison«, Komische Oper in drei Akten. Text von Alexandre Bisson und Georges Docquois, Musik von William Chaumet

Schon lange nicht mehr hat die Opéra-Comique ihren Namen so zu Recht getragen wie gestern. Einen Abend lang haben uns die Puderdüfte der Marschallin, die elegante Durchtriebenheit der stutzerhaften Freunde des Regenten Philippe von Orléans, der Bankrott von Law in verflossene Zeitläufte und Lebensformen versetzt, welche die einen, die nichts von Fortschritt wissen wollen, noch immer die guten alten Zeiten nennen, während andere sich darüber ärgern und Albert Carré zum Vorwurf machen, daß er diesem Rückgriff in eine abgelebte Vergangenheit sein Placet gab.
Meiner Meinung nach zählt *La Petite Maison*, »Das kleine Haus«, eher zur Gattung der »großen Operette« und gehört vielleicht nicht unbedingt in die Opéra-Comique; aber man muß halt etwas für diejenigen tun, die zuviel Musik langweilig finden und für die das »Symbol« fast eine persönliche Beleidigung ist.
Leider hat sich die Musik von William Chaumet, von einigen geschickten Pasticcios abgesehen, im Ganzen ein bißchen zu gefällig im Jahr 1840 angesiedelt, in der unseligen Zeit, die Zeuge war vom Ruhm Adolphe Adams und der gewaltigen Mittelmäßigkeit (wenn ich das so sagen darf!) eines anderen Musikers: Antoine Louis Clapisson!
Das Stück handelt von einem gewissen Pichon, dem Goldschmied des Regenten, der dessen Gunst verliert; ferner von einem Chevalier de Fargès, der sich unversehens in die liebreizende Madame Pichon verliebt und den ehrenwerten Pichon beschwatzt, die liederlichen Sitten der Zeit mitzumachen; nur so könne er beim Regenten wieder Gnade finden. Er stellt dem frommen Pichon sein eigenes »kleines Haus« und seine verflossene Geliebte zur Verfügung und arrangiert ein galantes Fest, auf dem sein Diener Jacquemin die Rolle des Regenten spielen soll. Natürlich legt er es darauf an, den armen Pichon mit dessen Frau zu betrügen. Madame Pichon schenkt dem verliebten Werben des Ritters unter der Bedingung Gehör, daß sie mit eigenen Augen zu sehen bekomme, welch ein Wüstling der ehrenwerte Pichon in Wahrheit sei. Sie muß weitgehende Beweise dafür hinnehmen, bis im dritten Akt der unklugerweise fortgejagte Diener Jacquemin den Betrug des Che-

valiers verrät. Und die ebenso sittsame wie hübsche Madame Pichon verzeiht ihrem Mann. Der Regent selbst beehrt seinen treuen Goldschmied mit einem Besuch, womit das Stück in allseitiger Zufriedenheit endet.

Zu dieser einfachen Intrigengeschichte hat William Chaumet eine Musik geschrieben, deren nach rückwärts gerichteten Blick ich schon erwähnte. Trotz allem hört man sie ohne Ermüdung, aber auch ohne Überraschung an, es sei denn, man wundere sich über die große Illusionsbereitschaft Chaumets, die ihn sogar ignorieren läßt, daß wir das Jahr 1903 schreiben. Bei dem unleugbaren Geschick für Orchestrierung und szenische Wirkung ist nur zu bedauern, daß Chaumet seinen Respekt vor Adolphe Adam nicht zur Seite geschoben hat.

Die Aufführung besaß Charme. Lucien Fugère in der Rolle des guten Pichon war ein gewandter Sänger und hervorragender Schauspieler; es gab Augenblicke, wo aus ihm das einfache Fühlen des braven Mannes sprach, und die von einer seltenen Darstellungsgabe zeugten. Marguerite Carré war eine außerordentlich liebenswürdige Madame Pichon; man konnte die Fürsorge verstehen, mit der ihr Goldschmied-Gatte dieses Kleinod, köstlicher denn alles Geschmeide, umgab. Catherine Mastio, die verlassene aber willfährige Freundin des Ritters de Fargès, bringt den Zauber ihrer Stimme und ihrer Person aus Florenz zu uns; Jeanne Tiphaine als Claudine ist eine ebenso geschickte Schauspielerin wie versierte Sängerin. Edmond Clément, den man lange nicht mehr gehört hatte, konnte feststellen, mit welchem Vergnügen man ihn in der Rolle des Chevaliers wiedersah, die er ganz nach Wunsch mit Eleganz und Charme ausfüllte. Herr Delvoye als Knecht Dominique mischt sich mit einer komischen Verve, die durch nichts zu bremsen ist, in die mißlichen Angelegenheiten seines Herrn Pichon ein. Auch den übrigen Mitwirkenden meinen Glückwunsch, den lobgewohnten Alexandre Luigini mit eingeschlossen.

Alles in allem: Wenn diese Aufführung das Totengeläute für die alte Komische Oper war, so war es ein fröhliches Geläute, und ich sehe wirklich keinen Grund, William Chaumet gram zu sein.

Gil Blas, 6. Juni 1903

Die Eindrücke eines Rompreisträgers

Der Rompreis ist ein Spiel, oder besser gesagt, ein Nationalsport. Man lernt die Regeln an berufenen Orten: dem Konservatorium, der Akademie der Schönen Künste usw.

Nach vorausgegangenem hartem Training treten die Mannschaften einmal im Jahr zum Wettspiel an. Schiedsrichter sind die Institutsmitglieder, woraus sich die pikante Tatsache ergibt, daß sowohl William Bouguerau wie Jules Massenet die Teilnehmer zu bewerten haben, gleichgültig, ob Musik, Malerei, Plastik, Architektur oder Graphik »gespielt« wird; man hat ihnen nur noch keinen Tänzer zugesellt, was eigentlich logisch wäre, Terpsichore ist schließlich nicht die geringste unter den neun Musen.

Der beste Eindruck, den ich vom Rompreis empfing, hatte nichts mit ihm zu tun. Es war auf dem Pont des Arts, wo ich auf das Ergebnis des Wettbewerbs wartete, ganz versunken in das anmutige Hin und Her der kleinen Dampfer auf der Seine. Die Aufregung war von mir abgefallen, ich hatte das ganze »Romfieber« vergessen, so sehr hielt mich das fröhlich auf den Wellen spielende Sonnenlicht mit seinem lockenden Zauber gefangen, der die schaulustigen Müßiggänger, um die uns ganz Europa beneidet, stundenlang auf den Brücken ausharren läßt.

Plötzlich schlug mir jemand auf die Schulter und sagte atemlos: »Sie haben den Preis!« Ob man es mir glaubt oder nicht, aber meine ganze Freude war dahin! Ich sah mit einem Mal lauter Verdrießlichkeiten vor mir, die ganze Plackerei, die fatalerweise schon der geringste offizielle Titel mit sich bringt. Und ich fühlte, daß ich nicht mehr frei war.

Später vergingen diese Eindrücke wieder. Anfangs kann man dem zarten Ruhmeshauch nicht widerstehen, der zunächst vom Rompreis ausgeht. Als ich 1885 in der Villa Medici ankam, war ich nicht weit davon entfernt, mich für den kleinen Götterliebling zu halten, von dem die antiken Sagen erzählen.

Louis Cabat, ein ebenso bedeutender Landschaftsmaler wie distinguierter Weltmann, war zu jener Zeit Direktor der Französischen Akademie in Rom. Er kümmerte sich nur um die administrativen Angelegenheiten seiner Stipendiaten. Er war sehr liebenswürdig. Bald darauf trat Ernest Hébert an seine Stelle. Erst kürzlich ließ eine Unterhaltung mit ihm erkennen, daß dieser hervorragende Maler bis in die Fingerspitzen hinein »Römer« geblieben ist. Seine Unbedingtheit in allem, was Rom und die Villa Medici betraf, ist übrigens sprichwörtlich geworden. An beiden duldete er nicht die geringste Kritik. Ich erinnere mich noch, daß ich mich über mein Zimmer beklagte, dessen grüngestrichene Wände in dem Maß zurückzuweichen schienen, wie man auf sie zuging – es ist bei den Stipendiaten unter dem Namen »Etruskergrab« bekannt; doch Hébert meinte darauf nur, das sei völlig unwichtig. Er setzte sogar hinzu, man könne zur Not auch in den Ruinen des Kolosseums schlafen ... der Vorzug, dort die »Schauer der Geschichte« fühlen zu dürfen, entschädige für die Gefahr, sich das Fieber zu holen.

Ernest Hébert liebte die Musik leidenschaftlich, allerdings nicht die von Wagner. Ich war damals Wagnerianer bis zur Mißachtung der einfachsten Gebote der Höflichkeit und weit davon entfernt, auch nur zu ahnen, daß ich einmal ähnlich denken würde wie dieser passionierte alte Mann, der das ganze Karussell der Gefühle klar durchschaute, während wir noch kaum in sie eingedrungen waren und wußten, wie man mit ihnen umgehen soll.

Dann also beginnt das Leben als »Stipendiat«; es hat gleichzeitig etwas von dem Leben in einem internationalen Hotel, einer freien Hochschule und einer Kaserne für Wehrpflichtige an sich. Ich sehe noch den Speisesaal der Villa vor mir, an den Wänden aufgereiht die Portraits der Preisträger von gestern bis vorvorgestern. Bis zur Decke hinauf hängen sie, man kann die einzelnen nicht mehr recht unterscheiden; und wahr ist auch, daß man nicht einmal mehr von ihnen spricht. Auf all diesen Gesichtern liegt der gleiche, etwas triste Ausdruck; sie sehen alle »entwurzelt« aus. Und nach ein paar Monaten entsteht beim Betrachter der Eindruck, daß in diesen vielen genormten Rahmen in unendlicher Wiederholung immer der gleiche Rompreisträger hängt.

Die Unterhaltungen, die an diesem Tisch geführt werden, gleichen aufs Haar den Gesprächen unter Hotelgästen, und es wäre abwegig zu glauben, daß man da die jüngsten ästhetischen Theorien erörtere oder gar über das spreche, was die alten Meister so glühend bewegte. So ist die Villa Medici zwar eine Heimstätte mittelmäßiger Kunst, dafür lernt man um so schneller die praktische Seite des Lebens kennen und beschäftigt sich eingehend damit, was für eine Figur man nach der Rückkehr in Paris machen wird. Die Kontakte zur römischen Gesellschaft sind gleich null; sie schließt sich völlig ab und zeigt sich wenig gastfreundlich gegenüber den Stipendiaten, deren jugendliche, sehr französische Ungebundenheit sich schlecht mit der frostigen Zurückhaltung der Römer verträgt.

Bleiben die Reisen durch Italien ... Ein magerer Trost, der nicht den erhofften Nutzen bringt. Es fehlt an Beziehungen in den Städten, in denen man allzusehr als Fremder gilt. Dabei wären diese Beziehungen leicht herzustellen, nur müßte das Institut auf diesen Gedanken erst einmal kommen. So entschädigt man sich dadurch, daß man Photographien kauft; die jungen Frauen, die dieses Geschäft betreiben, sind in ihrer Geduld ebenso ausdauernd wie in ihrem Lächeln.

Ich will die Einrichtung des Rompreises nicht in Mißkredit bringen, aber mit welcher Unbedachtheit wird hier vorgegangen ... Da setzt man sehr junge Leute kalten Herzens den Verlockungen einer völligen Freiheit aus, mit der sie nichts anzufangen wissen. Sie haben lediglich die Termine jenes Papiers einzuhalten, das den Turnus der »Einsendungen aus Rom« regelt; aller anderen Verpflichtungen sind sie ledig. Nun, als Neuankömmling in Rom weiß man nicht viel – man versteht sich allenfalls auf sein Handwerk; und nun wird von diesen jungen Leuten, die allein schon durch die völlig veränderte Lebensweise verwirrt sind, erwartet, daß sie sich selbst zu der Energie aufraffen, die eine Künstlerseele so dringend braucht. Das ist unmöglich! Und wenn man Einblick hat in den jährlichen Bericht über die Rom-Einsendungen, wird man staunen über die Strenge der dort gefällten Urteile. Es liegt nicht an den Stipendiaten, wenn ihre Ästhetik in einige Unordnung gerät, Schuld haben diejenigen, die sie in ein Land schicken, wo alles von der reinsten Kunst zeugt, und wo man es ihnen überläßt, diese Kunst nach eigenem Gutdünken auszulegen.

Ich rede bestimmt keiner Lenkung mit unumschränkter Machtvollkommenheit das Wort, aber ließen sich nicht Männer finden, die imstande wären, auf eine freimütige Art über Kunst zu sprechen, die etwas von einem älteren Freund an sich hätten und dadurch bessere Einsichten vermittelten als ein steifer Ästhetikprofessor? Mit ihrer freundlichen Art würden sie den jungen Leuten zwar nicht den Weg ebnen, den sie gehen sollen, wohl aber den Weg, den die Meister der Vergangenheit beschritten, einer Vergangenheit, der diejenigen verpflichtet sind, welche die Zukunft vorbereiten. Schließlich würden sie ihnen die Liebe zur Kunst einpflanzen, von der ihnen niemand mehr spricht, und die sich bei ihnen auf eine halb verworrene, halb eigennützige Art ausdrückt.

Doch soweit wird es nie kommen. Man ändert in Frankreich an Institutionen höchstens den Namen, und man liefert all denen gute Gründe, die für die Abschaffung des Rompreises plädieren, ohne daß sie genau wüßten, ob das, was an seine Stelle treten soll, auch besser wäre.

Vielleicht ist die Idee, junge Mädchen zum Rompreis-Wettbewerb zuzulassen, fruchtbar? Dadurch würden Ehen gestiftet, aus denen wahrscheinlich eine reine Künstlergeneration hervorgehen könnte, die jene Doppelseele besitzt, von der Shakespeare spricht. Sofern die oft widersprüchliche Natur aus ihnen nicht gewinnsüchtige Kaufleute oder raffgierige Sammler macht. Auf alle Fälle kann die französische Sensibilität sich dadurch nur vertiefen.

Gil Blas, 10. Juni 1903

Musikalische Bilanz 1903

Man darf sich da nichts vormachen: Der Versuch, ein Urteil darüber abzugeben, wie die musikalischen Dinge in Frankreich stehen, mag zwar nicht ohne Reiz sein, bringt aber auch beträchtliche Schwierigkeiten mit sich. Man müßte jene elegante Korrektheit besitzen, jenen unerläßlichen Gleichmut, den nur die Unerfahrenheit gegenüber den Dingen zu geben vermag, von denen man spricht, und der genau die Stärke derer ist, die Autorität durch eine unerschütterliche Selbstsicherheit ersetzen.

Ich könnte diese Bedingungen bestimmt nicht erfüllen. Ich liebe die Musik viel zu sehr, als daß ich anders denn mit Leidenschaft von ihr zu sprechen vermöchte. Kann ich selber denn dieses Gran an Parteilichkeit vermeiden, das die besten Vorsätze zur Gerechtigkeit wie ein feiner Wirkstoff durchzieht, so daß ich auch dem beharrlichsten Klugschwätzer die Stirn bieten dürfte? Ich wage es nicht zu glauben; die Kunstjünger haben ihre eigenwilligen Vorlieben. Im übrigen weiß man nie so recht, wie weit die Musik eine Frau ist, eine Tatsache, die vielleicht die häufige Enthaltsamkeit genialer Männer erklärt.

*

Dies sei zu meiner Entschuldigung vorausgeschickt. Doch nehmen wir jetzt ohne weitere Verzögerung die Opéra ins Visier. (Sie ist – um es genau zu sagen – keineswegs das erste unserer Opernhäuser, aber sie nimmt den größten Platz ein.) Es gab dort viel »Ausgebessertes«, viel »Stopferei«. So die Wiederaufnahme von *La Statue*, einer großen Buffo-Oper, die Wiederaufnahme von *Henri VIII*, einer großen historischen Oper. Es stand sogar eine Wiederaufnahme der *Jüdin* zur Debatte. Allerdings sah sich die für die Titelrolle warm empfohlene Hauptdarstellerin im letzten Moment durch ein »Zellen«-Engagement verhindert. Von der *Bajazzo*-Premiere will ich gleich gar nicht reden – es gibt Vergnügungen, auf die einzugehen der gute Geschmack verbietet; auch nicht von *Bacchus*, einem Ballett von Alphonse Duvernoy, denn das habe ich kaum gehört. Im übrigen fallen diese beiden Premieren noch ins Jahr 1902.

Allem Anschein nach wurde wenig gearbeitet an der Opéra. Liegt es daran, daß es bei diesem Theater Jahre gibt, in denen man keinen Mumm hat? Ich weiß es nicht. Ich habe in dieser Zeitung bereits ge-

sagt, was ich an dem Betrieb der Opéra auszusetzen habe. Es wird dort viel Zeit vertan durch eine unsinnige Arbeitsaufteilung. Man versteift sich darauf, die Gebräuche des Ancien Régime zu konservieren; es ist auch recht nobel, königlicher als der König zu sein. Und mindestens einen König braucht es ja auch, um die rein willkürlichen Entscheidungen zu decken. Alle Welt weiß, daß sich die französische Republik mit derlei Angelegenheiten nicht befassen kann ... Nehmen wir eine der letzten Aufführungen der *Walküre*; wenn da der Feuerzauber plötzlich den beunruhigenden Charakter einer »Quadrille réaliste« im Moulin-Rouge annimmt, erwarten Sie dann, daß die französische Republik ihre Jakobinermütze quer aufsetzt? Nein, das erwarten Sie nicht, denn selbst in den beiden Kammern sitzen Leute, die allen Ernstes behaupten, man gebe den Musiktheatern zuviel Geld.
Doch das ist unlogisch und zeugt außerdem von einer schlechten Einsicht in die Ökonomie eines Landes. Wenn die Opéra reicher wäre, an Künstlern wie an Repertoire, zöge sie zwangsläufig auch mehr Fremde nach Paris. Aber, was wollen Sie, die haben im allgemeinen zu Hause Besseres; man muß sich nur einmal die seltsamen Worte, die anglobelgische Ironie anhören, mit der sie ihre Genugtuung darüber kundtun. Nicht knausern mit den Subventionen hieße demnach die Forderung des Tages; vom sicheren Ertrag dieses Vorgehens könnte sich der Herr Finanzminister persönlich überzeugen.
Zum Jahresende kündigt uns die Opéra an: *L'Etranger* von Vincent d'Indy, *Le Fils de l'Etoile* von Camille Erlanger, ja sogar die Rückkehr von Herrn Alvarez. Das ist mehr, als es braucht, um sich in Geduld zu fassen und in aller Ruhe mit alten Opern vorlieb zu nehmen.

*

Kommen wir zur Opéra-Comique. Hier herrscht die fieberhafte und methodische Betriebsamkeit einer Fabrik. Auf allen Stockwerken wird gearbeitet, man bosselt an den alten Komischen Opern herum, weil Albert Carré noch immer eine Schwäche für den *Toréador* von Adolphe Adam und für *La Traviata* von Verdi hat, zum Nachteil einer möglichen Neuinszenierung des *Figaro* oder des *Freischütz*, die uns viel Schönes zu geben hätten, während der *Toréador* oder ähnliche Stücke uns daran erinnern, daß die französische Musik sehr unerquickliche Zeiten durchgemacht hat. Wohlgemerkt, ich verlange nicht, daß man ausschließlich die »Jungen« spielt. Das ist ein Schlachtruf, der von so vielen Seiten ausgestoßen wurde, daß die erschöpften Echos sich rundweg weigern, ihn zu wiederholen. Was heißt im übrigen »die Jungen«: Der Titel wird großzügig auf die achtbaren Sechziger angewandt und mag bald ganz eines begründeten Todes sterben. Gut denn, bringen wir Wiederholungen – nur achten wir darauf, daß sie für die Geschichte der Kunst und besonders für die französische Tradition von Nutzen sind.

Albert Carré kann in der Opéra-Comique machen, was er will – er hat das Ohr des Publikums, die Zustimmung der Künstler, zwei Dinge, die nur selten eine gute Verbindung eingehen, und auf deren Unbeständigkeit er gefaßt sein muß. Ich kann ihm einen gewissen Rameau nicht dringlich genug ans Herz legen. Das ist fast ein »Junger«, weil sicher bald die Zeit kommt, wo er eine längst fällige Genugtuung erfahren wird. Er hat *Les Indes galantes* geschrieben, ein Werk, das sicherlich nichts von der »großen Operette« an sich hat, von *Muguette* zum Beispiel oder von *La Petite Maison*, den beiden letzten von Carré herausgebrachten Werken, das aber für sich spricht durch seine elegante Handschrift und eine Empfindung, deren Aufrichtigkeit genauso unbekannt geworden zu sein scheint wie der Name Rameau selbst. Rameau ist es ähnlich ergangen wie Watteau. Er stirbt, die Jahre vergehen, es wird still um ihn ... eine Stille, für die die Kollegen sorgten, die wohl wußten, was sie taten. Heute fällt die Sonne des Ruhms auf den Namen Watteau, und keine noch so stolze Epoche der Malerei kann das größte, bestürzendste Genie des 18. Jahrhunderts vergessen machen. In Rameau haben wir das Gegenstück zu Watteau. Ist es also nicht höchste Zeit, ihm einen Platz einzuräumen, auf den allein er berechtigten Anspruch hat, statt die französische Musik zu zwingen, sich schwerfälligen kosmopolitischen Traditionen anzuvertrauen, die ihren natürlichen Genius an der freien Entfaltung hindern?

*

A propos Kosmopolitismus – ich möchte darauf hinweisen, wie willkürlich wir auf diesem Feld vorgehen. Wir bewegen uns zwischen Leoncavallo und Puccini und sind's zufrieden. Und was finden wir dort? Eine fast vollständige Nachbildung unserer bekanntesten Meister, untermengt mit etwas transalpiner Sorglosigkeit, die nicht ohne Reiz ist, aber reicht das wirklich hin? Dann die russische Seele! Lebt sie nur in Tolstoi, Dostojewski, Gorki? Darf man Komponisten von der Bedeutung eines Mussorgski, Borodin, Rimski-Korsakow vergessen, deren Bühnenwerke wir vollständig übergehen, und die doch der tönende, mit Recht gerühmte Ausdruck dieser russischen Seele sind, auf die wir mit soviel Neid schauen? Ich verstehe zwar, daß es leichter ist, ein Buch herauszubringen als eine Oper, aber gäbe es denn keinen Weg, durch einen freundschaftlichen Austausch das Interesse der Fachwelt zu wecken? Trotz unseres Bündnisses werden in Rußland nur wenige moderne französische Opern gespielt, eine gerechte Antwort auf unsere eigene Trägheit. Es gibt auch die »deutsche Seele«, für die wir weder sonderliche Neugier noch sonderliche Neigung verspüren. Hier sind wir bei Wagner stehen geblieben. Das ist ein schwerer Brocken, und wir haben ihn sicher noch nicht verdaut. Im übrigen spielt man uns viel in Deutschland, und es wäre nett, ein wenig Gegenseitigkeit zu üben, selbst wenn das junge Deutschland nichts Interessantes böte – eine solche Feststellung wiederum würde vielen Leuten eine mühelose Freude und nationale Genugtuung verschaffen.

Ich will nicht noch von anderen »Seelen« sprechen, weil ich sonst zu keinem Ende käme; vielleicht müßten wir gar bis nach Grönland gehen und einen jungen Musiker entdecken, dessen polare Opern das kecke Wesen der jungen Seehunde in helles Entzücken versetzen.

Solche und ähnliche Gedanken können einem auch in den Sonntagskonzerten kommen. Aufgrund einer seltsamen Gegenströmung neigen sie dazu, zum »Théâtre blanc« zu werden, denn auch hier wird Opernmusik gespielt, die, ihrer natürlichen Umgebung entkleidet, ein trauriges Dasein in Abendanzug und großer Toilette fristet. Diese Konzerte werden bald überhaupt kein symphonisches Gepräge mehr haben. Und doch hört man hier vergleichsweise noch immer am wenigsten Musik von schlechtem Geschmack.

Doch verweilen wir zum Schluß bei Frankreich. Hoffen wir, daß hier etwas weniger Musik geliebt werde, die wenige aber um so mehr, auf daß sie nicht an wahlloser Liebe zugrunde gehe wie jenes junge Mädchen, das auf dem Pont du Nord tanzte. »Es liebte den Tanz so sehr, daß es daran starb . . .«

Gil Blas, 28. Juni 1903

Apropos Charles Gounod

Viele unbefangene Menschen, das heißt Nicht-Musiker, fragen sich, warum die Opéra durchaus den *Faust* spielen muß. Dafür gibt es eine Reihe von Gründen; der wichtigste ist, daß Gounods Kunst das französische Empfinden einer bestimmten Zeit widerspiegelt. Ob einem das zusagt oder nicht, solche Dinge bleiben unvergessen.
Bezüglich des *Faust* bekam Gounod von bedeutenden Musikschriftstellern den Vorwurf zu hören, er habe Goethes Gedankenwelt entstellt; dieselben hohen Herren übersehen jedoch großzügig, daß Wagner vielleicht auch den Tannhäuser verfälscht haben könnte, der in der Sage keineswegs der bußfertige gute Junge ist, zu dem Wagner ihn gemacht hat, und dessen Erinnerung an Venus den verdorrten Stab nie mehr hat grünen lassen wollen. In dieser Sache ist Gounod vielleicht zu entschuldigen, weil er Franzose ist; Tannhäuser und Wagner dagegen sind beide Deutsche, da gibt es keine Entschuldigung.
Wir lieben in Frankreich so vielerlei Dinge, daß die Musik dabei etwas zu kurz kommt. Doch gibt es bei uns sehr tüchtige Leute, die alle Tage Musik hören, und zwar Musik aller Markenzeichen, und die sich deshalb Musiker nennen. Nur schreiben sie nie eine Note ... sie ermutigen andere dazu. Was im allgemeinen dabei herauskommt, ist die Gründung einer Schule. Mit diesen Leuten reden Sie am besten nicht von Gounod; die würden auf Sie herunterschauen von der hohen Warte ihrer Götter aus, deren angenehmste Eigenschaft es ist, austauschbar zu sein. Gounod gehörte keiner Schule an.
Und die Menge? Ihre übliche Antwort auf viele ästhetische Anstöße ist eine Rückwendung zum Vertrauten. Und das ist nicht immer von bestem Geschmack. So schwankt sie gedankenlos zwischen *Père la Victoire*[46] und *Walküre* hin und her ... doch was will man machen. Diejenigen, die auf so seltsame Art die Elite bilden, können noch so sehr die Trommel für berühmte oder angesehene Namen rühren, das geht vorüber wie eine Hutmode. Es hilft alles nichts; auch wenn sich die Erzieher den Mund fusselig reden: Das große, namenlose Herz der Menge läßt sich nicht einfangen. Und die Kunst weht weiter, wo sie will ... Die Opéra beharrt darauf, *Faust* zu spielen.
Indessen sollte man sich damit abfinden und unumwunden zugeben, daß die Kunst der Masse überhaupt nichts sagt. Sie ist aber auch nicht mehr der Ausdruck einer Elite – die oft noch dümmer ist als diese Masse. Die Kunst ist gesteigerte Schönheit; sie bricht im richtigen

Augenblick mit geheimer, schicksalhafter Gewalt hervor. Aber man soll der großen Menge nicht befehlen, die Schönheit zu lieben, genauso, wie man billigerweise nicht verlangen kann, daß sie auf den Händen geht. Immerhin läßt sich feststellen, daß die Wirkung von Berlioz auf die Masse ohne irgendein Zutun fast einhellig ist.

Wenn sich auch über den Einfluß Gounods streiten läßt, so ist doch der Wagners offenkundig. Trotzdem hat er nur die »Spezialisten« erreicht, was bedeutet, daß er unvollständig ist. Ich muß sagen, es gibt nichts Traurigeres als die neu-wagnerische Schule, bei der der französische Genius sich in Nachahmungen von gestiefelten Wotans und samtbejackten Tristans verlor.

Gounod besitzt zwar nicht die harmonische Rundung, die man gewünscht hätte, doch verdient er Lob, weil er sich dem beherrschenden Genie Wagners zu entziehen wußte, dessen urdeutsche Vorstellung vom Gesamtkunstwerk keine sehr eindeutige Rechtfertigung besitzt und heute kaum mehr als eine Formel darstellt, die der Literatur Kunden verschafft.

Gounod ist mit all seinen Schwächen notwendig. Zunächst: Er ist gebildet, kennt Palestrina, beschäftigt sich mit Bach. Bei aller Achtung für die Tradition ist er so klarsichtig, den Namen Gluck nicht laut im Munde zu führen – auch so ein fremder, ziemlich übler Einfluß –, vielmehr empfiehlt er Mozart der Liebe der jungen Leute – ein Beweis seiner großen Selbstlosigkeit, denn er hat sich nie von ihm anregen lassen. Seine Beziehungen zu Mendelssohn sind greifbarer, da er ihm die Methode verdankt, die Melodie terrassenförmig anzulegen, was so bequem ist, wenn man keinen rechten Schwung hat (Mendelssohns Einfluß ist im Ganzen vielleicht direkter als der Schumanns). Übrigens läßt Gounod Bizet den Vorrang, und das ist sehr gut. Unglücklicherweise stirbt dieser zu früh, und obwohl er ein Meisterwerk hinterläßt, sind die Geschicke der französischen Musik in Frage gestellt. Sie gleicht einer hübschen Witwe, der die starke Hand fehlt, die sie führt, und die sich darum Fremden in die Arme wirft, welche sie umbringen. Sicherlich läßt sich nicht leugnen, daß in der Kunst bestimmte Verbindungen notwendig sind, doch braucht dies eine behutsame Hand. Wer dem größten Schreihals nachläuft, folgt nicht auch dem Bedeutendsten. Allzu oft handelt es sich dabei um Interessenverbindungen; sie verdecken die Absicht, einem schwindenden Erfolg wieder neuen Auftrieb zu geben. Wie die Vernunftehen geht das schlecht aus. Nehmen wir großzügig auf, was an Kunst nach Frankreich kommt, aber lassen wir uns nicht überrumpeln, und geraten wir nicht schon in Verzückung

über Kinderflöten. Seien wir überzeugt, daß man uns diese Haltung nicht mit gleichem vergilt, im Gegenteil, unsere Liebenswürdigkeit verleitet die Fremden zu jener unhöflichen Strenge, über die es wenig zu lachen gibt, da wir sie selbst provoziert haben.
Doch kommen wir zum Schluß, obwohl die hier angeschnittenen Gedanken viel zu knapp behandelt wurden und manchmal sogar im Gegensatz zu Gounod standen. Wir wollen die Gelegenheit wahrnehmen, uns ohne dogmatische Rechthaberei vor seinem Namen zu verneigen. Die Gründe, im Gedächtnis der Menschen fortzuleben, sind vielfältig und durchaus nicht immer bedeutend; einen großen Teil seiner Zeitgenossen angerührt und bewegt zu haben, ist eine der besten Voraussetzungen dafür. Niemand wird bestreiten wollen, daß Gounod sie in großmütiger Weise erfüllte.

Musica, Juli 1906

Mary Garden

Die szenische Realisation eines Kunstwerks deckt sich, auch wenn sie noch so schön ist, fast nie mit der inneren Vorstellung, aus deren wechselnden Zweifeln und Höhenflügen dieses Werk Schritt für Schritt entstand. Die schöne Welt der Täuschung, in der die Gestalten des Dramas so lange lebten, und man selbst auch – mitunter wollte es scheinen, als entstiegen sie den stummen Blättern des Manuskripts und würden greifbar – entschuldigt sie nicht das bestürzende Gefühl, sie lebendig atmend vor sich zu sehen durch die Vermittlerrolle dieses oder jenes Künstlers? Es schwingt dabei fast so etwas wie Angst mit; man wagt kaum, sie anzusprechen. Haben sie nicht doch etwas Geisterhaftes an sich?

Von diesem Augenblick an scheint Ihnen nichts mehr zu gehören von dem alten Traum; ein fremder Wille schiebt sich zwischen Sie und ihn. Die Bühnenarbeiter rücken mit flinken Bewegungen die Dekorationen hin und her, die Vögel des Waldes haben sich im »Holz« des Orchesters eingenistet; der Kronleuchter flammt auf, das Spiel mit dem Vorhang läßt Ihre Erregung abebben oder verstärkt die innere Spannung noch; Beifallsrauschen, verworrenes Getöse dringt zu Ihnen, als wär's der Lärm eines fernen Festes, eines Festes, bei dem Sie eigentlich nur Nutznießer eines Ruhmes sind, den Sie sich so, wie er Ihnen zufällt, nicht immer wünschen, denn Erfolg auf dem Theater haben bedeutet doch meistens, namenlose Wünsche anzusprechen und das eigene Gefühl für das Publikum assimilierbar zu machen.

1902, als die Opéra-Comique *Pelléas et Mélisande* mit der bekannten Sorgfalt einstudierte, suchten mich einige dieser Empfindungen heim, deren Beschreibung vielleicht unnötig war, die jedoch das untermauern werden, was ich im folgenden sagen möchte. Ich hatte schon immer die Vorstellung, daß die Rolle der Mélisande schwer darzustellen sei. Wohl versuchte ich, Mélisandes Zerbrechlichkeit, ihren zurückhaltenden Charme musikalisch auszudrücken, doch blieben immer noch ihre Haltung, ihre langen Schweigsamkeiten, die durch eine falsche Bewegung verdorben, ja sogar unverständlich werden konnten. Und vor allen Dingen die im Geheimen so zart gehörte Stimme der Mélisande, was würde mit ihr geschehen? Die schönste Stimme der Welt kann ja unbewußt zum Feind einer solchen Gestalt, ihres eigentlichen Wesens werden. Es ist hier nicht der Platz und liegt mir auch nicht, die verschiedenen Phasen der Einstudierung zu schildern. Es waren übrigens

meine schönsten Stunden auf dem Theater; ich lernte dort nicht hoch genug zu schätzende Bereitwilligkeit und Hingabe kennen und große Künstler dazu. Unter ihnen fiel mir eine Sängerin von eigenartiger Persönlichkeit auf. Ich brauchte ihr fast nie etwas zu sagen; Zug um Zug schälte sich aus ihr die Gestalt der Mélisande heraus. Ich wartete mit großem Vertrauen ab, in das sich Neugier mischte.
Und schließlich kam der 5. Akt – Mélisandes Tod – und ein Staunen erfaßte mich, dessen innere Bewegung ich nicht wiederzugeben vermag. Hier war sie, die geheimnisvoll vorausgehörte sanfte Stimme, mit jener hinsterbenden Zartheit, jener ergreifenden Kunst, an die ich bis dahin nicht hatte glauben wollen, und die das Publikum bewog, sich von da an voller Bewunderung und mit ständig wachsender Begeisterung vor dem Namen Mary Garden zu verneigen.

Musica, Januar 1908

Zu »Hippolyte et Aricie« von Jean-Philippe Rameau

Herr de La Pouplinière, ein reicher Generalsteuerpächter und Kunstfreund, machte sich die Gunst seiner Verhältnisse zunutze und musizierte in seinen Mußestunden, allerdings mehr schlecht als recht. Doch war er ein Mann von Geschmack, und wir haben ihm wenigstens teilweise die Entfaltung von Rameaus Genie zu danken. Zumindest tritt La Pouplinière in dem Augenblick auf den Plan, da in Rameau die Erkenntnis zu wachsen beginnt, daß er in der Opernmusik erfolgreich sein werde, er aber keinen ernstzunehmenden Stoff findet. La Pouplinière macht ihn mit Abbé Pellegrin bekannt, einem Tragödienschreiber, der für Rameau die *Phaedra* von Racine zu *Hippolyte et Aricie* umschreibt, einem Stück, dessen dichterische Armseligkeit zum Himmel schreit, das aber Tänze, Schäferszenen, Priesterinnenchöre, Jägerchöre und alle Arten von Instrumentalstücken besitzt, an denen sich die außergewöhnliche Erfindungsgabe Rameaus bewähren kann.
Die erste, private Aufführung von *Hippolyte et Aricie* fand bei La Pouplinière statt; der Erfolg war so durchschlagend, daß Abbé Pellegrin auf die fünfzig Pistolen, die er im Fall eines Fehlschlags gefordert hatte, verzichtete.
Die öffentliche Uraufführung war am 1. Oktober 1735 in der Opéra. Das allgemeine Urteil lautete: »Viel zuviel Noten«; es gab Leute, die sich darüber ärgerten, als hätten sie eine persönliche Beleidigung erfahren. Aber so wird es immer sein: Die Bewegung, die das Genie nach vorn trägt, übt auf das Publikum einen Schock aus; das eine ist der Reflex des anderen. Eine alte Erkenntnis übrigens; sie gibt den Unentschiedenen einen festen Bezugspunkt, allerdings nur, weil andere Informationshilfen ausfallen. Die Furcht aber, man könnte es an Urteilsfähigkeit fehlen lassen, wollen wir eilends mit der Zusicherung mindern, daß die Gelegenheiten, sie zu überprüfen, äußerst selten sind.
Mit der Zeit legte sich der Tumult der ersten Aufführungen. Der Erfolg wurde fast zum Triumph.
Wenn Rameau hier auch die Ermunterung erfährt, weiterhin für die Oper zu schreiben, so ist sein Leben dennoch gezeichnet von einer anhaltend schlechten Gemütsverfassung und dem unsagbaren Bedürfnis nach Einsamkeit; er findet kaum anders Ruhe als beim Anhören seiner Musik – Gott weiß, nach welchen Schlachten! Er streitet sich mit Philosophen seiner Zeit herum, wobei er leidenschaftlich um ihre Zu-

stimmung wirbt; doch ihr Groll war hart und saß tief, und einer von ihnen, Rousseau, hatte Gründe – wenn auch nicht sehr stichhaltige – auf Rameau ärgerlich zu sein.
Jeder von ihnen verstand die Harmonie auf seine Art, und in diesem Streit der Systeme mußte der Musiker wohl den kürzeren ziehen. Am Ende seines Lebens wurden ihm Ansehen und Ehre in Form des Adelsbriefes zuteil, dessen Wappen zu tragen ihm allerdings der Tod verwehrte.

*

Warum die französische Musik Rameau ein halbes Jahrhundert vergaß, ist ein in der Geschichte der Musik häufig anzutreffendes Geheimnis; erklären läßt es sich wohl nur aus der willkürlichen und seltsamen Verflechtung historischer Verläufe. Königin Marie-Antoinette, die nie aufhörte, Österreicherin zu sein, wofür sie ein für allemal bezahlen mußte, zwang dem französischen Geschmack Gluck auf; unter diesem Schlag verbogen sich unsere schönen Traditionen, unser Bemühen um Klarheit wurde erstickt, und so gelangten wir auf dem Weg über Meyerbeer folgerichtig zu Richard Wagner. Warum nur? Wagner ist notwendig zur Entfaltung der deutschen Kunst – ein gewaltiges Aufblühen, aber möglicherweise auch ein tödlicher Abgesang – man kann mit Fug und Recht daran zweifeln, daß er je etwas mit Frankreich zu tun hatte – ich meine, soweit es den Einfluß auf unsere Denkart betrifft. Und wenn auch die Ereignisse ihre leidenschaftslose Beurteilung erst in der Zukunft finden können, so kommen wir doch um die harte Feststellung nicht herum: Es gibt keine französische Tradition mehr.
Warum sollten wir den Verlust dieser bezaubernden Art, Musik zu schreiben, nicht bedauern, die wir genauso verloren haben wie die Spur Couperins? Sie mied jeden Wortschwall und besaß Geist; wir wagen kaum mehr, Geist zu haben, wir fürchten, daß es uns an Größe fehle, bei der wir doch nur außer Atem geraten und oft dazu noch erfolglos bleiben. Und die so biegsame Feinheit in der Silbenreihung unserer süßen Sprache, wo ist sie geblieben? Wir werden sie in *Hippolyte et Aricie* wiederfinden, in jenem Werk, das die Opéra 1908 neu herausbringen will. Trotz des schmerzlichen Vorwurfs, der in den beiden Jahreszahlen liegt, darf man sicher gehen, daß der Ausdruck intakt geblieben ist, mögen auch der gesellschaftliche Rahmen, der Sinn für prunkvolle Musik in gewissem Grad dahingeschwunden sein;

denn dieser Ausdruck ist echt und »an seinem Platz«, darin jener immerwährenden Schönheit gleich, die trotz der unentschuldbaren Vergeßlichkeit der Menschen nie völlig aussterben kann.
Warum haben wir nicht Rameaus guten Ratschlag befolgt, die Natur zu beobachten, bevor wir sie zu beschreiben versuchen? Weil wir dafür keine Zeit mehr haben? Und unsere Musik segelt im Schlepptau von Alltagsgeschichten, die aus Italien zu uns kommen, oder von sagenfernen Erzählungen, Brosamen vom Tisch des *Rings*. Ungenutzt lassen wir das »Ballett mit Gesang«, das durch die entscheidenden Beispiele, die Rameau hier hinterlassen hat, uns gemäß und unser Erbe ist. Obgleich Rußland dieses Erbe von uns übernommen hat, entspräche es doch bestimmten Seiten unseres Charakters unendlich viel mehr; es wäre gut gewesen, mit dieser Form das Bemühen um Eleganz lebendig zu erhalten.

*

Es läßt sich schwer voraussagen, wie die Aufführung von *Hippolyte et Aricie* an unserer Opéra aussehen wird. In diesem Versuch steckt mehr Kühnheit, als man vermuten mag. Rameau ist ein Musiker des alten Frankreich, der, wenn er auch dem unterhaltenden Charakter des Schauspiels Rechnung trägt, sich sein Recht, Musik zu machen, in nichts schmälern läßt. Dies scheint zwar natürlich, ist es aber heute vielleicht nicht mehr. Wir haben eine Art angenommen, das Orchester wie einen Salat wild durcheinanderzumischen, bei der man jede Hoffnung auf Musik fahren lassen muß. Die Schönheit solchen Getümmels ist um so tiefer, je schwieriger es sich erfassen läßt.
Es steht zu fürchten, daß unsere Ohren dabei die Fähigkeit verloren haben, feinfühlig und aufmerksam jener Musik zuzuhören, die sich allen unschönen Lärm versagt; wer sie jedoch aufzunehmen versteht, den überrascht ihre liebenswerte Vornehmheit.
Es wäre betrüblich, wenn wir diese Sitten ganz vergessen hätten, die einmal die unseren waren, und sie durch die Manieren von Barbaren ersetzten. Fürchten wir uns weder vor zuviel Ehrfurcht noch zuviel Rührung. Hören wir das Herz von Rameau schlagen; lange schon war in der Opéra keine französischere Stimme mehr zu vernehmen.

Le Figaro, 8. Mai 1908

Was unterlegt man der Musik am besten? Schöne, schlechte, freie Verse oder Prosa?

(Umfrage von Fernand Divoire)

Die Beziehungen zwischen Vers und Musik? Ich habe darüber nicht nachgedacht. Ich denke sehr wenig über Musik nach. Die Musiker und Dichter, die andauernd Musik und Dichtung im Munde führen, sind für mich genauso unausstehlich wie Sportler, die ständig vom Sport reden.
Und dann kann man ja die Wahrheit nicht sagen. Sie wollen sie wissen? Nun gut: Die Musiker, die nichts von Versen verstehen, sollten sie auch nicht in Musik setzen. Sie werden sie nur verderben.
Schumann hat Heinrich Heine nie verstanden. So ist wenigstens mein Eindruck. Er war ein großes Genie, aber für die feine Ironie bei Heine hatte er keinerlei Gespür. An der *Dichterliebe* zum Beispiel können Sie sehen, wie völlig er daran vorbeigegangen ist.
Wirklich schöne Verse – man soll nicht übertreiben – gibt es nicht so viele. Wer macht heute schon welche? Und wenn sich ein schöner Vers findet, rührt man besser nicht daran. Henri de Regnier, der vollklingende klassische Verse schreibt, läßt sich nicht in Musik setzen. Und können Sie sich Musik auf Verse von Racine oder Corneille vorstellen? Allein, die jungen Musiker von heute wollen neben ihren Namen nur berühmte Signaturen sehen.
Und dann, sagen Sie mir, was nützen der Musik die Verse? Was? Es gibt mehr schöne Musik zu schlechten Versen als schlechte Musik auf wirklich schöne Verse. Gute Verse haben ihren eigenen Rhythmus, der uns viel zu sehr behindert. Halt, da habe ich doch letzthin, ich weiß nicht warum, drei Balladen von Villon vertont ... Doch, ich weiß warum: weil ich schon lange Lust dazu hatte. Nun, es ist sehr schwierig, dem Text zu folgen, den Versrhythmus zu »umkleiden« und dabei auf Atmung zu achten. Wenn man Fabrikware macht, wenn man sich mit dem Nebeneinanderherlaufen von Musik und Dichtung zufriedengibt, dann ist es natürlich nicht schwer, aber dann verlohnt es sich auch nicht. Die klassischen Verse haben ein eigenes Leben, eine »innere Dynamik«, wie die Deutschen sagen, die ganz und gar nicht die unsere ist.
Mit der rhythmischen Prosa hat man es leichter, hier gibt es mehr Freiheit nach allen Seiten. Und wenn der Musiker sich seine rhyth-

mische Prosa selbst verfaßte? Warum nicht? Worauf wartet er denn? Wagner hat es gemacht; nur sind seine Dichtungen kein nachahmenswertes Beispiel, genauso wenig wie seine Musik. Seine Libretti sind nicht besser als andere. Nur für ihn waren sie besser. Und das ist die Hauptsache.

Lassen wir also die großen Dichter in Frieden. Sie haben es selber auch lieber. Im allgemeinen sind sie sehr empfindliche Leute.

Musica, März 1911

Massenet ist tot . . .

Massenet war der beliebteste unter den zeitgenössischen Musikern. Gerade diese Beliebtheit trug ihm aber auch die besondere Stellung ein, die er in der musikalischen Welt innehatte.
Seine Kollegen mißgönnten ihm die Fähigkeit zu gefallen, die eine echte Begabung darstellt. Offen gesagt ist diese Begabung auch nicht unbedingt notwendig, in der Kunst am allerwenigsten, und man kann sicher sein, um nur ein Beispiel unter anderen zu nennen, daß Johann Sebastian Bach nie in dem Sinn gefallen hat, den das Wort bei Massenet annimmt. Hat man je von jungen Putzmacherinnen gehört, daß sie die *Matthäus-Passion* trällerten? Ich glaube nicht. Wohingegen jeder weiß, daß sie morgens beim Aufwachen *Manon* oder *Werther* singen. Man soll sich aber nicht täuschen: Das ist ein liebenswerter Ruhm, und mehr als einer der großen Puristen, die ihr Herz nur an der mühsam erworbenen Achtung Gleichgesinnter erwärmen können, blickt mit heimlichem Neid darauf.
Alles, was er unternahm, gelang ihm zum Erfolg, und man meinte dafür Rache nehmen zu müssen, indem man sich hinter vorgehaltener Hand zuraunte, er sei der beste Schüler von Paul Delmet – was ein höchst geschmackloser Scherz war. Man hat ihn viel nachgeahmt, äußerlich wie innerlich.
Für gewisse Künstler ist der Versuch, den zu Fall zu bringen, den sie imitieren, das erste Gebot der Klugheit; sie nennen dieses erbärmliche Manöver auch noch »Kampf für die Kunst«. Dieses Wort, das man so oft im Munde führt, hat einen etwas verdächtigen Klang und setzt obendrein die Kunst mit irgendeinem Sport gleich.
In der Kunst hat man am meisten gegen sich selbst zu kämpfen, und die Siege, die man dabei erringt, sind vielleicht die schönsten. Aber eine sonderbare Ironie will es, daß man gleichzeitig Angst vor dem Sieg über sich selbst hat; man zieht es stillschweigend vor, sich auf die Seite des Publikums zu schlagen oder seinen Freunden zu folgen, was auf das gleiche hinausläuft.
Es ist jetzt nicht der richtige Augenblick zu bedauern, daß Massenets außerordentliche Fruchtbarkeit ihm – wie es scheint – manchmal die Fähigkeit zur Wahl unterband. Doch wer hat das Recht, von einem Manne zu verlangen, daß er genau das Gegenteil von dem sei, was er ist?
Im Jahrhundert Napoleons hoffte jede französische Mutter, ihr Sohn

werde auch ein Napoleon, aber die Kriege haben viele dieser Träume hinweggefegt. Doch es gibt einmalige Schicksale. In seiner Art ist Massenets Schicksal eines davon.

Le Matin, 14. August 1912

Jean-Philippe Rameau

Rameau war fünfzig Jahre alt, als er für das Theater zu schreiben begann, und fast sein ganzes Leben lang nahm man kaum Notiz von ihm. Dank der Bemühungen französischer Musikforscher kennen wir ihn heute besser als seine eigenen Zeitgenossen, zumindest was seine Lebensumstände angeht; denn musikalisch gesehen bleibt er für viele der Schöpfer des Rigaudon aus *Dardanus*, und das ist alles! Er war hoch und schlank gewachsen und besaß einen so schwierigen wie begeisterungsfähigen Charakter. Er verachtete die Welt ... in einer Zeit, wo man gerade über feine Manieren klügelte, und wo es eine gar sonderbare, durchaus nicht geschätzte Marotte bedeutete, kein Höfling zu sein.

Die Musiker und Sänger der Opéra fürchteten ihn und mochten ihn nicht leiden. Er war ihnen ständig gram wegen der Stellen, die sie ihn zu streichen zwangen, weil sie sie nicht zufriedenstellend wiedergeben konnten oder wollten. Seine fast grenzenlose Liebe zur Musik ließ ihn über alle Widrigkeiten hinwegsehen, die eine Zeit voll eleganter Blasiertheit seinem Genie bereitete.

Er war der geborene Philosoph, doch ließ ihn der Ruhm nicht gleichgültig. Aber die Schönheit seines Werkes lag ihm noch mehr am Herzen. Gegen Ende seines Lebens wird er eines Tages gefragt, was seinem Ohr mehr schmeichle, das Rauschen des Beifalls oder die Musik seiner Opern. Er bleibt einen Augenblick stumm, dann gibt er zur Antwort: »Meine Musik liebe ich noch mehr.«

Das bei Künstlern so seltene Bemühen um Erkenntnis ist Rameau angeboren. Um diesen Drang zu befriedigen, schreibt er eine Harmonielehre, in der er die »Rechte der Vernunft« wieder herzustellen trachtet und in der Musik die Ordnung und Klarheit der Geometrie herrschen lassen will. Im Vorwort dieser Harmonielehre steht zu lesen, daß »die Musik eine Wissenschaft ist, die gewisser Gesetze bedarf«, daß diese Gesetze abgeleitet sein müssen von einem einleuchtenden Prinzip und uns dieses Prinzip ohne die Hilfe der Mathematik kaum verständlich werden kann.

Mit einem Wort, er zweifelt keinen Augenblick an den alten Lehrsätzen der Pythagoreer, an ihrer Wahrheit ... die ganze Musik müsse zurückgeführt werden auf eine Kombination von Zahlen; sie sei die Arithmetik des Klangs, so wie die Optik die Geometrie des Lichtes sei. Man sieht, er greift hier auf alte Begriffe zurück, aber er bereitet damit den Weg, den er selbst und die ganze neuere Harmonik gehen werden. Vielleicht tat er Unrecht, seine Opern erst zu komponieren, nachdem er seine Theorien niedergeschrieben hatte, denn diese Theorien gaben den Zeitgenossen eine Handhabe, in seiner Musik auf das Fehlen jeglichen Ausdrucks zu schließen.

Er hatte seine Laufbahn kaum beendet, als eine andere Mode folgte, eine sieghafte zunächst mit Lully, später eine beherrschende mit dem hochangesehenen Gluck, der so lange der Schulmeister der französischen Musik war, daß sie sich noch kaum davon erholt hat.

Unerklärlich lange erinnerte man sich überhaupt nicht mehr an Rameau: Sein Charme, seine strenge und doch so feine Form sahen sich durch eine Haltung ersetzt, die in der Musik einzig die dramatische Wirkung sucht. Der »glückliche Fund« einer Harmonik, die dem Ohr wohltut, machte einer massiven, administrativen Harmonik Platz; sie war leicht anzuhören, und man »verstand« endlich! Allein, auch davon wandte sich die Musik ab, um neugierig einem anderen tyrannischen Genie zu folgen: Richard Wagner.

Rameaus immense Hinterlassenschaft, die man nicht hoch genug einschätzen kann, ist die Entdeckung der »Sensibilität in der Harmonik«. Und darum gelangen ihm bestimmte Farben, gewisse Tönungen, Nuancen, von denen die Musiker vor ihm nur eine verschwommene Vorstellung besaßen.

Die Kunst ist wie die Natur Veränderungen unterworfen, beschreibt gewagte Entwicklungskurven, kehrt aber immer wieder zu ihrem Ausgangspunkt zurück. Rameau ist, ob man dies nun wahrhaben will oder nicht, eines der sichersten Fundamente der Musik, und man kann gefahrlos auf dem schönen Weg weiterschreiten, den er vorgezeichnet hat, dem barbarischen Gestampfe, den Irrtümern zum Trotz, mit denen man ihn in den Schmutz zieht.

Auch das ist ein Grund, ihn zu lieben, mit jener zärtlichen Hochachtung, die man diesen etwas unangenehmen Altvorderen bewahrt, welche es indessen verstanden haben, die Wahrheit auf so liebenswerte Weise zu sagen.

November 1912[47]

Colonne-Konzerte

Die Stimmen schienen alle das gleiche Lied zu singen,
so vollkommen war ihr Zusammenklang.

Dante Alighieri

Es scheint, daß die französische Musik eine Krise durchmacht, und daß die alten Streitigkeiten wieder aufleben.

Das ist aufrichtig zu begrüßen, denn wenn auch das Charakteristikum unserer Zeit in ihrer fast grenzenlosen Freiheit liegt, so ist doch ihre diskussionslose Aufnahmebereitschaft für Konzeptionen aller Arten ein Zeichen von Schwäche, von fast würdeloser Gleichgültigkeit gegenüber der Kunst. Schließen sich solche wetterwendischen Geister, die allem offenstehen, immer bereit sind, sich nach dem Wind irgendeiner Ästhetik zu drehen, zu einer Gruppe zusammen, so reicht das aus, die öffentliche Meinung zu bestimmen. Da ist es auch nicht schlimmer, zäh und unbeweglich an einer altbekannten Position festzuhalten. Vor allem: Nur nie die Lächerlichkeit fürchten, nur keine extremen Längen scheuen. Wenn nach hundert Takten niemand mehr weiß, worum es geht, ist das Publikum, oder die es anführen, sofort bereit, lautstark von Genie zu reden. Wir haben da Meister, die sich namentlich dadurch hervortun, daß sie die Gehirne in Verwirrung und Ratlosigkeit versetzen mit Passagen, bei denen das Orchester vollkommen über die Köpfe der Zuhörer hinwegspielt. Und dies in einem solchen Maß, daß das Publikum, ungeachtet der wohlbedachten Vorsorge, ihm während der Aufführung der Stücke das Verlassen des Saales zu unterbinden, eigentlich gern hinausginge, um nicht indiskret zu scheinen. Doch eine heroische oder banale Wendung – und schon ist das vorausgegangene wüste Chaos entschuldigt. Man klatscht Beifall, einmal, um die stickige Luft in Bewegung zu bringen, zum andern, um dem Komponisten zu danken, daß er einen nun hinausläßt.

Manche fahren aber auch blindlings fort, die Ahnen zu verehren, ähnlich den Chinesen, für die Konfuzius die Moral ein für allemal in eingängige Regeln und Formeln gefaßt hat. Wieder andere versehen Dinge, die so alt sind wie die Welt, mit neuen Etiketten. Sie entdecken, nicht unbedingt aus instinktivem Spürsinn, die Vasenornamente der Jungsteinzeit, die Klänge eines frühen Javanismus. Das ist weder sehr neu noch sehr beunruhigend. Demgegenüber bekräftigte Henri Poincaré, dessen Überlegenheit für eine unparteiische Sicht der Dinge bürgt, vor einigen Jahren in *Science et Méthode* die Unentbehrlichkeit der avantgardistischen Geister, die von der Menge als Narren betrachtet werden.

Und in der Tat kann die vielleicht unbeholfene, linkische Form den Keim einer Idee in sich bergen, deren Schönheit viel später ein anderer zur Entfaltung bringen wird.

Man muß stammeln, bevor man sprechen kann, was jedoch unsere Zeit des forcierten »Arrivismus« gern vergißt, wo Werke zuhauf entstehen, die allein dem Bedürfnis entspringen, eine überaus schwankende Mode zu befriedigen. Und dabei sind so viele »Arrivisten« nie zu neuen Zielen aufgebrochen! Wann entschließt man sich endlich, die allzu geläufige Meinung zu revidieren, es sei ebenso leicht, Artist zu sein wie Dentist? Wann endlich hört man auf, den ebenso gefährlichen wie nutzlosen Popularisierungsmitteln immer noch neue hinzuzufügen? Beethoven, auf den sich so viele vor Tatkraft strotzende Professoren berufen, soll junge Leute nicht schlecht entmutigt haben; er wußte nur allzu gut, daß die Kunst ein Opfergang ist. Heute wird er in seinem unzerstörbaren Ruhm als Beispiel hingestellt! Dies ist nicht sehr schlau und bedeutet, daß man beim Spiel der Möglichkeiten mogelt.

Das ergreifende Geheimnis alter Wälder, beruht es nicht auf Opfer und Tod? Wie viele kleine Bäumchen wurden vom Tritt gleichgültiger Tiere geknickt, wurden dem sieghaften Wuchs hoher Eichen geopfert, die Jahrhunderte um Jahrhunderte die Aufgabe haben, ihre Schönheit zu behaupten! Ist das nicht ein nützlicheres Beispiel? Und stimmt es nicht tragisch überein mit der scharfen »Einstellung«, unter der die Zeit das Menschenwerk betrachtet?

Wir wollen von den Menschen solch unerbittliche Opfer nicht verlangen, aber wenigstens eine Lehre darin erblicken. Wenden wir uns nicht ab von dem liebenswerten guten Willen der netten Leute aus dem »Herrenmodengeschäft«. Versuchen wir nicht, die Musik von denen zu befreien, die sie wirklich lieben, sondern von jenen, die den guten Namen Künstler benutzen, um Geschäfte zu machen.

Trotz der geringen Hoffnung, daß dies geschehe, ist es doch brennend zu wünschen. Dann würden die Mißverständnisse, die Unstimmigkeiten darüber, was die Musik sagen will, aufhören.

Bemerkungen zu den Konzerten des Monats

Von der ganzen Musik, die im Colonne-Konzert gespielt wurde, ist, ohne Ironie gesagt, die *Pastoralsymphonie* von Ludwig van Beethoven die modernste. Sie bleibt entschieden eines der besten Beispiele expressiver Kunstfertigkeit. Zu hören, wie ein Orchester Tierstimmen nachahmt, ist eine wahre Freude für groß und klein. Im Sessel sitzend ein Gewitter über sich ergehen lassen, ist reine Schwelgerei. Gabriel Pierné hat die Symphonie sehr gut dirigiert; er hat sie nicht zu Tode interpretiert, sondern ihren liebenswerten Reiz zur Entfaltung gebracht. Apropos *Pastorale*: Hat man sich je Gedanken darüber gemacht, wieviel Meisterschaft zu einem Meisterwerk gehört, damit es so viele Interpretationen aushält? Es gibt die »respektvolle« Interpretation, bei der aus Angst, der Staub der Jahrhunderte könnte aufgewühlt werden, die Tempi sich verlangsamen, die Nuancen dahinschwinden ... Es gibt auch die »phantastische« Interpretation, wo das Gegenteil eintritt, und die den Eindruck einer Beerdigung bei Regen erweckt. Daß Beethoven ein Choleriker war, ist kein hinreichender Grund, ihn auf ärgerliche Weise zu interpretieren. Das eben war das Erheiternde an dieser jüngsten Aufführung: Wir befanden uns wirklich auf dem Lande, die Bäume hatten keine weißen Krawatten um, der Bach, an dessen Ufer sich die reinste, die deutscheste Idylle abspielt, war voller Frische, ums Haar hätte es nach Stall gerochen!

*

Die *Symphonie fantastique* von Berlioz ist noch immer dieses fiebrig erregte Meisterwerk romantischen Feuers, bei dem man sich wundert, daß die Musik so übersteigerte Seelenzustände wiedergeben kann, ohne außer Atem zu geraten. Das ist so aufwühlend wie der Kampf der Elemente.

*

Die *Impressions d'Italie* von Gustave Charpentier sind ein wohlklingender Beweis der bekannten Lebensregel: »Reisen bildet die Jugend« ... Trotz des Formalismus gewisser Partien ahnt man schon den Duft, den *Louise* haben wird, und den Aufruhr ihrer Massen. Die Akademie, die gerade Gustave Charpentier unter ihre Mitglieder aufgenommen hat, durfte befriedigt sein, einen jungen Mann nach Rom geschickt zu haben, der seine italienischen Erlebnisse so schnell zu Papier brachte.[48]

*

Ich habe *Au Cimetière* von Maurice Droeghmans nicht hören können; ich bedaure dies und bitte schon im voraus um Entschuldigung, wenn ich auch im nächsten Monat diese wirklich sehr flüchtigen »Bemerkungen« fortsetze.

S. I. M., November 1912

Über die Achtung in der Kunst

Die Musikkritik hat manchmal seltsame Vorstellungen von der Achtung, die sie der Musik schuldet.

Anläßlich einer Symphonie von Théodore Dubois[49], die das Publikum auf der Galerie zu stören wagte, geht sie mit diesem armen Publikum gar streng ins Gericht und beklagt sich über sein schlechtes Benehmen. Natürlich wäre es besser gewesen, sich jeder Äußerung zu enthalten, Schweigen ist in solchen Fällen immer die stärkste Waffe der Ablehnung. Indessen wäre es wissens- und hörenswert, ob etwa in der offiziellen Stellung von Théodore Dubois der Grund für die geforderte Achtung liegt? Er hat eine ganz ausgezeichnete Harmonielehre geschrieben und das Conservatoire hervorragend geleitet. Seine Opern werden wenig gespielt, aber man spielt ja auch *Die weiße Dame* nicht mehr, jene entzückende Komische Oper echt französischer Tradition, unter deren Einfluß so viele Ehen geschlossen und geschieden wurden, und die die Faustschläge des italienischen Verismus wohl aufwiegt.

Nun kommt Théodore Dubois am Ende seines erfüllten Lebens die Lust an, eine Symphonie zu schreiben, und das Publikum (auf der Galerie) gibt ihm recht unhöflich zu verstehen, daß sie weder dem Ruhm der Musik im allgemeinen noch dem der französischen im besonderen von Nutzen ist. Was ist daran so schlimm? War es nötig, so erschreckt darauf zu reagieren? Man hat in Frankreich bereits die Vorliebe für die Klassik ertötet, einfach dadurch, daß man ihre Pflege in die Hände sehr langweiliger Leute legte. Das Gesicht des Paukers zu vergessen, der uns den Traum der Athalie aufsagen ließ, braucht es Jahre; obendrein nimmt Racines Gesicht nicht selten die Züge dieses Lehrers an – sie verschwimmen ineinander.

In der Kunst kann es keine obligatorische Ehrfurcht geben; solche Irrtümer bewirken, daß der Weg vieler Leute eine unverdiente Richtung nimmt, weil sie aufgrund ihres Alters schließlich doch zu Ansehen und Ehren gelangen. – Seit geraumer Zeit sind wir von der Manie besessen, die Dinge zu verwalten, die auf der Welt am wenigsten zu verwalten sind, und zwangsläufig hat diese Sucht auch ihren Einzug in die Kunst gehalten. Will man also Musik machen, so gründe man schleunigst eine Gesellschaft, wo Gegensätzlichkeiten in der Regel damit enden, daß sie einander aufheben. Will man Musik lernen, dann hat man die Wahl zwischen dem Conservatoire und der Schola Cantorum, in denen man, und wäre man genial wie Bach, begabt wie Cho-

pin, dem gleichen Reglement unterworfen würde. Wieviele Wunder es bräuchte, um Kunst und Reglement miteinander in Einklang zu bringen, ist schlechthin unvorstellbar.
Ohne zu den Sängerschulen der Renaissance zurückkehren zu wollen, die vielleicht nicht mehr in unsere Zeit passen, könnte man sich doch von ihnen anregen lassen und zu jenem freizügigen, nicht vom Wunsch nach raschem Ruhm diktierten Unterricht zurückkehren, bei dem der Schüler den schönen Titel eines Jüngers annähme und seinen Meister ebenso fürchtete wie liebte.
Vermengen wir nicht die Ehrfurcht, die nur eine Tugend ist, mit der Kunst; sie ist die schönste aller Religionen, in der sich Liebe und zugestandene Eigenliebe verschwistern.

Bemerkungen zu den Konzerten des Monats

Im Triptychon *De l'ombre à la lumière*, »Von Nacht zum Licht«, von Paul Pierné ist die Nacht ohne Zweifel dem Lichte vorzuziehen. Während das erste Stück kaum mehr bietet als ein Auf-der-Stelle-Treten, fordert das zweite gesonderte Betrachtung. Zu einer rhythmischen Figur, die etwas von einem Wiener Walzer an sich hat, machen Libellen gar rührende Gleitflugversuche, während im Hintergrund der Landschaft Nymphen sich nach der jüngsten Methode von Isadora Duncan im Tanze wiegen. Das Orchesterkolorit schildert mit köstlicher Anmut jene letzten Augenblicke, in denen die innigen Zauberspiele der Nacht wehmütig dem nüchtern-klaren Morgen zu weichen beginnen. (Da wir kein Programm hatten, ist es möglich, daß Paul Pierné eine ganz andere Szenerie vorschwebte als uns. In diesem Fall möge er uns verzeihen.)
Das dritte Stück scheint zunächst das zweite wieder aufzugreifen; im übrigen ist es ein nicht unangenehmer, munterer Weckruf. Die Kräfte des Lichts heben an, das Dunkel zu besiegen. Leider drängen sich die Violinen, im Wettstreit um die meisten Noten in einem Takt, frech vor die Trompeten, und das schöne Licht, das uns der Titel verhieß, steigt ein wenig matt herauf. Paul Pierné kleidet sein Orchester nach der neuesten Mode. Er vergißt auch nicht den orientalischen Faltenwurf, ohne den es heute keine gute Orchesterpartitur tut. Indessen wahrt er den guten Geschmack und fällt nie in prunkende Schaustellung. Es wären ihm hie und da eine ungezwungenere Gestaltung, ein freierer Atem im Ausdruck zu wünschen.

Im gleichen Konzert wurde die Arie des Erzengels aus der *Rédemption* von César Franck gesungen. Dabei konnte sich Paul Pierné vergewissern, wie weit wahre »Ausstrahlung« zu reichen vermag.

*

Zwischen der Kunst Böcklins und der von Richard Strauss gibt es merkwürdige Beziehungen ... Dieselbe Unbekümmertheit gegenüber einem vorher entworfenen Plan, dieselbe Neigung, die Form direkt in der Farbe zu suchen, und aus dieser Farbe dramatisch-illustrierende Wirkungen zu ziehen. Von diesen beiden Meistern kann der erste seine Manier nicht mehr ändern, denn er ist tot; der zweite, unbestreitbar lebendig, würde sich hüten, die seine zu verändern, denn er versetzt damit fünf – oder doch beinahe fünf – Erdteile in Erregung.
In der »Bürgerlichen Köchin« ist unter dem Stichwort »Hasenpfeffer« die umwerfend kluge Anweisung zu lesen: »Man nehme einen Hasen« ... Richard Strauss geht ganz anders vor. Um eine Symphonische Dichtung zu schreiben, greift er zur nächstbesten Idee; er erweist sich dabei als außerordentlicher Zauberkünstler, der es mit den durchtrainiertesten Fakiren aufnehmen könnte.
Tod und Verklärung besitzt zwar nicht die glänzende Sicherheit des *Till Eulenspiegel*, nicht die leidenschaftliche Großsprecherei des *Don Juan*, dennoch enthält das Werk Formeln, die Strauss teuer geblieben sind, auch wenn er sie später verfeinert hat. Zu Beginn weht uns dumpfe Grabesluft entgegen, in der sich unruhige »Schatten« zu bewegen scheinen; die Seele liegt in harten Kämpfen und strebt mit allen Kräften, sich von dem armen Leib zu befreien, der sie noch an die Erde fesselt. Aber da singt eine Oboe eine Kantilene mit italienischen Wendungen. Man versteht nicht sofort warum, weil man nicht gleich an die zahllosen, so geheimnisvollen Seelenwanderungen gedacht hat. Wenn man im übrigen verstehen wollte, was in einer Symphonischen Dichtung vorgeht, dann würden am besten keine geschrieben. Die Lektüre dieser kleinen Musikführer, bei denen die Buchstaben des Alphabets als Glieder von Silbenrätseln fungieren, die man während der Aufführung zu lösen sucht, diese Lektüre setzt den häufigen Mißverständnissen zwischen Komponist und Zuhörer bestimmt kein Ende. – Doch die Verklärung vollzieht sich vor den Augen des Publikums, ohne sichtbare Kunstkniffe, nur in mächtigen C-Dur-Akkorden. Diese Tonart vermittelt am sichersten das Gefühl der Ewigkeit.
Es ist keineswegs erwiesen, daß die Musik sich leichter im Übernatür-

lichen als im beschränkt Menschlichen bewegt. Das ist eine hauptsächlich von literarischer Seite lancierte Meinung. Und selbst in diesem Fall bedarf es keines Programms, das die Literatur anzieht wie der Nektar die Bienen; die einfachste, nackteste Musik genügt. In *Tod und Verklärung* scheinen bestimmte Partien deshalb ein wenig leer, weil sie den Erwartungen des Titels nicht mehr gerecht werden. Daran trägt niemand Schuld, auch Richard Strauss nicht, der eines der eigenständigsten Genies unserer Zeit ist.

*

Sonntag, 1. Dezember, Beethoven-Fest. Ein notwendiges, und wenn man es recht bedenkt, ein nützliches Fest zur geistigen Entspannung. Man ist's zufrieden, endlich einmal nur bewundern zu brauchen und ein verständnisinniges Lächeln austauschen zu dürfen an immer den gleichen, von Generation zu Generation weitergereichten Stellen.
Beim Hinausgehen kann man mit dem Brustton der Überzeugung sagen: »Dieser Beethoven ... was für ein Genie!« Nichts ist legitimer, denn die gegenteilige Haltung wäre ein noch dümmerer Snobismus. Niemand braucht die mit nervöser Spannung geladene Atmosphäre zu fürchten, die sonst an den Sonntagen herrscht, wenn man einen »Jungen« aufführt. Zunächst einmal muß man sich da eine Meinung bilden, was recht unbequem sein kann. Und muß man sich nicht auch den Anschein geben, als hätte man entweder verstanden oder sich schon immer gegen verdächtige Harmonien gewehrt? Was für Probleme! Wir sind wirklich schon sehr schlechte Betrachter, die vom Touristenruhm nicht ereilten Landstriche wissen ein Lied davon zu singen; sie wissen auch, wie weit die Phantasie mit ihren Werturteilen gehen kann – aber sind wir vielleicht nicht noch schlechtere Hörer?
Ich meine allen Ernstes, daß es sehr ehrenwerte Leute gibt, die von acht Takten nur einen einzigen hören – hier läßt sich übrigens kein starres Rechenschema aufstellen, das Verhältnis ändert sich von Person zu Person – es ist also natürlich, daß ihnen am Ende eines Stückes Takte fehlen und ihre Rechnung nicht stimmt. Dieses Manko einzugestehen fällt nicht leicht; man nimmt einen sehr gängigen Trick zuhilfe und sagt mit nachdenklicher Miene: »Ich muß das ein paarmal hören ...« Nichts ist verkehrter! Wenn man Musik richtig hört – lassen wir Übung und zweckdienliche Studien einmal beiseite – dann hört man sofort, *was zu hören wichtig ist.* Der Rest ist eine Frage der Umstände oder äußerer Einflüsse. Ein Publikum hat nie von vorn-

herein eine feindliche Einstellung zur Musik, oft kümmert es sich nicht einmal um den Namen des Komponisten, was eine hübsche Lektion für Spezialisten bedeutet. Aber wir haben die schrecklichen Dilettanten, die nicht gekommen sind, sich zu vergnügen, und vor denen man kein dummes Zeug reden darf. Also »hält man an sich«, und wie artige Kinder, die just den Kuchen »wählen« mußten, den sie nicht mögen, unterdrückt man seinen Ärger.

Wirklich, als Publikum hat man nichts zu lachen! Man kann ihm nur wünschen, daß es sich einige Sonntage für das Bilboquet freihält, ein Spiel, das zwar ungewöhnliche Geschicklichkeit erfordert, aber wenigstens keine besonderen Fähigkeiten des Ohrs verlangt.

S. I. M., Dezember 1912

Zum Jahresende

Es entspringt wahrscheinlich einer unvermeidlichen Notwendigkeit, daß unsere Symphoniekonzerte am Jahresende uninteressant werden, weil die Neuheiten in Vorbereitung stehen. Fast kein neues Werk wagt sich aufs Programm, lediglich die nicht umzubringenden Symphonien von Beethoven sichern einen respektablen Kassenerfolg.
Diese Konzerte liefern jedesmal Stoff zu recht melancholischen Betrachtungen, weil man dabei feststellen muß, wie wenig wir uns die Rückbesinnung zur Gewissenssache machen, und noch weniger die Verehrung unserer Toten – die es doch anders verdienten.
Warum soviel Gleichgültigkeit gegenüber unserem großen Rameau? Warum gegenüber dem fast unbekannten Destouches? Gegenüber Couperin, dem größten Poeten unter unseren Clavecinisten, dessen sanfte Melancholie wie ein wunderbares Echo aus der geheimnisvollen Tiefe der Landschaften herauftönt, wo Watteaus Gestalten in milder Trauer sich ergehen? Diese Gleichgültigkeit wird zur Schuld, weil sie bei anderen Ländern – die auf ihren Ruhm so sehr bedacht sind – den Eindruck erweckt, als legten wir auf den unseren nur wenig Wert; denn keiner dieser illustren Franzosen erscheint auf den Programmen, nicht einmal zu dieser Jahreszeit, wo man sich üblicherweise mit den alten Verwandten aussöhnt. Statt dessen spielt man *Parsifal*.
Da sich mehrere Theater um die Ehre streiten, dieses Meisterwerk herauszubringen – mit gutem Grund, denn Meisterwerke sind eine rare Sache – ist die Zweckmäßigkeit einer Konzertaufführung nicht recht einzusehen. Empfindet man denn nicht den Mißton, der in einem solchen Unterfangen steckt? Stellt man den *Parsifal* damit nicht auf die Stufe einer bloßen »Aktualität«? Für die Getreuen ist dies ein unerfreulicher Anblick; er steht im übrigen auch im Gegensatz zu dem, was Wagner immer gewollt hat.
Daß er die Pilgerfahrt nach Bayreuth ins Leben rief, kommt sicher nicht von ungefähr. Er war sich wohl bewußt, daß *Parsifal* in nichts zur zeitgenössischen Szene paßte; um sein Mysterium unversehrt zu bewahren, mußte er es fern- und reinhalten von all dem Auf und Ab des Tagesgeschehens.
In Bayreuth blieb der Alltag, blieb das Alltägliche draußen. Nichts störte die gläubige Hinwendung zu dem Abgott, ganz im Gegenteil, alles wies auf ihn hin, manchmal sogar mit anfechtbaren Mitteln. So zeigte man den Tisch, an dem Wagner sein Bier zu trinken pflegte,

das vollwangige Fräulein, das den Gral trug; sogar die Handtücher schmückten sich mit den ersten Takten des Vorspiels, gestickt in rotem Garn. All das war, man muß es zugeben, ein so unerwartetes wie bewundernswertes Mittel der Beeinflussung! Da sich das Publikum nicht nur aus feinfühligen Gemütern zusammensetzte, war es weder unbedingt lächerlich, noch unbedingt sinnlos.

Bedenkt man die Atmosphäre, die mit viel Geduld um *Parsifal* geschaffen wurde, muß man sich fragen, was mit der Schönheit geschehen mag, wenn sie in überzivilisierte Hauptstädte verpflanzt wird, die rasch dem Skeptizismus anheimfallen, verwirrt sind durch die tausend kleinen Tragödchen, die uns das Leben zu spielen zwingt, und die uns kaum etwas anderes einbringen als die Abstumpfung des Gemüts.

Daß *Parsifal* stark genug ist, solche Mißlichkeiten abzuschütteln, steht außer Zweifel. Ehren wir ihn darum, zollen wir ihm den Tribut der Bewunderung, der ihm gebührt; erzürnen wir aber auch nicht mehr die Schatten derer, die ihr Bestes zum Ruhme der französischen Musik gegeben haben.

Wir wünschen, daß an die Stelle der Bach-Gesellschaft, die sich so tatkräftig bemüht, das Andenken dieses Ahnherrn aller Musik hochzuhalten, eine Rameau-Gesellschaft trete, zumal Rameau unser Blutsverwandter ist. Wir sind seinem Geiste diese Huldigung schuldig.

Bemerkungen zu den Konzerten des Monats

Ernest Chausson, auf dem der flämische Einfluß César Francks schwer gelastet hat, war einer der feinsinnigsten Künstler unserer Zeit. Wenn der Einfluß des Lütticher Meisters einigen zeitgenössischen Musikern von unleugbarem Nutzen war, so scheint er Chausson jedoch eher geschadet zu haben, weil er der Eleganz und Klarheit, Chaussons natürlichen Gaben, jene gefühlsbetonte Strenge entgegensetzte, die die Grundlage von Francks Ästhetik ist.

Der Glaube, daß die wesensmäßigen Züge, die den Geist eines Volkes prägen, ohne Schaden auf ein anderes übertragbar seien, ist ein Irrtum, der unsere Musik oft genug verfälscht hat, denn wir übernehmen mit argloser Begeisterung Konzeptionen, in die nichts Französisches einfließen kann. Es wäre besser, wir stellten sie den unseren gegenüber, damit wir erkennen, was uns fehlt und es hinzuzugewinnen suchen, ohne doch am Rhythmus unseres Denkens etwas zu ändern. Auf diese Weise würden wir unser Erbteil bereichern.

Franck – um auf ihn zurückzukommen – besaß ein bewundernswert sorgloses Verhältnis zur Zeit, denn er ignorierte die Langeweile ... Wenn er gut beginnt, kann man beruhigt sein; manchmal jedoch macht es Mühe herauszufinden, was er sagen will. Sein Genie verheddert sich in einem seltsamen Gewebe von äußerster Kompliziertheit, das von dramatischen oder pompösen Anläufen durchschossen ist; sie sind jedoch nur kurz, und zwar nicht aus Schwäche, sondern weil seiner biederen Schlichtheit solche Mittel nicht liegen. Von all dem enthält auch die Musik Chaussons etwas, doch gelingt es ihm, sich freizumachen und seinen eigenen Weg einzuschlagen.
Das *Poème* für Violine und Orchester, das Lucien Capet mit ergreifender innerer Anteilnahme spielte, enthält Chaussons beste Wesenszüge. Die Freiheit seiner Form steht nie in Widerspruch zur ausgewogenen Proportion. Nichts ist rührender in seiner träumerischen Zartheit als das Ende dieses Poems, wo die Musik alle Beschreibung, alle erzählende Äußerlichkeit beiseite läßt und zum reinen Ausdruck der Empfindung wird, aus der sie entstand.
Dies sind sehr seltene Augenblicke im Schaffen eines Künstlers. Für uns werden sie begleitet von der Trauer um sein frühes Ende, das sein bezauberndes Genie daran hinderte, sich in Werken voll feuriger und zarter Musik ganz zu entfalten.

*

Am Mittag, als in deine dunkle Hütte ich trat,
Schliefst du, ermattet von der Glut des Tages.
Deine gelösten Haare wallten schwarz und voller Fülle:
Ich sah dich, und in der Nacht noch schwebten
Die großen Flügel Amors über mir.

Auguste Brizeux: *An die schlafende Marie*

Über diese schönen und ruhig fließenden Verse hat Guy Ropartz eine unruhige Musik geschrieben, die gern verliebt täte, wäre nicht Guy Ropartz' Muse eine ernste Person, die solchen Spielen abhold ist. Das Orchester seufzt, wallt auf, wird erregt – doch dann schläft es ein. Die zarte Ermattung, die schwere Leidenschaft der Stunde – die Musik kann weiter gehen als Worte! – scheinen den hervorragenden Konservatoriumsdirektor von Nancy nicht sonderlich berührt zu haben, oder aber, er läßt sie bei der formalen Gliederung des Stücks, das allerdings nur eine Skizze ist, zu kurz kommen. Warum stehen die großen Flügel

Amors in C-Dur? Das ist eine Tonart, die explodiert, so behutsam man sie auch anfaßt. Das tut sie denn auch, und Marie würde sicher erwachen, wenn Guy Ropartz über sie nicht schnell die sanft bewegten Harmonien breitete, die diese höchst sachkundig geschriebene Skizze beschließen.

*

Die Schönheit des Andante aus dem Violinkonzert von Johann Sebastian Bach[50] ist so groß, daß man ernstlich nicht mehr weiß, wie man sich hinsetzen und verhalten soll, um des Anhörens würdig zu sein. Sie bleibt einem lange im Sinn, und man wundert sich beim Hinaustreten auf die Straße, daß der Himmel nicht blauer ist und der Parthenon nicht aus der Erde emporwächst. Doch das wilde Hupen der Autobusse rückt die Dinge schnell wieder an ihren gewohnten Platz.

S. I. M., 15. Januar 1913

Über den Geschmack

In unserer Zeit, in der der Sinn für das Geheimnis mehr und mehr schwindet, weil wir völlig damit beschäftigt sind, verschiedene Systeme menschlicher Abrichtung auszuprobieren, ging uns notwendigerweise auch die wahre Bedeutung des Wortes »Geschmack« verloren.
Im vergangenen Jahrhundert bedeutete Geschmack haben nichts anderes, als auf liebenswürdige Weise seine Meinungen verfechten. Heute hat das Wort eine solche Sinnverbreiterung erfahren, dient so vielen Zwecken, daß es kaum noch etwas anderes ist als eine Art »Boxkampf«-Argument, das sich zwar mit sehr viel Nachdruck, aber ohne Eleganz behauptet. Aufgrund eines natürlichen Absinkens hat sich der »Geschmack«, der aus Nuancen und Feingefühl besteht, zum »schlechten Geschmack« gewandelt, in dem sich Formen und Farben gar seltsame Gefechte liefern ... Doch hält sich diese Betrachtungsweise zu sehr im allgemeinen auf – hier soll nur von Musik die Rede sein, was als Unterfangen schon schwierig genug ist.
Das Genie vermag offenbar auch ohne Geschmack auszukommen. Beispiel: Beethoven. Doch kann man ihm Mozart entgegenhalten, der ebensoviel Genie mit dem feinsten Geschmack verbindet. Schauen wir auf Bach, den Lieben Gott der Musik, an den die Komponisten ein Gebet richten sollten, bevor sie sich an die Arbeit setzen, auf daß er sie vor Mittelmäßigkeit bewahre; schauen wir auf sein umfangreiches Werk, in dem wir auf Schritt und Tritt Dingen begegnen, die so lebendig sind, als wären sie erst gestern entstanden, angefangen bei der kapriziösen Arabeske bis hin zu jenem religiösen Verströmen, dem wir bis jetzt nichts Besseres zur Seite stellen konnten – wir werden in diesem Werk vergeblich nach mangelndem Geschmack suchen.
Im *Kaufmann von Venedig* spricht Porzia von einer Musik, die jedes Wesen in sich trage. »Wehe dem«, sagt sie, »der nicht auf sie hört.« Ein wunderbares Wort, das sich jene zu Herzen nehmen sollten, die, noch bevor sie auf das hören, was in ihren Seelen klingt, sich um die Formel mühen, die ihnen am zweckdienlichsten scheint. Oder sie setzen mit großer Geschicklichkeit Takte nebeneinander gleich armseligen Bauklötzchen; eine Musik, die nach Küche und Pantoffeln riecht. Mechaniker sagen, wenn sie eine schlecht montierte Maschine unter den Händen haben: »Es riecht nach Öl.« Hüten wir uns vor der bloßen *Schreibe*; sie ist Maulwurfsarbeit, bei der wir schließlich die lebendige Schönheit der Töne auf ein Rechenexempel reduzieren, bei dem zwei

mal zwei genau vier ergibt... Seit langem kennt die Musik das, was die Mathematiker den Zahlenwahn nennen. Vor allem: Nehmen wir uns vor Systemen in acht, die nichts anderes sind als »Fuchseisen für Dilettanten«.
Es hat liebenswerte kleine Völker gegeben – ja es gibt sie sogar heute noch, den Verirrungen der Zivilisation zum Trotz – die die Musik so leicht lernten wie das Atmen. Ihr Konservatorium ist der ewige Rhythmus des Meeres, ist der Wind in den Bäumen, sind tausend kleine Geräusche, die sie aufmerksam in sich aufnehmen, ohne je in tyrannische Lehrbücher zu schauen. Ihre Traditionen bestehen nur aus sehr alten Gesängen, mit Tänzen verbunden, zu denen jahrhundertelang jeder ehrerbietig seinen Beitrag lieferte. So gehorcht die javanische Musik einem Kontrapunkt, gegen den derjenige Palestrinas ein reines Kinderspiel ist. Und wenn man ohne europäischen Dünkel dem Reiz ihres Schlagwerks lauscht, kommt man nicht um die Feststellung herum, daß das unsrige nur ein barbarischer Jahrmarktslärm ist.
Die Annamiten zeigen den Embryo einer Oper, die auf chinesischen Einfluß zurückgeht, und in der man die Formel des *Rings* wiedererkennt. Nur daß es dort mehr Götter und weniger Dekorationen gibt. Eine hitzige kleine Klarinette ruft Leidenschaften hervor, ein Tam-Tam weckt Schrecken ... und das ist alles! Kein eigenes Festspielhaus, kein verdecktes Orchester. Nichts als ein instinktives Bedürfnis nach Kunst, das sich auf einfallsreiche Weise befriedigt, keine Spur von schlechtem Geschmack! Wenn man überlegt, daß diese Leute nie auf den Gedanken gekommen sind, ihre Formeln bei der Münchener Schule zu holen, woran denken sie dann?
Hätten somit die Fachleute die zivilisierten Länder verdorben? Und geht der Vorwurf, das Publikum liebe nur leichte (sprich: schlechte) Musik etwa an die falsche Adresse?
In Wahrheit wird Musik allemal »schwer«, wenn ihr das innere Leben fehlt, wobei das Wort schwer nur ein verbales Schamtüchlein ist, das ihre Dürftigkeit verdecken soll. Es gibt nur eine Musik, und die nimmt aus sich selbst das Recht auf Leben, ob sie es nun bei einem Walzerrhythmus entlehnt – und käme er aus dem Kaffeehaus – oder sich der imposanten Anlage einer Symphonie bedient. Und warum nicht zugeben, daß in diesen beiden Fällen der gute Geschmack oft auf seiten des Walzers liegt, wohingegen die Symphonie Mühe hat, ihre Mittelmäßigkeit mit pompösem Aufwand zu verbrämen?
Versteifen wir uns also nicht mehr auf den Gemeinplatz, der so zählebig ist wie die Dummheit selbst: Über Geschmack und Farben läßt

sich nicht streiten. Im Gegenteil, streiten wir, finden wir zu *unserem Geschmack* zurück; nicht daß er verloren wäre, wir haben ihn nur unter nordischen Daunenbetten begraben. Er wird unsere beste Stütze sein im Kampf gegen die Barbaren, die viel schrecklicher geworden sind, seit sie ihr Haar in der Mitte scheiteln.
Die Schönheit eines Kunstwerks wird immer ein Geheimnis bleiben, das heißt, man wird nie bis ins letzte ergründen können, »wie es gemacht ist«. Erhalten wir uns um jeden Preis diese geheimnisvolle magische Kraft der Musik. Sie ist ihrem Wesen nach offener dafür als jede andere Kunst.
Als Gott Pan die sieben Rohrpfeifen der Syrinx zusammenband, ahmte er zunächst nur den langen melancholischen Ton nach, den die Kröte klagend zum Mondlicht schickt. Später trat er in Wettstreit mit dem Gesang der Vögel. Wahrscheinlich haben die Vögel seit jener Zeit ihr Repertoire erweitert.
Diese Ursprünge sind heilig genug, daß die Musik mit einigem Stolz auf sie blicken und aus ihnen Teilhabe am Mysterium bewahren kann. Im Namen aller Götter, versuchen wir nicht mehr, sie von diesem Ursprung zu lösen und ihr Geheimnis zu erklären. Schmücken wir es durch feine Wahrung des »Geschmacks«. Er sei der Hüter des *Geheimnisses.*

Bemerkungen zu den Colonne-Konzerten

Pablo Casals, der große Virtuose, hat die Programmfolge des vergangenen Sonntags durcheinandergebracht, weil er sich schon in der Generalprobe weigerte, das Konzert von Dvořák zu spielen, nachdem Gabriel Pierné sich erlaubt hatte, seine Schönheit in Zweifel zu ziehen. Uns will scheinen, daß das Recht eindeutig auf seiner Seite lag. Und indem Casals wegging, ohne zu spielen, hat er eine neue Art gefunden, seine Bewunderung für das Konzert auszudrücken. Wir senden ihm dafür unsere ehrerbietigen Grüße.[51]

*

Fausts Verdammung ist viel gespielt worden, und das zur allgemeinen Freude. Im Himmel droben, seiner letzten Heimstatt[45], versteht Goethe die Welt nicht mehr.

*

Aus Gründen, von denen die Musik nichts weiß, hat die vollständige Aufführung der *Images* unterschiedliche Beurteilungen gefunden. Die Interpretation war kraftvoll und vibrierend nach Wunsch.[52]

S. I. M., 15. Februar 1913

Über den Vorläufer

Die Rolle des Vorläufers reicht bis in graue Vorzeit zurück. Nur von Gott kennt man keinen Vorläufer, zumindest ist sein Name nicht auf uns gekommen. Doch wie die Dinge hier liegen, ist dies eine beträchtliche »Materie«, dauert doch die Bildung selbst des kleinsten Planeten bereits mehrere Weltalter.
Nach den letzten kosmologischen Forschungen gilt es als sicher, daß der Affe der Vorläufer des Menschen war. In der Musik – die uns hier vor allem beschäftigt – war der Vorläufer der erste Wilde, der auf den Gedanken verfiel, zwei Holzstücke gegeneinanderzuschlagen; das eine war hohl und gab einen Klang von sich, an dem sich der Wilde ergötzte. Ein anderer, schlauerer Wilder spannte Fäden über das hohle Stück Holz und schabte mit seinen schlecht geschnittenen Fingernägeln heftig darauf herum. Von daher stammt zweifellos der – unvorbereitete – Nonenakkord, der später soviel Verwirrung in die Musikwelt tragen sollte.
Die Rolle des Vorläufers hat eine Entwicklung durchgemacht, die der Musik parallel lief, das heißt: Je mehr Musik entstand, desto mehr Vorläufer gab es. Fehlte er der einen Epoche, so erfand ihn die folgende wieder, weshalb es auch so schwer fällt, ausfindig zu machen, wie wichtig diese Rolle tatsächlich ist; und dies um so mehr, als manchmal der Vorläufer nur aus zweiter Hand auf uns kommt, wie jüngst ein Vorfall bewies, der so bestürzend ist, daß unsere erlauchtesten Musikwissenschaftler ihn scheinbar bis jetzt ignoriert haben. Um der Historie zu genügen sei mir erlaubt, die wichtigsten Fakten zu berichten.
In der zweiten Hälfte des 18. Jahrhunderts lebte in Deutschland ein tüchtiger Musiker namens Friedrich Wilhelm Rust, ein Schüler Philipp Emanuel Bachs, und Kapellmeister des Fürsten von Anhalt-Dessau. Er starb 1796 und hinterließ zahlreiche Kompositionen, die er zur Unterhaltung seines fürstlichen Gönners geschrieben hatte. Einige waren zu seinen Lebzeiten veröffentlicht worden, doch gerieten sie schnell in völlige Vergessenheit. Friedrich Wilhelm Rust besaß einen Enkel, der die Manuskripte und auch die musikalische Gelehrsamkeit seines ruhmlos gebliebenen Großvaters geerbt hatte. Er wurde der »Professor Wilhelm Rust« und bekleidete in Leipzig das Amt des Thomaskantors, das ehemals durch den großen Johann Sebastian Bach berühmt geworden war. Eine Internationale Gesellschaft betraute Wilhelm Rust mit

der Erstausgabe der bis dahin unveröffentlichten Kantaten des alten Bach.
Durch dieses internationale Vertrauen auf den Geschmack gekommen, entschloß sich der »ehrenwerte Professor« Wilhelm Rust im Jahr 1885, ein Dutzend großer Sonaten seines Großvaters herauszugeben. Für die Musikwelt bedeutete dies eine Revolution. In Frankreich zögerten unanfechtbare Schulhäupter nicht einen Augenblick, ihn als »Vorläufer Beethovens« zu bezeichnen, ja sie gingen so weit, in ihm ein bedeutendes Genie zu feiern. Es fiel sie nicht der leiseste Zweifel an, als sie in diesen Sonaten auf vor-wagnerische Harmonien, auf frühe Anwendung des »Leitmotivs« stießen – welch bewundernswerte Schulweisheit!
Es bildeten sich Rust-Gesellschaften; Ernst Neufeldt, der Präsident einer dieser Gesellschaften, träumte sogar davon, in den Manuskripten, die der inzwischen verstorbene Professor Wilhelm Rust der Königlichen Bibliothek zu Berlin vermacht hatte, neue, noch brachliegende Meisterwerke zu finden. Neufeldt findet sie auch und sieht den »Vorläufer« Beethovens, Wagners usw. in sich zusammenfallen. Nichts bleibt übrig von dem erstaunlichen Modernismus der Sonaten, nichts als der flüchtige Duft einer vergangenen Zeit ... keine der freien Harmonien, keine Verbindung von Kirchentonarten mit moderner Enharmonik – das blanke Nichts!
Zunächst einmal ist die Trauer schwer verständlich, die Neufeldt in einem Artikel der Zeitschrift *Die Musik* an den Tag legte, konnte er doch befriedigt sein über die Feststellung, daß Beethovens ruhmreiche Integrität erhalten und Wagner der haftbare Eigner des »Leitmotivs« geblieben war. Noch weniger allerdings vermag man sich die Absicht des seltsamen Rust-Enkels zu erklären – worauf Théodore de Wyzewa in einem Artikel der Zeitung *Le Temps* hinwies, der sich mit der schmerzlichen Klage von Ernst Neufeldt befaßt – um so mehr, als der Professor Wilhelm Rust es nicht für geboten gehalten hatte, die Manuskripte seines Großvaters zu vernichten und so die Aufdeckung der Mystifikation auf Gnade und Ungnade dem ersten besten Nachforscher in die Hände gegeben war.
Wie gerne hätte man es gesehen, wenn einem unserer eminenten Musikwissenschaftler dieser Schwindel aufgefallen wäre. Er hätte zwar nicht mehr Licht in diesen ungewöhnlichen »Fall« gebracht, aber er wäre ein andermal wenigstens mißtrauisch gegenüber dem »Prahlhans«, der sich hinter dem Vorläufer verbergen mag.
Doch reißen wir uns von der Familie Rust los und wenden wir uns

Fragen zu, die in ziemlich enger Beziehung zu unserem Thema stehen. Vergleichen wir einmal der größeren Anschaulichkeit wegen die Töne mit den Worten. Jedermann gebraucht die gleichen Worte. Woher aber, wenn nicht von einer besonderen Anordnung, rührt der Reiz, das neue Licht, das auf dieselben Worte fällt, sobald bestimmte Schriftsteller sie gebrauchen? Und woher rührt der unerwartete Reiz, den Akkorde annehmen, die überall sonst in der Musik auch vorkommen, wenn nicht von der »klanglichen Anordnung«, die nicht lernbar ist, weil sie in keinem Buch aufgezeichnet steht? Nur die Eingeweihten ahnen sie, nachdem sie das augenscheinliche Rätsel der Meister befragt haben; und oft noch täuschen sie sich und suchen die Ursache ihrer inneren Erregung weitab von dem verschwiegenen Plätzchen, an dem sich die Schönheit der Harmonien versteckt hält gleich einem süß duftenden Veilchen unter üppigem Blattwerk.
Neben dieser »Anordnung« kommt es auch noch auf die strenge Auswahl dessen an, was vorausgeht und nachfolgt. Doch das ist eine andere Geschichte, die man den klugen großen Leuten besser nicht erzählt! Eine weitere Frage: Noch nie hat ein Architekt daran gedacht, einem anderen Architekten Vorwürfe zu machen, weil er die gleichen Steine verwendet. Er wird höchstens Anstoß nehmen, wenn er am Werk eines Kollegen den gleichen Grundriß entdeckt. In der Musik ist es gerade umgekehrt; hier kopiert ein moderner Komponist kaltblütig die Formen eines klassischen Werks, und kein Mensch stößt sich daran. Im Gegenteil, man beglückwünscht ihn sogar! (Die Ehrfurcht vor der Tradition geht recht seltsame Wege.) Benutzt er aber einen angeblich bekannten Akkord, erhebt sich sogleich die Stimme des Volkes und es ertönt der Ruf: »Haltet den Dieb!« Noch einmal: Ein Akkord bedeutet für das Klanggebäude nicht mehr als ein Stein in einem Bauwerk; erst der Platz, an dem er steht, die Stütze, die er dem flexiblen Bogen der melodischen Linie gibt, verleiht ihm seinen wahren Wert.
Seit Jahrhunderten bedienen wir uns derselben Töne, um unsere Träume zu verwirklichen, und seit Jahrhunderten bedienen wir uns mit wenig Unterschied derselben Worte beim Schreiben. Daß es verschiedene Arten zu schreiben und Musik zu machen gibt, dies wirft vielerlei Fragen auf, die wiederum andere Fragen nach sich ziehen. Auf jeden Fall scheinen sie uns die Bedeutung zu vermindern, die man der Rolle des Vorläufers beimißt. Ist er nicht lediglich ein Mann, der von der Schwäche seiner Zeit profitiert?

Bemerkungen zu den Colonne-Konzerten

Das Schicksal, das Ernest Fanelli zuteil wurde, ist im Grunde nicht ungewöhnlich. Dreißig Jahre lang schlug er sich durch Not und Elend, mit keinem anderen Gepäck als den schönsten Träumen der Welt. Dann verliert er die Geduld, vergräbt seine Träume in der Tiefe eines Koffers, vergißt sie und bemüht sich, einfach nur noch zu leben. Gabriel Pierné, bei dem er eines Tages vorspricht, ist überrascht von dem schön geschriebenen Manuskript, das ihm Ernest Fanelli zeigt, und bekundet lebhaftes Interesse. Eine ähnliche Geschichte trug sich bei dem jungen Edgar Allan Poe zu, der als völlig Unbekannter aufgrund seiner schönen Handschrift den ersten Preis in einem Wettbewerb erhielt.

Etwas zu sagen haben macht im allgemeinen schüchtern. Doch war Ernest Fanelli nicht ohne Freunde, die für ihn hätten sprechen können. Man stößt sich bei dieser Lebensgeschichte ständig an dem Spiel des Schicksals, in dem sich Bitternis mit feiger Trägheit mischt.

Am 17. März 1912 läßt Gabriel Pierné, dem für die seltene Herzlichkeit seiner Geste zu danken ist, den ersten Teil der *Tableaux symphoniques* nach *Le Roman de la Momie* von Théophile Gautier spielen. Ungeheurer Erfolg, große Aufregung. Man ist erstaunt, frägt herum, sucht nach dem Verantwortlichen. Natürlich findet man niemand, weil man selten den Mut hat, die Quelle einer Ignoranz aufzudecken.

Am 23. Februar 1913 dirigiert Gabriel Pierné den zweiten Teil der *Tableaux symphoniques*. Die Aufnahme ist merklich anders. Hat man in dieser Tatsache nur eine Laune des Ruhms zu sehen? Jetzt kommt es darauf an, was Ernest Fanelli zustande bringen wird, wenn er von den Lebensumständen weniger bedrängt ist und wählen kann, was er zu Gehör bringen will. Im Augenblick gehorcht er zu willfährig der inneren Stimme, die ihm eingibt, Noten auf Noten zu häufen, ohne sich groß um ein Gleichgewicht zu kümmern.

Er hat einen sehr ausgeprägten Sinn für dekorative Musik, der ihn jedoch zu einer solch deskriptiven Kleinlichkeitskrämerei verführt, daß er sich selbst aus den Augen verliert und vergißt, was seine Musik allein aus sich selbst heraus an Überzeugungskraft besitzen könnte. Möge es ihm jetzt gelingen, sich zu sammeln; das Leben schuldet es ihm, und wir bringen ihm voller Sympathie unser Vertrauen entgegen.[53]

*

Von zwei Uraufführungen, *Le Printemps*, einem symphonischen Freudenausbruch von Georges Soudry, und *Les Deux Routes*, einer lyrischen Tondichtung von Marc Delmas nach Worten von René Robine haben wir nur letztere gehört; sie wurde von Frau Isnardon wunderbar gesungen. Das ist sehr junge Musik, die sich noch an den Wettbewerb um den Rompreis erinnert. Der Zauber der Worte hätte es nicht verdient, von dem Gewicht einer etwas oberflächlichen Dramatik erdrückt zu werden. Marc Delmas ist sehr jung, er hat also noch viel Zeit, seinen gegenwärtigen Respekt vor dem, was man ihm beibrachte, in ein Bewußtsein umzusetzen, das sich freigemacht hat von aufgedrängten Formeln.

S. I. M., 15. März 1913

Die Konzerte

Colonne-Konzerte

Die trügerische Milde des April beendet die Saison der Sonntagskonzerte. Wir berichten also nicht mehr über die Colonne-Konzerte und gönnen ihrem Ruhm, dessen Arme, geben wir es zu, während der letzten Saison etwas schlaff herunterhingen, die Ruhe der Erholung. Kein Bedarf mehr an dem »Geschmetter goldener Trompeten über alten Pergamenten« oder besser: an dem Gold der Trompeten, die über alten Namen, von denen keine Irritierung droht, in Ekstase geraten.
Lassen wir auch den bedauerlichen »Fall Rust« ruhen, der den Streit entfachte zwischen denen, die die Musik lieben, bescheiden und unverdrossen, und denen, die sich der alten Meister bedienen, um ihre eigene Apologie vorzubereiten – wozu sich testamentarische Hinterlassenschaften besonders trefflich eignen.
Das einzig Ironische an dieser Geschichte ist, daß sie Beethoven in verjüngtem Licht erscheinen läßt! Er nimmt die Gestalt eines jungen Revolutionärs an, der dem alten, »unfehlbaren« Lehrmeister gegenübersteht. Fast verargt man es ihm ein wenig, daß er die letzten Quartette geschrieben hat. Doch lassen wir das. Die Leute vom Schlage der Rusts sind unzählbar, insofern sich in ihnen ein Hang zum Mittelmäßigen verkörpert, der nie aussterben wird. Stellen wir beruhigt fest, daß es von Zeit zu Zeit immer wieder einen Beethoven gibt, der die Musik ins Lot bringt.
Doch etwas anderes: Je weiter wir uns umsehen, desto mehr sind wir versucht zu fragen, ob die Liebe zur Musik nur in bestimmten feinsinnigen und erlesenen Kreisen möglich ist? Sie lieben heißt doch nicht, nur eine bestimmte Art von Musik lieben? Und warum soviel Heuchelei, soviel Versteckspiel? Kann man denn nicht ganz einfach zugeben, daß es auf unserer Welt nicht weit her ist mit der Liebe zur Musik? Wird, weil man diese Liebe zu sehr forciert hat, die Musik an einen Endpunkt geraten, nicht daß sie stürbe, aber daß sie selten würde und die Beschäftigung mit ihr genauso eine Grille wäre wie die Suche nach dem Stein der Weisen?
In einer Zeit wie der unseren, in der die Technik eine so ungeahnte Perfektion erreicht, hört man die berühmtesten Werke ebenso leicht, so mühelos, wie man ein Glas Bier trinkt; es kostet sogar nur zehn Centimes, soviel wie die Personenwaage. Wie soll man nicht die Domesti-

zierung des Klanges fürchten, um die Magie bangen, die in eine Schallplatte gebannt wird, und die ein jeder nach Belieben wecken kann? Liegt hier nicht ein Grund für den Verlust der geheimnisvollen Kräfte einer Kunst, die man für unzerstörbar halten durfte?

Wie sollte man da nicht den trefflichen fahrenden Musikanten nachtrauern, den Balladensängern und stimmgewaltigen Spielleuten, die die Schönheit der Sagen mit unbefangener Naivität bewahrten und daraus keinen anderen Nutzen zogen als den des täglichen Brots? Jetzt werden sie für Opern ausgeschlachtet, wo es sicher sehr viel mehr Musik gibt, das heißt: Musik, die sehr viel mehr Lärm macht; zum Ausgleich dieser Unzulänglichkeit entfaltet man großen szenischen Prunk.

Wir haben auch das Musikdrama, das ebenfalls Anleihen bei Legenden und Sagen macht. Bleibt die Frage, ob unser Gemüt für diese Stoffe empfänglich genug ist. Aufs Ganze gesehen, haben wir vielleicht noch nicht die Opernform gefunden, die unserem gegenwärtigen Bewußtseinsstand entspricht.

Ein grundlegender Irrtum liegt darin, daß man Wagner als einen offenen Weg in die Zukunft betrachtete, statt in ihm den genialen Abschluß einer Epoche zu sehen. Die symphonische Durchführungstechnik für die dramatische Handlung heranzuziehen, war ein Notbehelf, der niemand gedient hat außer Wagner und der deutschen Denkart. Damit, daß wir sie übernahmen, haben wir unser Bedürfnis nach Klarheit nur geschwächt, ja sogar erstickt. So treten wir auf der Stelle und wissen nicht recht, wohin wir gehen sollen. Doch es bieten sich uns mehrere Wege an, auf denen wir die noch frische Spur des französischen Denkens wiederfinden können, das wir irregeleitet haben.

Von der sogenannten »futuristischen Musik« sprechen wir allerdings nur, um einen Tatbestand festzuhalten. Sie will die verschiedenartigen Geräusche der modernen Großstädte in einer totalen Symphonie zusammenfassen, vom Kolbenstampfen der Lokomotiven bis zur Schelle des Kesselflickers. Für die Zusammenstellung des Orchesters ist das sehr praktisch gedacht; doch wird es die Klangfülle eines Hüttenwerkes in vollem Betrieb jemals befriedigend erreichen? Warten wir es ab und lachen wir nicht zu früh, denken wir daran, welche Wirkung wohl das Finale der *Götterdämmerung* auf einen der fahrenden Sänger ausüben würde, die wir gerade beschworen haben.

Diesen Überlegungen fehlt die Heiterkeit, und es ist seltsam, daß die Fortschrittsvisionen dazu angetan sind, einen konservativ zu machen. Man sollte sich aber hüten, daraus auf irgendeinen Abstieg zu schließen. Haben wir jedoch ein Auge auf die *Maschine*, die schon so viele schöne Dinge zerstört hat. Und wenn man dieses Ungeheuer unbedingt zufriedenstellen muß, so überlasse man ihm das alte Repertoire!

Théâtre des Champs-Elysées

Nach einem Eröffnungskonzert, das Anlaß bot, die verschiedenen Arten der Orchesterführung miteinander zu vergleichen[54], geben die Konzerte, die Gabriel Astruc zusammen mit den Aufführungen des Théâtre des Champs-Elysées organisiert, Zeugnis von einer ernsthaften Bemühung, die man mit Freuden begrüßen muß, weil die Musik dort wirklich zu Hause ist und sich nicht wie ein geladener Gast vorkommt, als den man sie so oft behandelt. Warum die Akustik vollkommen ist, der jugendliche Eifer des Orchesters und seines Chefs Désiré-Emile Inghelbrecht wunderbar sind, darüber werden wir ein andermal sprechen. Gabriel Astruc hatte keine Angst, das ist alles!
Mit erfrischender Kühnheit hat Inghelbrecht pflichtbewußte Mitarbeiter um sich geschart. Und wo alle sich vorbildlich halten, singen auch die Chöre richtig... Wir wissen wohl, daß ein begeisterter Orchesterchef und gut einstudierte Chöre kein Wunder zu sein brauchen. Und dennoch!
Wenn es so weitergeht, und es muß so weitergehen, darf man große Hoffnungen auf ein solches Ensemble setzen, dessen oberstes Gebot heißt, vor allem die Musik zu lieben!
Es gibt viel zu sagen über diese Konzerte, man möge uns entschuldigen, wenn wir unser Grußwort zunächst an die Gründer richten, bevor wir von den hervorragenden Dirigenten sprechen, die unser Interesse noch gesteigert haben. Wir werden es auch in Zukunft nicht daran fehlen lassen.

S. I. M., 15. Mai 1913

»Jeux«

Alle guten Dinge lachen.
Nietzsche: *Zarathustra*

Ich bin kein Mann der Wissenschaft, ich habe also nicht die besten Voraussetzungen, vom Tanz zu sprechen, da man ja heute nichts über diese leichte und lockere Sache sagen kann, ohne die Miene des gebildeten Herrn Doktors aufzusetzen. Bevor ich ein Ballett schrieb, wußte ich nicht, was ein Choreograph ist; jetzt weiß ich es: Das ist ein Mann, der sehr viel von der Rechenkunst versteht. Ich bin zwar noch nicht sehr gelehrt, aber einige Lektionen habe ich doch behalten, zum Beispiel: 1, 2, 3; 1, 2, 3; 1, 2, 3, 4, 5; 1, 2, 3, 4, 5, 6; 1, 2, 3; 1, 2, 3; (ein bißchen schneller), dann das Ganze im Zusammenhang. Das sieht nach nichts aus, ist aber äußerst aufregend, vor allem, wenn der unvergleichliche Nijinsky diese Aufgabe stellt. Warum habe ich, ein der Ruhe zugeneigter Mensch, mich in ein so folgenschweres Abenteuer gestürzt? Nun – weil man eben frühstücken muß, und weil ich eines Tages mit Serge Diaghilew gefrühstückt habe, einem schrecklichen und reizenden Mann, der die Steine zum Tanzen bringen könnte. Er sprach mit mir über ein Szenarium von Nijinsky, geformt aus diesem subtilen Nichts, aus dem, wie ich glaube, eine Tanzdichtung bestehen muß. Es gab darin einen Park, einen Tennisplatz, die unverhoffte Begegnung zweier junger Mädchen und eines jungen Mannes, die einen verlorenen Ball suchen; es gab eine geheimnisvolle nächtliche Landschaft mit, ich möchte fast sagen, ein wenig Mutwillen, zu dem diese Dunkelheit verführt; es gab Sprünge, Drehungen, kapriziöse Schritte, kurz: all das, was nötig ist, um den Rhythmus in einer musikalischen Atmosphäre sich entfalten zu lassen.

Im übrigen haben mich, das muß ich bekennen, die Ballettaufführungen der »Russen« durch das, was sie ständig an Überraschendem boten, so oft hingerissen, hat mich die natürliche oder erworbene Spontaneität Nijinskys so oft bewegt, daß ich wie ein wohlerzogenes Kind, dem man einen Theaterbesuch versprochen hat, auf die Aufführung von *Jeux* in dem freundlichen Haus in der Avenue Montaigne – der Maison de la Musique – warte.

Es will mir scheinen, als ob die »Russen« in unserem tristen Studiersaal, wo der Tanzmeister so ernst ist, ein Fenster aufgestoßen hätten, das den Blick auf das freie Land öffnet. Und bedeutet es für den, der sie bewundert wie ich, nicht ein helles Entzücken, Tamara Karsawina, diese süß geneigte Blume, als Darstellerin zu haben und sie mit der ausgezeichneten Ludmilla Schollar unbefangen mit den Schatten der Nacht spielen zu sehen? . . .

Le Matin, 15. Mai 1913

Zum hundertsten Geburtstag Wagners

Monsieur Croche, ein alter, jüngst verstorbener Freund, hatte die Angewohnheit, den *Ring* das »Adreßbuch der Götter« zu nennen. Ein unehrerbietiger Titel, ich weiß. Er kann dennoch als Bestätigung dafür dienen, daß man noch lange, wenn der Einfluß von Wagners Kunst auf die französische Musik zurückgegangen ist, dieses vortreffliche Nachschlagewerk wird zu Rate ziehen müssen.

Les Annales politiques et littéraires, 25. Mai 1913

Colonne-Konzerte – Société des Nouveaux Concerts

Wenn die Schleier der Oktobernebel über dem letzten Akt des herbstlichen Zauberstücks gefallen sind, wenn die Bühnenarbeiter des Theaters der Natur im Hintergrund die rostroten Kulissen und Stellwände der Schlußapotheose weggeräumt haben, dann beeilen sich die Konzertgesellschaften, zu ihrer jährlichen Wiedereröffnung das musikalische Dekor aufzustellen und die symphonische »Instandsetzung« in die Wege zu leiten.

Nun ist es zwar so, daß dieses eine Schauspiel das andere nicht umbringt, und auch, daß das zweite das erste nicht aufwiegt. Aber was wollen Sie, es muß doch etwas getan werden für die Tausende braver Leute, die am Sonntag als Entgelt für eine Woche harter Arbeit ein Quentchen Ideal beziehen wollen. Geben wir ruhig zu, daß sie sich in dieser Hinsicht mit einem Hungerlohn bescheiden.

Im Grunde genommen wenden unsere symphonischen Maler keine besonders große Aufmerksamkeit auf die Schönheit der Jahreszeiten. Sie studieren die Natur aus Werken, in denen sie einen unangenehm künstlichen Anblick bietet, wo die Felsen aus Pappmaché bestehen und das Laub aus bemalter Gaze. Nun ist aber die Musik gerade die Kunst, die der Natur am nächsten steht, sie am subtilsten einfängt. Trotz ihres Anspruchs, vereidigte Übersetzer zu sein, können uns die Maler und Bildhauer von der Schönheit der Welt nur eine ziemlich freie und immer bruchstückhafte Darstellung geben. Sie erfassen und halten nur einen einzigen Aspekt, einen einzigen Augenblick fest; der Musiker allein hat das Vorrecht, die ganze Poesie der Nacht und des Tages, der Erde und des Himmels zu fassen, ihre Atmosphäre wiederzugeben und ihren gewaltigen Pulsschlag in Rhythmen auszuströmen. Wir wissen, daß er mit diesem Pfund keinen Wucher treibt. Selten entreißt ihm die Natur den Schrei so echter Liebe wie in manchen Stellen des *Freischütz*, meistens nimmt seine Leidenschaft mit einer Pflanzenwelt vorlieb, die die Literatur zwischen den Blättern ihrer Bücher getrocknet hat; Berlioz gab sich ein ganzes Leben lang damit zufrieden. Sein Genie fand ein genüßliches Vergnügen daran, sein Heimweh in einem Laden voll künstlicher Blumen herumzuführen.

Die Musik unserer Zeit wußte zwar der romantischen Verstiegenheit literarischer Vorstellungen zu entgehen, aber sie besitzt andere Schwächen. In den letzten Jahren war bei ihr eine eigentümliche Neigung für handwerkliche, fast scholastische Strenge bei gewissen Landschaftsschilderungen festzustellen. Wir brauchen wahrhaftig nicht zur naiven Ästhetik Rousseaus zurückzukehren, dennoch gibt uns die Vergangenheit einige geistvolle Lehrstücke an die Hand. So drängen sich meinen Gedanken beispielsweise bestimmte kleine Cembalostücke von Couperin auf; es sind wunderbare Modelle, von einer Anmut und Natürlichkeit, die wir nicht mehr kennen. Nichts kann den verborgenen sinnlichen Duft, die feine, heimliche Perversität vergessen machen, die unschuldsvoll die *Barricades mystérieuses* umschweben ...

Sagen wir es frei heraus: Die Kunst, sich symphonisch auszudrücken, ist weder lehr- noch lernbar. Kein Konservatorium, keine Schule hat das Geheimnis in Besitz. Das Theater bietet goldene Brücken in Form von Gesten, Rufen, Bewegungen, die dem Musiker in seiner Verlegenheit zu Hilfe kommen, aber die absolute Musik zeigt nicht den geringsten guten Willen, ihn aus der Bedrängnis zu befreien. Man muß die Gabe der Beschwörung in sich tragen, sonst bleibt nur der unverzügliche Rückzug aus diesem Kampf.

Und dann, woher kommt die symphonische Musik unseres Landes? Was ist das für ein Erbe, das uns zu dieser Ausdrucksform hinlenkt? Zuerst haben sich unsere Musiker überaus bereitwillig von den Symphonischen Dichtungen Liszts inspirieren lassen, dann folgten jene von Richard Strauss. Übrigens wurden alle ihre Emanzipationsversuche streng unterbunden. Jedesmal, wenn sie sich von dieser Tradition freizumachen suchten, wurden sie zur Ordnung gerufen. Man erdrückte sie unter der Last erhabener Beispiele. Beethoven – dem man in Sachen Kritik eigentlich die verdiente Ruhe gönnen sollte – Beethoven wurde als Beistand zitiert. Strenge Richter fällten harte Urteile im Namen der klassischen Konstruktionsregeln, von deren elementarsten Mechanismen sie keine Ahnung hatten. Ist ihnen überhaupt bekannt, daß niemand die Freiheit und den Phantasiereichtum des Satzes und der Form weiter vorangetrieben hat als Bach, einer ihrer Gesetzgeber?

Warum nur wollen sie nicht begreifen, daß der kindische Versuch nicht lohnt, die Geschichte nochmals zu schreiben, nachdem so viele Musikepochen hinter uns liegen, und uns dieses wunderbare geistige Erbe bereits zu Nutz und Frommen gedient hat? Ist es nicht im Gegenteil unsere Pflicht, die symphonische Form zu finden, die unsere Zeit fordert, eine Form, nach der die modernen Fortschritte, Kühnheiten und Siege rufen? Das Zeitalter der Flugzeuge hat ein Recht auf seine eigene Musik. Man lasse die Verteidiger unserer Kunst nicht unbeweglich und tatenlos im letzten Glied der Armee der Forscher stehen, und

man lasse ihnen nicht den Rang ablaufen vom Geist der Technokraten.
Die Opernmusik hat ein unmittelbares Interesse an dieser Wandlung auf dem symphonischen Feld. Ihr Geschick ist eng mit dem der absoluten Musik verknüpft. Wenn sie heute darniederliegt, so deshalb, weil sie Wagners Konzeption schlecht gedeutet hat und daraus eine Form ableiten wollte, die für unsere französische Art unannehmbar war. Wagner ist kein guter Französischlehrer.
Reinigen wir unsere Musik, entlasten wir sie vom hohen Blutdruck. Versuchen wir, zu einer hüllenloseren Musik zu finden. Hüten wir uns davor, das Gefühl unter der Anhäufung von Motiven und aufgetürmten Mustern zu ersticken. Wie sollten wir ihr Blüte und Kraft wiedergeben können, wenn wir die Vorliebe für all die vielen Einzelheiten des Satzes beibehalten, wenn wir weiterhin nach einer nicht durchführbaren Disziplin streben im wimmelnden Schwarm der kleinen Themen, die sich drängeln und übereinanderstolpern, und die das arme Gefühl in die Beine beißen, daß dieses alsbald sein Heil in der Flucht sucht! Als Generalregel gilt allemal: Wer in der Kunst eine Form oder ein Gefühl kompliziert, weiß nicht, was er sagen will.
Aber leider müssen wir zu der Einsicht gelangen, daß unsere Landsleute die Musik nicht lieben. Die Komponisten fühlen sich nicht ermutigt, Schlachten zu schlagen und Neues zu suchen. Man liebt die Musik nicht in Frankreich. Zweifeln Sie etwa daran? Dann hören Sie nur, in welchem Ton die Kritiker von ihr reden! Man sieht doch, daß sie keine zärtliche Neigung für sie hegen! Es ist, als ob sie an der Unglücklichen ständig einen dumpfen Ärger, einen alten, tiefverwurzelten Haß ausließen. Nicht nur in unseren Tagen hat man diesen Eindruck; zu allen Zeiten ist die Schönheit von bestimmten Leuten wie eine heimliche Beleidigung empfunden worden. Sie haben instinktiv das Bedürfnis, sich dafür zu rächen, indem sie das Ideal herabsetzen, von dem sie sich gedemütigt fühlen. Wie weit ist dieser haßerfüllte Seelenzustand von der gerechten Strenge eines Sainte-Beuve entfernt, der die Literatur liebte, oder eines Baudelaire, der nicht nur ein wunderbarer Künstler, sondern auch ein Kritiker von einzigartigem Verständnis war.
Indessen bleibt uns ein Mittel, den Geschmack an der symphonischen Musik bei unseren Zeitgenossen wieder zu wecken: Führen wir absolute Musik und Film zusammen! Der Film ist es – der Filmstreifen als Ariadnefaden – der es uns ermöglicht, aus diesem beunruhigenden Labyrinth herauszufinden. Léon Moreau und Henry Février haben

soeben den erfolgreichsten Beweis dafür geliefert. Die zahllosen Zuhörer, die sich bei der *Matthäuspassion* oder gar bei der *Missa solemnis* langweilen, fänden zu ihrer ganzen Aufmerksamkeit und Empfindung zurück, wenn die Filmleinwand sich ihrer Nöte annähme. Man könnte sogar Augenblicke im Film festhalten, die der Autor während der Komposition seines Werkes durchlebt hat...

Wieviele Mißverständnisse wären dadurch vermieden! Nicht immer ist nämlich das Publikum verantwortlich für seine Irrtümer! Es kann sich nicht ständig auf das Zuhören vorbereiten wie auf eine Disputation; das normale Leben eines Bürgers ist der Weckung ästhetischer Gefühle nicht sonderlich günstig. So aber wäre der Komponist nicht mehr verraten und verkauft, wir wären von falschen Deutungen befreit und erkennten endlich mit Sicherheit die Wahrheit, die Wahrheit, die Wahrheit!

Leider nehmen wir auf unsere Gewohnheiten zuviel Rücksicht. Wir verzichten nur ungern auf die hergebrachte Art, uns zu langweilen und ahmen immer wieder die gleichen Dinge nach...

Wie schade, daß Mozart nicht Franzose ist – man würde ihm mehr nacheifern.

Bemerkungen zu den Konzerten

Wir konnten die beiden ersten Colonne-Konzerte nicht besuchen, weil es derzeit zum guten Ton gehört, die Grippe zu haben. Es stand übrigens nichts Neues auf den Programmen. Die ehrenwerte Vereinigung hat ihre Reise gleichsam im Bummelzug angetreten; könnte man sie nicht bewegen, an einigen Stationen vorbeizufahren?

*

Doch bei den beiden Eröffnungsabenden der Société des Nouveaux Concerts im Théâtre des Champs-Elysées muß man dabeigewesen sein. Wir nahmen den Eindruck mit, daß es nicht leicht sein dürfte, eine Aufführung zu erhalten, welche der Vollkommenheit näher käme als die, die uns diese junge Gesellschaft geboten hat. Wir haben schon vor kurzem das Talent ihres Leiters Désiré-Emile Inghelbrecht rühmend hervorgehoben. Nun sehen sich seine Mühen belohnt: Er hat jetzt das Orchester, das er verdient.[55]

S. I. M., 1. November 1913

Colonne-Konzerte – Société des Nouveaux Concerts

Spanische Musik

Am 29. Oktober hörten wir spanische Musik, von echten Spaniern gespielt. Für viele kam das fast einer Offenbarung gleich, da die Kenntnis spanischer Musik in Frankreich sich kaum aus anderen Quellen speist als aus vagen Erinnerungen an die Weltausstellung. Man ging dort neugierig in die *Feria*; die Namen *La Macarona*, *La Soledad* usw. genügten bereits, das Interesse wachzuhalten, dazu eine Begeisterung, die nicht immer nur der Musik galt. Man hörte diese wunderbare Volksmusik, in der soviel Traum mit soviel Rhythmus sich vermählt, was sie zu einer der reichsten auf der ganzen Welt macht. Gerade dieser Reichtum scheint der Grund gewesen zu sein, daß sich die »andere« Musik so langsam entwickelt hat. Eine Art Scheu, soviel schöne Improvisation in das Gerüst der Formen zu zwängen, hielt die »Professionellen« zurück. Lange Zeit begnügten sie sich, »Zarzuelas« von volkstümlichem Zuschnitt zu schreiben, in denen der Klang der Gitarren fast unverändert von der Straße aufs Podium steigt. Die herbe Schönheit der alten maurischen Gesänge blieb unvergessen, doch geriet die schöne Tradition von Escobedo und Morales, den Lehrmeistern des großen Victoria, die alle drei die spanische Renaissance berühmt gemacht hatten, immer mehr in Vergessenheit.
Es bestand kein Grund für eine Veränderung; was sollte man auch anders haben wollen in einem Land, wo die Steine auf den Wegen mit ihrem gleißenden Licht die Augen blenden, wo den Maultiertreibern aus tiefster Brust die echtesten Töne der Leidenschaft sich entringen? Wie kann man sich da über die Dekadenz des vergangenen Jahrhunderts aufhalten, wie es überhaupt als dekadent bezeichnen, wo doch die Volksmusik ihre Schönheit sich bewahrt hat? Weise und glücklich die Länder, die diese wilde Blume eifersüchtig vor dem Zugriff der verwaltenden Klassik hüten.
Ungefähr zu dieser Zeit bildete sich eine glänzende Komponistengruppe, die entschlossen war, den unschätzbaren Reichtum ans Licht zu heben, der in den Gesängen des alten Spanien schlummerte. Unter ihnen ist vor allem Isaac Albéniz zu nennen. Zunächst ein unvergleichlicher Virtuose, erwarb er sich im Laufe der Zeit eine erstaunliche Kenntnis des kompositorischen Handwerks. An Liszt, dem er übrigens sonst in nichts gleicht, erinnert er durch die übersprudelnde Fülle sei-

ner Ideen. Katalane von Geburt, machte er sich als erster die weit verbreitete Melancholie und den spezifischen Humor seiner Heimat zunutze. Die Musik kennt nicht viel, was sich mit *El Albaicin* aus dem dritten Heft der *Iberia* messen könnte: In diesem Stück ist die Atmosphäre spanischer Abende eingefangen, an denen es nach Nelken und Branntwein riecht. Und es gleicht den gedämpften Tönen einer Gitarre, die plötzlich erregt und mit jähen Sprüngen in die Nacht hineinklagt. Dieses Stück hat einer geschrieben, der auf die Volksthemen hörte, sie in sich sog und – ohne sie wörtlich wiederzugeben – so in seine Musik einfließen ließ, daß man keine Trennungslinie zwischen beiden zu erkennen vermag.

Eritaña, aus dem vierten Heft von *Iberia* – das ist der fröhliche Morgen, das glückliche Auffinden einer Herberge, wo ein frischer Wein kredenzt wird. Eine bunte Menge zieht vorüber, lautes Lachen klingt auf, und die kleinen Schellen der Tamburine skandieren den Rhythmus dazu. Nie hat die Musik vielfältigere und farbenfrohere Eindrücke geschildert, die Augen schließen sich wie geblendet von solch bildhafter Überfülle.

Es steht noch manches andere in den vier Heften der *Iberia*, in denen Albéniz sein Bestes gab und in seinem Bemühen um einen sorgfältigen Tonsatz bis zur Übertreibung ging, aus einer Großmut heraus, die ihn die Musik mitunter mit vollen Händen »zum Fenster hinauswerfen« ließ, wie reiche Leute das Geld. Die anderen Komponisten bewegen sich auf der nämlichen Bahn, ohne jedoch Albéniz ganz zu erreichen, nur ist Albéniz deutlich von französischen Einflüssen geprägt, während sich bei den anderen, zumindest in der Form, ein deutscher Einfluß abzuzeichnen scheint.

La Procesión del Rocio, eine Symphonische Dichtung von Joaquin Turina, ist wie ein schönes Fresko angelegt. Trotz ihrer Ausmaße machen kühne Gegensätze von Licht und Schatten das Anhören leicht. Wie Albéniz ist auch Turina stark von der Volksmusik geprägt; er schwankt noch in seiner Entwicklung und glaubt, sich an berühmte zeitgenössische Lieferanten halten zu sollen. Man möchte ihm wünschen, daß er sie entbehren und auf heimischere Stimmen hören kann.

A mi tierra, eine murcianische Suite von Perez Casas, deren Poesie ganz von orientalischem Liebessehnen durchzogen ist, enthält sehr neuartige Instrumentalkombinationen, wobei das nahezu verbissene Suchen nach Farben fast immer durch die aufrichtige Schilderung der Eindrücke gerechtfertigt wird.

La Divina Comedia von Conrado del Campo zeigt sich in ihrem gewaltigen Bau den Symphonischen Dichtungen von Richard Strauss verwandt. Leider konnten wir nur den Schluß des Stückes hören.
Alle diese Werke wurden vom Symphonieorchester Madrid mit hinreißender Überzeugungskraft gespielt; bei der Wiedergabe klassischer Werke zeigte das Orchester nicht weniger interessante Leistungen. Unter anderem brachte es mit feiner Nuancierung die Sinfonie Nr. 13 von Joseph Haydn[56] zu Gehör. Enrique Fernández Arbós, der exzellente Orchesterchef, errang als Komponist einen verdienten Erfolg mit zwei Stücken für Violine und Orchester. A. Rivarde spielte sie mit eleganter Lässigkeit und voller Charme. Alle diese Werke haben, so wenig sie einander sonst ähneln, ihre Wurzel in der Volksmusik. Liegt darin nicht ein unbestreitbarer Beweis ihres Reichtums?
Lili Boulanger, die mit *Faust et Hélène*, einer lyrischen Episode nach Faust II von Goethe (Text: E. Adenis) den Rompreis gewonnen hat, ist erst neunzehn Jahre alt. Ihre Erfahrung in den verschiedenen Disziplinen des Tonsatzes übertrifft jedoch ihre Jahre. Es finden sich wohl da und dort die kleinen Tricks, mit denen man in diesem Genre die Phrasenenden vernäht, allein Lili Boulanger beweist hier feinste Geschicklichkeit. Mit graziös wallender Bewegung schwebt Helena auf den Tremoli geteilter Violinen hernieder. Doch kaum angelangt, schlägt sie mit Frau Croizas Stimme einen Ton an, der einer Zeustochter anstünde, die von einer Reihe widriger Schicksalsschläge zu Boden geworfen wurde. Indessen Faust mit David Devriès' hübscher Stimme säuselt.
Wenn die Gestalt des Mephisto und das unvermeidliche Terzett etwas konventionell gerieten, so darf man nicht vergessen, unter welchen Bedingungen beim Rompreis eine Kantate zu schreiben ist. Sie sind geradezu niederschmetternd.
In der Tat verlangt man von Ihnen, daß Sie in einem bestimmten Augenblick des Jahres Ideen, Talent haben. Sind sie in diesem Monat nicht auf der Höhe, um so schlimmer für Sie! So etwas ist Willkür und bedeutet nichts für die Zukunft. Zwecklos, darüber zu rechten; alle Wettbewerbe laufen auf die nämliche Weise ab. Den Kunstrichtern dieser Wettbewerbe, die unter denselben Verfahren gelitten haben, tun Sie nicht leid, wenn die Reihe an Ihnen ist. Etwa einmal im Jahr heißt es, daß die Bedingungen des Rompreises geändert werden müßten, und dabei bleibt es. – Man erhalte die Villa Medici als eine sehr reizvolle Belohnung, aber man schaffe den Rompreis ab, der in keiner Weise den Bedürfnissen unserer Zeit entspricht.

Alfred Bruneau machte sich ein Vergnügen daraus, zwei Lieder zu orchestrieren, die kein anderes Ziel verfolgen, als »die Ohren zu ergötzen und das Herz zu bewegen« (wie es in den »Anfangsgründen der Musik« heißt); wunderbar zu hören, wie die dramatische Kraft Bruneaus hier einen Ausdruck von süßer und inniger Zärtlichkeit annimmt.

Hat man sich bei *Romeo und Julia* von Berlioz je gefragt, warum das Thema, das die romantische *Melancholie Romeos* ausdrückt, unbedingt an der Quadrille des *Festes bei Capulet* teilnehmen muß? Romeo kann doch seine Traurigkeit nicht herausschreien wie durch ein Sprachrohr, ohne daß Vater Capulet es bemerkte und ihn sogleich vor die Tür setzen ließe? Unfreiwillige Ironie im Spiel der Kombinationen!

Wir hatten den Eintritt des Théâtre des Champs-Elysées ins Musikleben mit Freuden begrüßt. Nun müssen wir, nach einer wundervollen Aufführung von *Boris Godunow* (in französischer Sprache) sein Ende beklagen.[57] Das ist unsagbar traurig und ein Schlag für die Kunst, denn es braucht lange, bis eine ähnliche Begeisterung sich wiederfindet. Es sei uns erlaubt, unser herzliches Bedauern all denen auszusprechen, die bis zum Schluß gekämpft haben.

S. I. M., 1. Dezember 1913

Brief aus Rußland

Unser hervorragender Mitarbeiter Claude Debussy, der eingeladen wurde, in Rußland zwei Orchesterkonzerte mit eigenen Werken zu dirigieren und damit einen wahrhaften Triumph errang, richtet nachstehenden, bemerkenswerten Brief an unsere Leser. Wir fügen hinzu, daß die Gesellschaft der Colonne-Konzerte während der Abwesenheit unseres Mitarbeiters mit gutem Bedacht kein neues Werk herausgebracht und, seine Rückkehr abwartend, sich interessanten Reprisen gewidmet hat, als da sind: die dritte und fünfte Symphonie von Beethoven, ein beträchtlicher Ausschnitt aus »Parsifal«, die drei »Nocturnes« von Debussy, die »Symphonie sur un thème montagnard« von Vincent d'Indy und, mit Klavierbegleitung, die »Dichterliebe« von Schumann, von der das Publikum begeistert war, deren Berechtigung in einem Symphoniekonzert jedoch von den Liebhabern des Orchesters in Zweifel gezogen und von der Kritik heftig diskutiert wurde.

Serge Kussewitzky hat uns eingeladen, zwei Orchesterkonzerte zu dirigieren, eines in Sankt Petersburg, das andere in Moskau. Wir bitten deshalb um Nachsicht, daß wir weder die Colonne-Konzerte im besonderen noch das Pariser Musikleben im allgemeinen besprechen konnten.

Diese Konzerte waren ausschließlich Werken von Claude Debussy gewidmet. Noch nie hörten wir so viele von ihnen auf einmal. Man wird verstehen, warum wir nicht mehr darüber sagen können. Doch sei uns erlaubt, das künstlerische Niveau des Orchesters zu rühmen, das allein von Kussewitzky zusammengestellt wurde und sich durch strenge Disziplin und eine Hingabe an die Musik auszeichnet, die ziemlich selten geworden sind in etlichen erlauchten Städten unseres alten Europa.

Man erinnert sich, daß Kussewitzky ein unvergleichlicher Virtuose auf dem Kontrabaß war, einem Instrument, dem im allgemeinen kein sonderliches Zutrauen entgegengebracht wird. In seinem Orchester nun erhält diese Instrumentengruppe einen unerwarteten Klangwert. Sie ist wirklich dieses bald festgefügte, bald stürmisch bewegte, ja manchmal sogar unspürbare »Fundament«, über dem sich furchtlos und frei der ganze orchestrale Farbenreichtum entfaltet.

Während des Sommers fährt das Kussewitzky-Orchester die Wolga hinauf in einem jener Schiffe mit drei Decks, wie man sie auf den

Schweizer Seen findet. Man hält an, wo ein Saal vorhanden ist, kein Konzertsaal, sondern einer, in dem man anständig Musik machen kann. Kussewitzky erzählte uns, er habe selten ein empfänglicheres und bewegteres Publikum angetroffen. Diese Bewegung ist so echt, daß die Leute das Applaudieren vergessen. Man darf darin keine Stumpfheit erblicken, man muß im Gegenteil wissen, daß diejenigen, die ihren Platz nicht bezahlen können, keine Freikarte zu ergattern suchen, sondern den Eintritt mit ein paar Feldfrüchten begleichen.

Dies ist vielleicht die schönste Huldigung an die Musik. Ohne Frage wiegt sie den Lärm auf, der durch das Ineinanderschlagen der Hände entsteht, wie es von unseren wohlunterrichteten »Dilettanten[37]« gepflogen wird.

So schön das alles ist, es verlangt zugegebenermaßen ziemlich vielseitige Qualitäten. Sie finden sich vereinigt in der Person von Serge Kussewitzky, dessen glühende Bereitwilligkeit, der Musik zu dienen, auch in Zukunft, so scheint uns, keine Hindernisse kennen dürfte.

S. I. M., 1. Januar 1914

Colonne-Konzerte

Über zwei Meisterwerke

Das Meisterwerk befindet sich nicht immer in beneidenswerter Lage. Man konnte das bei dem bedauerlichen Diebstahl der Mona Lisa feststellen, die ihr jahrhundertealter Ruhm nicht vor einer allzu weitgehenden Neugier bewahrt hat.
Wenn nach ihrem Wiederauftauchen die Kunstschriftsteller gütigst zugeben wollten, daß sie absolut nicht lächelt, daß um ihren Mund nur ein wollüstiger Zug spielt, ein lombardischer sozusagen, den fast alle Gestalten Leonardo da Vincis an sich haben, dann hätte ihr unfreiwilliges Exil dazu verholfen, uns von den gelehrten Variationen über das Geheimnis eines Lächelns zu befreien, das ganz einfach nur ein Schlagschatten ist.
Wir besitzen auch das Meisterwerk *Parsifal*, das man bedenkenlos mißhandelt. Ganz Europa ist darüber hergefallen! Mindestens zwanzig Städte rissen sich um die Ehre der Aufführung; die eine sollte immer »vorbildlicher« sein als die andere. Es war entsetzlich! Erstaunliche Albernheiten wurden hier von sonst vernünftigen Leuten gesagt. Manche behaupteten ernsthaft, daß Meisterwerke Allgemeingut seien! Ein Argument, das sich besonders schlecht rechtfertigen läßt, wenn man bedenkt, wie heutzutage mit ihnen umgegangen wird (siehe oben). Weitere Frevel werden folgen, wir zweifeln nicht daran. Glücklicherweise erwerben die Meisterwerke mit der Patina, welche die Zeit (der beste Kunstkritiker) ihnen auflegt, eine gewisse Indifferenz ... Sie wissen, daß sie nur auf verschwiegene Ergebenheit, namenlos bleibende Zuneigung rechnen können, weil wahre Liebe im allgemeinen diskret ist.
Warten wir geduldig den Tag ab, wo man einen Wettbewerb veranstalten wird, um den besten *Parsifal* auszuzeichnen! Was wir uns wünschten wäre, daß er international sei, ja, daß die Nationen gemeinsam an ihm mitwirkten. Wenn aber Wagner sich nicht noch heute aus den himmlischen Höhen herab auf die Köpfe seiner Bewunderer senkt, kann dieses Wunder nicht mehr geschehen.

Bemerkungen zu den Konzerten

L'Etrangère, Musikdrama in drei Bildern. Text von Alphonse Métérié, Musik von Max d'Ollone. 1. Bild.

Zwei Personen: Guillaume, der Held des Dramas, ist ein junger Mann von ruhigem Äußeren, aber von unsteter, verträumter Seele; l'Etrangère, »die Fremde«, verkörpert den Hang nach Abenteuer, das Verlangen, unter schönere Himmel zu entfliehen, die heimlichen Wünsche der Phantasie.

Im Orchestervorspiel entfalten sich mühsam Klänge und zeichnen die eigentümlichen Züge einer melancholischen, verhangenen Landschaft nach, wie sie für die Küsten der nordischen Länder charakteristisch ist, wo man die Sonne immer nur durch einen feuchten, rußigen Dunstschleier sieht.

Gegen Ende dieses unentwegt grauen Vorspiels landen Guillaume und die Fremde vor den Toren der nebligen Stadt, in der Guillaume geboren wurde, und wohin er sich nun entschlossen hat zurückzukehren. Er hofft hier den stillen Frieden wiederzufinden, den er preisgegeben hatte um der Fremden willen, um einem Scheinglück in Ländern nachzujagen, die leichtlebig und allzusehr mit Vergnügungslokalen übersät sind. Ihnen zieht er nun sein früheres, bescheidenes Leben vor, das größere Sicherheit bietet vor den gesellschaftlichen Zwängen der großen Welt als da sind: Frack, weiße Binde, Abendgesellschaften, Soupers... Er möchte seinen alten Flanellanzug wieder hervorholen, diese unscheinbare Gewandung, in der es sich so süß träumen läßt... Und Trauer schwingt mit um den Abschied von so vielen Phantasiespielen, die nicht zu verwirklichen waren.

Die Fremde, getreu ihrem Leitmotiv (ohne das keine Oper mehr auskommen kann), will nicht an einen endgültigen Abschied glauben und sagt Guillaume leichthin voraus, daß sie sich wiederfinden würden. Sie geht allein den Weg zum Meer zurück. Guillaume schaut ihr nach, wie sie sich im mildleuchtenden Schimmer der untergehenden Sonne entfernt. Die Nacht bricht an – Niedergeschlagenheit befällt ihn. Allein geblieben und nicht sehr fest in seinem Entschluß, macht Guillaume sich auf den Weg zu seinem Vaterhaus. Aber als er die Fremde gehen hieß, hat er nicht mit der Erinnerung gerechnet! Aus der dichten Finsternis tauchen strahlende Visionen vor ihm auf. Er glaubt den Duft der durchreisten Länder zu atmen, die Tanzweisen zu hören, die in vergangenen Tagen Begleiter seiner Freude waren. Dennoch, er muß heimkehren! Wie wird man ihn aufnehmen? Wird man ihm nicht kühl er-

klären, daß Reisen die Jugend nicht immer bildet und daß man seine Phantasien zügeln muß?
Die Musik von Max d'Ollone tändelt nicht mit den Gefühlen herum; sie besteht mit völliger Aufrichtigkeit auf bestimmten Entwicklungen, wenn sie glaubt, dazu verpflichtet zu sein. Das geht nicht ohne Längen ab, die auf dem Theater noch fühlbarer werden, was um so mehr zu befürchten steht, als in unserer Zeit das Publikum jede Geduld verloren zu haben scheint. Alles muß schnell gehen, immer schneller. So hat man es kürzlich fertig gebracht, den ganzen Faust von Goethe an einem Abend zu spielen, was doch nichts weiter ist als ein Schnelligkeitsrekord.
Ich will nicht der Kino-Konzeption des Verismus das Wort reden, bei der die Personen aufeinander zustürzen und sich die Melodien vom Munde wegschnappen, bei der in einem einzigen Akt das ganze Leben abrollt: Geburt, Heirat, Mord mit inbegriffen ... was dem Komponisten erlaubt, mit einem Minimum an Musik auszukommen, weil logischerweise keine Zeit bleibt, auf sie zu hören.
Wenn man sich auch noch so sträubt, man kommt nicht um die Erkenntnis herum, daß der symphonische Stil auf dem Theater sehr bald eine veraltete, tote Angelegenheit sein wird.
Unter den Film-Produzenten – wußten Sie's schon? – trägt man sich mit dem Gedanken, die neun Symphonien von Beethoven zu verfilmen. Und zwar mittels zeitgenössischer Ereignisse und Dramen, die selbstverständlich nichts mit der Musik zu tun haben werden, noch weniger mit Beethoven.
Um zu Max d'Ollone zurückzukehren, so wünschen wir ihm, daß er *L'Etrangère* in dem Rahmen zu hören bekommt, den er sich erträumt hat. Die Musik ist so ausdrucksvoll, daß sie die manchmal übertriebene Psychologie des Werkes zu verteidigen vermag. Die besondere Optik des Theaters stellt auch dem versiertesten seiner Priester noch Fallen!
Jeanne Hatto sang die Fremde. Ihre Stimme, ergreifend und süß wie der Widerschein eines schönen Himmels auf dem Meer, drückte all das aus, was diese Gestalt an Traum und Wirklichkeit in sich birgt. Herr Lheureux, der bei der einzigen Aufführung des *Boris Godunow* am Théâtre des Champs-Elysées ein so vollendeter Schuiski war, traf genau den Ton, der dem melancholischen Guillaume eigen ist. Gabriel Pierné und das Orchester der Colonne-Konzerte haben durch ihr aufmerksames Verständnis, das hohes Lob verdient, die Dekorationen und Beleuchtungseffekte entbehrlich gemacht.[58]

S. I. M., 1. Februar 1914

Für die Musik

Vergangenen Monat ist in aller Stille etwas recht Bemerkenswertes eingetreten: Wir haben eine Chorvereinigung aus Berufssängern. Es ist wahr, das sieht nach nichts aus, weil man annimmt, daß in Paris, der Stadt der Vereinigungen, der Verbände, so etwas notwendigerweise vorhanden sein müßte. Aber dem war nicht so. Wir haben uns bislang zufrieden gegeben, ihr Vorhandensein im Ausland festzustellen.
Reisende erzählten von großen englischen Musikfesten, wo dreihundert Stimmen voll Ehrfurcht und Überzeugung zum Ruhme Händels, Mendelssohns und Sir Elgars singen.
Sie sprachen auch – vor Rührung wären uns beinahe die Tränen gekommen – von kleinen abgelegenen Städtchen mitten in Thüringen, wo die Liebe zum heimischen Bier sich allsonntäglich mit dem Drange verbindet, Bachchoräle zu singen. Und man verfehlte nicht, uns in aller Freundschaft darauf hinzuweisen, daß wir dergleichen in Frankreich nicht hätten. Was Paris beträfe, so genügten ihm anscheinend die Konzertcafés. Nach solchen Annehmlichkeiten beurteilt man unsere musikalische Befähigung. Wir haben auf schlimmste Weise Entgegenkommen gezeigt, haben künstlerische Versuche aufgenommen, bei denen die Kunst üble Zeiten durchlitt – die Zuschauer nicht minder. Man hat uns schauerliche Möbel aufgedrängt, Stühle, auf denen man nur zu Dreivierteln sitzen kann; es hat nichts geholfen, im Gegenteil. Ja, man drehte den Spieß um und warf uns vor, wir fürchteten die Langeweile wie die Pest. Dennoch haben wir alles versucht, haben die berühmtesten Lehrmeister der Langeweile zu uns kommen lassen.
Vielleicht ist es schwer, das »langweilige« und das ernste Genre nicht miteinander zu verwechseln. Handelt es sich dabei vornehmlich um eine Frage des Geschmacks, über den sich offenbar nicht streiten läßt? Oder ist es einfach so, daß man nur selten den Mut aufbringt, über den Streit hinaus an seinem Geschmack festzuhalten?
Den tausend kleinen Gewohnheiten, denen eine Zeit unterliegt, passen sich alle an; doch das ist Willkür, denn zugute kommen sie meistens nur einem einzigen. Es sei gestattet, diese Behauptung an einem etwas trivialen Beispiel zu erläutern. Ein Mann hat einen großen Kopf, er findet nach langem Hin und Her vor dem Spiegel seines Hutmachers eine Hutform, die seinen Kopf kleiner erscheinen läßt, er kauft ihn, und das ist natürlich. Weniger natürlich ist es, wenn man alsbald Leute, die auch nicht alle Dummköpfe sind, denselben Hut tragen

sieht, der sie jedoch lächerlich macht. Vielleicht hält man mir jetzt entgegen, daß es sich hier um eine Frage der Mode und nicht des Geschmacks handelt. Aber das stimmt ganz und gar nicht, Mode und Geschmack liegen sehr nah beieinander – wenigstens sollten sie es. Und wenn jemand aus freien Stücken eine lächerliche Hutwahl trifft, dann kann man begründetermaßen annehmen, daß sich diese Lächerlichkeit auf alles erstreckt, was mit dem Geschmack zu tun hat, den musikalischen inbegriffen, der am schwierigsten einzugrenzen ist.

Thomas Carlyle hat im *Sartor Resartus*, seinem grausamen Brevier des Humors, das Kapitel »Beziehungen zwischen Hut und Musik« vergessen – es verdiente geschrieben zu werden, denn diese »Beziehungen« bestehen ganz offensichtlich. Der Liebhaber von Symphonien trägt einen anderen Hut als der Verehrer von *Fausts Verdammung*. Und der kleine weiche Filzhut, den man immer schlachtbereit zusammenrollen kann, vermag die Meinungen der »Angströhre« nicht zu teilen, deren Hochglanzpolitur einer Negerhaut gleicht. Sie erheischt von ihrem Besitzer ein würdevolles Benehmen, das der Begeisterung hemmend im Wege steht, während der kleine weiche Filz freie Hand läßt, er kann sogar als letzte Willensäußerung dem Orchester an den Kopf geworfen werden.

Doch kehren wir zu der Association chorale professionelle zurück. Trotz ihres kurzen Bestehens hat sie – und zwar meist als Erstaufführung – sehr schöne Dinge zu Gehör gebracht. Das ist ziemlich ungewöhnlich, wenn man bedenkt, daß die Mehrzahl der Choristen zwar dafür geschult war, im Chor, nicht aber mit Lust und Liebe zu singen.

Von dem reichhaltigen Programm des ersten Abends müßte man eigentlich alles anführen. Vielleicht standen sogar zu viele schöne Stücke nebeneinander? Wir sind solchen Reichtum nicht gewöhnt. Es gab zunächst eine doppelchörige Motette von Johann Sebastian Bach, deren kunstvoller Vokalsatz unübertroffen bleibt. Sodann ein köstliches Madrigal *Mille regrets de vous abandonner* von Claude Lejeune.[59] Es gab die wundervolle *Bataille de Marignan*, ein Hauptwerk von Clément Janequin, das wie der Lärm eines rauhen Lagerlebens anmutet, Ruf um Ruf, Geräusch um Geräusch in Noten gesetzt: Der schwere Trab der Pferde mischt sich mit hellen Trompetensignalen zu einem unmerklich geordneten Getümmel. Dabei ist die Form so unmittelbar faßlich, daß man meinen könnte, sie käme aus dem Volk, so genau ist die Klangmalerei.

Es gab lustige Kinderlieder; es gab Tanzlieder aus Norwegen, in

denen sich die reizvolle Melancholie Edvard Griegs wiederfindet. Von Grieg selbst *Seht den Knut*, ein vielleicht mehr instrumental als vokal gedachtes Stück, dennoch sehr fesselnd in seiner ausschließlichen Verwendung von Männerstimmen. Diese Musik hat die eisige Frische der nordischen Seen, das heftige Feuer des plötzlich hereinbrechenden nordischen Frühlings.
Was man besonders hervorheben muß, ist der Schwierigkeitsgrad dieser so verschiedenen Werke. Aber es hat an nichts gefehlt, weder an vollkommener klanglicher Ausgeglichenheit, noch an überraschender Vielfalt im Ausdruck.
Dies alles ist das Werk von Désiré-Emile Inghelbrecht, einem Mann, dünn wie sein Taktstock; seine begeisterungsfähige Seele faßt all diese Kräfte zusammen, seine bis ins kleinste reichende Autorität führt das Kommando, ohne jemals nachzulassen. Er bewältigt die Spannweite zwischen der prunkvollen Schwere Bachs und der nordischen Phantasiewelt Griegs, ohne den Eindruck zu erwecken, er halte sich für ein Phänomen. Unter jedem Gesichtspunkt muß man diesen Versuch der Chorerneuerung ermutigen, und wenn er den schweren Fehler hat, wirklich französisch zu sein, so wollen wir uns Mühe geben, das zu verzeihen.

Zu den Colonne-Konzerten

La Vengeance des Fleurs, »Der Blumen Rache«, ein symphonisches Gemälde von Gabriel Grovlez nach einer Ballade von Freiligrath, das zum erstenmal auf dem Programm eines Colonne-Konzerts stand, wurde 1910 geschrieben und 1912 in der Société nationale uraufgeführt; es stellt den merkwürdigen Versuch einer symphonischen Pantomime dar.
Gabriel Grovlez bemüht sich geschickt, dem Text Freiligraths zu folgen. Dieses Gedicht besteht aus zarten Bildern und Impressionen, die ebenso flüchtig sind wie der Traum, den es beschreibt. Aber wenn die Dichtkunst ihre Szenerie nach Belieben wechseln kann, so stellt sich die Musik nicht so leicht um; sie braucht mehr Zeit, und eine noch so sichere Beherrschung des Handwerks vermag nicht immer den Eindruck der Uneinheitlichkeit zu überspielen, der von so vielen nebeneinandergesetzten Farbtupfen ausgelöst wird, da hilft alles nichts. Wenn hier der Kunstgriff des erläuternden Programms nicht zu Gebote steht, vermag man nur mühsam zu folgen; das Ohr ist da und

dort von einem hübschen Klang, einer kapriziösen Wendung gefesselt, und schon hat sich die Phantasie, fast ohne es zu merken, eine ganz persönliche Geschichte ausgedacht.

Deshalb verlangt das so zarte und oft reizvolle symphonische Gemälde von Grovlez nach einer szenischen Realisierung, die, so andeutend sie auch wäre, das Vagabundieren der Gedanken verhinderte.

Die dritte Symphonie von André Gédalge bildete einen harten Kontrast zu *La Vengeance des Fleurs.* Die der Symphonie vorangestellte Grundsatzerklärung gibt unmißverständlich das Ziel an: »Keine Literatur, keine Malerei.« Ein boshafter Gott straft Gédalge an manchen Stellen Lügen; es sind nicht die schlechtesten in dieser Symphonie ohne Furcht und Tadel.

S. I. M., 1. März 1914

Endlich allein!

Seit sieben Monaten ist die Musik den Forderungen des Krieges unterworfen. Bald streng in ihre Depots gebannt, bald abgeordnet, zur Hilfestellung bei mildtätigen Organisationen in Dienst genommen, hat sie weniger unter ihrer Untätigkeit als unter ihrer Mobilmachung zu leiden gehabt. Das Publikum nahm übrigens dieses Opfer mit soviel bereitwilliger Zustimmung auf sich, daß es schwer fällt, den Grad an Heldenmut und an Schmerz genau abzuschätzen, der bei diesem Verzicht mitspielt; es mag also verfrüht und vielleicht – leider – sogar zudringlich sein, für so unaktuelle Probleme wie die der Musik eine Aufmerksamkeit zu erheischen, die von soviel ergreifenden Geschehnissen in Anspruch genommen ist.
Und doch wissen wir, daß die große Trösterin ihre unterbrochene herrliche Aufgabe bald wieder wird aufnehmen müssen. Sie wird, so glauben wir, aus dieser Feuerprobe sogar reiner, strahlender und stärker hervorgehen. Das Glück unserer Waffen muß seinen unmittelbaren Widerhall im nächsten Kapitel der Geschichte unserer Kunst finden; wir müssen endlich begreifen, daß der Sieg dem französischen Musikbewußtsein die notwendige Befreiung bringt.
Schon seit Jahren wiederhole ich unablässig: Wir sind der musikalischen Tradition unseres Volkes seit anderthalb Jahrhunderten untreu. Es ist wahr, man hat das Publikum oft irregeleitet, indem man ihm als reine französische Tradition modische Kurrentmünze darbot, die keinerlei Anrecht auf diesen schönen Namen hatte. Wieviel parasitärer Pflanzenwuchs überwucherte und erstickte die feinen Zweige des Stammbaumes unserer Kunst und täuschte den unaufmerksamen Beobachter! Denn unsere Nachsicht gegenüber den Eingebürgerten kennt keine Grenzen.
In der Tat besitzen wir seit Rameau keine eigentliche französische Tradition mehr. Sein Tod hat den Ariadnefaden durchrissen, der uns den Weg wies im Labyrinth der Vergangenheit. Von da an haben wir aufgehört, unseren Garten zu bestellen. Wir haben den Handlungsreisenden aus aller Welt die Hände geschüttelt, haben respektvoll ihren Anpreisungen gelauscht und ihre Klamotten gekauft. Wir sind errötet vor Scham über unsere kostbareren Eigenschaften, sobald es ihnen gefiel, darüber zu lächeln. Wir haben die Welt um Vergebung gebeten für unseren Geschmack, für die leichte, lichte Klarheit und haben einen Choral angestimmt zum Ruhm der Tiefe. Wir haben

Prozeduren des Tonsatzes übernommen, die unserem Geist völlig fern standen, sprachliche Übertreibungen, die unserem Denken wenig zuträglich waren, wir haben die Aufblähung des Orchesters erduldet, die malträtierten Formen, den großen Aufwand und die schreienden Farben ... und wir standen im Begriff, noch verdächtigere Naturalisierungsurkunden zu unterschreiben, als die Kanonen barsch das Wort an sich rissen!

Lernen wir ihre harte Sprache verstehen. Heute, wo alle Tugenden unseres Volkes in Begeisterung auferstehen, muß der Sieg den Künstlern wieder den Sinn geben für die Reinheit und den Adel des französischen Blutes. Hier haben wir eine ganze Provinz des französischen Geistes zurückzuerobern. Und darum muß die Musik in dem Augenblick, da das Schicksal eine Seite umblättert, in Geduld abwarten und sich sammeln, bevor sie die ergreifende Stille bricht, die der Explosion der letzten Granate folgt.

L'Intransigeant, 11. März 1915

Vorrede in Briefform zu »Pour la Musique Française. Douze Causeries«[60]

Im Dezember 1916

Lieber Herr Huvelin,
Sie überschätzen zweifelsohne die Wichtigkeit der Vorrede zu den *Douze causeries faites à Lyon par des amis de la musique*, um die Sie mich so liebenswürdig gebeten haben. Diese Plaudereien sind ausgezeichnet und könnten sehr wohl eines Vorworts entraten. Das ist auch der Grund, weshalb ich zaudere, eine so gefährliche Ehre anzunehmen... Ich werde einfach versuchen, meine aufrichtige Hochachtung dadurch zu bezeugen, daß ich hier einige kurze Betrachtungen in Briefform beifüge, damit der Leser sich in seinem Vergnügen nicht aufgehalten sieht.

Seit einer Reihe von Jahren hat die französische Musik – ohne daß davon Notiz genommen worden wäre – bedeutende Importe hinnehmen müssen. Von unserer kindlichen Einfalt unterstützt, haben wir unseren Geist gegenüber andersgearteten Lehren schlecht verteidigt. Selbst in diesem Augenblick, da Frankreich seine besten Söhne ohne Ansehen von Stand und Namen opfert, hört man aus bestimmten Kreisen seltsame Meinungen über Beethoven, der – Flame oder Deutscher – doch ein großer Musiker sei, und über Wagner, der ein noch größerer Künstler als Musiker sei.

Das versteht sich seit langem von selbst. Darum geht es auch nicht. Es geht vielmehr um das Unkraut falscher Einflüsse, das mitleidlos ausgerottet werden muß, so wie ein brandiges Bein dem Messer des Chirurgen verfällt.

Noch sind wir nicht so weit gelangt, noch müssen wir aufpassen und uns vor allem vor dem alten Vorwurf in acht nehmen, wir seien »leicht«, hätten zu wenig Tiefe; es war der ständige Vorwurf, den ein Ungeheuer unter der Maske der Freundlichkeit erhob, das nur schlecht den unbezähmbaren Wunsch verbarg, uns auszulöschen.

Finden wir unsere Freiheit wieder, unsere Formen; da wir sie zum großen Teil selbst erfunden haben, ist es nicht mehr als recht und billig, daß wir sie bewahren. Es gibt keine schöneren.

Lassen wir uns nicht weiter außer Atem bringen, indem wir Symphonien schreiben, für die wir unsere Muskeln wirklich ohne nennenswertes Ergebnis anspannen. Ziehen wir ihnen, wenn nötig, die Operette vor.

Der von der heiteren Muse so herrlich begabte Chabrier ist an der Jagd nach dem Musikdrama zugrundegegangen, an diesem Gluck-Wagner-Import, der unserem Genie so sehr entgegensteht. Die *Marche joyeuse*, bestimmte Lieder sind Meisterwerke hoher Phantasie, allein der Musik verpflichtet, darin unterschieden von Offenbach, der durch Prozeduren erfreut, die meist von einer Deformation des Textes herrühren – wobei die Musik willentlich an die zweite Stelle rückt.
Nicht alle Welt kann »große Musik« schreiben – dem Wort fehlt jeglicher präzise Sinn – aber alle Welt bemüht sich darum. Das Ergebnis: Überladenheit, falsche große Meister und der notorische »Schwachsinn« der tagtäglichen Äußerungen über Musik.
Die braven Frontsoldaten, die heldenmütig in Schlamm und Dreck waten und Refrains singen, bei denen die anfeuernde Kraft des Rhythmus den guten Geschmack ersetzt – haben sie nicht das Recht, vor solch unbedeutenden Gedankengängen die Achseln zu zucken? Sie mögen uns verzeihen! Sie mögen einsehen, daß man auf mehrere Arten siegen kann. Die Musik ist eine davon: eine bewundernswerte und eine fruchtbare.
... den Rest wird die Zukunft schreiben!

Ihr ergebener
Claude Debussy

1917

Interviews

Am Vorabend
der Uraufführung von »Pelléas et Mélisande«

(Redigierte Wiedergabe eines Interviews mit Louis Schneider)

Mein Besuch bei Claude Debussy, dem Komponisten von *Pelléas et Mélisande*, verfolgte nicht die Absicht, ihm zudringliche Fragen über seine Oper zu stellen. Die folgenden »Enthüllungen« vor der Premiere haben überhaupt nichts zu enthüllen, denn dem Autor liegt daran, daß die Kritik morgen auch noch etwas zu tun hat und nicht vor der großen Schlacht beliefert wird.

Dennoch ist es interessant zu erfahren, was Debussy unter dem so einfachen wie komplexen Wort »Musik« versteht, das für jeden Komponisten zu »seiner Musik« wird, selbst dann, wenn sie sich nicht als besonders ausgeprägte Persönlichkeit erweist.

Claude Debussy schmeichelt sich, kein musikalisches System zu besitzen; er versteht nicht einmal, wie man eines haben kann. Ja, er ist sogar der Meinung, daß diejenigen, die eines zu haben behaupten, es während des Schreibens beiseitelegen, und daß die Theorien erst nachträglich entstünden, wenn die Werke geschaffen sind.

Am deutlichsten beweist Debussy seine Negation des Systems dadurch, daß er sich von einem großen Wagner-Verehrer zu einem ebenso entschiedenen Wagner-Gegner gewandelt hat. Er wirft Wagners Kunst Unwahrhaftigkeit vor, weil er es für unmöglich hält, auf dem Theater symphonische Musik zu machen. Man solle nie vergessen, daß man sich an lebendige Menschen wendet, die nicht die Zeit haben, sich mit symphonischen Episoden aufzuhalten. Solange die Symphonie sich breitmache, stocke jede Bewegung; die dramatische und die symphonische Entwicklung ließen sich nicht einander angleichen. Debussy belegt seine Ansicht mit zahlreichen Beispielen aus Wagners Opern, wo die Helden in bestimmten Augenblicken zum Schweigen verurteilt sind, einfach, weil sie der Symphonik die Möglichkeit der Entwicklung einräumen müssen.

Der Wunsch, diese Un(v)erträglichkeiten zu beseitigen, hat Debussy auf die Suche nach einem deklamatorischen Vortrag geführt, der sich nicht einer musikalischen Bewegung, sondern einem musikalischen Wort anpaßt. Er erklärt diese Ausdrucksweise, die dunkel erscheinen mag, folgendermaßen:

Jeder gesprochene Satz hat einen Rhythmus; nun ist es aber in der

Musik wichtig, auf die Worte Rücksicht zu nehmen, ohne sie jedoch über Gebühr zu unterstreichen. Wenn wir sagen: »Schließen Sie die Tür« oder »Diese Nacht ist schön«, so haben alle Worte einen gleichen Wert, der zur Bildung des Satzes beiträgt. Debussy bestreitet, daß in der Musik das Wort stärker unterstrichen werden müsse als in der Konversation. Er schließt also aus seiner Konzeption die »überflüssige« Musik aus, auch die 135 Takte, die geschrieben wurden, um einen Seelenzustand verständlich zu machen, der danach auch nicht klarer geworden ist als vorher. Nur die Person selbst hat ihre Seelenlage auszudrücken und darf ihre Zuflucht nicht zu einer symphonischen Abschweifung nehmen.

Der Komponist von *Pelléas et Mélisande* wollte demnach dem Einfluß Wagners, den er für verderblich und falsch hält, entgegenwirken; seiner Meinung nach verwirrt er die Musik und schadet ihr, und vor allem ist er kein Qualitätsbeweis. Debussys Ziel ist es, zu einer einfacheren Form zu finden, die auf menschliches Verhalten gegründet ist; er wollte eine Sprache schaffen, welche sich symphonischer Mittel zwar nicht begibt, sich ihnen aber auch nicht völlig ausliefert und vor allem die so langen und langweiligen Entwicklungen vermeidet. Bei Wagner (ihm gilt das »Ceterum censeo« Debussys) bauschen sich die unwichtigsten Dinge zu einem ausgewachsenen Kommentar auf. Die Handlung muß jedoch weitergehen und vorwärtsdrängen, und es ist wichtig, ihr zu folgen, sonst läuft man Gefahr, ein Werk gegen den Menschen zu schreiben. Die Musik Debussys ist also engstens an die Aktion gebunden. Sie will nichts von Arien wissen, sie verschmäht Rezitative; eine musikalische Atmosphäre, die mit der seelischen oder leiblichen Atmosphäre verschmilzt.

Was die technische Seite betrifft, so wird diese Musik nicht nur von einem natürlichen Rhythmus getragen, sondern auch von einer Akzenttheorie: Der Ausdruck des Schmerzes oder der Freude teilt sich auf der dichterischen und der musikalischen Ebene gleichzeitig mit; er vollzieht sich also ohne den Einschub von soundsovielen Takten, welche anderwärts die Wirkung herbeiführen müssen.

Offensichtlich erstreckt sich Debussys Bemühen um Wahrheit in der dramatischen und musikalischen Aktion auch auf den orchestralen Bereich. Er versichert, daß es kein einfacheres Orchester gebe als das des *Pelléas*. Die moderne Schule hat unter dem Vorwand, Impressionen oder Emotionen wiederzugeben, seltsame Instrumente in ihren Dienst genommen; große Trommel und Triangel gehören heute sogar zu den unerläßlichen »Gemütsbewegern«. Debussy hält das für überflüssig und sinnlos. Wenn man zum Orchester Mozarts zurückkehre, gelange man zu emotionalen Wirkungen, die ebenso beachtlich sind, vor allem aber aufrichtiger.

Dies ist Debussys brennendste Sorge. Man hält ihn für kompliziert, dabei ist er der leidenschaftlichste Musiker der Einfachheit; niemand bemüht sich so sehr um Klarheit wie er. Eine andere Frage ist die musikalische Notation: Sie kann kompliziert sein, wenn nur die Wirkung einfach ist. Das Kunst-Mittel geht niemand etwas an, und speziell in der Musik ist die schwierige Notation eine reine Lesefrage, nichts weiter.

Was die Sänger betrifft, so setzt er sich nicht über sie hinweg wie Wagner; er macht aus ihnen durch und durch lebendige Geschöpfe. Sie sind weder Instrumente wie in Bayreuth, noch mechanische Puppen wie bei Meyerbeer. Hat eine Person etwas Natürliches zu sagen, so ist auch die musikalische Phrase natürlich; lyrisch wird sie nur, wenn es nötig ist. Debussy verwirft den unaufhörlichen Lyrismus, denn man ist im Leben ja nicht lyrisch, wird es nur in bestimmten entscheidenden Augenblicken.

Wie kam der junge Musiker auf den Gedanken, das Drama von Maeterlinck zu vertonen? Eines schönen Abends – er hatte gerade das Buch gekauft – machte er sich an die Lektüre und entdeckte in ihr einen vortrefflichen Opernstoff. Er setzte sich mit Maeterlinck erst in Verbindung, als der Plan in ihm zur Reife gediehen war. Ihm lag daran zu erfahren, ob der Dichter der Vertonung seines Werkes zustimme. Maeterlinck war sehr erstaunt darüber, daß das Sujet einem Musiker hatte gefallen können. Da er, wie er selbst zugab, nichts von Musik versteht, lag ihm auch nichts daran, die Partitur kennenzulernen. Aber seit einem Jahr gab es zwischen ihm und dem Komponisten Meinungsverschiedenheiten, die dazu führten, daß Maeterlinck das Musikdrama am Tag der Generalprobe zum erstenmal sah, gleich dem Helden aus dem Morgenland, vor dem die Prinzessin ihren dichten Schleier erst an dem Tag lüftet, da er sie zu freien kommt.

Debussy erwartet nun das Urteil des Publikums: Er hat, so sagt er, etwas Einfaches geschrieben, um jedermann für sein Werk zu gewinnen; seine Geheimnisse werden sehr leicht zu ergründen sein. Ich habe versucht, die Gedanken des jungen Musikers aufs genaueste wiederzugeben. Warten wir die Aufführung ab.

Revue d'histoire et de critique musicale, April 1902

Kritik der Kritik: »Pelléas et Mélisande«

(Interview mit Robert de Flers)

(. . .)
Die Kritiken . . . die Kritiker? Das sind tüchtige, sehr tüchtige Leute, ich will es wohl glauben. Auf jeden Fall sind es sehr glückliche Leute. Vielleicht beneide ich sie sogar. Der Kampf mit ihnen ist ungleich. Sie haben das Recht, in einer Stunde über die Mühen, die Arbeit, die »Schwangerschaft« mehrerer Jahre zu richten.
Zwölf Jahre, mein Herr, waren Pelléas und Mélisande meine täglichen Begleiter. Ich will mich nicht über diese lange Arbeitszeit beklagen. Sie hat mir obendrein eine Freude geschenkt, eine innere Zufriedenheit, die kein Wort, kein Tadel mir zu schmälern vermag. Im übrigen haben einige Kritiker meine Absichten sehr wohl verstanden und erraten. Ich kann mich bei Gaston Carraud *(La Liberté)*, Camille de Sainte-Croix *(La Petite République)*, Gustave Bret *(La Presse)*, André Corneau *(Le Matin)* und Henry Bauer für seinen schönen Artikel im *Figaro* nur bedanken.
Nach vielen Lobreden, die mich offen gestanden verwirrt haben, rückt Catulle Mendès mit der Behauptung heraus, ich hätte die »dichterische Substanz des Dramas« nicht erfaßt, und meine Musik sei »von ihr unberührt« geblieben. Aber ich habe mich gleichwohl mit allen meinen Kräften und mit ganzer Aufrichtigkeit bemüht, beides miteinander in Einklang zu bringen. Vor allem habe ich den Charakter, das Leben meiner Personen respektiert; ich wollte, daß sie sich – abgelöst von mir – aus sich selbst heraus ausdrücken. Ich habe sie in mir singen lassen. Ich habe versucht, auf sie zu hören und ihr getreuer Dolmetsch zu sein. Das ist alles.
Gauthier-Villars – ich bewundere übrigens sein technisches Wissen und die Unbeirrbarkeit, mit der er dem Nonenakkord eine so unerwartete Publizität verschaffte – Gauthier-Villars wirft meiner Partitur vor, die melodische Zeichnung liege nie in der Stimme, sondern im Orchester. Es war wirklich meine Absicht, die Handlung nie stocken zu lassen, sie sollte ohne Unterbrechung weitergehen. Ich wollte mich parasitärer musikalischer Phrasen entledigen. Der Opernhörer ist gewohnt, zwei sehr unterschiedliche Ausdruckswelten zu empfinden, den musikalischen Ausdruck auf der einen, den der Personen auf der anderen Seite; im allgemeinen erlebt er sie nacheinander. Ich habe versucht, die beiden Ausdrucksebenen miteinander zu verschmelzen und ihre

Gleichzeitigkeit herzustellen. Die Melodie ist, wenn ich das sagen darf, fast antilyrisch. Sie ist unfähig, das Auf und Ab der Seelen und des Lebens wiederzugeben. Ihre eigentliche Domäne ist das Lied, das ein fixiertes Gefühl bekräftigt.
Ich würde es nie zulassen, daß meine Musik wegen technischer Erfordernisse den Lauf der Gefühle und Leidenschaften meiner Personen übereilte oder hemmte. Sie tritt bescheiden zurück, sobald es geraten scheint, den Gesten, den Ausrufen, der Freude oder dem Schmerz dieser Personen volle Freiheit zu lassen. Das hat einer meiner Richter, Herr de Fourcaud im *Gaulois* – vielleicht ungewollt – sehr gut erfaßt, als er in seiner Besprechung von *Pelléas et Mélisande* von der »notierten, kaum begleiteten Deklamation« sprach.
Ich weiß, daß ich Herrn d'Harcourt in große Furcht versetzt habe. Darüber bin ich untröstlich. Er nimmt meinen Fall zum Anlaß, von »lautstarken Arrivisten« zu reden. Er möge sich beruhigen! Er beschwört die musikalische »Dreieinigkeit«: »Melodie, Harmonie und Rhythmus«, deren Gesetze man nicht übertreten dürfe.[61] Das ist sehr wahr gesagt. Aber gibt es ein Gesetz, das den Komponisten daran hindert, diese drei Elemente in ein anderes Mischungsverhältnis zu bringen? Ich glaube nicht. Im übrigen habe ich trotz zweimaliger aufmerksamer Lektüre den Sinn all der Überlegungen von Herrn d'Harcourt nicht ergründen können. Sie müssen überaus tiefsinnig sein. Derselbe Kritiker spricht von »Mélisandes Erwachen«. Verwechselt er es vielleicht mit »Brünnhildens Erwachen«?

Unbesonnen nenne ich den Namen Wagner

Gewiß, mein Verfahren, das vor allem darin besteht, mich von allen Verfahren freizuhalten, hat nichts mit Wagner zu tun. Bei ihm besitzt jede Person sozusagen ihren »Prospekt«, ihre Photographie, ihr »Leitmotiv«, das ihr immer vorangeht. Ich finde diese Methode ein bißchen plump. Ich finde auch, daß die symphonische Entwicklung, die er in die Oper eingebracht hat, fortgesetzt den seelischen Konflikt durchkreuzt, in dem die Personen befangen sind, die Aktion der Leidenschaften, auf die allein es ankommt (...).
Was soll ich Ihnen von anderen Kritiken sagen? Gaston Serpette erklärt mit bewundernswerter Sicherheit, meine Partitur sei die »Negation« aller musikalischen Kunst. Dieser nachsichtige Schreiber vergißt, daß sehr oft eine Verneinung mehrere Bejahungen aufwiegt. *La Vie*

parisienne und *La Libre Parole* lassen glücklicherweise die Gelegenheit aus, auf künstlerische Fragestellungen einzugehen. Ich habe also von dort keine besondere Aufmerksamkeit zu gewärtigen. Übrigens hat der Redakteur von *La Libre Parole* in bedauerlichem Leichtsinn vergessen, seinen Bericht zu zeichnen. Das alles ist zum Lachen ... vielmehr zum Lächeln. Aber welche Freude bedeutete es für mich, Mitarbeiter wie Albert Carré und André Messager gehabt zu haben, Sänger wie die des Pelléas und der Mélisande, und nach der geschlagenen Schlacht ihr dankbarer und ergebener Freund bleiben zu dürfen.

Le Figaro, 16. Mai 1902

Wo steht die französische Musik?

(Rundfrage von Paul Landormy)

... Debussys lächelnde Ironie ließ mich diese schweren Probleme vergessen.

Französische Musik, *sagte Debussy zu mir*, das heißt Klarheit, Eleganz, einfache und natürliche Deklamation; die französische Musik will vor allem erfreuen. Couperin, Rameau, das sind wahre Franzosen. Gluck, dieses Untier, hat alles zertrampelt! Dabei war er doch so langweilig, so pedantisch, so aufgeblasen! Sein Erfolg ist mir ein Rätsel. Und man hat ihn noch zum Vorbild genommen, ihn nachzuahmen versucht. Was für ein Irrweg! Nie ist er liebenswürdig, dieser Mensch! Ich kenne nur einen Komponisten, der genauso unerträglich ist: Wagner! Ja, ihn! Diesen Wagner, der uns Wotan auf den Hals geschickt hat, diesen majestätischen, hohlen, abgeschmackten Wotan!

Wer sind Ihrer Meinung nach die großen französischen Musiker nach Couperin und Rameau? Was halten Sie zum Beispiel von Berlioz?

Berlioz ist ein Ausnahmefall, ein Monstrum. Er ist überhaupt kein Musiker; er gibt mit Verfahren, die der Literatur und der Malerei entlehnt sind, die Illusion von Musik. Übrigens sehe ich wenig ausgesprochen Französisches an ihm. Der musikalische Genius Frankreichs, das ist so etwas wie Phantasie in der Empfindsamkeit.

Und César Franck?

Oh, César Franck ist kein Franzose, er ist Belgier. Aber selbstverständlich gibt es eine belgische Schule. Nach Franck ist einer ihrer bemerkenswertesten Vertreter Lekeu; meines Wissens war er der einzige, der unter dem Einfluß Beethovens gestanden hat. Die Wirkung César Francks auf die französischen Komponisten ist gering; er hat sie bestimmte satztechnische Verfahren gelehrt, aber ihre Empfindungswelt steht in keiner Beziehung zu der seinen.

Welchen Namen würden Sie dann nennen, wer repräsentiert in Ihren Augen die französische Musik des 19. Jahrhunderts?

Ich liebe Massenet sehr. Massenet hat die wahre Aufgabe der Musik verstanden. Man muß die Musik von allem gelehrten Schwulst befreien. Die Musik muß mit Bescheidenheit danach trachten, Freude zu bereiten; in diesen Grenzen ist vielleicht große Schönheit möglich. Die auf die Spitze getriebene Kompliziertheit ist das Gegenteil von Kunst. Die Schönheit muß sinnlich wahrnehmbar sein, damit sie uns zu einem unmittelbaren Genuß verhelfe, damit sie in uns eingehe oder eindringe, ohne daß wir Mühe haben, sie zu begreifen. Denken Sie an Leonardo da Vinci, denken Sie an Mozart. Das sind große Künstler!

La Revue bleue, 2. April 1904[62]

Der Einfluß Wagners auf die Musik

(Interview mit Maurice Leclercq anläßlich des 25. Todestages von Wagner)

(...)

Der Einfluß Wagners! *(Debussy erhebt sich.)* Zunächst einmal, glauben Sie, daß es noch Einflüsse, daß es Meister gibt und Schüler, die von ihnen unterrichtet werden wollen? Meister! Offenbar gibt es Musiker, denen man diesen Titel beilegt. Aber es gibt keine Schüler mehr. Und wenn es keine Schüler mehr gibt, so deshalb, weil es keine Häupter von Schulen, keine Musiker mehr gibt, die das sein könnten. Und das ist nicht nur in der Musik so, mein Herr, es ist das gleiche in der Literatur, der Malerei, der Bildhauerei, in allen Künsten.

Dennoch, wende ich ein, bekennen sich sehr viele Leute für oder gegen Wagner. In der Literatur gibt es eine ganze Schule von jungen Barrésianern. In der Malerei hatten die Meister des Impressionismus Nacheiferer, die sogar ihre Fehler kultivierten.

Was ich Ihnen hier sage, überrascht Sie. Ich war darauf gefaßt und will mich deutlicher erklären (...).

Heutzutage sind alle Musiker und Künstler subjektiv, sehr subjektiv. Ihr größtes Anliegen ist es, in ihrem Werk sorgfältig jeden Anschein eines Einflusses zu vermeiden.

Die schönen Werke bewundert man nach wie vor. Es hat sogar noch nie soviel Bewunderer gegeben wie heute. Das geht fast bis zur Übertreibung. Man kann sogar gleichzeitig zwei schöne Werke von ganz gegensätzlicher Haltung bewundern. Wer aber bewundert, ist noch kein Schüler. *Es gibt keine Schüler mehr.*

Es gibt auch keine Schulhäupter mehr, die fähig wären, das Schaffen der nächsten Generation zu beeinflussen. Haupt einer Schule sein, das setzt eine ganz spezielle Technik voraus – nicht nur ein paar Verfahrensweisen, sondern eine eigene Doktrin: die persönliche Grammatik. Nun hat aber der Musiker (oder zeitgenössische Künstler), der zum großen Namen geworden ist, nur noch die eine Sorge, persönliche, soweit wie möglich neue Werke zu schaffen. Er würde nicht mehr die Zeit finden, Schüler heranzubilden oder die Grammatik zu entwickeln, die ihn dazu befähigte.

Das ist bei allen zeitgenössischen Berühmtheiten der Fall, bei Wagner ebenso wie bei anderen.[63]

L'Eclair, Februar 1908

Was soll am Conservatoire geschehen?

(Interview mit Maurice Leudet)

(Claude Debussy ist soeben als Nachfolger von Ernest Reyer zum Mitglied des Conseil supérieur d'enseignement du Conservatoire de musique et de déclamation in der Sektion Musik ernannt worden.)

Ich versichere Ihnen: Wer am meisten erstaunt ist über die Ernennung zum Mitglied des Conseil supérieur d'enseignement du Conservatoire, das bin ich, Ihr Diener. Noch nie hat man mich dazu ausersehen, in irgendeiner Jury Sitz und Stimme einzunehmen, nie haben die hohen offiziellen Stellen um meine Mitwirkung nachgesucht. Ich bin im wahrsten Sinne des Wortes betäubt. Zu allem Überfluß soll ich noch den armen Ernest Reyer ersetzen. Ich denke zwar mit großer Hochachtung an Ernest Reyer zurück, doch sehe ich die Musik ganz anders als er, nicht wahr?
Aber vielleicht hat man mich gewählt, damit ich die Einstellung von Reyer übernehme, der nie ins Conservatoire ging. Ich werde hingehen, oh ja, das werde ich, und ich werde mich beim Unterstaatssekretär der Schönen Künste für meine Ernennung schriftlich bedanken.

Aber was tun Sie oder gedenken Sie im Conseil supérieur zu tun?

Auf Ehre, ich weiß es nicht recht. Gewiß, ich werde im Conservatoire kein Fremder sein. Ich kenne das Haus, bin dort Schüler gewesen und habe es mit dem Rompreis verlassen; es war nicht die beste Zeit meines Lebens, aber sie war für mich nicht unangenehmer als für andere. Nur weiß ich noch nicht, wenn ich einen Dienst erweisen kann, in welche Richtung er gehen soll ...

Sie haben aber doch eine bestimmte Meinung über den Unterricht am Conservatoire? Haben Sie nicht selbst diese Art von Unterricht genossen?

Ja, und ich finde, daß das Conservatoire ein Ort ist, wo man ausgezeichnet studieren kann; allerdings wären für bestimmte Studienfächer Änderungen ein Gewinn. So scheint mir der Unterricht in Harmonielehre absolut mangelhaft. Ich versichere Ihnen, daß ich in der Harmonieklasse nicht viel zuwege brachte. Zu meiner Zeit war es Sitte, daß die Professoren ihre Schüler in einem kleinen, höchst nichtigen Spielchen drillten, das darin bestand, anhand einer gegebenen Melodie die originale Harmonik ihres Autors herauszufinden. Ich gestehe zerknirscht, daß ich sie nie gefunden habe, aber ich habe nicht schwer daran getragen.

Und die Instrumentalklassen?

Oh, die sind ausgezeichnet. Kein Instrumentalist der Welt kommt an die französischen Instrumentalisten heran.
Aber für die Gesangsklassen habe ich nicht die gleiche Bewunderung. Unsere Sänger und Sängerinnen werden gewöhnlich schlecht angeleitet. Die Schüler besuchen zwar die Gesangsklasse, aber sie gehen nicht oder nur selten in die Gehörbildungs-Klasse. Nun ist aber die Gehörbildung die wesentliche Grundlage des Gesangs wie der Musik überhaupt. Wie viele unserer Gesangskünstler verstehen nichts vom Takt! Zweifellos sind nur wenige unter ihnen wirkliche Musiker, aber wenn sie einen besseren Unterricht bekommen hätten, würden sie auf die Musik, die sie singen, mehr Rücksicht nehmen...
Außerdem könnte der Gesangsunterricht nur gewinnen, wenn er ausschließlich von Sängern oder Sängerinnen erteilt würde, die auf dem Theater tätig waren oder sind und ihre Fähigkeiten bewiesen haben, aber das ist im allgemeinen nicht der Fall. Im übrigen gilt für die Gesangsklassen wie für die anderen – Ausnahmen bestätigen die Regel – daß man für das Conservatoire gerade die Professoren nicht bekommt, die man ans Haus binden sollte, weil man sie nicht oder zu schlecht bezahlt!

Also müßte das Budget des Conservatoire vergrößert werden?

Ja, oder wenigstens besser verteilt. Wobei ich allerdings hinzufüge, daß eines Mannes Rede keines Mannes Rede ist und offenbar jene, die wie ich denken, noch in verschwindender Minderheit sind.

An diesem Punkt der Unterhaltung erinnere ich Debussy an seine Erfolge auf dem Conservatoire, an seinen Rompreis, den er 1883 mit der Kantate »L'Enfant prodigue« erhalten hat.[64]

Alte Erinnerungen, auf die ich nicht stolz bin. Wenn es etwas am Conservatoire gibt, das ich für unnütz oder gar schädlich halte, so ist es die Form, in der die Schüler belohnt oder – wenn Sie wollen – bestraft werden.

Die Form des Wettbewerbs scheint mir trostlos. Da arbeitet einer gut; er ist ein sehr guter Schüler. Am Tag des Wettbewerbs steckt er in einer schlechten Haut und hat keinen Erfolg.
Ich kenne nichts Unsinnigeres als diesen Wettbewerb. Es gibt Leute, die auf dem Conservatoire nie einen Preis erhalten, nie eine ehrenvolle Erwähnung errungen haben, und ausgezeichnete, vollendete Musiker geworden sind.
Für mich gilt die Wahrheit, daß man das Conservatoire so bald wie möglich verlassen und seine Individualität suchen und finden muß.
Der Staat hat Wettbewerbe noch und noch geschaffen, in allen Berufen. Wir züchten mehr und mehr Wettbewerbslöwen heran. Ich bin der Ansicht, daß die Methode für alle Berufsgruppen schlecht ist, auf dem Gebiet der Kunst aber, so behaupte ich, ist der Wettbewerb absolut schädlich.
Damit will ich sagen, daß ich den berühmten Traditionen des Rompreises ablehnend gegenüberstehe. Außerdem wendet man sich an eine wenig anziehende Eigenschaft des Menschen, an seine Eitelkeit. Und dann, der Rompreis bringt einfach nichts... Man läßt in der Abgeschiedenheit der Klausur Dinge machen, auf die kein Musiker in seiner Laufbahn je noch einmal zurückkommen wird.
Doch er besteht nun einmal, dieser Rompreis. Dann soll man aber besseren Nutzen daraus ziehen als bisher. Man lasse den Musikern bei ihren Einsendungen mehr Freiheit. Man stelle ihnen keine festgelegten Aufgaben!
Ich habe Ihnen meine Gedanken rückhaltlos anvertraut. Dieses Komitee, in das ich jetzt eintrete, ist vielleicht gar keine so schlechte Sache. Nur gibt es da noch die Atmosphäre dieses alten Kastens, der sich Conservatoire nennt, und die nicht den geringsten Luftzug von Erneuerung durchläßt.

Werden Sie in diesem Komitee die Ideen verteidigen, die Sie mir soeben unterbreitet haben, Meister?

Ich sage Ihnen dies alles hier. Nun gut! Ich gestehe Ihnen offen: Ich werde unfähig sein, das im Conservatoire noch einmal zu sagen. – Es wäre dazu eine Autorität vonnöten, die ich nicht habe, eine rhetorische Begabung, die ich noch weniger habe. Ich wüßte meine Vorstellungen vielleicht auch nicht zu verteidigen. Wie Leute, die viele Ideen haben, bin ich gegen Widerspruch empfindlich.

Bevor ich mich von Debussy verabschiede, erkundige ich mich nach seinen persönlichen Arbeiten, seinen nächsten Werken; er antwortet mir mit wenigen Worten:

Ich habe zwölf Jahre auf *Pelléas et Mélisande* verwendet. Dies nur, um zu sagen, daß ich langsam arbeite. Sehen Sie, man schreibt immer zuviel und denkt nie genug.

Le Figaro, 14. Februar 1909

Die Musik von heute und die Musik von morgen

(Befragung von Borgex)

Unsere erste Frage an Claude Debussy lautet:
Wie kamen Sie, ein ehemaliger Rompreisträger, zu einer musikalischen Form, die den Prinzipien, unter denen Sie ausgebildet wurden, so sehr zuwiderläuft; wie sind Sie von »L'Enfant prodigue« zu »Pelléas et Mélisande« gelangt?

Es ist Ihnen wohl nichts Neues, wenn ich sage, daß die Bedingungen, unter denen der Wettbewerb zum Rompreis stattfindet, schlechter nicht sein könnten, und daß man einen Musiker nicht danach beurteilen darf, was er in diesem Augenblick leistet. Seither habe ich mich bemüht, alles, was man mir beigebracht hatte, nach und nach abzustoßen.

Wollten Sie nicht dem Einfluß Wagners entgegenwirken, indem Sie etwas völlig anderes suchten?

Nein, ich habe einfach meine Natur und mein Temperament sprechen lassen. Und vor allem habe ich versucht, wieder Franzose zu werden. Die Franzosen vergessen nur zu gern die Klarheit und die Eleganz, Eigenschaften, die ihrem Wesen entsprechen, und lassen sich von den deutschen Längen und Tiefen beeindrucken.
Sicher, das Genie Wagners bleibt unbestritten, aber es ist vor allem ein deutsches Genie. Wagner hat vornehmlich eine persönliche Kunst geschaffen, und die seinem Einfluß erlegen sind, haben nur die Form übernommen. Was in unseren französischen Augen vor allem falsch ist, ist sein Theater! Vier Abende für ein Drama! Finden Sie so etwas überhaupt zulässig? Und wohlgemerkt: Sie hören an diesen vier Abenden immer dasselbe! Die Personen und das Orchester gehen ständig den gleichen Motivkatalog durch, und so kommen Sie schließlich zur *Götterdämmerung*, die zu allem hin noch eine Zusammenfassung all dessen ist, was Sie bisher gehört haben! Ich wiederhole: Das alles ist untragbar für jemand, der Klarheit und Bündigkeit liebt.
Ich weiß, ich werde stark kritisiert, doch das ist immer der Fall, wenn man etwas Neues macht. Aber, wenn ich etwas gefunden habe, so ist es, glauben Sie mir, nur eine verschwindend kleine Menge von dem, was zu tun bleibt. Denn ich sage Ihnen das mit innerster Erregung:

Die Musik war meiner Meinung nach bis zum heutigen Tag auf ein falsches Prinzip gegründet. Man hat viel zu sehr das *Schreiben* im Auge, man macht Musik für das Papier, dabei ist sie für die Ohren bestimmt!

Man mißt dem Tonsatz, der Form und dem Handwerk zu große Wichtigkeit bei! Man sucht seine Ideen in sich, statt sie außerhalb von sich zu suchen. Man kombiniert, man konstruiert, man ersinnt Themen, die Ideen ausdrücken sollen; man entwickelt sie, modifiziert sie bei der Begegnung mit anderen Themen, die andere Ideen ausdrücken, man treibt Metaphysik, aber man macht keine Musik. Musik muß vom Ohr des Hörers spontan aufgenommen werden können, er darf nicht Mühe haben, in den Mäandern einer komplizierten Entwicklung die abstrakten Ideen zu erkennen.

Man hört nicht auf die tausend Geräusche der Natur um sich herum, man lauscht zu wenig auf die so vielfältige Musik, die uns die Natur überreich anbietet. Sie umfängt uns, und wir haben bis jetzt in ihr gelebt, ohne ihrer gewahr zu werden. Hier ist meiner Meinung nach der neue Weg. Glauben Sie mir, ich habe ihn noch kaum erahnt, und was zu tun bleibt, ist ungeheuer. Der es aber tun wird ... der wird ein großer Mann sein!

Comoedia, 4. November 1909

Rundfrage über die moderne italienische Musik

Von der modernen italienischen Musik sprechen? Das hieße, ihr Wichtigkeit beimessen. Denn vom künstlerischen Standpunkt aus besitzt sie keine. Der Großteil des Publikums findet sein Gefallen an Werken von schlechtem Geschmack. Es hat sie zu allen Zeiten gegeben, sie kommen einem Bedürfnis entgegen. Daran wird sich nichts ändern, man mag sich noch so sehr bemühen. Wenn man sie dem Publikum zeitweise vorenthält, wird es schnell wieder zu ihnen zurückkehren. Die Italiener haben ein feines Gespür für dieses Bedürfnis und tragen ihm Rechnung.

Sehen Sie, es gibt Leute, die gehen mit Vergnügen in gewisse gastfreie Häuser; nun gut, diese Etablissements sind für die Liebe das, was die Erzeugnisse der veristischen Schule für die Musik sind. Ich glaube nicht an ihren schlechten Einfluß! Jeder Künstler tut was er kann, er schafft das Werk, für das er bestimmt ist. Wer einem schlechten Einfluß erliegt, dem wäre es zu anderer Zeit ebenso ergangen. Sobald einer von der Mittelmäßigkeit angezogen wird, ist er selber mittelmäßig. Was die schönen Werke angeht, so setzen sie sich aus eigenem Vermögen durch, und es ist nicht das große Publikum, das in dieser Sache zählt, denn es versteht nichts davon.

Comoedia, 31. Januar 1910[65]

Claude Debussy an die Zeitschrift »Comoedia«

Sehr geehrter Herr Chefredakteur,

Herr Borgex, ihr ausgezeichneter Mitarbeiter, legt mir in dem heute früh erschienenen Artikel Äußerungen in den Mund, die meinen Gedanken nicht genau entsprechen. Erlauben Sie mir dazu einige Erklärungen:
Zunächst einmal finde ich diesen mäkelnden Ton unhöflich. Sodann zeugt es von sträflicher Ignoranz, wenn man die ganze italienische Musik in den Topf der veristischen Schule wirft. Es gälte in dieser Schule vielleicht auch einige Unterschiede zu machen. – Aufgrund einer recht seltsamen Umkehrung der Werte haben sich nicht diejenigen beklagt, die es hätten tun sollen, sondern die anderen. Man braucht auch nicht zu bedauern, daß einige unserer Landsleute Mittel der veristischen Schule anwenden, denn alles in allem genommen repräsentiert sie in beiden Ländern ja doch nur eine ganz spezielle Art des Erfolgs.
Ich versichere Sie, Herr Chefredakteur, meiner vorzüglichsten Hochachtung.

Comoedia, 1. Februar 1910

Eine Renaissance des klassischen Ideals?

(Eine Umfrage)

Der Komponist von »Pelléas« und »La Mer« hat, wie viele unserer hervorragenden Korrespondenten, dem Wort »klassisch« gegenüber den Einwand, es sei doppelsinnig.

Was soll das Wort heißen? Läßt es sich denn präzisieren, begrifflich definieren? Positiv gesehen kann man sagen, daß alles, was schön ist, mit der Zeit klassisch wird. Negativ gesehen: Wenn klassischer mit akademischem Geist verwechselt wird, nun gut, dann bin ich der Meinung, daß es eben *auch* akademische Werke geben muß, um die Ängstlichen zufriedenzustellen und ihnen die Illusion der Sicherheit zu geben.
Aber eine Bewegung im Gesamten, allgemeinverbindliche Richtungen, wo sehen Sie derartiges? Früher mag es vielleicht so etwas wie geordnete Zeiten gegeben haben oder solche, die uns wenigstens aus der Distanz so erscheinen. Zeiten, in denen die individuellen Bemühungen zusammenstimmten. Aber heute! Jeder zerrt nach seiner Seite, sucht seine Persönlichkeit zu entwickeln, wenn er eine hat, oder aber er bemüht sich, die Persönlichkeit seines Nachbarn zu imitieren, wobei er übertreibt, übersteigert – und das ist alles.
Morgen? Ich weiß es nicht, wer kann schon in die Zukunft sehen? Ist es überhaupt möglich, bei der scharfen »Konkurrenz«, die sich die Künstler liefern, das Erwachen eines gemeinsamen Ideals zu verheißen?
Ja, es hat eine große französische Epoche gegeben, das 18. Jahrhundert, die Zeit Rameaus. Wieviel feindlichen Einflüssen mußte diese Tradition weichen, kaum daß sie geboren war! Da kamen zuerst Gluck und seine Adepten, die von fern das Wagnertum vorbereiteten. Danach kam Rossini, der allerdings nur wenige Spuren hinterlassen hat; dann, viel wichtiger, Meyerbeer, dessen Einfluß zu sehr unterschätzt wird, obwohl er im Rückblick bei vielen Komponisten festzustellen ist – und schließlich Wagner, dessen Offenbarungen mit dreißigjähriger Verspätung zu uns kamen.
Wagner hat aus der Oper alles herausgeholt, was sie zu geben vermochte. Jetzt muß etwas anderes gefunden werden. Richard Strauss ist nur ein gesteigerter Wagner, ein Künstler und zugleich ein bewundernswerter Taschenspieler, wenn er seine eigenen Werke dirigiert ...

Debussy bekennt uns seine tiefe Verehrung für die Meister des 16. Jahrhunderts und für den großen Bach.

Das ist die Musik selbst, die elementare Kraft, der nichts widersteht. Nach Bach hat niemand mehr Musik gemacht, weil nach ihm niemand mehr unter Bedingungen gelebt hat, die der musikalischen Schöpfung so günstig waren. Und leider hat man von unserer Zeit die Wiederkehr dieser glücklichen Bedingungen nicht zu erwarten.
Muß man also verzweifeln? Weit gefehlt! Die Musik wird wiedererstehen. Gehen wir an die Arbeit! Arbeiten wir, jeder nach seiner Eingebung. Die Zukunft wird sagen, wer ein Klassiker gewesen ist.

Paris-Journal, 20. Mai 1910

Eine Woche französischer Musik in München

Erobern wir Deutschland mit unserer Musik? Claude Debussy glaubt es nicht.

Was haben wir dort zu schaffen? Hat man uns gebeten hinzukommen? Nein! Nun also, was soll dieser Versuch?
Es ist doch ganz offenkundig, daß wir den deutschen Musikern gegenüber mehr als entgegenkommend gewesen sind. In fünfzig Jahren wird sich erweisen, was von unserer gegenwärtigen übertriebenen Vorliebe Anspruch auf bleibenden Wert hat. Uns gefällt alles, was von draußen kommt. Wie Kinder schlagen wir vor einem Werk die Hände zusammen, das von weither kommt, aus Skandinavien, den deutschsprachigen Ländern oder aus einem der Mittelmeerländer, und geben uns keine Rechenschaft über den wahren Wert und die Dauerhaftigkeit dieses Werkes, fragen nicht, ob wir mit aufrichtigem Gefühl an seelischen Erschütterungen teilnehmen können, die uns fremd sind.
Dabei sind wir erst dann glücklich, wenn wir nicht mehr stammelnd nachsprechen, was diese Leute in ihrer Sprache sagen, wenn wir uns nicht für den falschen Italianismus in der Musik, den falschen Ibsenismus in der Literatur begeistern, und wenn einige von uns sich nicht mehr dadurch lächerlich machen, daß sie um jeden Preis exotisch sein wollen.
Die Deutschen brauchen uns nicht zu verstehen, so wenig wie wir versuchen müssen, uns in sie zu vertiefen. Übrigens steht München unserer Kunst gleichgültig gegenüber, wenn es auch nach Meinung des *Figaro* vom »politischen« Standpunkt aus gut gewählt ist. Die Konzerte moderner Musik haben dort nur eine kleine Liebhabergemeinde. Man wird aus Höflichkeit kommen und die französische Musik anhören. Man wird, vielleicht, Beifall spenden, mit dieser deutschen Artigkeit, die so schwer zu ertragen ist. Ich bin überzeugt, daß unsere Kunst in Deutschland keine Eroberung machen wird.
Möglicherweise sieht man unter den gegenwärtigen Verhältnissen in der Verbreitung unserer Werke ein Mittel zur Annäherung. Die Musik ist dafür nicht geschaffen ... und die Stunde schlecht gewählt!

Paris-Journal, 21. August 1910

Das tausendste Colonne-Konzert

Edouard Colonne wußte seine Programme so zusammenzustellen, daß sie die erwartungsvollen Gemüter befriedigten. Mehr noch. Sie wissen ja, die Instrumentalisten sind im allgemeinen arme Leute. Wie sollten sie bei all den Proben, den Omnibusfahrten, den häuslichen Sorgen noch etwas von dem hohen Mut und dem Ideal empfinden, das einmal in ihnen lebte? Colonne half ihnen. Es genügte schon, daß er seinen Taktstock hob ... Aber man muß auch wissen, daß Edouard Colonne der einzige Orchesterchef war, der die Musik kannte und liebte. Das Publikum fühlte das. Das Publikum bewies es ihm, wenn es die Virtuosen auspfiff. Und mancher *Zuschauer* kam nicht nur, um das Orchester zu hören, sondern auch um Colonne zu *sehen* ...

Excelsior, 20. November 1910[66]

Erklärung an einen österreichischen Journalisten

... Ich revolutioniere nichts, ich demoliere nichts. Ich gehe ruhig meinen Weg und mache, anders als die Revolutionäre, keinerlei Propaganda für meine Ideen. Ich bin auch kein Wagner-Gegner. Wagner ist ein Genie, doch auch ein Genie kann sich irren. Wagner verkündet das Gesetz der Harmonie, ich bin für die Freiheit. Die wahre Freiheit kommt von der Natur. Alle Geräusche, die Sie um sich herum hören, lassen sich in Töne fassen. Man kann musikalisch alles ausdrücken, was ein feines Ohr im Rhythmus der Welt wahrnimmt, die es umgibt. Gewisse Leute wollen sich zuallererst nach Regeln richten. Ich für meinen Teil will nur das wiedergeben, was ich höre.
Es gibt keine Debussy-Schule. Ich habe keine Schüler. Ich bin ich.
Berlioz, Mozart, Beethoven sind große Meister. Ich verehre sie, besonders die beiden letzten. Berlioz heftet alten Perücken eine romantische Locke an ...
Schauen Sie, wie man sich täuschen kann. Die einen sehen in mir den melancholischen Nordfranzosen. Andere den Repräsentanten des Midi, der Provence, Daudets, tirili, tirila! Dabei stamme ich ganz einfach aus St-Germain, eine halbe Stunde von Paris entfernt.

Dezember 1910[67]

Bei einer »Zwischenlandung« in der Gare-Saïd[68]
Claude Debussy sagt alles ...

(Interview mit Louis Vuillemin)

(...)
Meister, das Pariser Publikum beschäftigt sich ungeheuer mit Ihnen!
Das läßt mich kalt, mein Herr!

Teufel, da hab ich's ... Man hat mich zu Ihnen geschickt, Sie verstehen ...

Wozu?

Ich weiß es nicht. Um zu sehen, um etwas zu erfahren. De Pawlowski hat zu mir gesagt: »Rennen Sie diesem Mann die Tür ein und ziehen Sie ihm die Würmer aus der Nase.« Also ... helfen Sie mir bitte! Sagen Sie mir, was Sie machen, wie Sie es machen, an was Sie denken, während Sie es machen ... nun ja, halt das alles! (...)

Was für eine Idee! Was kümmert es die Leute, was ich hier tue? Glauben Sie, daß das wirklich jemand interessiert? Armer junger Mann! Und dann, selbst wenn es so wäre! Ich arbeite, wie ich will, vielmehr wie ich kann, und wenn ich wüßte wie, würde ich es niemand sagen!
Schweigen Sie! Sie wollen mich auf die Wiederaufnahme des *Pelléas* ansprechen? Sie kommt. Marguerite Carré wird die Mélisande singen.[68a] Ich freue mich darauf, sie zu hören. Ich nehme an, Sie auch.

Sie sind doch ebenso sicher wie ich, daß sie eine ausgezeichnete Mélisande sein wird!

Schweigen Sie! Sie wollen mir Erinnerungen an Mary Garden entlocken, die meine erste Mélisande war. Ich will nichts dazu sagen, was man nicht schon weiß, außer daß sie sehr begabt ist. Und Maggie Teyte, mein Gott, war die reizend. Aber Sie werden wohl kaum erwarten, daß ich mich in Interpretationsvergleiche stürze. Wozu sollte das auch gut sein! Das sind so Journalistenideen ...[69]
Schweigen Sie! Sie wollen wissen, ob ich froh darüber bin, daß mein Stück wieder aufgenommen wird? Du guter Gott, das macht bekannt-

lich immer Vergnügen, obwohl ich nicht recht weiß, warum. Wissen Sie, ich bin immer neugierig auf meine Musik. Ich finde da immer wieder etwas anderes. Dieses geht, das kommt, jenes verändert sich. Die Nuancen wechseln, die Bewegungen fluktuieren. Aber der Teufel soll mich holen, ich erzähle Ihnen da eine Menge Dinge, die niemand etwas angehen!

Schweigen Sie! Sie sind bereits dabei, mich über meine Vorlieben und Abneigungen, meine Gewohnheiten, meine Lieblingsautoren, meine Lieblingsmaler auszufragen. Sie wollen eine Photographie von mir? Sie bekommen keine. Es gibt zu viele Leute, die Ihnen eine geben. Sie wollen ein Autogramm haben? Nichts zu machen!

Schweigen Sie! Sie möchten mit mir über mein nächstes Stück sprechen: *La Chute de la maison Usher*? Es ist noch nicht fertig. Wann das soweit sein wird? Nie. Ich weiß es nicht.

Schweigen Sie! Sie möchten gerne wissen, wie weit ich mit meinem anderen Werk bin: *Le Diable dans le beffroi*? Genau so weit wie mit dem vorigen.[70]

Schweigen Sie! Sie wollen mich eine Menge anderer Dinge fragen, die ich nicht weiß. Erfinden Sie etwas. Sie werden schreiben, daß ich es Ihnen gesagt habe. Das wird ja sowieso passieren.

(...)

Comoedia, 17. Dezember 1910

Die ausländische Musik und die französischen Komponisten

(Interview mit Louis Schneider)

Die von einer Gruppe französischer Musiker in Gang gesetzte Kampagne gegen ausländische Musik im allgemeinen und die italienischen Komponisten im besonderen trifft bei den führenden Köpfen unseres Musiklebens nicht nur auf Zustimmung. Einige von ihnen, und nicht die geringsten, wie Camille Saint-Saëns, Jules Massenet und Paul Dukas haben erst vor kurzem ihre Meinung dazu ganz unmißverständlich ausgesprochen.
Ich traf Claude Debussy, der soeben aus Wien zurückgekehrt ist, wo er zwei Konzerte mit eigenen Werken dirigierte. Der Komponist von »Pelléas et Mélisande« konnte besonders viel Applaus für »Ibéria« und die »Petite Suite« entgegennehmen, zwei Werke, die – wie er mir sagte – das Orchester des Wiener »Konzertvereins« bemerkenswert gut verstanden und gespielt habe.

Ich begreife, *sagt Debussy,* diesen Streit nicht so recht, der sich auf Kassensummen stützt. Ich sehe es nicht gern, wenn Geldangelegenheiten mit Kunstfragen verquickt werden. Das sind Zwistigkeiten, die zu entscheiden allein dem Publikum zusteht. Wenn das Publikum in die Opéra-Comique geht oder in die Opéra (Zielscheibe ist aber vor allem die Opéra-Comique), dann ist das um so schlimmer oder um so besser. Ich bin bestimmt nicht in die Musik des italienischen Verismus vernarrt, aber ich sehe nicht so recht, wie man eine musikalische Geschmackspolizei aufstellen könnte.
Und dann haben gerade die Musiker, die sich an die Spitze dieser Bewegung stellten, wirklich wenig Grund zum Protest. Xavier Leroux ist sehr oft gespielt worden, das gleiche gilt für Gustave Charpentier und Camille Erlanger. Vielleicht haben sie Gründe, sich zu beklagen; ich sehe allerdings nicht, welche.
Wer sich mit Kunst beschäftigt, darf um keinen Preis in einem Wasser fischen wollen, das so trübe ist wie das der Finanzen. Wenn man sich in eine gierige Krämerseele verwandelt, lohnt es nicht, Künstler zu sein.

Debussy durchmißt aufgeregt sein Arbeitszimmer und fährt fort:

Habe ich vielleicht die Luft mit Klagen angefüllt, weil die Opéra-Comique seit mehr als einem Jahr den *Pelléas* nicht mehr gespielt hat?

Nein. Ich warte auf meine Stunde. Ich bin in Italien ausgepfiffen worden; kann sein, es kommt der Augenblick, wo man mir dort Beifall spendet. Der Erfolg eines Werkes braucht nicht in seiner Zeit zu liegen. Man schreibt nicht Musik, um damit Millionen zu scheffeln; man muß auch ein wenig über den Schlußstrich seiner Partitur hinaussehen können.
Da wurden tatsächlich Argumente hervorgezerrt, die ich als peinlich empfinde für die französische Kunst, die so artistisch ist, so chevaleresk. Der eine spricht von 7 600 Francs Einnahmen, der andere von 8 300 Francs, ein dritter überbietet sie und sagt, sein Werk habe 9 000 Francs »gemacht«. Das sind Gespräche unter Händlern.
Und überhaupt, worüber beklagen sich denn die Komponisten? Ist die Situation nicht überall gleich? Ich komme gerade aus Wien: Was wurde in der Oper gespielt? *Carmen*, und am Tag darauf *Tosca.* Haben also die österreichischen Komponisten keine Geltung? Ich weiß es nicht. Aber eines ist sicher: In der ganzen Welt sind die Theaterdirektoren gezwungen, die Stücke zu spielen, die die Kassen füllen, und keiner von ihnen wird auf den witzigen Gedanken verfallen, einem Komponisten zuliebe Pleite zu machen.
Ich liebe die Musik viel zu sehr, als daß ich wollte, sie werde auf Bahnen gelenkt, wo ihr Verhalten unerfreulich wird. Merken Sie wohl: Ich stelle mich nicht prinzipiell gegen meine Kollegen; möglicherweise bewegt und erregt sie ein sehr richtiges Gefühl, aber wie sagte Henri Lavedan so hübsch: Es kommt auf das Wie an. Ich habe *Pelléas et Mélisande* geschrieben, um vor allem der Musik zu dienen und nicht meinen persönlichen Interessen. Der Musik dienen *(und Debussy betont das Wort »dienen«)*, darin liegt die Wahrheit. Aber die Wahrheit ist immer unbequem; es gibt Leute, die sie nicht hören wollen. Das ist absolut nicht verwunderlich, denn wer die Wahrheit sagt, wird als Lügner hingestellt ...

Debussy hielt inne. Er ging zu einem anderen Thema über, das ihn gegenwärtig sehr beschäftigt: zu der Musik, die er zu d'Annunzios »Martyre de Saint Sébastien« schreibt; sein ganzes Herz, seine ganze Seele hängen daran, und er ist begeistert, daß der Maler Léon Bakst seinem und d'Annunzios Vorhaben Leben einhauchen wird.

Ich weiß nicht, ob meine Musik Gefallen findet, *fügte er bescheiden hinzu*, aber im nächsten Mai werden Sie im Théatre du Châtelet ein wahrhaftes Schauspiel der Künste sehen.

Le Gaulois, 10. Januar 1911[71]

Die Gedanken eines großen Musikers
Claude Debussy spricht von seinen Plänen und Hoffnungen

(Interview mit Georges Delaquys)

Ich frage nach seinen gegenwärtigen Arbeiten und sofort unterbricht mich der Meister:

Fragen Sie mich nie, wie weit ich mit meinen Arbeiten bin, ich weiß es selbst nicht. Im Augenblick arbeite ich am *Saint Sébastien* von Gabriele d'Annunzio, und dieses Werk nimmt mich völlig in Anspruch. Die Dichtung ist sehr schön und enthält wahre Schätze an lyrischer Phantasie.[72] D'Annunzio – es macht mir Freude, das zu sagen – ist einer der Künstler, die wie ein belebendes Elixier wirken. Wenn er nur hereinkommt, tritt das Leben mit ihm ein, ein kraftvolles, reiches Leben. Und dann ist er außerordentlich musikalisch. Für einen Komponisten ist das ein Mitarbeiter, wie er nicht wertvoller sein könnte. Eine einzige Sache bedrückt mich bei dieser Arbeit, daß sie nämlich zu einem bestimmten Termin fertig sein muß; vor so etwas habe ich einen Horror, ich bin wie gelähmt von dieser Vorstellung und kann an nichts anderes mehr denken.

Dann haben Sie also die Kompositionen, an denen Sie arbeiteten, aufgegeben: »Le Diable dans le beffroi«, »La Chute de la maison Usher«?

Im Augenblick, ja. Mit diesen Arbeiten bin ich ziemlich weit, aber da mich weder ein Direktor noch ein Mitarbeiter drängt, sie zu vollenden, arbeite ich in Ruhe daran. Ich halte es für überflüssig, viele Werke zu schreiben; es ist besser, sein Möglichstes in einem einzigen Werk zu geben, auf jeden Fall: in einer kleinen Zahl.

Es heißt, daß das Théâtre des Arts »Pygmalion« von Rameau in einer Instrumentierung von Ihnen spielen wird.[73]

Das stimmt, doch kann ich Ihnen unmöglich sagen, wann. Ich habe jetzt nicht die Zeit, daran zu arbeiten. Das ist keine sehr langwierige Arbeit, gewiß, aber sie interessiert mich sehr, weil es sich bei diesen alten und kostbaren Partituren darum handelt, ihnen ihren wahren Charakter wiederzugeben, den Kopisten und Dirigenten verfälscht haben.

Wird »Pelléas et Mélisande« nicht demnächst in mehreren Städten des Auslands aufgeführt, wo die Oper bislang nicht bekannt war?

Ich kann Sie darüber nicht genauer informieren, ich weiß überhaupt nichts davon; und außerdem interessiert es mich nicht. Mein Interesse gilt der Musik, der Musik, die ich mache, die ich liebe. Ich liebe sie leidenschaftlich, und diese Liebe ist es, die mich dazu treibt, sie von bestimmten sterilen Traditionen zu befreien, in denen sie bis zum Hals steckt. Sie ist eine ungebunden hervorsprudelnde Kunst, die nur im Freien gedeiht, eine Kunst nach Art der Elemente, des Windes, des Himmels, des Meeres! Man darf aus ihr keine Schulstubenkunst machen. Sicher ist das sehr hübsch, die Satzkunst, das Handwerk, ich habe mich selbst einmal daran begeistert; aber ich habe auch viel darüber nachgedacht und meine, die Satzkunst könnte nur gewinnen, wenn sie vereinfacht würde, wenn die Ausdrucksmittel geradliniger, unmittelbarer würden. Glauben Sie nicht, ich sage dies, um mich zum Haupt einer Schule aufzuwerfen oder als Reformator aufzutreten. Ich versuche nur, so aufrichtig wie möglich die Empfindungen und Gefühle auszudrücken, die mich bewegen; der Rest kümmert mich wenig. Man hat mir weiß Gott welche Haltung angelastet, die ich gegenüber den Meistern gezeigt haben soll; man hat mir über Wagner, über Beethoven Dinge in den Mund gelegt, die ich niemals gesagt habe. Ich bewundere Beethoven und Wagner, aber ich weigere mich, sie bedingungslos zu bewundern, nur weil man mir gesagt hat, daß sie Meister seien. So nicht! Meiner Meinung nach nimmt man in unseren Tagen den Meistern gegenüber eine unterwürfige Haltung ein, die sehr ärgerlich ist. Ich will die Freiheit haben zu sagen, daß eine langweilige Partiturseite mich langweilt, gleich von wem sie stammt. Aber ich habe weder eine Theorie noch ein Vorurteil. Ich versuche, ein aufrichtiger Mensch zu sein, in meiner Kunst wie in meinen Ansichten, das ist alles. Nur glaube ich, daß es in der Kunst einen Adel gibt, den man nicht aufs Spiel setzen darf. Deshalb liegt mir wenig am großen Erfolg, am lauten Ruhm. Noch einmal: Ich bin nicht der Mann, zu dem man mich gemacht hat; ich liebe die Ruhe, den Frieden, die Arbeit, die Abgeschiedenheit, und alles, was man über meine Musik sagen mag, läßt mich völlig gleichgültig. Ich verlange nicht, daß sie nachgeahmt werde, noch daß sie irgendeinen Einfluß auf irgend jemand ausübe. Ich lege großen Wert darauf, unabhängig zu bleiben; ich schaffe mein Werk, wie ich es muß, wie ich es kann. Das ist alles, was ich Ihnen zu sagen habe.

Excelsior, 18. Januar 1911

Für die Dezentralisierung der Musik

(Rundfrage von G. Linor)

Claude Debussy erklärt uns zunächst, daß er die Opernsituation der Provinz nie aus der Nähe beobachtet habe und deshalb nicht genau beurteilen könne, was dort vor sich gehe. Aber das wenige, was er gesehen, und vor allem, was er durch Kollegen davon gehört habe, scheine ihm nicht sehr ermutigend zu sein.

Soll die musikalische Dezentralisierung so verwirklicht werden, wie es wünschenswert wäre, *sagt er uns nach dieser einleitenden Erklärung*, dann ist, glaube ich, sehr viel zu tun. Doch wenn man es erreichte, könnten hervorragende Dinge daraus entstehen.
Leider haben wir in Frankreich eine beklagenswerte Angewohnheit. Man geht von der Vorstellung aus, daß nur in Paris Erfolg und Förderung möglich sei, und daß es folglich – und um diese Einstellung geht es hier – den Versuch nicht lohne, anderswo eine große Oper unter den erforderlichen Bedingungen einzustudieren. Gegen dieses Vorurteil sollte angegangen werden.
Es wäre ein großes Glück, wenn in den französischen Provinzen Musikzentren geschaffen würden, Heimstätten der Musik, wie man sie sehr treffend genannt hat, und dies vor allem im Hinblick auf die Aufführung von Bühnenwerken.
Man kann also diese Initiative nur begrüßen, die anscheinend in Gang gesetzt werden soll, um den Theatern der großen Provinzstädte eine staatliche Subvention zu verschaffen. Ich erkenne die absolute Notwendigkeit dieser Subvention ebenso an wie ihre Legimität, und ich unterschreibe im voraus jeden Plan, der in diese Richtung geht.
Aber ich füge mit Nachdruck hinzu, daß dies meiner Meinung nach nicht genügt. Wenn man unsere Opernhäuser auf den Stand bringen will, den die Städte des Auslands einnehmen, auf die man verweist, dann ist es unumgänglich, daß die Privatinitiative sich rühre, und daß auch die städtischen Behörden sehr viel mehr tun als bisher. Es gibt in den großen Provinzstädten, in Lyon, Bordeaux, Marseille Kunstfreunde, die ein großes Vermögen besitzen und wichtige Ämter bekleiden. Mich dünkt, es wäre nicht unmöglich, von ihnen eine jährliche Summe zugunsten der Opernhäuser, der wichtigsten Kunstzentren ihrer Städte, zu erhalten. Sie würden dabei eine geistige Genugtuung empfinden können, oder einfacher und alltäglicher gesehen, eine Be-

friedigung der Eigenliebe, der Eitelkeit, was weiß ich. Doch zeigt sich in der Provinz wenig Neigung, diese Seite der Angelegenheit ins Auge zu fassen, und das ist sehr bedauerlich. Dabei könnte man auf diese Weise den Aufführungen in der Provinz den fehlenden Glanz verschaffen.

Im Hinblick auf diese Dezentralisierung und die Kampagne, die sich daran anschloß, wurde viel darüber geredet, was im Ausland und vor allem in Deutschland getan wird. Ich meine, in diesem Punkt wäre etwas mehr Realitätssinn am Platz. Man ist so sehr an die Fama gewöhnt, in den wichtigen Städten des Auslands seien die musikalischen Darbietungen und die Opernaufführungen viel besser als bei uns, daß man sie für eine absolute Wahrheit nimmt. Das ist etwas übertrieben. Ich habe, vor allem in Österreich, die großen Konzertorchester gehört. Sie sind sehr gut, gewiß, aber ich würde nicht sagen, daß sie die unserer Kunstgesellschaften in Paris übertreffen. Im allgemeinen sind die deutschen Interpreten, die Instrumentalisten wie die Sänger, die Sänger vor allem, vielleicht »gelehrter« als unsere; auf alle Fälle sind sie beharrlicher in der Arbeit und nehmen die notwendigen Mühen williger auf sich. Wir Franzosen sind ein bewundernswert intelligentes und vortrefflich begabtes Volk; wir sind außerdem ungewöhnlich aufnahmefähig – aber es mangelt uns an Stetigkeit. Wir geben uns nicht gern Mühe. Das ist es, was uns fehlt. Und – um zu unserem Thema zurückzukehren – dies ist mit ein Grund für die gegenwärtige Mittelmäßigkeit der Musiktheater in den großen Städten der Provinz; man sollte ihr entgegenwirken, wenn es dahin kommt, daß neue Geldquellen geschaffen und die nötigen Reformen durchgeführt werden.

Ich möchte Ihnen ein Beispiel nennen, das gut zeigt, wie man auch in der Provinz zu einem Ergebnis kommen und die notwendigen Kräfte zu interessanten künstlerischen Darbietungen zusammenfassen kann. Die Stadt Lyon besitzt einen großen, eigens für diesen Zweck entworfenen Konzertsaal, wie wir ihn, nebenbei gesagt, in Paris nicht haben. Dort finden unter der künstlerischen Leitung von Georges-Martin Witkowski ausgezeichnete musikalische Aufführungen statt, die auf lebhaftestes Interesse stoßen.

Um noch einmal zusammenzufassen: Ich verfolge mit großer Anteilnahme alle Pläne und alle Bemühungen, die Freude an der Musik in der Provinz zu fördern und die zahlreichen Aufführungen zu verbessern, unter denen die Opern am wichtigsten sind. Es wäre wünschenswert, daß man hier zu Erfolgen käme.

Das könnte auf die Operntheater in Paris nur den besten Einfluß haben; sie würden zu einem wohltätigen Eifer angespornt, der ihnen noch bessere Leistungen abverlangte, sei es, um ihre Überlegenheit zu behaupten, sei es, um sich auf dem Niveau zu halten, das in anderen Städten unseres Landes zu Gebot stünde.

Comoedia, 26. Januar 1911

Claude Debussy und »Le Martyre de Saint Sébastien«

(Interview mit Henry Malherbe)

(...)

Ich glaube wirklich an eine Erneuerung der liturgischen Musik. Die Ars sacra entfaltet ihre edelste Blüte in der Verfolgung. Und da man anscheinend der Kirche einiges Unrecht zugefügt hat, nehme ich an, daß die Atmosphäre für geistliche Werke günstig ist.

Die Musica sacra hört für mich im 16. Jahrhundert auf. Nur die Menschen jener Zeit, ihr Gemüt voller Jugend und Anmut, konnte in Gesängen, die frei waren von jeder weltlichen Verstrickung, seine leidenschaftliche und selbstlose Inbrunst ausdrücken. Danach dienten die frommen musikalischen Improvisationen mehr oder weniger dem Gepränge. Den einfachen und biederen Johann Sebastian Bach bewahrte sein Genie vor diesem äußerlichen Pomp. Er errichtete harmonische Bauwerke, schuf sie als großer, gottesfürchtiger Architekt und nicht als Apostel.

Parsifal ist eine hübsche Sache ... Das ist Theater – dieses Gift der Vereinfachung. Wagner selbst bezeichnet seine Werke als *Schauspiele.* Er weiß zu gut den Anfechtungen der Demut zu widerstehen, als daß er der Religion zu ihrem Ruhme dienen könnte. Für das Gebet sind seine Attitüden zu dramatisch. Er löst sich nicht von seinen hochfliegenden und künstlichen Theorien.

Es braucht eine Selbstentäußerung ganz anderer Art, um das Göttliche zu preisen. Man muß sich dieser Aufgabe ganz hingeben, mit heroischem Edelmut, standhafter Entsagung aller Dinge und standhafter Selbstverleugnung. Wer gibt uns die reine Liebe der frommen Musiker vergangener Zeiten zurück? Wer wagt von neuem die grandiose Leidenschaft eines Palestrina? Wer bringt noch einmal das geringe aber so köstliche Opfer des kleinen Gauklers dar, dessen rührende Geschichte uns überliefert ist?[74]

Ich selbst bin weit entfernt von diesem Zustand der Gnade. Ich bin kein praktizierender Christ im kirchlichen Sinn. Ich glaube nicht, daß ein Mann im Mönchsgewand Gott näher steht, noch daß ein bestimmter Ort in der Stadt der stillen Andacht förderlicher ist.

Vor einem bewegten Himmel, dessen wunderbare und unaufhörlich sich wandelnde Schönheiten ich stundenlang betrachte, erfaßt mich eine unbeschreibliche Gefühlsbewegung. Die unermeßliche Natur strahlt zurück in meine wahrheitshungrige, arme Seele. Hier sind die Bäume, die ihre Arme hoch in den Himmel recken, hier die duftenden Blumen, die in der Wiese lächeln, hier ist die Erde, gar lieblich geschmückt mit üppigen Kräutern ... Und unmerklich falten sich die Hände zur Andacht. Fühlen, zu welch aufwühlenden und gewaltigen Schauspielen die Natur ihre vergänglichen und erschauernden Geschöpfe einlädt, das nenne ich beten.

Im übrigen bekenne ich Ihnen, daß der Stoff des *Martyre de Saint Sébastien* mich vor allem wegen der Mischung von lautem, prallem Leben und christlichem Glauben gefangennahm, die ich darin fand. Unglücklicherweise bin ich mit der Zeit in Bedrängnis. Ich hätte Monate der Sammlung gebraucht, um eine Musik zu schreiben, die dem geheimnisvollen und verfeinerten Drama von d'Annunzio angemessen wäre. Ich fühle mich verpflichtet, nur eine Musik zu liefern, die ich seiner für würdig halten kann: einige Chöre und eine Szenenmusik, denke ich. Das ist ein peinigender Zwang: Ich muß im Mai fertig sein, wenn *Le Martyre de Saint Sébastien* im Théâtre du Châtelet uraufgeführt wird. Dann wird es in Rom gespielt, wo ich mich zur selben Zeit aufhalte, um ein Konzert zu dirigieren, in dem Werke von mir auf dem Programm stehen.[75] Weitere Indiskretionen darf ich mir, glaube ich, nicht gestatten.

Wer wird das Geheimnis der musikalischen Komposition ergründen? Das Rauschen des Meeres, der Bogen des Horizonts, der Wind in den Blättern, ein Vogelruf hinterlassen in uns vielfältige Eindrücke. Und plötzlich, ohne daß man das mindeste dazutut, steigt eine dieser Erinnerungen in uns auf und wird zur musikalischen Sprache. Sie trägt ihre Harmonie in sich selbst. Welche Anstrengung man auch unternähme, man wird keine stimmigere finden und auch keine wahrere. Nur auf diesem Weg macht eine Seele, die sich der Musik verschrieben hat, ihre schönsten Entdeckungen.

Wenn ich so zu Ihnen spreche, geschieht es nicht, um Ihnen eine üppig aufgeputzte Kunsttheorie vorzuführen, sondern um Ihnen zu zeigen, daß ich gerade das nicht habe. Ich kann die Doktrinäre und ihre Impertinenz auf den Tod nicht leiden.

Deshalb will ich meinen musikalischen Traum mit der vollkommensten Selbstentäußerung schreiben. Ich will von dem Land in meinem Innern singen, mit der naiven Treuherzigkeit eines Kindes. Zweifellos geht es bei dieser unschuldigen Kunstgrammatik nicht ohne Zusammenstöße ab. Sie wird die Parteigänger der Kunstfertigkeit und Lüge immer schockieren. Ich sehe das voraus, und es macht mich lächeln. Ich werde

nichts tun, um mir Gegner zu schaffen. Aber ich werde noch weniger tun, um meine Feindschaften in Freundschaften zu verwandeln. Man muß vor sich selbst ein großer Künstler sein wollen und nicht vor den anderen. Ich will es wagen, ich selbst zu sein und für meine Wahrheit einzustehen. Diejenigen, die mit mir fühlen, werden mich darob umsomehr lieben. Die anderen werden sich von mir abwenden, mich hassen. Ich werde nichts tun, sie für mich zu gewinnen.
Ehrlich gesagt, jenen fernen Tag – ich muß hoffen, daß er so spät wie möglich kommt – an dem ich keine Auseinandersetzungen mehr bewirke, werde ich mir zum bitteren Vorwurf machen. In diesen letzten Werken wird zwangsläufig die abscheuliche Heuchelei vorherrschen, die mir erlaubt, es allen recht zu tun.

Excelsior, 11. Februar 1911

Vor »Le Martyre de Saint Sébastien« Claude Debussy und die Musica sacra

(Interview mit R. Bizet)

(...)
Grundsätzlich verspüre ich wenig Neigung, Erklärungen abzugeben. Was wir uns vorgestellt haben, die Überlegungen, die unserer Arbeit vorausgegangen sind, was wir ausdrücken wollten, wer braucht das zu wissen?

Ich würde jedoch gerne von Ihnen erfahren, wie der Autor des »Pelléas« und vor allem der sinnenhafte und feinnervige Komponist des »Prélude à l'Après-midi d'un faune« der Mystiker mit gläubigem Herzen werden konnte, dessen fromme Klänge die Dichtung von d'Annunzio begleiten?

Sie meinen also, daß sich in meinen Werken keine religiösen Vorgänge vollziehen, wenn ich so sagen darf? Sie wollen die Seele eines Künstlers dingfest machen und können nicht begreifen, daß derjenige, der allenthalben und überall Mysterien sieht, durch ein religiöses Thema angerührt worden ist? Ich habe Ihnen kein Glaubensbekenntnis abzulegen, aber wenn ich auch weder praktizierender noch gläubiger Katholik bin, so hat es mir doch keine große Mühe gemacht, mich zu der Höhe des Mystizismus zu erheben, die das Drama des Dichters erreicht. Verstehen wir uns recht bei dem Wort »Mystizismus«. Sie sehen ja, daß heute sogar der Erzbischof – übrigens ohne es zu kennen – den Gläubigen den Besuch des Stückes von d'Annunzio verboten hat. Doch lassen wir diese Widerwärtigkeiten ... Vom künstlerischen Standpunkt aus ist über solche Urteile ohnehin nicht zu diskutieren.
Ich versichere Ihnen, ich habe meine Musik geschrieben, als ob sie mir für eine Kirche aufgetragen worden wäre. Ich habe dekorative Musik gemacht, wenn Sie so wollen, die Illustrierung eines edlen Textes in Klängen und Rhythmen; und wenn im letzten Akt der Heilige zum Paradies aufsteigt, so glaube ich, all das wiedergegeben zu haben, was ich bei dieser Himmelfahrt fühlte und empfand. Ob es mir geglückt ist? Das berührt mich nicht mehr. Wir besitzen nicht die gläubige Seele von ehedem. Ist der Glaube, den meine Musik ausdrückt, orthodox oder nicht? Ich weiß es nicht. Es ist mein Glaube, der meine, der mit aller Aufrichtigkeit singt.

Ich muß Ihnen noch sagen – wenn Sie das interessiert – daß ich eine Partitur in zwei Monaten geschrieben habe, für die ich normalerweise ein Jahr gebraucht hätte, und daß ich darin meine Theorien – wenn man so will – über die szenische Musik verwirklicht habe, die sich innig mit dem Text verbinden und etwas völlig anderes sein muß als das undeutliche dumpfe Gesumse, das Verse oder Prosa auf zu allgemeine Weise begleitet. Und das ist alles – alles, was ich sagen kann. Aber wir leben in einer sehr sonderbaren Zeit, wo man alles sagen, alles wissen, alles auf den Markt bringen will. Wann wird man unser ureigenstes Geheimnis respektieren?

Comoedia, 18. Mai 1911[76]

Die Opéra der Zukunft

(Interview mit Pierre Montamet)

1. *Glauben Sie, daß die Opéra in ihrem gegenwärtigen Zustand den Bedürfnissen der Musik, des Tanzes und der modernen Ausstattung entspricht?*
2. *Glauben Sie, daß es möglich ist, ihre Tradition zu ändern?*
3. *Welche Reformen halten Sie für geboten, was die Musik, den Tanz, den Zuschauerraum, die Dekorationen, die Regie, die Kostüme betrifft?*

Wenn der Zuschauerraum und die Bühne der Opéra zunächst auch gebaut wurden, damit das Meyerbeersche Theater dort seinen falschen Pomp entfalte, so muß man doch zugeben, daß das Wagner-Drama sich darin mit Leichtigkeit bewegt.

Warum sollten die Komponisten von heute nicht eine neue Form finden, die unserer Académie nationale de musique zusagen würde? Nach meinem Dafürhalten könnten sie die alte Ballettoper unserer Vorväter aufgreifen und verjüngen, indem sie sie von allen Falten und Runzeln befreiten; oder aber, sie müßten eine völlig neue Form der Oper schaffen.

Nichts ist schwerer, als für die Opéra zu orchestrieren; in diesem Ozeanriesen wirkt die Instrumentation entweder dünn oder überladen. Es sei denn, daß die Musiker diesen Fehler ausgleichen, den Ingenieure und Architekten sich dort geleistet haben!

Excelsior, 15. September 1913

Claude Debussy teilt uns seine Theaterpläne mit

(Interview mit Maurice Montabré)

(...)

Pelléas et Mélisande wird wieder aufgenommen, ja. Sicher, das macht mir Freude! Aber nicht soviel, wie man glauben könnte. Denn der Erfolg – wenn man davon sprechen kann – hat sich lange Zeit gelassen. Das Publikum hat keinen Geschmack; es wird nie welchen haben.

Man spricht von dem Plan, *La Boîte à joujoux* in der Opéra-Comique herauszubringen.[77] Der hervorragende Zeichner Hellé hat bereits Kostüme und Bühnenbilder entworfen. Herr Gheusi wäre entzückt, wenn das Projekt realisiert würde. Aber es wird sehr schwer zu realisieren sein! Die Opéra-Comique ist weiter nichts als ein Theater, dabei bräuchte dieses Werk einen *solchen* Rahmen, *solche* Aufführungsbedingungen! Sie wissen, worum es sich handelt, ja? *La Boîte à joujoux* wäre eine Pantomime über die Musik, die ich den Kindern in ihre Weihnachts- und Neujahrsalben geschrieben habe. Ein Stück, um ihnen Freude zu bereiten, nicht mehr. Man würde die Albumstücke zusammenfassen und drei Bilder daraus machen.

Die Handlung? O, sehr einfach: Ein Pappsoldat liebt eine Puppe; er sucht ihr seine Zuneigung zu beweisen, aber die Schöne betrügt ihn mit einem Hampelmann. Der Soldat kommt dahinter und schreckliche Dinge geschehen: ein Kampf zwischen Pappsoldaten und Hampelmännern. Kurz, der Liebhaber der hübschen Puppe wird in der Schlacht schwer verwundet. Die Puppe pflegt ihn und alles wendet sich zum Guten ...

Sie sehen, das ist von einer kindlichen Einfachheit. Nur, es auf dem Theater wiedergeben! Natürliche Einfachheit auf die Bühne stellen! Den Personen die eckigen Bewegungen von Pappfiguren lassen, ihre komische Erscheinung, schließlich auch ihren Charakter ... Ohne das alles hätte das Stück keine Daseinsberechtigung mehr! Ich sehe die Möglichkeit noch nicht, diesen Plan in der Opéra-Comique zu verwirklichen. Aber schließlich ist nichts unmöglich!

Was die *Fêtes galantes* betrifft, die Charles Morice und ich dem Gedichtzyklus von Verlaine entnommen haben, so soll das ein Ballett werden, eine Ballettoper. Sie ist noch nicht fertig. Bis dahin ist es noch weit. Ich arbeite daran, aber ich kann nicht genau sagen, wann ich dieses Werk unserer Musikakademie übergeben werde.[78]

Comoedia, 1. Februar 1914

Anmerkungen

1 Valéry und Debussy waren um 1893/94, als Valéry seinen Essay »La soirée avec Monsieur Teste« schrieb, miteinander befreundet.

2 François Lesure vertritt die Meinung, diese Briefstelle könne sich nicht auf einen ersten Plan zu *Monsieur Croche antidilettante* beziehen, wie der Herausgeber des Briefwechsels zwischen Debussy und Pierre Louys glauben macht. Vgl. Henri Borgeaud. *Correspondance de Claude Debussy et Pierre Louys (1893–1904)*. Paris 1945, S. 177.

3 Die Journalisten Charles-Francis Caillard und José de Bérys sind die Herausgeber eines Sammelbandes, der Antworten zahlreicher Persönlichkeiten auf die Frage nach der Bedeutung Debussys enthält (*Le Cas Debussy*. Paris 1910). Das Buch bietet instruktive Musterfälle künstlerischer Fehlurteile. Zu Einzelheiten siehe: Léon Vallas. *Claude Debussy et son temps*. Paris 1958. Deutsch: *Debussy und seine Zeit*. München 1961.

4 Auch einige Antwortzeilen auf eine Rundfrage von *S. I. M.*, der Monatsschrift der Société internationale de musique, (1. März 1914) über »Tanzmusik in der Kirche« wurden nicht aufgenommen. Nicht aufzufinden dagegen war ein Interview, das Debussy während seiner Österreich-Reise 1911 einer Wiener Zeitung gab. Des weiteren gelang es François Lesure nicht, eines Exemplars des *Livre d'or de la maison Aeolian* (1909) habhaft zu werden, in dem eine »Meinung von Claude Debussy« abgedruckt ist. Auch wurde in der französischen Originalausgabe auf ein »Interview von Claude Debussy« verzichtet, das P.-J. Toulet im Oktober 1912 in der Zeitschrift *Les Marges* veröffentlichte: eine geistreiche Satire auf fragewütige Journalisten. Debussy kündigt darin seine Abreise nach Lusau an, einem Land, wo alle Tannen gefällt wurden, wo es also keine Papiermasse mehr gibt . . . und auch keine Journalisten.

5 Colonne-Konzerte: siehe im Namenregister unter *Colonne*, Edouard, und Debussys Nachruf im *Excelsior*, S. 257.

6 Lamoureux-Konzerte: siehe im Namenregister unter *Lamoureux*, Charles.

7 Die Sängerin Marie Olénine d'Alheim hatte bereits 1896 Mussorgski dem Pariser Publikum nahegebracht, und zwar in einer Art »Gesprächs-Konzerten«, die ihr Gatte Pierre d'Alheim organisierte. Mit der Erwähnung der *Société nationale* spielt Debussy auf ein Konzert dieser Gesellschaft vom 20. März 1901 an, in dem Marie Olénine, begleitet von Alfred Cortot, die *Kinderstube* als Erstaufführung gesungen hatte.

8 Das Vaudeville-Theater wurde 1792 gegründet und gehörte schon nach kurzer Zeit zu einem der bevorzugten Theater des Pariser Publikums. Nachdem das alte, in der Nähe des Palais Royal gelegene Haus im Juli 1838 einem Brand zum Opfer gefallen war, fand das Vaudeville-Theater zwei Jahre später an der Place de la Bourse eine neue Heimstatt. Dieses Gebäude mußte 1869 einem Straßendurchbruch weichen. Das Theater zog an den Boulevard des Capucines um, wo es bis 1925 blieb. Dann wurde der Raum in ein Kino umgewandelt.

9 Ein Violinkonzert G-Dur von Johann Sebastian Bach gibt es nicht; Debussy hat sich hier getäuscht oder das *Vierte Brandenburgische Konzert* mit Violino piccolo gemeint.

10 Die Oper *Thamara* von Louis-Albert Bourgault-Ducoudray wurde am 28. De-

zember 1891 in der Opéra uraufgeführt und brachte es auf nur fünf Vorstellungen. Bei einer Wiederaufnahme im Januar 1907 kam das Werk nicht über zwölf Vorstellungen hinaus.

11 *Le Roi de Paris*, eine Oper von Henri Bouchut (Text) und Georges Hüe (Musik), am 26. April 1901 in der Opéra uraufgeführt, wurde nach neun Vorstellungen wieder vom Spielplan abgesetzt.

12 Bouvard und Pécuchet sind die Titelgestalten eines unvollendeten satirischen Romans von Gustave Flaubert (1881).

13 Paraphrase der Zeilen

»Nun naht die Zeit, da bebend auf den Stielen
Die Blüten sich verhauchen gleich einem Weihrauchfaß«

aus dem Gedicht *Harmonie du Soir* von Charles Baudelaire.

14 Zwei Tage vor Erscheinen dieser Besprechung hatte Edouard Risler die Klaviersonate von Paul Dukas in der Salle Pleyel uraufgeführt.

15 Manon: Titelgestalt der dreiaktigen Oper *Manon* (1884) von Massenet; Sappho: Titelgestalt der zweiaktigen Pièce lyrique *Sappho* (1897) von Massenet; Navarreserin: Titelgestalt der zweiaktigen Episode lyrique *La Navarraise* (1894) von Massenet; *Werther*: Musikdrama in drei Akten (1892) von Massenet.

16 Es ist allerdings bekannt, daß Debussy, sobald er die Einwilligung Maeterlincks hatte, mit der Komposition des *Pelléas* begann: Bereits am 3. September 1893 schrieb er an Ernest Chausson, daß er dabei sei, die Szene »Une fontaine dans le parc« aus dem vierten Akt zu beenden.

17 Obwohl Debussy auch an anderer Stelle (siehe Seite 249) von einer zwölfjährigen Arbeit spricht, muß er hier einem Irrtum unterlegen sein, da er das 1892 entstandene Drama erst im folgenden Jahr kennengelernt hatte.

18 Zu Beginn des Jahres 1902 war Debussy von Jacques Morland um seine Beteiligung an einer Rundfrage über den deutschen Einfluß auf die französische Musik gebeten worden. Da Debussy um jene Zeit von den Proben und den ersten Aufführungen des *Pelléas* stark in Anspruch genommen war, konnte er seine Antwort nicht rechtzeitig abliefern. Am 29. Juli entschuldigte er sich bei dem Musikkritiker Jean Marnold, dem Bruder des Fragestellers vom *Mercure de France*: »Wenn es noch nicht zu spät ist, würde ich versuchen, mir ins Gedächtnis zu rufen, daß es einen deutschen Einfluß auf die französische Musik gegeben hat und daß er wahrscheinlich noch immer existiert; allerdings ist er nicht mehr ausschließlich wagnerisch. Im übrigen: Ist Wagner nicht vielleicht nur ein schöner Sonnenuntergang? Und vielleicht hat das, was ich schreiben möchte, keinerlei Bedeutung?« Debussys verspätete Antwort erschien schließlich erst im Januar 1903.

19 Gleichzeitig mit Debussys Antwort wurden auch Erwiderungen von Alfred Bruneau, Camille Erlanger, André Gédalge, Xavier Leroux, André Messager und Vincent d'Indy publiziert.

20 Das Ballett *Namouna* von Edouard Lalo, in der Opéra am 6. März 1882 uraufgeführt, fand sowohl bei der Kritik wie bei den Abonnenten ein feindseliges Echo; es mußte nach fünfzehn Aufführungen abgesetzt werden.

21 Beethovens Lied *Adelaide* auf einen Text von Friedrich Matthisson, das die Opuszahl 46 erhielt, ist bereits 1795/96 entstanden und 1797 von dem Wiener Musikverlag Artaria publiziert worden.

22 Das Konzert schloß mit einer Arie aus Glucks *Alceste* und symphonischen Fragmenten aus den *Meistersingern*.

23 Nach Heinrich Strobel (*Claude Debussy*. Zürich 1940) war Prinz Ludwig Ferdi-

nand von Bayern ein Musikfreund und tüchtiger Geiger, der oft im Opernorchester mitspielte.

24 *Casque d'or* ist ein Drama von Oscar Méténier und Delphi Fabrice, das am 16. März 1902 im Théâtre de la Robinière uraufgeführt wurde.

25 Tatsächlich verzeichnet die kritische Chronik des fraglichen Sonntags nur fünf Konzerte: Colonne, Lamoureux, Conservatoire, Louis Pister im Théâtre Marigny und Victor Charpentier in der Salle Humbert de Romans.

26 Wie René Peter (*Claude Debussy*. Paris 1931, S. 203) berichtet, machte sich Debussy oft ein Vergnügen daraus, Augusta Holmès am Klavier zu parodieren. Was ihre Beinahe-Heirat mit Wagner betrifft, so bieten weder der Bericht von J.-L. Croze über den Besuch der Musikerin in Triebschen 1869 noch die Erinnerungen der Brüder Goncourt hinreichenden Grund, diese Behauptung als bare Münze zu nehmen. Die etwas freizügigen Sitten von Augusta Holmès ließen zu ihren Lebzeiten mancherlei Gerüchte dieser Art aufkommen.

27 Alexandre Dumas' d. J. *La Dame aux Camélias* (1852) war als Bühnenstück wie als Roman ein »Bestseller« der Epoche; Henry Murgers *La Vie de Bohème*, ebenfalls zuerst für die Bühne bearbeitet und 1849 uraufgeführt, erschien 1851 in Romanform unter dem Titel *Scènes de la Vie de Bohème*.

28 Die folgenden Abschnitte beziehen sich auf eine Neueinstudierung von Glucks *Iphigenie auf Tauris*, die 1903 in der Opéra-Comique herauskam.

29 Gemeint ist César Francks *Final* B-Dur op. 21 (1862).

30 Nach der Uraufführung seiner Oper *Louise* (1900) begann Gustave Charpentier damit, Pariser Arbeiterinnen Plätze in Theater- und Opernaufführungen zur Verfügung zu stellen. Das »Volkskonservatorium Mimi Pinson« ging aus der »Association Mimi Pinson« hervor, einem Kreis, der sich aus Arbeiterinnen zusammensetzte.

31 Das 1902 von Adrien Bernheim gegründete *Œuvre française des trente ans de théâtre* sollte der Erneuerung des französischen Theaters dienen.

32 Das *Théâtre Libre*, 1886 von A. Antoine gegründet, beschäftigte vorwiegend Amateure.

33 Dem vorzeitigen Aufbruch fielen zum Opfer: zwei Lieder des d'Indy-Schülers Léon Saint-Réquier und eine Symphonische Ouvertüre von Jenpain, beides Uraufführungen.

34 Missa war 1883 und 1884 Debussys Konkurrent bei der Bewerbung um den Rompreis gewesen.

35 Louis Schneider gibt Pierre Chagnon in einem Artikel, den die Zeitschrift *Musica* im Juni 1903 veröffentlichte, nur neun Jahre. Dieses Heft enthält neben einer Photographie des Jungen auch die Partitur seines *O Salutaris*. Pierre Chagnon machte später in Operette, Film und Revuen des Casino de Paris eine kleine Karriere.

36 Das Zitat ist eine Paraphrase der Schlußzeile in Alfred de Vignys Gedicht *Le Cor*: »Gott, wie traurig das Horn in der Tiefe des Waldes tönt!«

37 Hier als »halbgebildete Fachleute« gemeint. Vgl. Monsieur Croche, der »Antidilettant«.

38 Die d-Moll-Symphonie von Sigismund Stojowski war 1900 im Druck erschienen und vor der Pariser Aufführung in Berlin, Warschau und Leipzig gespielt worden.

39 Die Konzertaufführung der wichtigsten Teile des *Parsifal*, von der Debussy

hier spricht – es handelte sich um eine französische Erstaufführung – fand am 7. April 1903 statt. Der Artikel erschien bereits einen Tag zuvor!

40 Debussys Artikel erschien bereits am Montag der Karwoche 1903!

41 Debussy wiederholt hier fast wörtlich, diesmal auf Grieg gemünzt, was er in seinem Artikel für die *Revue blanche* (1. April 1901) über die Lieder von Frederick Delius geschrieben hatte (siehe Seite 26).

42 John Philip Sousa hatte ab 1892 sein eigenes Ensemble und wurde damals »der Marschkönig« genannt.

43 Der dritte Brief wurde erst im *Gil Blas* vom 1. Juni 1903 veröffentlicht (siehe Seite 157 ff.).

44 Albert Alvarez sang die Partie des Faust häufig unter der Leitung von Edouard Colonne, sowohl in der konzertanten wie in der szenischen Version. Die Bühnenfassung Raoul Gunsbourgs wurde am 4. Mai 1903 zum erstenmal in Paris aufgeführt. Übrigens dirigierte Edouard Colonne *Fausts Verdammung* innerhalb von dreißig Jahren hundertfünfzig Mal.

45 Die originale Wendung »du haut du ciel, sa demeure dernière« stammt aus dem Couplet der Gabriele im Finale des 2. Aktes der Operette *La Vie Parisienne* (»Pariser Leben«) von Jacques Offenbach.

46 *Père la Victoire*: ein patriotisches Lied von Louis Ganne.

47 Debussy war von André Caplet, der sich damals auf einer Amerika-Tournee befand, um diesen Artikel gebeten worden. Am 11. Oktober 1912 schrieb Debussy an seinen Freund Caplet: »Ich habe mit dem Rameau-Artikel begonnen. Aber das ist ein heikleres Unterfangen, als man glauben möchte, und zwar aus dem einfachen Grund, weil es hier gilt, in vierzig Zeilen das Leben, das Werk, den künstlerischen Einfluß eines Mannes zusammenzufassen, der plötzlich aus der Geschichte verschwindet, man fragt sich warum, vielleicht aber weiß man es auch nur zu gut!« Als er am 19. November Caplet den Artikel schickte, fügte er hinzu: »Er ist in jenem Ton gehalten, wie ihn die Propheten an sich hatten, und in jüngerer Zeit Louise Michel. Ich hoffe, daß er Ihnen gefällt und dienlich sein wird.« Ob der Artikel tatsächlich in einer amerikanischen Zeitung erschien, ist nicht bekannt. Edward Lockspeiser hat ihn 1957 in den *Lettres inédites à André Caplet* publiziert.

48 Charpentier komponierte seine *Impressions d'Italie* um 1890 als Stipendiat der Villa Medici in Rom.

49 Es handelt sich um die zweite Symphonie von Théodore Dubois; 1924 folgte ihr noch eine dritte.

50 Gemeint ist Bachs Violinkonzert in a-Moll.

51 Der *Courrier musical* berichtet unter dem Datum des 26. Januar 1913 folgendermaßen über diesen Zwischenfall: »Als am Samstag, den 25., Pablo Casals in der Generalprobe das Konzert zu Ende gespielt hatte, wagte Gabriel Pierné die Äußerung, daß ihm dieses Werk lang und im ganzen genommen wenig interessant erscheine. Man behauptet auch, er habe einige eher gutmütige Bemerkungen über Musik gemacht, ›die nur für Virtuosen geschrieben ist‹. Darauf nahm Pablo Casals, wütend über diese Bemerkung, sein Instrument, seinen Hut und ging mit der Erklärung weg, daß er am folgenden Tag nicht spielen werde.«
Casals selbst (José Maria Corredor. *Gespräche mit Casals.* Bern 1954) erzählt, der Vorfall habe sich bereits vor der öffentlichen Generalprobe zugetragen. Der Streit zwischen ihm und Pierné habe zahlreiche Menschen in das Künstlerzimmer gelockt, unter ihnen auch Debussy. Casals habe Pierné dazu veranlaßt, Debussy

zu fragen, ob ein Künstler in der gegenwärtigen geistigen Verfassung Casals' spielen könne, und Debussys Antwort sei gewesen: »Nun, wenn Sie wollen, dann können Sie spielen.« Casals habe sich daraufhin erneut geweigert aufzutreten; er sei übrigens in einem späteren Gerichtsverfahren, obwohl es sich um ein Wohltätigkeitskonzert gehandelt und er ursprünglich seine Mitwirkung ohne Honorar zugesagt habe, zu einer Strafe von 3000 Francs und Erstattung der Gerichtskosten verurteilt worden.

52 Demgegenüber schreibt J. Jemain in *Le Ménestrel* vom 1. Februar 1913: »Die Aufführung dieser sehr schweren Stücke trug Gabriel Pierné und seinem Orchester langen und herzlichen Beifall ein.« In diesem Konzert vom 26. Januar 1913 wurde übrigens Debussys *Gigues*, das erste Stück der *Images pour orchestre*, uraufgeführt. Die beiden anderen Stücke – *Ibéria* und *Rondes de Printemps* – waren schon früher bekannt geworden: Ihre Uraufführungen hatten am 20. Februar und am 2. März 1910 stattgefunden.

53 Der Artikel »Un quintette de Fanelli«, den Jules Ecorcheville am 15. April 1912 in der Zeitschrift *S. I. M.* veröffentlichte, zielt auf die Aufregung, die in den musikalischen Kreisen von Paris um einen zweiundfünfzigjährigen unbekannten Komponisten entstanden war, »einstmals Mitschüler von Debussy in der Klasse Marmontel«, wie es bei Ecorcheville heißt, dann Schüler von Léo Delibes. Weiter schreibt Ecorcheville, Fanelli habe »als einfacher Triangelspieler in Orchestern, im Verborgenen als Begleiter in irgendeinem Nachtlokal, als bescheidener Kopist mit schäbiger Bezahlung von der Musik nach und nach alle Demütigungen erfahren«, bis er sich schließlich Gabriel Pierné vorstellte, der die schon 1882 komponierten *Tableaux symphoniques* zur Uraufführung brachte.

54 In diesem Konzert am 2. April 1913 dirigierten außer Debussy selbst *(L'Après-midi d'un faune)* noch vier weitere Komponisten: Camille Saint-Saëns, Vincent d'Indy, Gabriel Fauré und Paul Dukas.

55 Die beiden Eröffnungskonzerte der von Gabriel Astruc gegründeten Société des Nouveaux Concerts fanden am 15. und 22. Oktober 1913 statt. Im ersten wurden Werke von Edouard Lalo, Emmanuel Chabrier und Claude Debussy gespielt. Debussy selbst dirigierte *Ibéria*, Inghelbrecht dirigierte *La Damoiselle élue* und die *Marche écossaise*.

56 Nach heutiger Zählung wahrscheinlich die Symphonie Nr. 87 in A-Dur.

57 In einem vom 4. November 1913 datierten und in der Presse veröffentlichten Communiqué kündigte Gabriel Astruc an, daß die Aufführungen des Théâtre des Champs-Elysées unterbrochen werden müßten, da sie »ohne Subvention von Stadt oder Staat, einzig durch die Unterstützung der Kunst selbst« stattgefunden hätten.

58 Debussy läßt eine der beiden Uraufführungen dieses Konzerts vom 18. Januar 1914 unerwähnt: die Symphonische Legende *Sauge fleurie* nach Robert de Bonnières von Vincent d'Indy.

59 Die Chanson *Mille regrets* ist von Josquin Desprez, nicht von Claude Lejeune.

60 Dieses von Paul Huvelin herausgegebene Sammelwerk vereinigte Beiträge von Vertretern verschiedener künstlerischer und wissenschaftlicher Disziplinen. Es erschien 1917 in Paris.

61 Eugène d'Harcourt hatte geschrieben: »Eine Gruppe von Arrivisten, die lautstarke Freunde haben, welche entschlossen sind, sie trotz allem zu verteidigen ... Die Musik ist eine heilige Dreieinigkeit aus den Elementen Melodik, Harmonik und Rhythmus, welche Gesetze sind, die nicht unablässig auf Kosten von Vernunft und Gehör gebrochen werden dürfen.«

62 Am Tag nach der Veröffentlichung dieses Artikels schrieb Debussy an Louis Laloy: »Haben Sie Landormys Artikel in der *Revue bleue* gelesen, wo er von einem Gespräch mit C. Debussy berichtet? Es ist schon unerhört, wie schlecht dieser sogenannte Musiker einen versteht ...«

63 Maurice Leclercq fährt fort: »Darauf bedacht, wenn schon nicht den genauen Wortlaut, so doch wenigstens den allgemeinen Sinn und die spritzigen Redewendungen dieser Erklärung festzuhalten, hatte ich meinen Notizblock gezogen. Debussy, der fortfuhr, den Umriß seines Teppichs auszumessen, kam zu mir und zeigte sein Erstaunen: ›Ich hoffe doch, Sie werden das nicht veröffentlichen. Ich habe nur so dahergeredet. Wenn Sie mir einen Gefallen tun wollen, dann lassen Sie mich aus Ihrer Rundfrage heraus.‹ Ich widersprach aufs lebhafteste. ›Dann geben Sie mir nicht mehr als eine Zeile. Irgend etwas Neutrales ...‹ Und um sicher zu sein, daß ich nichts weiteres hinzufüge, schrieb Debussy in mein Heft: ›Die Kurve Wagners scheint mir vollendet. Jetzt ist Wagner ein sehr großer Künstler und wird es bleiben.‹ Und das unterschrieb er.« – Dieses Interview wurde in extenso veröffentlicht in: Charles-Francis Caillard und José de Bérys. *Le Cas Debussy.* Paris 1910.

64 Debussy hat den Rompreis in Wirklichkeit 1884 gewonnen.

65 Debussys Antwort auf diese Rundfrage erschien gleichzeitig mit den Erwiderungen von Gabriel Fauré, Vincent d'Indy, Augustin Savard, Reynaldo Hahn, Camille Chevillard, Alfred Bruneau, Paul Dukas und Alfred Cortot.

66 Diese Notiz ist gleichzeitig eine Art Nachruf auf Edouard Colonne, der am 18. März 1910 verstorben war. In den Colonne-Konzerten hatte Debussy 1908 sein Debut als Dirigent gegeben.

67 Es war nicht zu klären, wo dieses Interview ursprünglich veröffentlicht wurde. Die hier zitierten Auszüge stammen aus der von Léon Vallas herausgegebenen *Revue musicale de Lyon* vom 8. Januar 1911.

68 Der fiktive Bahnhof »Gare Saïd« ist wohl eine Anspielung auf den Eisenbahnlärm, der in Debussys damalige Wohnung, Square du Bois de Boulogne 24, drang. Das Wort »Saïd« bezieht sich dabei auf eine in unmittelbarer Nähe gelegene kleine Seitenstraße mit dem Namen »Villa Saïd«.

68a Marguerite Carré sang in der Neuinszenierung von *Pelléas et Mélisande* am 18. Februar 1911 die Partie der Mélisande.

69 Am 8. Juni 1908 hatte Debussy an Jacques Durand geschrieben: »Miss Maggy Teyte hat auch weiterhin den Empfindungsreichtum eines Gefängnistors; das ist eine mehr als ferne Prinzessin! ...«

70 Über diese beiden Opernprojekte, mit denen Debussy lange Zeit umgegangen war, siehe Edward Lockspeiser. *Debussy et Edgar Poe. Documents inédits.* Monaco 1962, sowie von dem gleichen Autor: *Debussy. His life and mind.* 2 Bände. London 1962–65. Band 2, S. 139 ff.

71 Aufgrund einer Initiative von Xavier Leroux versuchte im November 1910 eine Gruppe von Komponisten, die sich darüber beklagten, daß ihre Werke nicht in gebührendem Maß aufgeführt würden, ein Verteidigungsbündnis ins Leben zu rufen, das sich gegen die übergroße Berücksichtigung ausländischer, speziell italienischer Komponisten an den subventionierten Bühnen zur Wehr setzen wollte. Dieses Unternehmen löste eine Reihe von Stellungnahmen aus, zunächst in *Le Temps*, dann in *Le Gaulois.* Gleichzeitig mit dem Interview von Debussy erschienen solche mit Charles Widor und Gabriel Fauré.

72 Tatsächlich schickte d'Annunzio Debussy seinen Text bruchstückweise zwischen

dem 9. Januar und dem 2. März 1911 zu. Der Komponist konnte sich zum Zeitpunkt dieses Interviews also nur im Besitze der ersten »Lieferung(en)« befinden.

73 Dieses Projekt wurde nicht verwirklicht, obwohl es 1913 in Paris zu einer Neuinszenierung des *Pygmalion* kam. Dagegen beteiligte sich Debussy an der Rameau-Gesamtausgabe, in der er für Band XIII *(Les Fêtes de Polymnie)* verantwortlich zeichnete.

74 Eine Anspielung auf die Legende vom Spielmann, die Jules Massenets Oper *Le Jongleur de Notre Dame* (Libretto von M. Léna) zugrunde liegt.

75 Die Italienreise kam in dieser Form nicht zustande. Im Juni 1911 gab Debussy ein Konzert in Turin. Die Reise nach Rom fand erst 1914 statt, *Le Martyre de Saint Sébastien* wurde dabei nicht aufgeführt.

76 Diesem Interview folgte der Abdruck des erzbischöflichen Verbots und eine gemeinsame Entgegnung der beiden Autoren.

77 Der Krieg machte diesen Plan zunichte. *La Boîte à joujoux* wurde erst am 10. Dezember 1919 im Théâtre lyrique du Vaudeville aufgeführt.

78 Debussy hatte am 27. Januar 1914 mit seinem Verleger Jacques Durand einen Vertrag über dieses Ballett geschlossen, allerdings nicht in Zusammenarbeit mit Charles Morice, sondern mit Louis Laloy. Ab 1912 beschäftigte er sich mit einem anderen Plan, ebenfalls nach Texten von Verlaine. Dieses Werk sollte den Titel *Crimen amoris* tragen. Keines der Projekte wurde realisiert.

Übersicht über die Textbeziehungen

Originalartikel Mit Seitenverweisen zitiert nach der vorliegenden deutschen Gesamtausgabe	Claude Debussy. *Monsieur Croche antidilettante.* Paris 1921. Zitiert nach der deutschen Ausgabe: Claude Debussy. *Musik und Musiker.* Potsdam o. J. (1948)
La Revue blanche, 1. Juli 1901: *Gespräch mit Monsieur Croche* S. 46 ff. *La Revue blanche*, 1. April 1901: Einleitung S. 23	I *Monsieur Croche* Der Text vom 1. Juli 1901 ohne das Postskript. Eingefügt ist die musikkritische Absichtserklärung vom 1. April 1901 ohne den einführenden Satz.
La Revue blanche, 15. November 1901: *Über mancherlei Wahnvorstellungen und eine Oper* S. 51 ff. *Gil Blas*, 10. Juni 1903: *Die Eindrücke eines Rompreisträgers* S. 164 ff. Soweit das Gespräch Saint-Saëns und *Les Barbares* betrifft, ist es noch einmal wiedergegeben im *Gil Blas* vom 16. März 1903 (vgl. S. 54 und S. 107). Eine Passage über den Rompreis findet sich 1903 in der Mai-Nummer von *Musica* wieder (vgl. S. 52 und S. 153).	II *Noch einmal: Monsieur Croche* Der Text vom 15. November 1901 ohne das Postskript. Ein»komponiert« sind drei Abschnitte aus dem Artikel vom 10. Juni 1903 in veränderter Reihenfolge, neu hinzugefügt zwei Schlußsätze.
La Revue blanche, 1. Mai 1901: *Die »Neunte Symphonie«* S. 34 ff. *La Revue blanche*, 1. April 1901: *In der Société nationale: Orchesterkonzert vom 16. März* S. 25 ff.	III *Die Sinfonie* Der Text vom 1. Mai 1901 bis auf geringfügige Streichungen. Der Beitrag vom 1. April 1901 ohne den einleitenden Satz, die Fußnote und die beiden letzten Absätze; Passagen, die Witkowski und seine Symphonie kennzeichnen, wurden ins allgemeine gewendet, die beiden Schlußsätze abgeändert.
La Revue blanche, 15. April 1901: *»Kinderstube« von Mussorgski* S. 28 f.	IV *Modest Mussorgskij* Ohne den Schlußsatz.

La Revue blanche, 15. April 1901: *Eine Klaviersonate von Paul Dukas* S. 29 f.	V *Die Sonate von Paul Dukas* Geringfügige Streichung am Anfang; Fortfall des letzten Absatzes.
La Revue blanche, 15. April 1901: *Symphoniekonzerte im Vaudeville-Theater* S. 31 *La Revue blanche*, 1. Mai 1901: *Karfreitag* S. 32 ff.	VI *Virtuosen* Der Text vom 15. April 1901 ohne das Postskript. Im Text vom 1. Mai 1901 wurden die beiden ersten und die vier letzten Absätze gestrichen, die Namen Ysaye, Colonne und Pugno durch X, Y, Z ersetzt.
La Revue blanche, 15. Mai 1901: *Opern* S. 37 f. *Gil Blas*, 9. März 1903: *Über die Pariser Opéra und ihre Beziehungen zur Musik* S. 100 ff. Formulierungen im 4. Absatz des Textes vom 15. Mai 1901 wiederholte Debussy im *Gil Blas* am 9. März 1903 (vgl. S. 37 und S. 101).	VII *Die Oper* Der Text vom 15. Mai 1901 bis auf einen Absatz (*Thamara* von Bourgault-Ducoudray) ganz. Aus dem Artikel vom 9. März 1903 nur der letzte Teil, ohne die beiden Schlußsätze.
La Revue blanche, 1. Juni 1901: *Konzerte unter Nikisch* S. 42 ff.	VIII *Artur Nikisch* Ohne das Datum des 19. Mai und die ersten beiden Sätze des letzten Abschnitts.
La Revue blanche, 1. Dezember 1901: *Von »Eve« zu »Grisélidis«* S. 56 f. *Le Matin*, 14. August 1912: *Massenet ist tot . . .* S. 182 f.	IX *Jules Massenet* Der Text vom 1. Dezember 1901 ohne den Schlußsatz, der Text vom 14. August 1912 ohne den vorletzten Abschnitt.
Gil Blas, 19. Januar 1903: *Betrachtungen über die Musik im Freien* S. 67 ff. Große Teile des Artikels sind Wiederholungen aus dem Beitrag für die *Revue blanche* vom 1. Juni 1901 (vgl. S. 43 f.).	X *Musik im Freien*
Gil Blas, 26. Januar 1903: *Opéra-Comique – »Titania«* S. 74 f.	XI *Carl Maria von Weber* Nur der erste Textteil, der Weber und den *Oberon* betrifft.
Gil Blas, 2. Februar 1903: *In der Schola Cantorum – »Castor und Pollux«* S. 79 ff.	XII *Jean-Philippe Rameau* Ohne die Passagen über die Schola Cantorum und den letzten Absatz.

Gil Blas, 16. Februar 1903: *Felix von Weingartner* S. 84 ff.	XIII	*Ludwig van Beethoven* Ohne die beiden Absätze über die Orchesterphantasie von Chevillard und Weingartners Lieder.
Gil Blas, 2. März 1903: *Volkstheater* S. 95 ff.	XIV	*Volkstheater* Ohne den Schlußsatz.
Gil Blas, 30. März 1903: *Richard Strauss* S. 121 ff. Das Bild vom »Sturzflug der Klarinetten«, den »verstopften Trompeten« usw. ist die fast wörtliche Wiederholung eines Satzes aus der *Revue blanche* vom 1. Juni 1901 (vgl. S. 42 und S. 121).	XV	*Richard Strauss* Ganz, bis auf zwei Streichungen: das Bild vom »Sturzflug der Klarinetten«, den »verstopften Trompeten« usw. und die beiden Sätze am Ende des vorletzten Absatzes.
Gil Blas, 6. April 1903: *Richard Wagner – »Parsifal«* S. 124 ff.	XVI	*Richard Wagner* Mit geringfügiger Änderung des Anfangs und ohne den letzten Absatz.
Gil Blas, 2. März 1903: *Siegfried Wagner im Lamoureux-Konzert* S. 98 f.	XVII	*Siegfried Wagner* Ohne den Schlußsatz
Gil Blas, 13. April 1903: *»Die Seligpreisungen« von César Franck* S. 130 f.	XVIII	*César Franck* Nur die Passagen des Artikels, die sich speziell mit den *Seligpreisungen* beschäftigen; geringfügige Änderung des einleitenden Satzes.
Gil Blas, 13. April 1903: *»Die Seligpreisungen« von César Franck* S. 130 f.	XIX	*Vergessen* Nur der Schlußteil des Artikels mit seinen allgemeinen Betrachtungen und dem Hinweis auf Scarlattis *Johannespassion.*
Gil Blas, 20. April 1903: *Edvard Grieg* S. 134 ff.	XX	*Edvard Grieg* Nur die Grieg selbst betreffenden Abschnitte am Anfang und am Schluß des Artikels.

Gil Blas, 12. Januar 1903: *»L'Etranger« von Vincent d'Indy* S. 63 ff. Die einleitende musikkritische Absichtserklärung wurde übernommen aus der *Revue blanche* vom 1. April 1901 (vgl. S. 23).	XXI *Vincent d'Indy* Ohne die einleitende musikkritische Absichtserklärung.
Gil Blas, 5. Mai 1903: *Briefe aus London – 30. April 1903* S. 143 ff.	XXII *Der Doktor Richter* Ohne den Schlußsatz.
Gil Blas, 8. Mai 1903: *Hector Berlioz und Raoul Gunsbourg* S. 146 ff.	XXIII *Hector Berlioz*
Musica, Juli 1906: *Apropos Charles Gounod* S. 172 ff.	XXIV *Charles Gounod*
Gil Blas, 23. Februar 1903: *Offener Brief* S. 89	XXV *Offener Brief an Gluck* Zu Beginn des 2. Absatzes enthält die Originalausgabe den Druckfehler »musicien de cœur« (statt »de cour«).

Personenregister

Adam, Adolphe (1803–1856), französischer Komponist, erhielt 1825 den 2. Rompreis. Sein bekanntestes Werk, die Oper *Der Postillon von Lonjumeau*, entstand 1836, die Oper *Le Toréador* 1849. 162, 163, 169

Adenis, eigentlich *Colombeau, Eugène* (1854 bis 1923), französischer Librettist. 220

Aischylos (525–456 v. Chr.), griechischer Tragödiendichter. 96, 97

Albéniz, Isaac (1860–1909), spanischer Komponist und Pianist. Die zwölf Stücke der Sammlung *Iberia* stammen aus seiner Spätzeit, das vierte Heft erschien nur wenige Wochen vor seinem Tod. 218 f.

Albert, richtig *Albers, Henri* (1866–1926), französischer Bariton holländischer Geburt, berühmter Wagner-Sänger. 66

d'Alheim, Pierre. 277

Allard, André. 73

Alvarez, eigentlich *Gourron, Albert-Raymond* (1861–1933), französischer Tenor. 101, 148, 169, 280

Andray-Fairfax, C., Sängerin. 26

d'Annunzio, Gabriele (1863–1938), italienischer Dichter. 262, 263, 269, 271, 282

Antoine, André (1858–1943), französischer Schauspieler, Gründer des Théâtre Libre (1886). 279

Arbós, richtig *Fernández Arbos, Enrique* (1863–1939), spanischer Geiger und Dirigent, war ab 1904 Leiter des Orquesta Sinfónica in Madrid. 220

Astruc, Gabriel (1864–1938), französischer Schriftsteller und Musikliebhaber, eröffnete 1913 das Théâtre des Champs-Elysées. 210, 281

Auer, Leopold (1845–1930), ungarischer Geiger, wurde 1868 Konzertmeister in St. Petersburg, 1895 in den erblichen Adelsstand erhoben, 1903 zum »Wirklichen Geheimen Staatsrat« ernannt. 109 f.

Bach, Carl Philipp Emanuel (1714–1788), deutscher Komponist, zweiter Sohn von Johann Sebastian Bach. 203

Bach, Johann Sebastian (1685–1750). 8, 15, 31, 32 f., 48, 54, 56, 60, 61, 71, 72, 92, 106, 122, 132, 173, 182, 190, 198, 199, 203, 204, 215, 227, 229, 255, 268, 277, 280

Bachelet, Alfred Georges (1864–1944), französischer Opernkomponist, erhielt 1890 den Rompreis. 106, 109

Bakst, eigentlich *Rosenberg, Léon* (1866 bis 1924), russischer Maler und Bühnenbildner, entwarf die meisten Ausstattungen und Kostüme für Diaghilews »Ballets russes«. 262

Balakirew, Mili Alexejewitsch (1836–1910), russischer Komponist, Lehrer von Modest Mussorgski, César Cui, Nikolai Rimski-Korsakow und Alexander Borodin; strebte nach einer nationalen Musiksprache unter Verwendung folkloristischer Elemente. 136

Barrès, Auguste-Maurice (1862–1923), französischer Schriftsteller. 154

Baton, Rhené (1879–1940), französischer Dirigent und Komponist, Schüler von André Gédalge. 104

Baudelaire, Charles (1821–1867), französischer Dichter. 43, 216, 278

Bauer, Henry-François (1852–1915), französischer Journalist und Kritiker. 240

Beethoven, Ludwig van (1770–1827), 7, 9, 14, 25, 31, 35 f., 43, 47, 49, 55, 56, 70, 71, 83, 84 f., 99, 106, 120, 122, 132, 146, 154, 155, 188, 193, 195, 199, 204, 208, 215, 222, 226, 233, 243, 258, 264, 278

Berlioz, Hector (1803–1869), französischer Komponist und Musikschriftsteller, Rompreis 1830. In diesem Buch genannte Werke: *Symphonie fantastique* (1830), *Romeo und Julia* (1839), *La Damnation de Faust* (»Fausts Verdammung«; 1846), *L'Enfance du Christ* (»Die Kindheit Jesu«; 1854), *Die Trojaner* (1856–59). 70, 72, 75, 121, 146 ff., 173, 188, 214, 221, 243, 258

Bernheim, Adrien (um 1861 – 1914), französischer Schriftsteller und Schauspieldirektor, Generalinspekteur der französischen Theater. 95, 279

Bérys, José de, französischer Journalist. 19, 277, 282

Beyle, Léon (1871–1922), französischer Tenor, war 1898 bis 1914 an der Opéra-Comique tätig. 88

Binet-Valmer, Jean (1875–1940), französischer Schriftsteller. 13

Bisson, Alexandre (1848–1912), französischer Dramatiker. 162

Bizet, Georges (1838–1875), französischer Komponist, Rompreis 1857. Die – übrigens erfolglose – Uraufführung der nachmals so berühmten Oper *Carmen* fand drei Monate vor seinem Tod statt. 173

Bizet, R., französischer Journalist. 271

Blum, Léon (1872–1957), französischer Politiker, war zu Beginn des Jahrhunderts als Schriftsteller und Kritiker verschiedener Zeitschriften, darunter der *Revue blanche*, des *Gil Blas* und der *Comoedia*, tätig. 12

Böcklin, Arnold (1827–1901), schweizerischer Maler. 192

Bolska, Adelaide, Sängerin der Kaiserlichen Oper St. Petersburg. 123

Bonnières, Guillaume-François-Robert de (1815–1905), französischer Schriftsteller. 281

Bordes, Charles (1863–1909), französischer Komponist; veranstaltete ab 1892 Aufführungen alter Musik, gründete 1894 zusammen mit dem Organisten André Guilmant und dem Komponisten Vincent d'Indy die Association des Chanteurs de St-Gervais und zwei Jahre später die Pariser Schola Cantorum. 18, 79, 80, 82

Borgex, französischer Journalist. 250, 253

Borodin, Alexander (1833–1887), russischer Komponist. Bei dem von Debussy S. 92 genannten Scherzo handelt es sich entweder um das Scherzo b-Moll für Klavier oder um das Scherzo für Streichquartett, das in der Sammlung *Les Vendredis* erschien, zu der u. a. auch Glasunow und Liadow Kompositionen beisteuerten. 92, 170

Bouchut, Henri, französischer Librettist. 278

Bouguereau, Adolphe-William (1825–1905), französischer Historien- und Genremaler. 164

Boulanger, Lili (1893–1918), französische Komponistin, Rompreisträgerin 1913. 220

Bourbon, Jean, Sänger. 41

Bourgault-Ducoudray, Louis-Albert (1840 bis 1910), französischer Komponist, Schüler von Ambroise Thomas, erhielt 1862 den Rompreis. War ab 1878 Professor für Musikgeschichte am Conservatoire in Paris. Seine Oper *Thamara* wurde 1891 uraufgeführt. 17, 38, 277

Bourget, Paul (1852–1935), französischer Schriftsteller. 143

Brahms, Johannes (1833–1897); sein Konzert D-Dur für Violine und Orchester entstand 1878. 71, 110

Bréma, auch *Bremer, Marie*, eigentlich *Fehrmann, Minny* (1856–1925), englische Mezzosopranistin; debütierte 1897 äußerst erfolgreich in Paris. 127, 133

Bret, Gustave (1875–1969), französischer Organist und Komponist, Schüler von Charles Widor und Vincent d'Indy, publizierte Musikkritiken nicht nur in *La Presse*, sondern auch im *Intransigeant* und in *Le Soir*. 240

Bréval, Lucienne, eigentlich *Schilling, Berthe Agnès Lisette* (1869–1935), französische Sängerin Schweizer Herkunft, debütierte 1892 an der Opéra, deren Ensemble sie rund dreißig Jahre lang angehörte; sie war besonders als Wagner-Sängerin berühmt. 127, 151

Brizeux, Auguste (1803–1858), französischer Dichter; sein Hauptwerk ist der Gedichtband *Marie* (1832). 197

Bruneau, Alfred (1857–1934), französischer Komponist und Musikschriftsteller, Schüler von Jules Massenet, erhielt 1881 den 2. Rompreis. Schrieb mehrere Opern nach Stoffen und Texten von Emile Zola. Die Symphonische Dichtung *Penthesilea* entstand 1884. 18, 39 f., 95, 116 f., 123, 220, 278, 282

Cabat, Louis (1812–1893), französischer Landschaftsmaler, war 1877–85 Direktor der Französischen Akademie in Rom. 164

Cahen, Albert (1846–1903), französischer Komponist; seine Oper *La Femme de Claude* wurde 1896 in der Opéra-Comique uraufgeführt. 104

Caillard, Charles-Francis, französischer Journalist. 19, 277, 282

Caillavet, Gaston de (1869–1915), französischer Journalist und Dramatiker; schrieb in Zusammenarbeit mit Robert de Flers zahlreiche Libretti Komischer Opern. 140

Calvé, Emma (1858–1942), französische Sopranistin, war vor allem als Carmen-Darstellerin berühmt. 148

Calvocoressi, Michel Dimitri (1877–1944), französischer Musikschriftsteller und Kritiker. 13

Campo y Zabaleta, Conrado del (1879 bis 1953), spanischer Komponist. 220

Capet, Lucien (1873–1928), französischer Geiger, ab 1893 Primarius eines weltberühmten Streichquartetts. 197

Caplet, André (1879–1925), französischer Komponist und Dirigent. Erhielt 1901 den Rompreis, arbeitete eine Zeitlang unter der Anleitung Debussys. 280
Carlyle, Thomas (1795–1881), englischer Schriftsteller und Geschichtsschreiber. Sein *Sartor Resartus* (1834) trägt autobiographische Züge. 115, 228
Caron, Rose (1857–1930), französische Sängerin. 91, 145
Carraud, Gaston (1869–1920), französischer Musikkritiker und Komponist, 1890 Rompreisträger. 240
Carré, Albert (1852–1938), französischer Schauspieler, Dramatiker und Theaterdirektor; war 1898–1914 und 1918–1925 Direktor der Opéra-Comique. 12, 41, 75, 77, 87, 92, 162, 169, 170, 242
Carré, Marguerite (1881–1947), französische Sopranistin, debütierte 1902 an der Opéra-Comique, heiratete im gleichen Jahr Albert Carré. 73, 163, 259, 282
Carré, Michel (1865–1945), französischer Librettist. 112
Carreño, Teresa (1853–1917), venezolanische Pianistin, eine der berühmtesten Künstlerinnen ihrer Zeit, war 1892–1895 mit dem Pianisten und Komponisten Eugen d'Albert verheiratet. 110, 111
Casals, Pablo (1876–1973), spanischer Cellist, Dirigent und Komponist. 201, 280 f.
Castéra, René d'Avezac de (1873–1955), französischer Komponist, Schüler von Vincent d'Indy und Isaac Albéniz. 92
Cazeneuve, Maurice, französischer Sänger. 112
Chabrier, Emmanuel (1841–1894), französischer Komponist, einer der frühesten und begabtesten »Wagnerianer« in Frankreich; seine *Marche joyeuse* wurde 1890 veröffentlicht. 234, 281
Chagnon, Pierre, französischer Pianist und Komponist; vgl. Anm. 35. 119 f., 279
Chamberlain, Joseph (1836–1914), englischer Staatsmann. 143
Charpentier, Gustave (1860–1956), französischer Komponist, Schüler u. a. von Jules Massenet, erhielt 1887 den Rompreis. Sein bekanntestes Werk ist die Oper *Louise* (1900); die *Impressions d'Italie* erschienen 1892 im Druck. Charpentier gründete 1900 ein Volkskonservatorium, das Conservatoire populaire de Mimi Pinson, dessen Direktor er wurde. 95, 128, 147, 188, 261, 279, 280
Chaumet, William (1842–1903), französischer Komponist; *La Petite Maison* wurde 1903 uraufgeführt. 13, 162 f.
Chausson, Ernest (1855–1899), französischer Komponist, Schüler von Jules Massenet und César Franck. Der Zyklus *Serres chaudes* wurde zwischen 1893 und 1896 geschrieben, das *Poème* für Violine und Orchester und die *Quelques Danses* für Klavier entstanden 1896. 92, 120, 196 f., 278
Chevillard, Camille (1859–1923), französischer Dirigent und Komponist, Schwiegersohn von Charles Lamoureux; war ab 1899 Dirigent der Lamoureux-Konzerte, wurde 1913 Musikchef der Opéra. 17, 24 f., 28, 31, 36, 53, 69, 78, 83, 85, 93, 94, 110, 117, 128, 129, 130, 282
Chopin, Frédéric (1810–1849). 15, 37, 48 f., 119, 190
Clapisson, Antoine Louis (1808–1866), französischer Komponist und Geiger, schrieb zahlreiche Romanzen und mehr als zwanzig Komische Opern und Operetten. 162
Claudel, Paul (1868–1955), französischer Dichter. 97
Clément, Edmond (1867–1928), französischer Tenor, gehörte 1889–1910 dem Ensemble der Opéra-Comique an. 163
Coindreau, Pierre (1867–1924), französischer Komponist, Schüler von Vincent d'Indy. 92
Coligny, Gaspard de (1519–1572), Admiral von Frankreich, Führer der Hugenotten in den Religionskriegen. 138
Colonne, Edouard (1838–1910), französischer Dirigent. Gründete 1873 das Concert national, aus dem im folgenden Jahr die Association artistique hervorging, die später Concerts Colonne genannt wurde. Colonne dirigierte mit Vorliebe Werke zeitgenössischer Komponisten. 28, 32, 110, 128, 129, 134, 149, 257, 277, 280, 282
Corneau, André (* 1857), französischer Musikkritiker und Librettist. 12, 73, 74, 75, 240
Corneille, Pierre (1606–1684), französischer Dramatiker. 180
Cortot, Alfred (1877–1962), französischer Pianist, Chopin-Interpret von Weltruf, war in jüngeren Jahren auch als Dirigent tätig. 124, 277, 282
Cossira, Emile, eigentlich *Coussirat, Jean-Emile* (1857–1923), französischer Tenor. 91

Costès, französische Sängerin. 112
Couperin, François (1668–1733), französischer Komponist. 18, 178, 195, 215, 243
Craponne, de, französische Sängerin. 73, 112
Croiza, Claire, eigentlich *Connolly, Claire* (1882–1948), französische Altistin. 220
Croze, J. L. 279

Dante Alighieri (1265–1321). 186
Daudet, Alphonse (1840–1897), französischer Schriftsteller. 258
Davies, Fanny, Pianistin. 83
Decourcelle, Pierre (1856–1926), französischer Dramatiker und Romancier. 95
Delaquys, Georges, französischer Journalist. 263
Delibes, Léo (1836–1891), französischer Komponist, leitete ab 1881 eine Klasse für Komposition am Conservatoire. 281
Delius, Fritz, offiziell *Frederick* (1862–1934), englischer Komponist deutscher Herkunft. Bei dem von Debussy erwähnten Werk handelt es sich vermutlich um die *Dänischen Lieder* aus dem Jahr 1897. 26, 280
Delmas, Jean-François (1861–1933), französischer Tenor, debütierte 1886 an der Opéra, war als Wagner-Sänger bekannt. 151
Delmas, Marc (1885–1931), französischer Komponist, 1919 Rompreisträger; die Komposition *Les deux routes* entstand 1913. 207
Delmet, Paul (1862–1904), französischer Chansonnier, Schüler von Jules Massenet, war in den Künstlercafés des Montmartre tätig, vor allem in dem berühmten »Chat noir.« 18, 34, 95, 128, 182
Delna, Marie, eigentlich *Ledan, Marie* (1875 bis 1932), französische Sängerin, debütierte 1892 an der Opéra-Comique. 41
Delvoye, französischer Sänger. 73, 163
Desprez, Josquin (um 1450 – 1521), französischer Komponist, Hauptmeister der geistlichen Renaissance-Musik. 281
Destouches, André Cardinal (1672–1749), französischer Opernkomponist, setzte in seinem Schaffen die Tradition Lullys fort und beeinflußte Rameau. 195
Détroyat, Pierre-Léonce (1829–1898), französischer Marineoffizier, politischer Journalist und Librettist. 150
Devriès, David (1881–1936), französischer Sänger, Tenor an der Opéra-Comique. 220
Diaghilew, Serge (1872–1929), russischer Ballett-Impresario und Mäzen, Gründer der seinerzeit weltberühmten »Ballets russes«, für die er zahlreiche Werke in Auftrag gab, darunter *Der Feuervogel*, *Petruschka*, *Le Sacre du Printemps*, *Pulcinella* und *Les Noces* von Igor Strawinsky; *Josephs Legende* von Richard Strauss; *Parade* von Erik Satie; *Der Dreispitz* von Manuel de Falla; *Le Chout* und *L'Enfant prodigue* von Sergej Prokofiew; *Les Biches* von Francis Poulenc. 211
Dieulafoy, Jeanne (1851–1916), französische Forscherin, Schriftstellerin und Archäologin; unternahm zwischen 1881 und 1886 drei Ausgrabungsreisen nach Persien; ihr Roman *Parysatis* erschien 1890. 107
Divoire, Fernand (1883–1951), französischer Dichter, Essayist und Kritiker. 180
Docquois, Georges (1863–1927), französischer Dramatiker. 162
Doire, René (1879–1943), Dirigent und Musikschriftsteller, Schüler von Vincent d'Indy. Gründer der Zeitschrift *Courrier Musical*. 15
Dostojewski, Fedor Michailowitsch (1821 bis 1881). 170
Droeghmans, Maurice, französischer Komponist. 189
Dubois, Théodore (1837–1924), französischer Organist und Komponist, Schüler u. a. von Ambroise Thomas, erhielt 1861 den Rompreis. 1871 wurde er Professor für Harmonielehre am Conservatoire, später auch für Komposition, war 1896–1905 als Nachfolger von Ambroise Thomas Direktor des Conservatoire. Die Symphonische Dichtung *Adonis* wurde 1907 veröffentlicht, seine Zweite Symphonie erschien 1913 im Druck. 114, 153, 190, 280
Dufrane, Hector (1870–1951), belgischer Bariton, sang in der Uraufführung von Debussys *Pelléas et Mélisande* die Partie des Golaud. 41, 91
Dukas, Paul (1865–1935), französischer Komponist und Musikkritiker, Schüler u. a. von Théodore Dubois und Ernest Guiraud; sein bekanntestes Werk ist die Symphonische Dichtung *L'Apprenti sorcier*, »Der Zauberlehrling«, nach Goethe; seine Sonate es-Moll (erst 1906 veröffentlicht) und *Variations, Interlude et Final sur un Thème de Rameau* (1907 gedruckt) zählen zu den bedeutendsten Werken der französischen Klavierliteratur. 16, 28,

29 f., 44, 48, 49, 121, 154, 262, 278, 281, 282
Dumas, Alexandre d. J. (1824–1895), französischer Romancier und Dramatiker. 279
Duncan, Isadora (1878–1927), amerikanische Tänzerin, Begründerin des Freien Tanzes in Abwendung von den Regeln des klassischen Balletts. 191
Duparc, Henri (1848–1933), französischer Komponist, Schüler von César Franck. 92
Dupuis, Sylvain (1856–1931), belgischer Dirigent, war 1900–1911 Dirigent am Théâtre de la Monnaie in Brüssel. 66
Durand, Jacques (1865–1928), Sohn des Gründers und Inhaber des Musikverlags Durand & Cie., in dem alle bedeutenden Werke Debussys erschienen sind. 1927 veröffentlichte er seine Korrespondenz mit Debussy. 282, 283
Duvernoy, Victor-Alphonse (1842–1907), französischer Pianist und Komponist; das Ballett *Bacchus* wurde 1902 uraufgeführt. 168
Dvořák, Antonin (1841–1904), tschechischer Komponist; sein Cellokonzert h-Moll entstand 1894/95. 201

Ecorcheville, Jules (1872–1915), französischer Musikforscher. 281
Elgar, Sir Edward (1857–1934), englischer Komponist. 227
Erlanger, Camille (1863–1919), französischer Komponist, Schüler von Léo Delibes, war 1888 Rompreisträger. Schrieb ein Requiem, Orchesterwerke, Klaviermusik und Lieder, trat besonders als Bühnenkomponist hervor. Sein Musikdrama *Le Fils de l'Etoile* wurde 1904 uraufgeführt. 169, 261, 278
Ernst, Alfred (1860–1898), französischer Musikkritiker und -schriftsteller, glühender Wagner-Verehrer, veröffentlichte mehrere Publikationen über Wagner und übersetzte die Texte des *Rings* und der *Meistersinger* ins Französische. 12
Escobedo, Bartolomé (Anfang des 16. Jahrhunderts – 1564), spanischer Komponist. 218
Euripides (um 480 – 407 v. Chr.), griechischer Tragödiendichter. 96

Fabrice, Delphi (1877–1937), französischer Schriftsteller; schrieb in Zusammenarbeit mit Oscar Méténier und anderen zahlreiche Einakter für das Theater. 279
Fanelli, Ernest (1860–1917), französischer Komponist, Mitschüler Debussys am Conservatoire, später Schüler von Léo Delibes. 18, 206, 281
Fantin-Latour, Henri (1836–1904), französischer Maler; schuf eine Fülle graphischer Blätter nach zeitgenössischen Opernwerken von Berlioz, Wagner u. a. Die Lithographie *L'Anniversaire*, eine Huldigung an Berlioz, entstand 1875, ein Gemälde gleichen Themas 1876 (Grenoble, Musée de Peinture et de Sculpture). 147
Fauré, Gabriel (1845–1924), französischer Komponist, Schüler von Camille Saint-Saëns; leitete ab 1896 eine Kompositionsklasse am Conservatoire, wo u. a. Maurice Ravel zu seinen Schülern zählte. Die Ballade Fis-Dur für Klavier und Orchester op. 19 ist 1881 entstanden. 18, 103, 281, 282
Fénéon, Félix (1861–1944), französischer Schriftsteller, war 1895–1904 Direktor der *Revue blanche*. 12
Février, Henry (1875–1957), französischer Komponist, Schüler von André Messager, Gabriel Fauré, Xavier Leroux und Jules Massenet; schrieb Opern, Kammermusik und Lieder. 216
Flat, Paul (1865–1918), französischer Kunstkritiker. 15
Flaubert, Gustave (1821–1880), französischer Schriftsteller. 278
Flers, Robert de (1872–1927), französischer Dramatiker; schrieb in Zusammenarbeit mit Gaston de Caillavet zahlreiche Libretti Komischer Opern. 140, 240
Fourcaud, Louis de (1853–1914), französischer Kunstkritiker, Wegbereiter des Impressionismus und Verfechter Wagners. 241
Franck, César (1822–1890), belgischer Komponist, ab 1872 Orgelprofessor am Conservatoire; zu seinen Schülern zählten u. a. Vincent d'Indy, Ernest Chausson, Charles Bordes, Gabriel Pierné, Guillaume Lekeu, Louis Vierne und – für kurze Zeit – Claude Debussy. Das *Final* B-Dur für Orgel op. 21 ist das letzte Stück der *Six pièces pour grand orgue*, op. 16–21, die zwischen 1860 und 1862 entstanden; das Oratorium *Les Béatitudes*, »Die Seligpreisungen«, wurde zwischen 1869 und 1879 komponiert; die definitive Version

des Oratoriums *Rédemption* stammt aus dem Jahr 1874; an der Symphonie d-Moll arbeitete Franck 1886–1888. 92, 99, 104, 128, 129, 130 f., 192, 196, 197, 243, 279
Freiligrath, Ferdinand (1810–1876), deutscher Dichter. 229
Friché, französische Sängerin. 66
Fugère, Lucien (1848–1935), französischer Bariton. 88, 112, 163

Gailhard, Pierre (1848–1918), französischer Sänger. Debütierte 1867 an der Opéra-Comique, zu deren Ensemble er sogleich gehörte, wechselte 1872 zur Opéra über, war dort 1884–1891 und 1893–1899 Mitdirektor, von da an bis 1908 alleiniger Direktor. 67, 69, 100 ff.
Gallet, Louis (1835–1898), französischer Dramatiker, Verfasser zahlreicher Opernlibretti. 54, 73, 74, 75, 106
Ganne, Louis (1862–1923), französischer Komponist. Schüler u. a. von César Franck, schrieb beliebte Operetten, Ballette und Märsche. 280
Garden, Mary (1874–1967), schottische Sängerin, debütierte 1900 an der Opéra-Comique, sang in der Uraufführung von Debussys *Pelléas et Mélisande* die Partie der Mélisande. 14, 87, 175 f., 259
Gauthier-Villars, Henry, genannt *Willy* (1859–1931), Musikkritiker und Autor humoristischer Romane. In den Jahren, da Debussy für den *Gil Blas* schrieb, war auch Gauthiers Frau, die Schriftstellerin Colette, Musikrezensentin des Blattes. 18, 240
Gautier, Théophile (1811–1872), französischer Dichter; der *Roman de la Momie* erschien 1858. 206
Gavioli, italienische Familie, Hersteller von Drehorgeln, Karussellorgeln und anderen mechanischen Musikinstrumenten. Unter dem Namen Gavioli et Cie. existierten Fabriken in aller Welt. Debussy meint in seinem Artikel wahrscheinlich Ludovico Gavioli, den Enkel des Firmenbegründers. 67
Gédalge, André (1856–1926), französischer Komponist und Musikpädagoge, war am Conservatoire Professor für Kontrapunkt. Zu seinen Schülern zählten u. a. Maurice Ravel, Gabriel Grovlez und Arthur Honegger; seine Dritte Symphonie wurde 1910 uraufgeführt. 230, 278
Gheusi, Pierre-Barthélémy (1865–1943), französischer Librettist und Journalist; war 1907 Mitdirektor der Opéra und zweimal (1914–1918 und 1932–1936) Direktor der Opéra-Comique. 133, 274
Gide, André (1869–1951), französischer Schriftsteller. 15
Gluck, Christoph Willibald Ritter von (1714 bis 1787). 7, 17, 80 f., 89 ff., 95, 101, 139, 147, 173, 178, 185, 234, 243, 254, 278, 279
Godet, Robert (1866–1950), schweizerischer Musikforscher, Freund Debussys. 15, 16
Goethe, Johann Wolfgang (1749–1832). 24, 60, 172, 201, 220, 226
Goncourt, Edmond de (1822–1896) und *Jules de* (1830–1870), französische Schriftsteller, die bis zum Tode Jules' eine literarische Gemeinschaft bildeten. 279
Gorki, Maxim (1868–1936), russischer Schriftsteller. 170
Gounod, Charles (1818–1893), französischer Komponist, 1839 Rompreisträger. Seine Oper *Faust*, die ihm Weltruhm einbrachte, wurde 1859 uraufgeführt. 14, 78, 172 ff.
Greef, Arthur de (1862–1940), belgischer Pianist. 25
Grieg, Edvard (1843–1907), norwegischer Komponist. Die definitive Version der Ouvertüre *Im Herbst* entstand 1877, das Klavierkonzert a-Moll 1868, die *Zwei elegischen Melodien* für Streichorchester 1880, das Chorwerk *Seht den Knut* 1877/1878. 110 f., 134 ff., 229, 280
Grovlez, Gabriel (1879–1944), französischer Dirigent und Komponist, Schüler von André Gédalge und Gabriel Fauré. 229 f.
Guillamat, französischer Sänger. 108
Guiraudon, französische Sängerin. 41
Guise, Henri de (1550–1588), französischer Herzog, Anführer der katholischen Partei während der Hugenottenkriege. Heinrich III., der seinen Thron durch ihn gefährdet sah, ließ ihn ermorden. 38
Gulbranson, Ellen (1863–1947), schwedische Sopranistin, Wagner-Sängerin von internationalem Ruf. 135, 136
Gunsbourg, Raoul (1859–1955), französischer Impresario, Schriftsteller und Komponist rumänischer Herkunft. War ab 1892 mehr als fünfzig Jahre lang Operndirektor in Monte Carlo; seine in Frankreich auch heute noch viel gespielte Opernversion von *Fausts Verdammung* entstand 1893. 146 ff., 280

Hahn, Reynaldo (1875–1947), französischer Dirigent und Komponist, Schüler Massenets. 282
Halévy, Jacques Fromental (1799–1862), französischer Komponist, Schüler von Cherubini, 1819 Rompreisträger. Sein Hauptwerk ist die 1835 uraufgeführte Oper *La Juive*, »Die Jüdin«; die Uraufführung der Oper *Guido et Ginevra* (deutscher Titel: »Die Pest in Florenz«) fand drei Jahre später ebenfalls in der Opéra statt. 78
Händel, Georg Friedrich (1685–1759). 108, 132, 227
d'Harcourt, Eugène (1859–1918), französischer Komponist, Schüler von Jules Massenet, schrieb eine Oper, zwei Ballette, drei Symphonien. 241, 281
Hartmann, Georges, Librettist. 112
Hasselmans, Marguerite, Pianistin, langjährige Freundin von Gabriel Fauré. 18, 103
Hatto, Jeanne, eigentlich *Frère, Marguerite Jeanne* (* 1879), französische Sopranistin. 226
Haydn, Joseph (1732–1809). 220
Hébert, Ernest (1817–1908), französischer Maler, war 1867–1873 und 1885–1891 Direktor der Französischen Akademie in Rom. 164, 165
Héglon, Meyriane (1867–1942), französische Altistin dänischer Herkunft, debütierte 1890 an der Opéra, war mit dem Komponisten Xavier Leroux verheiratet. 151
Heine, Heinrich (1797–1856). 180
Heinrich VIII. (1491–1547), englischer König. 150
Hellé, André (* 1871), französischer Maler und Bühnenbildner, humoristischer Zeichner und Illustrator. 274
Henderson, David-G., Sänger. 70
Henri III (1551–1589), französischer König. 39
Hérold, Ferdinand (1865–1940), französischer Dichter. 12
Hervé, eigentlich *Ronger, Florimond* (1825 bis 1892), französischer Komponist, Begründer der Buffo-Operette, schrieb mehr als achtzig Operetten. 139
Holmès, Augusta (1847–1903), französische Komponistin irischer Herkunft, Schülerin von César Franck, gehörte zu den besten Komponisten der französischen Wagner-Nachfolge; ihre Oper *La Montagne noire* wurde 1895 uraufgeführt. Sie veröffentlichte ihre Werke teilweise unter dem Pseudonym *Hermann Zeuta*. 83, 279
Hüe, Georges (1858–1948), französischer Komponist, 1879 Rompreisträger. Die Oper *Le Roi de Paris* wurde 1901 uraufgeführt. 39, 73, 74, 75, 76 f., 278
Hugo, Victor (1802–1885), französischer Dichter. 58
Huré, Jean (1877–1930), französischer Komponist. 104
Huvelin, Paul, französischer Jurist, Professor an der Universität von Lyon. 232, 281

Ibsen, Henrik (1828–1906), norwegischer Dichter. 136, 137
Imbert, Sänger. 112
d'Indy, Vincent (1851–1931), französischer Komponist. Gründete 1896 zusammen mit Charles Bordes und Alexandre Guilmant die Schola Cantorum. Während zweier Konzertsaisons, 1912–1914, war er neben Debussy als Musikkritiker für *S. I. M.* tätig. Seine *Symphonie sur un thème montagnard français* für Klavier und Orchester wurde 1887, das Musikdrama *Fervaal* 1897 uraufgeführt. 13, 15, 16, 18, 63 ff., 70, 79 f., 82, 101, 120, 152, 169, 222, 278, 279, 281, 282
Inghelbrecht, Désiré-Emile (1880–1965), französischer Dirigent und Komponist, Freund Debussys in dessen letzten Lebensjahren. 210, 217, 229, 281
Isnardon, Sängerin. 207

Janequin, Clément (um 1485 – 1558), französischer Komponist; war vor allem seiner Tonmalereien wegen berühmt. 228
Jean-Aubry, Georges (1882–1949), französischer Musikschriftsteller. 11, 17
Jemain, J. 281
Jenpain, französischer Komponist. 279
Joly, Charles. 61
Joncières, Rossignol, genannt *Victorin de Joncières* (1839–1903), französischer Komponist und Musikkritiker, eifriger Wagnerianer. 83, 128
Jullien, Adolphe (1845–1932), französischer Musikschriftsteller; seine Berlioz-Monographie erschien 1888. 147
Jusseaume, Lucien (1861–1925), französischer Bühnenbildner. 77 f.

Karsawina, Tamara (* 1885), russische Tänzerin, Primaballerina der »Ballets russes«. 212

Kirkby-Lunn, Louise (1873–1930), englische Altistin, vorwiegend an der Covent Garden Opera London und an der New Yorker »Met« tätig. 159
Konfuzius (551–478 v. Chr.), chinesischer Philosoph. 186
Korsoff, Lucette (1876–1955), in Italien geborene Sopranistin russischer Abstammung; 1905–1908 an der Opéra-Comique tätig; gefeierte »Königin der Nacht« in Mozarts *Zauberflöte*. 108
Krauss, Fritz (* 1883), deutscher Tenor, international bekannter Wagner-Sänger. 159
Kussewitzky, Serge (1874–1951), russischer Dirigent. 222, 223

Ladmirault, Paul (1877–1944), französischer Komponist, Schüler u. a. von André Gédalge. 104
Lafler Burckard, richtig *Leffler-Burckhard, Martha* (1865–1954), deutsche Sopranistin, gefeierte Wagner-Interpretin. 159
La Fontaine, Jean de (1621–1695), französischer Dichter. 150
Laforgue, Jules (1860–1887), französischer Schriftsteller. 18
Lalo, Edouard (1823–1892), französischer Komponist spanischer Herkunft; schrieb sein Ballett *Namouna* 1882. 18, 38, 82, 123, 278, 281
Lalo, Pierre (1866–1943), französischer Musikkritiker, Sohn von Edouard Lalo. 48, 49
Laloy, Louis (1874–1944), französischer Musikforscher. 14, 16, 17, 19, 282, 283
Lamoureux, Charles (1834–1899), französischer Geiger und Dirigent; rief 1882 die Concerts Lamoureux ins Leben, die noch heute eines der bedeutendsten Konzertinstitute von Paris sind. 277
Landormy, Paul (1869–1943), französischer Musikkritiker. 19, 243, 282
Lane, Tom, englischer Jockey. 46
La Pouplinière, Alexandre-Jean-Joseph le Riche de (1693–1762), französischer Musikliebhaber, ab 1718 Generalpächter der Steuern, Schüler Rameaus, komponierte selbst Arietten, von denen einige in Werke Rameaus eingingen. 177
Lasso, Orlando di (um 1532 – 1564), frankoflämischer Komponist. 32
Lasvignes, Henri, Wagner-Übersetzer. 55
Lavedan, Henri (1859–1940), französischer Dramatiker und Romancier. 262
Leclerq, Maurice, Journalist. 245, 282
Lejeune, Claude (1528–1600), französischer Komponist. 228, 281
Lekeu, Guillaume (1870–1894), belgischer Komponist, Schüler von César Franck und Vincent d'Indy. 243
Léna, Maurice, französischer Librettist. 283
Lenormand, René (1846–1932), französischer Komponist. 83
Leonardo da Vinci (1452–1519), italienischer Maler, Bildhauer und Architekt. 224, 244
Leoncavallo, Ruggiero (1858–1919), italienischer Komponist. Sein Hauptwerk *Der Bajazzo*, eines der berühmtesten Zeugnisse des italienischen Verismus, wurde 1892 uraufgeführt; 1897 brachte er die Oper *La Bohème* heraus, ein Jahr nach Puccinis berühmterem gleichnamigen Werk. 86, 110, 170
Leroux, Xavier (1863–1919), französischer Komponist, Schüler von Jules Massenet und Théodore Dubois, erhielt 1885 den Rompreis und war während seines Rom-Aufenthalts mit Debussy befreundet; ab 1896 Professor für Harmonielehre am Conservatoire, schrieb eine Anzahl effektvoller Opern. 261, 278, 282
Lesueur, Jean-François (1760–1837), französischer Komponist. 90
Leudet, Maurice, Journalist. 246
Lévy, richtig *Levi, Hermann* (1839–1900), deutscher Dirigent, war 1882 der erste Dirigent des *Parsifal* in Bayreuth. 144
Lheureux, Sänger. 226
Lieban, Julius (1857–1940), österreichischer Sänger, vor allem als Mime im *Ring* und David in den *Meistersingern* von Richard Wagner berühmt. 145, 159
Linor, G., Journalist. 265
Liszt, Franz (1811–1886). Die Symphonische Dichtung *Mazeppa* wurde 1854 uraufgeführt. 54, 72, 85, 106, 121, 144, 215, 218
Litvine, Félia (1863–1936), russische Sängerin, berühmt als Brünnhilde und Isolde. 117 f.
Lorrain, Jean, eigentlich *Deval, Paul* (1855 bis 1906), französischer Journalist und Literat. 15, 16
Louis Philippe (1773–1850), Herzog von Orléans, als »Bürgerkönig« 1830–1848 Träger der französischen Krone. 39
Louys, Pierre (1870–1925), französischer Literat, Autor der von Debussy vertonten *Chansons de Bilitis* und einer seiner besten Freunde. 12, 16, 277

Ludwig II. (1845–1886), König von Bayern. 45, 125

Ludwig XVI. (1754–1793), König von Frankreich. 89

Ludwig Ferdinand (1859–1949), Prinz von Bayern. 67, 71, 278 f.

Luigini, Alexandre (1850–1906), französischer Komponist und Dirigent, war ab 1897 Kapellmeister der Opéra-Comique. 78, 113, 163

Lully, Jean-Baptiste (1632–1687), französischer Komponist italienischer Geburt. 185

Luther, Martin (1483–1546). 116

Lyon, Gustave (1857–1936), französischer Industrieller und Akustiker, erfand u. a. eine chromatische Harfe ohne Pedal. 95

Maeterlinck, Maurice (1862–1949), französisch-belgischer Schriftsteller, Autor des von Debussy vertonten Dramas *Pelléas et Mélisande.* 120, 239, 278

Malherbe, eigentlich *Croisilles, Henry* (1887 bis 1958), französischer Musikkritiker. 20, 270

Maréchal, Adolphe (1867–1935), belgischer Tenor, ab 1895 an der Opéra-Comique sehr erfolgreich. 41, 73

Marie-Antoinette (1755–1793), Gemahlin Ludwigs XVI. von Frankreich. 80, 178

Marivaux, Pierre (1688–1763), französischer Schriftsteller und Lustspielautor. 57

Marnold, eigentlich *Morland, Jean* (1859 bis 1935), französischer Musikschriftsteller. 278

Mascagni, Pietro (1863–1945), italienischer Komponist; schrieb mit der 1890 uraufgegeführten Oper *Cavalleria rusticana* ein Hauptwerk des italienischen Verismus. 57, 87

Massenet, Jules (1842–1912), französischer Komponist, Schüler von Ambroise Thomas, 1863 Rompreisträger. Das Oratorium *Eve* entstand 1875, seine berühmteste Oper *Manon* 1884, die Oper *Werther* 1886, *Grisélidis* 1901. 14, 17, 18, 38, 56 f., 83, 123, 136, 140 f., 154, 164, 182 f., 224, 261, 278, 283

Mastio, Catherine, Sängerin. 163

Matthisson, Friedrich (1761–1831), 1809 geadelter deutscher Dichter, dessen Lyrik vielfach in Liedkompositionen, u. a. von Zelter und Schubert, Eingang fand. Seine *Adelaide* wurde in Beethovens Vertonung berühmt. 278

Méhul, Etienne Nicolas (1763–1817), französischer Komponist. 90

Mendelssohn-Bartholdy, Felix (1809–1847). 24, 25, 116, 173, 227

Mendès, Catulle (1841–1909), französischer Schriftsteller. 95, 116, 117, 240

Mesmaecker, P.-J. de, Sänger. 112

Messager, André (1853–1929), französischer Komponist. War 1898–1903 Generaldirektor der Opéra-Comique, wo er 1902 die Uraufführung von *Pelléas et Mélisande* dirigierte, 1901–1906 künstlerischer Direktor der Covent Garden Opera London, 1907–1913 Mitdirektor der Opéra. 50, 87, 143, 160, 242, 278

Méténier, Oscar (1859–1913), französischer Schriftsteller und Dramatiker, Gründer des Grand-Guignol-Theaters (1897), dessen Direktor er bis 1899 war. 279

Métérié, Alphonse (* 1887), französischer Dichter. 225

Metternich, Pauline von (1836–1921), Gattin des österreichischen Botschafters Richard Fürst von Metternich, war entscheidend am Zustandekommen der berühmten Pariser *Tannhäuser*-Aufführung des Jahres 1861 beteiligt. 80

Meyerbeer, Giacomo (1791–1864), deutscher Komponist. Schrieb seine Oper *Die Hugenotten* 1836; *Robert der Teufel* wurde 1831 uraufgeführt. 23, 63, 114, 138, 147, 150, 178, 239, 254, 273

Michel, Louise (1830–1905), Pariser Volksschullehrerin, auch schriftstellerisch tätig. Nahm 1871 am Aufstand der Kommune teil, wurde daraufhin deportiert, 1890 begnadigt, aber danach noch mehrfach verurteilt wegen anarchistischer Äußerungen und Aktionen. 280

Missa, Edmond (1861–1910), französischer Komponist, Schüler von Jules Massenet. 14, 112, 115, 279

Mlynarski, Emil (1870–1935), polnischer Dirigent. 123

Montabré, Maurice, Journalist. 274

Montamet, Pierre, Journalist. 273

Morales, Cristobal de (um 1500 – 1553), spanischer Komponist. 218

Moreau, Léon (1870–1946), französischer Komponist, Rompreisträger 1899. 70, 216

Morice, Charles (1861–1919), französischer Dichter und Kritiker. 274, 283

Morland, Jacques, Journalist. 278

Mottl, Felix (1856–1911), österreichischer Dirigent und Komponist, gehörte zu den bedeutendsten Wagner-Dirigenten seiner Zeit. 31, 144

Mozart, Wolfgang Amadeus (1756–1791). Die Symphonie Es-Dur KV 543 entstand 1788. 7, 34, 71, 90, 94, 119, 128, 154, 173, 199, 217, 239, 244, 258

Muratore, Lucien (1878–1954), französischer Sänger, debütierte 1902 an der Opéra-Comique. 112

Murger, Henri (1822–1861), französischer Schriftsteller. 279

Mussorgski, Modest (1839–1881), russischer Komponist, Schüler von Mili Balakirew; war der bedeutendste Vertreter jener Fünfergruppe von Komponisten (Alexander Borodin, Mili Balakirew, César Cui, Nikolai Rimski-Korsakow und Mussorgski), die sich eine Erneuerung der russischen Musik auf nationaler Basis zum Ziel gesetzt hatte und die »das mächtige Häuflein« genannt wurde. Mussorgski schrieb die erste Fassung seiner Oper *Boris Godunow* 1868/69, die zweite 1871/72; der Liederzyklus *Kinderstube* nach eigenen Texten entstand zwischen 1868 und 1872. 28 f., 30, 44, 102, 170, 277

Napoleon Bonaparte (1769–1821), französischer General, 1804–14 erster Kaiser von Frankreich. 182, 183

Natanson, Alexandre (1867–1936), französischer Publizist polnischer Abstammung, Direktor der *Revue blanche* 1891–1902. 12

Natanson, Thadée (1868–1951), französischer Journalist und Kritiker polnischer Abstammung, Bruder von Alexandre Natanson, Chefredakteur der *Revue blanche*. 12

Neufeldt, Ernst (* 1880), deutscher Musikschriftsteller. 204

Nietzsche, Friedrich (1844–1900), schrieb seinen *Zarathustra* zwischen 1883 und 1892. 123, 211

Nijinsky, Wazlaw (1890–1950), russischer Tänzer und Choreograph, in der Zeit vor dem Ersten Weltkrieg eine der Hauptstützen des Russischen Balletts von Serge Diaghilew. 211

Nikisch, Arthur (1855–1922), deutscher Dirigent; ab 1895 Gewandhauskapellmeister in Leipzig, unternahm ab 1897 mehrfach große Konzertreisen mit dem Berliner Philharmonischen Orchester. 42 f., 45, 99, 124

Nordr…
sche…

Noskc…
scher …
Stanislaw …
phonische D…
123

Offenbach, Jacques (18…
scher Komponist deuts…
Schrieb seine Operette *Die s*…
1864; seine phantastische Oper *H*…
Erzählungen wurde erst vier Monat…
seinem Tod, im Februar 1881, urauf…
führt. 18, 138 f., 234, 280

Olénine d'Alheim, Marie, Sängerin. 29, 44, 277

Ollendorf, Paul, französischer Publizist. 13

d'Ollone, Max (1875–1959), französischer Komponist und Dirigent, war u. a. Schüler von Jules Massenet und André Gédalge, 1897 Rompreisträger. Die Uraufführung des Musikdramas *L'Etrangère* fand 1913 statt. 225, 226

Onida, Schriftsteller. 112

Paderewski, Ignacy (1860–1941), polnischer Pianist und Komponist. Stellte seine reichen Geldmittel großzügig in den Dienst kultureller und karitativer Unternehmungen; war 1918/19 polnischer Botschafter in Washington, 1919/20 Ministerpräsident und Außenminister Polens, 1940 Präsident des polnischen Exilparlaments. 123

Palestrina, Giovanni Pierluigi da (um 1525 bis 1594), italienischer Komponist. 32, 79, 173, 200, 268

Passama, Jeanne, Sängerin. 112

Pawlowski, Gaston de (1874–1933), französischer Literat und Journalist; war Chefredakteur verschiedener Zeitungen und Zeitschriften, darunter *Comoedia*. 259

Péladan, Josephin (1859–1918), französischer Schriftsteller, gründete 1888 den »Ordre du Temple de la Rose-Croix« und nannte sich als Großmeister dieses Ordens »Sar Mérodack Josephin Péladan«; er kleidete sich pseudo-orientalisch und verschmolz in theoretischen Schriften kabbalistische, brahmanische, muslimische, christliche und philosophische Gedankenelemente zu einer neuen Lehre. 13

Pellegrin, Simon-Joseph, Abbé (1663–1745), französischer Literat und Dramatiker,

…n-Philippe Rameau das
… Oper *Hippolyte et Aricie*
… *…ädra* von Racine. 177
…ornist. 120
…sas, Bartolomé (1873–1956), spani-
… Dirigent und Komponist; die Suite
… *mi tierra* entstand 1898. 219
…erivier, Antonin (1847–1924), französischer Journalist, war 1903–1909 Herausgeber des *Gil Blas.* 13
Perret, Sängerin. 112
Peter, René (1872–1947), französischer Schriftsteller, Verfasser von Prosaschriften und Bühnenstücken, Freund Debussys und Prousts. 15, 279
Piccini, Niccolò (1728–1800), italienischer Opernkomponist, in Paris Rivale Glucks. 89
Pierné, Gabriel (1863–1937), französischer Komponist, Schüler u. a. von César Franck und Jules Massenet, erhielt 1882 den Rompreis. Sein *Concertstück* für Harfe und Orchester entstand 1901. Pierné war 1910 bis 1932 Dirigent der Concerts Colonne, dirigierte 1910 die Uraufführung von Debussys *Ibéria* und 1913 zum erstenmal die gesamten *Images.* 78, 128, 188, 201, 206, 226, 280, 281
Pierné, Paul (1874–1952), französischer Komponist, Vetter von Gabriel Pierné, erhielt 1904 den 2. Rompreis. Die Symphonische Dichtung *De l'ombre à la lumière* entstand 1912. 191 f.
Pierron, Juliette, Sängerin. 112
Planquette, Robert (1848–1903), französischer Komponist, Autor mehrerer Operetten, von denen *Les Cloches de Corneville* (1877) die bekannteste war. 18, 83
Poe, Edgar Allan (1809–1849), amerikanischer Dichter. 206, 282
Poincaré, Henri (1854–1912), französischer Mathematiker und Physiker; sein Buch *Science et Méthode* erschien 1902. 186
Ponson du Terrail, Pierre-Alexis (1829 bis 1871), französischer Romancier. 129
Pougy, Liane de, Pariser Kokotte. 15
Puccini, Giacomo (1858–1924), italienischer Komponist. Seine Oper *La Bohème* wurde 1896 uraufgeführt. 86, 87, 89, 170
Pugno, Raoul (1852–1914), französischer Pianist und Komponist; war 1892–1901 Professor für Harmonielehre am Conservatoire, zählte seit seinem ersten Auftreten 1893 zu den berühmtesten Virtuosen der Zeit. 32, 34, 135
Quillard, Pierre (1864–1912), französischer Dichter und Publizist, veröffentlichte Gedichtbände, Theaterstücke und Übersetzungen. 12
Quincey, Thomas de (1785–1859), englischer Schriftsteller, schrieb seinen Essay *Über den Mord als eine Schöne Kunst* 1827. 63

Racine, Jean-Baptiste (1639–1699), französischer Dramatiker. 177, 180, 190
Rameau, Jean, eigentlich *Labaigt, Laurent* (1859–1942), französischer Dichter und Romancier. 109
Rameau, Jean-Philippe (1683–1764), französischer Komponist. Seine Oper *Hippolyte et Aricie* wurde 1733 uraufgeführt, *Castor et Pollux* vier Jahre später, die Oper *Dardanus* 1739, das Heroische Ballett *Les Indes galantes* 1735 und die Ballettoper *Pygmalion* 1748. Sein Lehrwerk *Traité de l'harmonie* erschien 1722 in Paris. 7, 14, 17, 18, 79, 80, 81, 82, 90, 91, 102, 121, 170, 177 ff., 184 f., 195, 196, 231, 243, 254, 263, 280, 282 f.
Raunay, Jeanne, eigentlich *Richomme, Jeanne* (* 1869), französische Sängerin, debütierte 1888 an der Opéra, war später außerordentlich erfolgreich als Konzertsängerin in den Colonne-, Lamoureux- und Conservatoire-Konzerten. 41, 73, 85, 120
Ravel, Maurice (1875–1937), französischer Komponist, Schüler u. a. von André Gédalge und Gabriel Fauré. 14
Régnier, Henri de (1864–1936), französischer Dichter und Romancier. 180
Renan, Ernest, (1823–1892), französischer Philologe und Historiker. 154
Renaud, Maurice-Arnold, eigentlich *Crosneau, Maurice-Arnold* (1861–1933), französischer Bariton; debütierte 1883 am Théatre de la Monnaie in Brüssel, wurde 1890 an die Opéra-Comique verpflichtet, ging im folgenden Jahr an die Opéra und feierte 1905–1912 an der New Yorker »Met« Triumphe. 101, 148
Reszke, Jean de (1850–1925), polnischer Tenor, mit seinem Bruder Eduard, einem Bassisten, einer der gefeiertsten Sänger-Darsteller der Zeit, besonders auf der Wagner-Bühne. 133
Reyer, Ernest (1823–1909), französischer Komponist und Musikkritiker; die Komische Oper *La Statue* wurde 1861, sein be-

kanntestes Werk, die Oper *Sigurd*, 1884 uraufgeführt. 16, 23, 37, 63, 102, 110, 246
Richter, Hans (1843–1916), deutscher Dirigent. Von Richard Wagner und von Hans von Bülow gefördert, wurde er einer der bedeutendsten Orchesterleiter, dazu Hauptdirigent der Bayreuther Festspiele. 13, 31, 102, 143, 144 f., 159, 160
Ricou, Georges, Generalsekretär der Opéra-Comique. 59
Rimski-Korsakow, Nikolai (1844–1908), russischer Komponist, Mitglied der Gruppe der »Fünf«, Lehrer von Strawinsky und Prokofiew. Schrieb seine Symphonie *Antar* 1868, arbeitete sie acht Jahre später ein erstes Mal und 1897 ein zweites Mal – diesmal zur Symphonischen Suite – um. 110, 136, 170
Risler, Edouard (1873–1929), französischer Pianist. 120, 121, 278
Rivarde, Serge Achille (1865–1940), französischer Geiger; war 1885–1891 Konzertmeister des Orchestre Lamoureux. 220
Rivière, Jacques (1886–1925), französischer Schriftsteller, Herausgeber der *Nouvelle Revue française*. 15
Robine, René, Schriftsteller. 207
Rodin, Auguste (1840–1917), französischer Bildhauer. 20
Ropartz, Guy (1864–1955), französischer Komponist, Schüler von Théodore Dubois, Jules Massenet und César Franck, war 1894–1919 Direktor des Konservatoriums in Nancy. Die *Symphonie sur un choral breton* entstand 1895, die Symphonische Dichtung *A Marie endormie* auf das Gedicht von Brizeux 1912. 18, 92 ff., 197 f.
Rossini, Gioacchino (1792–1868), italienischer Komponist; seine Oper *Wilhelm Tell* wurde 1829 uraufgeführt. 78, 254
Rouselière, Charles (1875–1950), französischer Tenor, debütierte 1900 an der Opéra. 108
Rousseau, Jean-Jacques (1712–1778), französischer Philosoph, Schriftsteller und Komponist. 178, 215
Rust, Friedrich Wilhelm (1739–1796), deutscher Komponist, Schüler von Franz Benda und Carl Philipp Emanuel Bach, war ab 1766 in Dessau tätig. 203
Rust, Wilhelm (1822–1892), deutscher Organist und Musikforscher, Enkel von Friedrich Wilhelm Rust, wurde 1880 Thomaskantor in Leipzig, gab zwischen 1853 und 1878 achtzehn Bände der Bach-Gesamtausgabe heraus. 18, 203 f., 208
Sainte-Beuve, Charles-Augustin (1804–1869), französischer Dichter und Kritiker. 216
Sainte-Croix, Camille de (1859–1915), französischer Literat und Kritiker. 240
Saint-Réquier, Léon (* 1872), französischer Komponist, Schüler von Vincent d'Indy und Charles Bordes. 279
Saint-Saëns, Camille (1835–1921), französischer Komponist. Gilt neben Gounod als der bedeutendste Vertreter des französischen Neuklassizismus im 19. Jahrhundert, war ein ebenso scharfer Gegner Wagners wie des Impressionismus; seine Oper *Henri VIII* wurde 1883 uraufgeführt, die Oper *Les Barbares* 1901, die Szenenmusik zu *Parysatis* von Jeanne Dieulafoy 1902; eines seiner erfolgreichsten Werke war die Symphonische Dichtung *La danse macabre* (1875). 8, 18, 25, 33, 34, 37, 53 f., 106 ff., 114, 118, 150, 152, 261, 281
Samazeuilh, Gustave (1877–1967), französischer Komponist und Musikkritiker, Schüler von Ernest Chausson, Vincent d'Indy und Paul Dukas; die Suite für Klavier wurde in dem von Debussy besprochenen Konzert am 23. März 1903 uraufgeführt. 120
Sand, George, eigentlich *Dupin, Aurore* (1804–1876), französische Schriftstellerin, Freundin Chopins. 119
Sappho (um 600 v. Chr.), griechische Dichterin. 56
Sardou, Victorien (1831–1908), französischer Dramatiker. 54, 106, 133
Sauer, Emil (1862–1942), österreichischer Pianist, Liszt-Schüler; schrieb zwei Klavierkonzerte, zwei Klaviersonaten, Konzertetüden, Klavierstücke und Lieder. 116
Savard, Augustin (1861–1942), französischer Komponist, Schüler von Jules Massenet, erhielt 1886 den Rompreis; war 1902–1921 Direktor des Konservatoriums in Lyon. 23, 24, 282
Scarlatti, Alessandro (1660–1725), italienischer Komponist; seine hochbedeutende *Johannespassion* wurde 1708 in Rom uraufgeführt. 132
Scarlatti, Domenico (1685–1757), italienischer Komponist, Sohn von Alessandro Scarlatti. 132
Schiller, Friedrich (1759–1805). 35

Schneider, Louis (1861–1934), französischer Musik- und Theaterkritiker. 237, 261, 279

Schollar, Ludmilla (* 1888), Tänzerin. 212

Schönberg, Arnold (1874–1951). 19

Schubert, Franz (1797–1828). Die Symphonie Nr. 8 h-Moll, die *Unvollendete*, entstand 1822. 18, 34, 43

Schumann, Robert (1810–1856). Schrieb den Liederzyklus *Dichterliebe* nach Heinrich Heine 1840, die *Szenen aus Goethes »Faust«* zwischen 1844 und 1853. 23, 24, 25, 48, 49, 135, 154, 173, 180, 222

Serpette, Gaston (1846–1904), französischer Komponist, Schüler von Ambroise Thomas, 1871 Rompreisträger; schrieb zahlreiche Operetten. 241

Shakespeare, William (1564–1616). 57, 77, 167

Silvestre, Armand (1837–1901), französischer Literat, Mitverfasser mehrerer Opernlibretti, darunter derer zu *Henri VIII* von Camille Saint-Saëns und *Grisélidis* von Jules Massenet. 150

Sophokles (zwischen 497 und 495 – 405 v. Chr.), griechischer Dramatiker. 96

Soudry, Georges, Komponist. 207

Sousa, John Philip (1854–1932), amerikanischer Komponist von portugiesisch-deutscher Abkunft; schrieb Operetten, Symphonische Dichtungen und etwa hundert Märsche. 137, 280

Spontini, Gasparo (1774–1851), italienischer Komponist. 90

Stojowski, Sigismund (1869–1946), polnischer Pianist und Komponist; schrieb seine Symphonie in d-Moll 1898. 123, 279

Strauss, Richard (1864–1949). *Aus Italien* entstand 1887, *Tod und Verklärung* 1890, *Till Eulenspiegels lustige Streiche* 1895, *Also sprach Zarathustra* 1896, *Don Quixote* 1898, *Ein Heldenleben* 1899; die Oper *Feuersnot* wurde 1901 uraufgeführt. 7, 9, 17, 31, 42, 72, 75, 119, 121 ff., 128, 192 f., 215, 220, 254

Strawinsky, Igor (1882–1971). Das Ballett *Der Feuervogel* wurde von Diaghilews »Russischem Ballett« 1910 in Paris uraufgeführt. 19

Taine, Hippolyte (1828–1893), französischer Philosoph, Kritiker und Historiker. 142

Terrasse, Claude (1867–1923), französischer Komponist; schrieb eine Reihe von Operetten, unter denen *Le Sire de Vergy*, 1903 uraufgeführt, eine der erfolgreichsten war. 138, 139 f.

Teyte, richtig *Tate, Maggie* (* 1888), englische Sopranistin, war 1908–1910 an der Opéra-Comique engagiert. Debussy wählte sie 1908 als Nachfolgerin Mary Gardens für die Partie der Mélisande. 259, 282

Thalberg, Sigismund (1812–1871), österreichischer Pianist und Komponist. 23, 63

Thiers, Adolphe (1797–1877), französischer Staatsmann und Historiker. 46

Thiéry, Marie (Mary), Sängerin. 112

Tiphaine, Jeanne, Sängerin. 163

Tolstoi, Lew Nikolajewitsch (1828–1910), russischer Dichter. 170

Toulet, Paul-Jean (1867–1920), französischer Schriftsteller. 277

Tschaikowski, Pjotr Iljitsch (1840–1893), russischer Komponist. Die *Sérénade mélancolique* für Violine und Orchester entstand 1875. 110

Turina, Joaquin (1882–1949), spanischer Komponist, Schüler von Vincent d'Indy. Neben Manuel de Falla der bedeutendste spanische Vertreter seiner Generation, schrieb seine Symphonische Dichtung *La Procesión del Rocio* 1912. 219

Valéry, Paul (1871–1945), französischer Schriftsteller; schrieb *La soirée avec M. Teste* 1894. 12, 277

Van Dyck, Ernest (1861–1923), belgischer Tenor, einer der berühmtesten Wagner-Sänger seiner Zeit. 114, 145

Van Rooy, Anton (1870–1932), niederländischer Bariton, berühmt als Wagner-Sänger. 34

Vaucanson, Jacques de (1709–1782), französischer Mechaniker; erfand um 1737/38 eine Anzahl von Musikautomaten, zum Teil mit beweglichen Figuren. 84

Vaucorbeil, Auguste-Emmanuel (1821–1884), französischer Komponist, war 1878–1883 Direktor der Opéra. 69

Verdi, Giuseppe (1813–1901). Seine Oper *La Traviata* wurde 1853 uraufgeführt. 86, 169

Verlaine, Paul (1844–1896), französischer Dichter. Schrieb den Gedichtzyklus *Fêtes galantes* 1869; Debussy vertonte 1892 und 1904 jeweils drei Gedichte daraus. 274, 283

Victoria, Tomás Luis de, auch *Vittoria, Ludovico da* (um 1548/50 – 1611), spanischer Komponist; daß er Schüler von Es-

cobedo und Morales gewesen sei, wie auch Debussy annimmt, ist äußerst fraglich. 32, 218
Vierne, Louis (1870–1937), französischer Organist und Komponist, Schüler von César Franck und Charles Widor, schrieb u. a. sechs Orgelsymphonien. 92
Vigny, Alfred de (1797–1863), französischer Dichter. 279
Viguié, Sänger. 112
Villon, François (1431–1463), französischer Dichter. Debussys *Trois Ballades de François Villon* stammen aus dem Jahr 1911, wurden also kurz vor der Umfrage vom März 1911 beendet. 180
Vuillemin, Louis (1873–1929), französischer Komponist und Kritiker, veröffentlichte zahlreiche Artikel in *Comoedia*. 259
Vuillermoz, Emile (1878–1960), französischer Musikschriftsteller; schrieb u. a. für die *Revue musicale*, den *Mercure musical*, für *Comoedia* und *Le Temps*; wurde 1911 Chefredakteur von *S. I. M.*, der Monatsschrift der Société internationale de musique, und ist Verfasser einer auch in Deutschland bekannt gewordenen Debussy-Monographie. 11, 15

Wagner, Cosima (1837–1930), Tochter Franz Liszts, zweite Gemahlin Richard Wagners. 144
Wagner, Richard (1813–1883). Schrieb *Tannhäuser* 1843–1845, *Das Rheingold* 1852 bis 1854, *Die Walküre* 1852–1856, *Tristan und Isolde* 1857–1859, *Siegfried* 1856 bis 1871, *Götterdämmerung* 1869–1874, *Parsifal* 1877–1882; das *Siegfried-Idyll* für Orchester entstand 1870. 6, 7, 13, 17, 24, 25, 28, 33, 34, 36, 39, 40, 45, 47, 55, 57, 58, 60, 64, 67, 71 f., 75, 80, 83, 90, 99, 102, 109, 124 ff., 129, 131, 144, 146, 159, 160, 165, 171, 172, 173, 178, 181, 185, 195, 204, 209, 213, 216, 224, 233, 234, 237, 238, 241, 243, 245, 250, 254, 258, 264, 268, 273, 278, 279, 283
Wagner, Siegfried (1869–1930), deutscher Dirigent und Komponist, Sohn von Richard Wagner; seine Oper *Herzog Wildfang* wurde 1901 uraufgeführt. 95, 98 f., 144
Wailly, Paul de (1854–1933), französischer Komponist, Schüler von César Franck. 103
Watteau, Jean-Antoine (1684–1721), französischer Maler. 170, 195
Webber, Amherst (1867–1940), englischer Pianist und Komponist; schrieb erfolgreiche Lieder, von denen *La Première* und *Aubade* besonders populär wurden. 127, 133
Weber, Carl Maria von (1786–1826). *Der Freischütz* entstand zwischen 1817 und 1820, *Oberon* 1826. 75, 76, 82
Weingartner, Felix von (1863–1942), österreichischer Dirigent (Nachfolger Mahlers an der Wiener Hofoper) und Komponist. Seine zahlreichen musikalischen Werke sind heute vergessen. 31, 84, 85, 86, 99, 124
Wenzel, Léopold de (1847–1925), französischer Geiger, Dirigent und Komponist, war als Kapellmeister in Marseille, Paris und London tätig; schrieb Operetten, Ballette und zahlreiche Lieder. 160
Widor, Charles-Marie (1844–1937), französischer Organist und Komponist. 282
Wilhelm II. (1859–1941), deutscher Kaiser. 20
Witkowski, Georges-Martin (1867–1943), französischer Komponist, Schüler von Vincent d'Indy; seine Erste Symphonie op. 14 wurde 1900 uraufgeführt. 23, 25, 26, 266
Wyzewa, Théodore de (1862–1917), französischer Musikwissenschaftler polnischer Abstammung. 204

Ysaye, Eugène (1858–1931), belgischer Geiger, Dirigent und Komponist. 32, 33

Zimmermann, deutsche Sängerin. 145
Zola, Emile (1840–1902), französischer Romancier. 39, 40, 41, 116

Inhalt

Vorwort zur deutschen Ausgabe 5
Einleitung 11

Feuilletons

»Faust« von Schumann – Ouvertüre »Le Roi Lear« von Augustin Savard – Dritter Akt »Siegfried« – Eine Symphonie von Georges-Martin Witkowski (*La Revue blanche*, 1. April 1901) 23
»Kinderstube« von Mussorgski – Eine Klaviersonate von Paul Dukas – Symphoniekonzerte im Vaudeville-Theater (*La Revue blanche*, 15. April 1901) . . 28
Karfreitag – Die »Neunte Symphonie« (*La Revue blanche*, 1. Mai 1901) . . . 32
Opern (*La Revue blanche*, 15. Mai 1901) 37
Konzerte unter Nikisch – Musik im Freien (*La Revue blanche*, 1. Juni 1901) . . 42
Gespräch mit Monsieur Croche (*La Revue blanche*, 1. Juli 1901) 46
Über mancherlei Wahnvorstellungen und eine Oper (*La Revue blanche*, 15. November 1901) 51
Von »Eve« zu »Grisélidis« (*La Revue blanche*, 1. Dezember 1901) 56
Warum ich »Pelléas« geschrieben habe (April 1902) 58
Der deutsche Einfluß auf die französische Musik (*Mercure de France*, Januar 1903) 60
Die Orientierung der Musik (*Musica*, Oktober 1902) 61
»L'Etranger« von Vincent d'Indy (*Gil Blas*, 12. Januar 1903) 63
Betrachtungen über die Musik im Freien – Konzerte – Prinz Ludwig Ferdinand von Bayern (*Gil Blas*, 19. Januar 1903) 67
In der Opéra-Comique (*Gil Blas*, 21. Januar 1903) 73
Opéra-Comique – Konzerte (*Gil Blas*, 26. Januar 1903) 74
In der Schola Cantorum (*Gil Blas*, 2. Februar 1903) 79
Felix von Weingartner – Wiederaufnahme von »La Traviata« in der Opéra-Comique (*Gil Blas*, 16. Februar 1903) 84
Offener Brief – In der Société nationale – Ein Lamoureux-Konzert (*Gil Blas*, 23. Februar 1903) 89
Volkstheater – Siegfried Wagner im Lamoureux-Konzert (*Gil Blas*, 2. März 1903) 95
Über die Pariser Opéra und ihre Beziehungen zur Musik – In der Société nationale (*Gil Blas*, 9. März 1903) 100
Die Erziehung des heutigen Publikums zur Kunst (*La Plume*, 15. März 1903) . 105
Im Colonne-Konzert: Camille Saint-Saëns, Alfred Bachelet – Im Lamoureux-Konzert (*Gil Blas*, 16. März 1903) 106
Théâtre national de l'Opéra-Comique – Uraufführung von »Muguette« (*Gil Blas*, 19. März 1903) 112

Nachtrag zu »Muguette« – Im Lamoureux-Konzert (*Gil Blas*, 23. März 1903) . 114
Der Mozart von Saint-Maur – In der Société nationale – Richard Strauss – Im Colonne-Konzert (*Gil Blas*, 30. März 1903) 119
Richard Wagner – Zum hundertjährigen Bestehen der Französischen Akademie in Rom – Konzerte (*Gil Blas*, 6. April 1903) 124
Geistliche Konzerte – »Die Seligpreisungen« von César Franck (*Gil Blas*, 13. April 1903) 129
Edvard Grieg (*Gil Blas*, 20. April 1903) 134
Eine Renaissance der Opera buffa – Wiederaufnahme des »Werther« in der Opéra-Comique (*Gil Blas*, 27. April 1903) 138
Briefe aus London (*Gil Blas*, 5. Mai 1903) 142
Hector Berlioz und Raoul Gunsbourg (*Gil Blas*, 8. Mai 1903) 146
»Henri VIII« von Camille Saint-Saëns (*Gil Blas*, 19. Mai 1903) 150
Der Rompreis aus musikalischer Sicht (*Musica*, Mai 1903) 152
Eindrücke vom »Ring des Nibelungen« in London (*Gil Blas*, 1. Juni 1903) . . . 157
»La Petite Maison« von William Chaumet (*Gil Blas*, 6. Juni 1903) 162
Die Eindrücke eines Rompreisträgers (*Gil Blas*, 10. Juni 1903) 164
Musikalische Bilanz 1903 (*Gil Blas*, 28. Juni 1903) 168
Apropos Charles Gounod (*Musica*, Juli 1906) 172
Mary Garden (*Musica*, Januar 1908) 175
Zu »Hippolyte et Aricie« von Jean-Philippe Rameau (*Le Figaro*, 8. Mai 1908) . 177
Was unterlegt man der Musik am besten? Schöne, schlechte, freie Verse oder Prosa? (*Musica*, März 1911) 180
Massenet ist tot ... (*Le Matin*, 14. August 1912) 182
Jean-Philippe Rameau (November 1912) 184
Colonne-Konzerte (*S. I. M.*, November 1912) 186
Über die Achtung in der Kunst (*S. I. M.*, Dezember 1912) 190
Zum Jahresende (*S. I. M.*, 15. Januar 1913) 195
Über den Geschmack (*S. I. M.*, 15. Februar 1913) 199
Über den Vorläufer (*S. I. M.*, 15. März 1913) 203
Die Konzerte (*S. I. M.*, 15. Mai 1913) 208
»Jeux« (*Le Matin*, 15. Mai 1913) 211
Zum hundertsten Geburtstag Wagners (*Les Annales politiques et littéraires*, 25. Mai 1913) 213
Colonne-Konzerte – Société des Nouveaux Concerts (*S. I. M.*, 1. November 1913) 214
Colonne-Konzerte – Société des Nouveaux Concerts (*S. I. M.*, 1. Dezember 1913) 218
Brief aus Rußland (*S. I. M.*, 1. Januar 1914) 222
Colonne-Konzerte (*S. I. M.*, 1. Februar 1914) 224
Für die Musik (*S. I. M.*, 1. März 1914) 227
Endlich allein! (*L'Intransigeant*, 11. März 1915) 231
Vorrede in Briefform zu »Pour la Musique Française. Douze Causeries« (1917) 233

Interviews

Am Vorabend der Uraufführung von »Pelléas et Mélisande« (*Revue d'histoire et de critique musicale*, April 1902) 237
Kritik der Kritik: »Pelléas et Mélisande« (*Le Figaro*, 16. Mai 1902) 240
Wo steht die französische Musik? (*La Revue bleue*, 2. April 1904) 243
Der Einfluß Wagners auf die Musik (*L'Eclair*, Februar 1908) 245
Was soll am Conservatoire geschehen? (*Le Figaro*, 14. Februar 1909) 246
Die Musik von heute und die Musik von morgen (*Comoedia*, 4. November 1909) 250
Rundfrage über die moderne italienische Musik (*Comoedia*, 31. Januar 1910) . 252
Claude Debussy an die Zeitschrift »Comoedia« (*Comoedia*, 1. Februar 1910) . . 253
Eine Renaissance des klassischen Ideals? (*Paris-Journal*, 20. Mai 1910) 254
Eine Woche französischer Musik in München (*Paris-Journal*, 21. August 1910) . 256
Das tausendste Colonne-Konzert (*Excelsior*, 20. November 1910) 257
Erklärung an einen österreichischen Journalisten (Dezember 1910) 258
Bei einer »Zwischenlandung« in der Gare-Saïd. Claude Debussy sagt alles ... (*Comoedia*, 17. Dezember 1910) 259
Die ausländische Musik und die französischen Komponisten (*Le Gaulois*, 10. Januar 1911) 261
Die Gedanken eines großen Musikers. Claude Debussy spricht von seinen Plänen und Hoffnungen (*Excelsior*, 18. Januar 1911) 263
Für die Dezentralisierung der Musik (*Comoedia*, 26. Januar 1911) 265
Claude Debussy und »Le Martyre de Saint Sébastien« (*Excelsior*, 11. Februar 1911) 268
Vor »Le Martyre de Saint Sébastien«. Claude Debussy und die Musica sacra (*Comoedia*, 18. Mai 1911) 271
Die Opéra der Zukunft (*Excelsior*, 15. September 1913) 273
Claude Debussy teilt uns seine Theaterpläne mit (*Comoedia*, 1. Februar 1914) . 274

Anmerkungen 277
Übersicht über die Textbeziehungen 284
Personenregister 288